弗布克供应链四象限系列

供应链精细化运营管理全案

制度·流程·方案·办法·细则·规范

弗布克◎著

电子工业出版社
Publishing House of Electronics Industry
北京·BEIJING

内 容 简 介

本书全面讲解了供应链运营管理的"12化",即精准化、数据化、全面化、效能化、协同化、标准化、流程化、问题化、方案化、智慧化、体系化和技术化,提供了供应链规范化运营管理的整体解决方案。

本书通过制度、流程、方案、办法、细则、规范等,将具体的工作内容模板化,让读者拿来即用、拿来即改、拿来即参。

本书适合供应链管理人员、企业管理人员、采购人员、配送人员、物流管理人员和高校相关专业教师使用。

未经许可,不得以任何方式复制或抄袭本书之部分或全部内容。
版权所有,侵权必究。

图书在版编目(CIP)数据

供应链精细化运营管理全案:制度·流程·方案·办法·细则·规范 / 弗布克著. —北京:电子工业出版社,2023.4

(弗布克供应链四象限系列)

ISBN 978-7-121-45155-3

Ⅰ.①供… Ⅱ.①弗… Ⅲ.①企业管理－供应链管理 Ⅳ.①F274

中国国家版本馆CIP数据核字(2023)第036167号

责任编辑:张　毅
印　　刷:三河市兴达印务有限公司
装　　订:三河市兴达印务有限公司
出版发行:电子工业出版社
　　　　　北京市海淀区万寿路173信箱　邮编:100036
开　　本:787×1092　1/16　印张:23.5　字数:473千字
版　　次:2023年4月第1版
印　　次:2023年4月第1次印刷
定　　价:89.00元

凡所购买电子工业出版社图书有缺损问题,请向购买书店调换。若书店售缺,请与本社发行部联系,联系及邮购电话:(010)88254888,88258888。

质量投诉请发邮件至zlts@phei.com.cn,盗版侵权举报请发邮件至dbqq@phei.com.cn。

本书咨询联系方式:(010)57565890,meidipub@phei.com.cn。

前　言

　　这是一本通过将供应链运营管理12化——精准化、数据化、全面化、效能化、协同化、标准化、流程化、问题化、方案化、智慧化、体系化和技术化，从而进行规范化设计的管理工具书，并且提供了供应链规范化运营管理的整体解决方案，同时，也是一本为供应链企业建章立制、定标设流的参考手册。

　　·需求计划精准化。需求计划如何做得准确？需求计划如何接近真实的需求？需求计划如何变更和调整？

　　·库存控制数据化。到底什么时候才应该采购？基于产品销售该如何采购？基于生产该如何采购？缺、断货该如何控制和管理？

　　·供应管理全面化。供应商如何开发？如何评估？如何考核？如何评级？供应商关系如何管理？供应商失信如何处理？

　　·采购管理效能化。采购规划和计划怎么做？招标和非招标如何管理？评标专家如何管理？采购成本如何控制？采购绩效如何评估？

　　·生产管理协同化。基于供应链的生产管理如何控制？定制化生产如何监督？第三方生产监督管理如何执行？如何高效协同内部与外部生产？

　　·质量管理标准化。产品质量如何控制？产品质量问题如何解决？服务质量标准如何制定？服务质量问题如何解决？

　　·交付管理流程化。产品如何交付？服务如何交付？

　　·合同管理问题化。合同模板如何管理？合同执行过程中的问题如何处理？合同争议如何解决？供应商违约如何处理？电子合同如何管理？纸质合同如何管理？

　　·关系管理方案化。客户关系如何管理？投资者关系如何管理？政府关系如何管理？公共关系如何管理？

·物流管理智慧化。运输如何管理？仓储如何管理？配送如何管理？逆向物流如何管理？物理园区如何管理？第三方物流如何管理？

·风险管理体系化。风管体系如何建设？风险如何识别、分析、评价？风管体系如何运营？风管体系如何评估？

·信息管理技术化。信息技术项目如何管理？数据如何保护？数据安全如何保证？信息技术方案如何制定？信息技术如何部署、实施？

我们用制度、流程、方案、办法、细则、规范回答了上述问题，让读者拿来即用、拿来即改、拿来即参。

恳请广大读者不吝赐教，提出宝贵意见，以便我们改版时修订！

弗布克

目　录

第 1 章　需求计划精准化

1.1　需求计划任务、痛点、趋势与体系设计　　001
1.1.1　需求计划的 2 项任务　　001
1.1.2　需求计划的 3 项痛点　　002
1.1.3　需求计划的 4 个趋势　　004
1.1.4　需求计划的体系设计　　005
1.2　需求预测内容与流程，方法与案例，评价内容与工具，纠偏内容、方法与方案　　006
1.2.1　需求预测的内容与流程　　006
1.2.2　需求预测的方法与案例　　009
1.2.3　需求预测的评价内容与工具　　013
1.2.4　需求预测的纠偏内容、方法与方案　　016
1.3　销售与运作计划　　018
1.3.1　S&OP 数据准备与处理流程　　018
1.3.2　S&OP 需求预测流程与其调整流程　　019
1.3.3　S&OP 会议管理流程　　022
1.3.4　S&OP 实施与改善流程　　024
1.4　不确定性分析、应对与管理方案　　025
1.4.1　不确定性的分析方法　　025

1.4.2	不确定性的应对流程	**026**
1.4.3	不确定性的管理方案	**027**
1.5	**需求数据整理、需求计划分析及变更处理**	**031**
1.5.1	需求数据整理	**031**
1.5.2	需求计划分析	**033**
1.5.3	需求计划变更处理	**035**
1.6	**需求计划制度、流程与工作规范**	**038**
1.6.1	需求计划制度	**038**
1.6.2	需求计划流程	**042**
1.6.3	需求计划工作规范	**045**

第 2 章　库存控制数据化

2.1	**库存分析**	**048**
2.1.1	库存数据分析工作规范	**048**
2.1.2	库存软件需求管理办法	**051**
2.2	**订货控制制度**	**055**
2.2.1	基于销售的产品订货控制制度	**055**
2.2.2	基于生产的原材料订货控制制度	**058**
2.2.3	基于维修的备品备件订货控制制度	**062**
2.3	**缺货、断货控制与紧急补救**	**065**
2.3.1	缺货、断货控制管理办法	**065**
2.3.2	缺货、断货紧急补救预案	**069**
2.4	**库存呆滞盘点与物料处理**	**071**
2.4.1	库存呆滞盘点实施细则	**071**
2.4.2	库存呆滞物料处理办法	**074**

第 3 章 供应管理全面化

3.1 供应商开发、现场审核与评估	077
3.1.1 供应商开发管理办法	077
3.1.2 供应商现场审核管理办法	080
3.1.3 供应商评估管理办法	083
3.2 供应商考核与评级、考核异议处理	086
3.2.1 供应商考核与评级实施细则	086
3.2.2 供应商考核异议处理办法	090
3.3 供应商管理	093
3.3.1 供应商关系管理办法	093
3.3.2 供应商质疑管理办法	097
3.3.3 合作伙伴供应商管理办法	100
3.4 供应商失信惩处与行贿行为处置	104
3.4.1 供应商失信惩处实施细则	104
3.4.2 供应商行贿行为处置办法	107

第 4 章 采购管理效能化

4.1 采购战略规划与计划管理	111
4.1.1 采购战略规划管理制度	111
4.1.2 采购计划管理制度	113
4.2 招标、非招标与评标	116
4.2.1 招标管理实施细则	116
4.2.2 非招标管理实施细则	121
4.2.3 评标专家管理实施细则	132

4.2.4	评标管理实施细则	**138**
4.3	**采购成本控制与绩效考核**	**146**
4.3.1	采购成本控制实施细则	**146**
4.3.2	采购绩效考核实施方案	**150**

第 5 章 生产管理协同化

5.1	**基于供应链的生产管理与物料管理**	**155**
5.1.1	基于供应链的生产计划管理办法	**155**
5.1.2	基于供应链的生产控制管理办法	**159**
5.1.3	基于供应链的物料控制管理办法	**163**
5.2	**基于供应链的定制化与第三方驻厂生产管理**	**166**
5.2.1	定制化生产监督管理制度	**166**
5.2.2	第三方驻厂生产监督管理制度	**170**
5.3	**基于供应链的生产协同管理**	**173**
5.3.1	生产外部协同管理办法	**173**
5.3.2	生产内部协同管理办法	**176**

第 6 章 质量管理标准化

6.1	**产品质量管理**	**180**
6.1.1	产品质量标准管理制度	**180**
6.1.2	产品质量测试管理制度	**183**
6.1.3	产品质量问题管理办法	**186**

6.2 服务质量管理 — 189
6.2.1 服务质量标准管理制度 — 189
6.2.2 服务质量问题管理办法 — 193

第 7 章 交付管理流程化

7.1 产品交付管理 — 198
7.1.1 产品交付流程管理 — 198
7.1.2 产品交付管理规范 — 201
7.2 服务交付管理 — 207
7.2.1 服务交付流程管理 — 207
7.2.2 服务交付管理规范 — 210

第 8 章 合同管理问题化

8.1 合同模板问题 — 214
8.1.1 合同模板管理办法 — 214
8.1.2 供应商修改合同模板管理细则 — 218
8.2 采购合同问题 — 220
8.2.1 采购合同执行进程管理制度 — 220
8.2.2 供应商履约评价管理制度 — 224
8.2.3 供应商违约处理管理办法 — 228
8.3 合同争议与诉讼问题 — 232
8.3.1 供应商合同争议处理制度 — 232
8.3.2 供应商合同诉讼管理制度 — 235

8.4 合同管理问题 — 239
- 8.4.1 电子合同管理办法 — 239
- 8.4.2 纸质合同管理办法 — 242

第 9 章 关系管理方案化

9.1 客户关系管理 — 246
- 9.1.1 客户服务策略管理办法 — 246
- 9.1.2 客户服务管理实施细则 — 251
- 9.1.3 产品售后服务管理办法 — 255
- 9.1.4 客户服务运营评估制度 — 259

9.2 外部关系管理 — 263
- 9.2.1 投资者与董事会关系管理细则 — 263
- 9.2.2 政府和行业关系管理办法 — 266
- 9.2.3 公共关系管理办法 — 269

第 10 章 物流管理智慧化

10.1 运输管理 — 273
- 10.1.1 运输智能化与可视化管理办法 — 273
- 10.1.2 运输定价与成本管理制度 — 276

10.2 仓储管理 — 280
- 10.2.1 仓储信息化与智能化管理办法 — 280
- 10.2.2 仓储成本控制办法 — 284

10.3 配送管理 287

- 10.3.1 配送信息化与数据化实施方案 287
- 10.3.2 配送成本控制制度 291
- 10.3.3 配送绩效考核办法 294

10.4 逆向物流管理 297

- 10.4.1 闲置物资盘点与处置管理制度 297
- 10.4.2 报废物资回收与处置管理制度 299

10.5 物流园区与第三方物流管理 302

- 10.5.1 物流园区规范化管理实施细则 302
- 10.5.2 第三方物流供应商选择与管理制度 307

第 11 章 风险管理体系化

11.1 风险管理体系建设 311

- 11.1.1 风险识别管理办法 311
- 11.1.2 风险分析管理办法 314
- 11.1.3 风险评价管理办法 318

11.2 风险管理体系运营 321

- 11.2.1 风险管理监督检查实施细则 321
- 11.2.2 风险管理问题整改实施方案 324
- 11.2.3 风险管理绩效考核实施细则 326

11.3 风险管理体系评估 329

- 11.3.1 风险管理体系评估制度 329
- 11.3.2 风险管理年度评估方案 331

第 12 章 信息管理技术化

12.1	信息技术战略与项目	333
12.1.1	信息技术战略管理办法	333
12.1.2	信息技术项目管理方案	336
12.2	信息技术管理	341
12.2.1	信息技术和解决方案策略管理办法	341
12.2.2	信息技术客户服务管理制度	345
12.3	数据保护与信息资源管理	349
12.3.1	数据保护与数据安全管理制度	349
12.3.2	信息资源与内容管理制度	352
12.4	信息技术管理	354
12.4.1	信息技术解决方案管理制度	354
12.4.2	信息技术实施部署管理制度	358

第1章 需求计划精准化

1.1 需求计划任务、痛点、趋势与体系设计

1.1.1 需求计划的2项任务

需求计划是指对已有的客户订单及通过预测、分析得到的需求结果进行处理并制订计划的过程。需求计划是"根本计划",供应链是环环相扣的一个系统,企业根据需求制订生产计划,生产计划又决定了生产和采购的具体情况。因此,对供应链管理高效的企业一定是对需求计划足够重视的。

综合来说,需求计划有2项任务——需求管理和计划管理。其中,需求管理可分解为需求收集与评估、需求预测与评估,计划管理可分解为制订计划与修改、完善计划,具体如表1-1所示。

表1-1 需求计划的任务分解

两大任务	主要模块
需求管理	需求收集与评估
	需求预测与评估
计划管理	制订计划
	修改、完善计划

1. 任务一:需求管理

需求管理包括以下两方面的内容。

(1)需求收集与评估。需求管理人员要定期收集各部门需求,收集对象通常有仓储、生产、销售等部门,此时收集的需求以已有需求为主,评估内容为需求的合理性。

（2）需求预测与评估。需求管理人员要根据收集到的需求和库存、生产、销售等部门的工作计划进行需求预测，并对预测结果进行评估，评估内容为预测结果的准确性。

2. 任务二：计划管理

计划管理包括以下两方面的内容。

（1）制订计划。计划实际上是对需求进行答复。需求管理人员根据需求收集和预测的结果制订需求计划，包括需求信息、处理方法（如驳回、受理等）、处理人员、处理时间等内容。此时只是"制订"计划的一个过程。

（2）修改、完善计划。需求计划制订后需要通过开会等方式进行论证，以判断计划的合理性。计划被论证并得到肯定，然后经过修改、完善后，才算被"制订"完成。

1.1.2 需求计划的3项痛点

需求计划属于计划，既然是计划就具有未知性。需求计划要充分考虑需求的不确定性和需求变动对供应链上下游带来的影响。在实际工作中，需求计划有以下3项痛点。

1. 需求预测远离目标

需求计划是以已有需求和需求预测为基础的。已有的需求是确定的，但预测的需求是不确定的，不确定就代表风险和偏差。

需求预测是一个跨部门的业务行为，在要点的控制上缺乏一致性，这就决定了其很容易出现认知差异，从而产生虽然预测了但往往抓不住重点，"打不中目标"的结果。

企业越发展越壮大，业务的复杂度和难度就越高，如何在众多的业务需求数据中找到沙子堆里的"石头"就是关键。

"二八原则"在需求预测时同样适用，需求量较大的重要客户和稳定客户可能只占企业客户数的20%，甚至更低，但他们往往能够为业务提供重要支撑，他们的需求变化对企业供应链的影响十分显著。

如果需求数据抓不住这"20%"的重要客户，那么需求预测的结果可能是失真的。而抓住这些重要客户的关键就在于计划和市场销售的协作，只有将销售与运营结合到一起，充分发挥数据和判断的作用，才能找到沙子堆里的"石头"。

2. 需求计划与实际脱离

计划是一种分析职能，但本质上是基于实际情况分析的。如果脱离了企业的客观情况，那么计划的效用就会大打折扣。届时，高库存、低周转、资金紧张等问题都会影响到供应链管理。

很多企业的计划部门可能都会有一种认知，即计划是在办公室里写出来的。这是一种"不成熟"的认识，计划贯通需求到供应的特性决定了制订计划是一项需要不断吸收、学习、实践和检验的工作。

以指标体系为例，客户服务水平、按时交货率、资产利用率、库存周转率、运营成本等供应链指标都和计划的制订有关。

计划作为供应链管理的重要工作，在引导的层面上要发挥高度指引作用，这就要求计划能够最大限度地切合实际情况。

要保证计划与实际紧密结合，计划制订职能部门就要积极地发挥主观能动性，主动联系客户，问他们的需求、要求、意见；主动联系供应商，问他们的产能、进度、交期等。

只有不断地掌握供应链各环节的信息，才能让计划更准确，从而降低不确定性带来的风险，使计划的驱动效用最大化。

3. 需求计划应变能力弱

需求变动在供应链管理过程中是不可避免的问题，许多企业在应对需求变动的过程中时常会出现计划管理滞后的情况，这就是计划适应需求变动能力较弱的体现。

当计划不能及时调整以应对需求变动时，生产、采购、仓储、物流、交付等供应链后续环节就会出现问题。

企业在进行计划管理时，往往要依靠历史数据进行基本分析，确定需求的"基本盘"大小，在此基础上根据需求预测的结果进行增减操作。一旦计划确定，开始投入供应链后续的生产、采购、仓储等环节，需求变动带来的影响就不再局限于计划这一个部分。

当计划的调整跟不上需求的变动时，"指挥"的能力就会失效，正确的判断在变动的情况下也会转化为错误的判断。

要注意的是，这些需求变动与计划调整之间的差距，会在供应链系统中逐步形成库存，如果不能及时地对库存进行消化，将会进一步提高库存成本，降低周转率，呆滞库存就会产生。这会进一步加大计划的压力，减弱企业对需求端和供给端之间的控制力。

要解决计划应对需求变动能力较弱的问题，关键还是在于计划职能部门和市场营销部门之间的结合和互通。计划部门要熟悉供应链系统的全过程，不仅要有数据，还要在合理范围共享数据。市场部门要对市场有掌控，对市场变化有灵敏的嗅觉，还要熟悉自己的客户，做好判断的工作。

1.1.3 需求计划的4个趋势

当今社会日新月异,很多领域都发生了深刻变化,形成许多新趋势,供应链领域亦是如此。在需求计划这一事项上,当前主要存在以下4个趋势。

1. 数据化趋势

所谓数据化,是指把复杂的业务工作通过报表体系、数据分析体系来进行记录、汇总、查询、展示以及储存的过程,其中,数据化管理是现代企业管理中常见的方法之一。

需求计划的数据化是必然的,因为需求计划本来就是基于数据得来的。很多企业虽然明确这一理念,但并不知如何操作,或者由于技术、人员等因素影响无法有效操作。

为适应需求计划数据化趋势,对需求计划进行数据化管理,企业最好搭建数据化平台,使得一切需求数据从平台获得和储存,便于查询和处理,让数据发挥更大价值,便于经营决策。

2. 数字化趋势

数字化就是将许多复杂多变的信息转变为可以度量的数字、数据,再以这些数字、数据建立起适当的数字化模型,并把它们转变为一系列二进制代码,引入计算机内部,从而进行统一处理的过程。这得益于计算机技术、互联网技术等的高速发展。如今,企业正在试图对更多的事项进行数字化管理。

需求计划的数字化,是指需求计划的收集、统计、分析、预测等工作更多依赖于计算机运行的系统与软件来进行,使得需求提报与确认更高效、便利,需求预测更准确、迅速。

数字化已经成为了国际趋势,数字化下的需求计划,简单、客观、高效、准确,是所有企业需要着重发展的方向。

3. 专业化趋势

随着社会发展,社会分工的不断细化,人们更加趋向于让专业的人去做专业的事。企业管理亦是如此。

以前,企业需求管理可能由采购部、市场部等负责,职责不清,边界不明。如今,专业化的趋势推动企业吸纳和培养专业的需求管理人员进行需求管理,需求管理工作得到了重视,也有了进步。

通过推动专业化,可以实现差异化,拉开与同类企业的差距,创造更多的竞争优势。

4. 智能化趋势

智能化趋势是计算机网络、大数据、物联网和人工智能等技术发展的结果。常见的智能化表现有无人驾驶、智能家居、智能制造等。

需求计划的智能化趋势，体现在自动记录、自动分析、自动预测等工作上。需求管理人员可通过智能管理工具或平台，设计好响应机制，让需求自动上报，让工具自动分析与预测。

需求计划中的智能化以数据化、数字化、专业化为基础，要求人员专业、设备专业、数据丰富。企业应重点关注新时代的新趋势，充分利用科技手段，培养专业人才，促使需求计划管理工作最终向精准化靠拢。

1.1.4 需求计划的体系设计

需求管理和计划管理是需求计划体系的基本雏形，在此基础上，需求管理包含需求收集与预测，计划管理包含计划制订与修订，再将各事项丰富，总结形成需求计划体系，具体如图1-1所示。

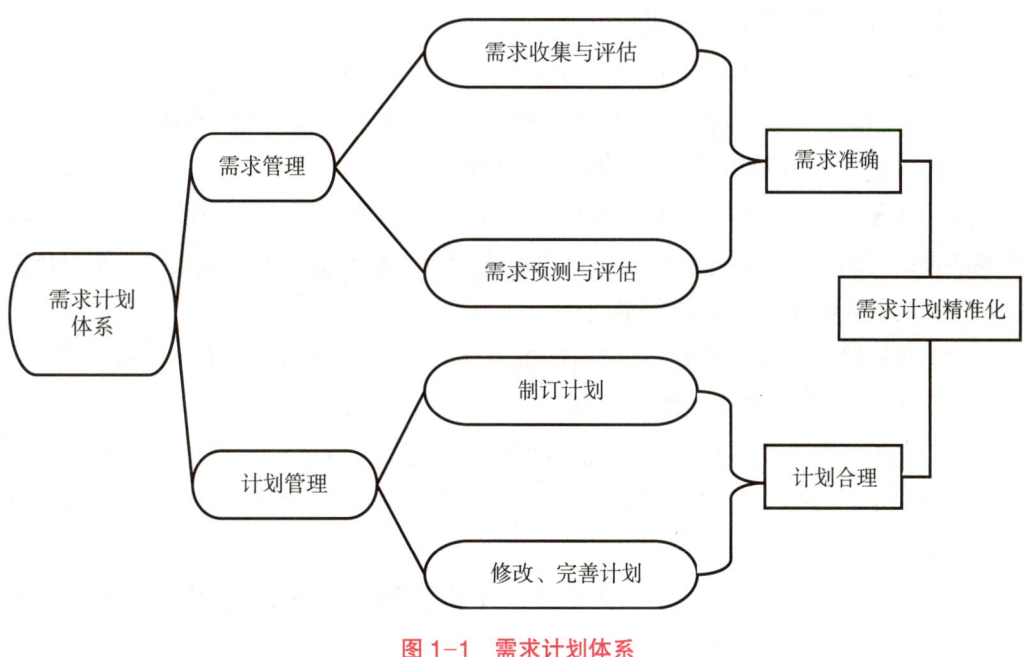

图1-1 需求计划体系

1.2 需求预测内容与流程，方法与案例，评价内容与工具，纠偏内容、方法与方案

1.2.1 需求预测的内容与流程

1. 需求预测的内容

需求预测是需求管理过程中的重要工作，一般是指企业在特定的条件下，对未来的市场需求所进行的一系列预测与计算。

要注意的是，需求预测本质上是一种对未来需求的测量和预估，偏差是一定会发生的，而企业要做的就是控制偏差，尽量使偏差趋于最小化。

需求预测的内容有以下3个方面。

（1）需求详情。需求详情指需求的详细内容，如产品的类型、价格、数量、品牌等。

（2）需求时间。需求预测要求根据当下生产经营情况，预测需求可能产生的时间和产生需求后满足需求所需要的时间。

（3）影响因素。要判断影响需求的因素，一般有市场销售情况、生产情况、物流情况、仓储情况、资金情况等，这些因素都会影响需求预测的准确性和有效性。

需求预测还需要在此基础上明确以下4个重点。

（1）预测精细度。预测到底精确到什么程度，是需求预测要考虑的问题。对需求可能涉及的时间、任务、数量、重量、大小等内容，是预测一个范围还是一个具体的值，这就是预测精细度要考虑的问题。

（2）预测跨度。预测跨度是指当前预测的是未来多长时间的需求。例如，现在是1月，预测的是4月的需求，那么预测跨度就是3个月。

（3）预测间隔。预测间隔是指预测的频率，即多久进行一次预测。有些企业一个月更新一次预测数据，有些企业甚至一天更新一次，具体的预测间隔要根据企业实际情况而定。

（4）预测单位。预测单位是指表达需求数据的量值物理单位，如吨、千米，或者常用量词，如箱、盒、把等。

2. 需求预测的流程

（1）需求预测流程，具体如图1-2所示。

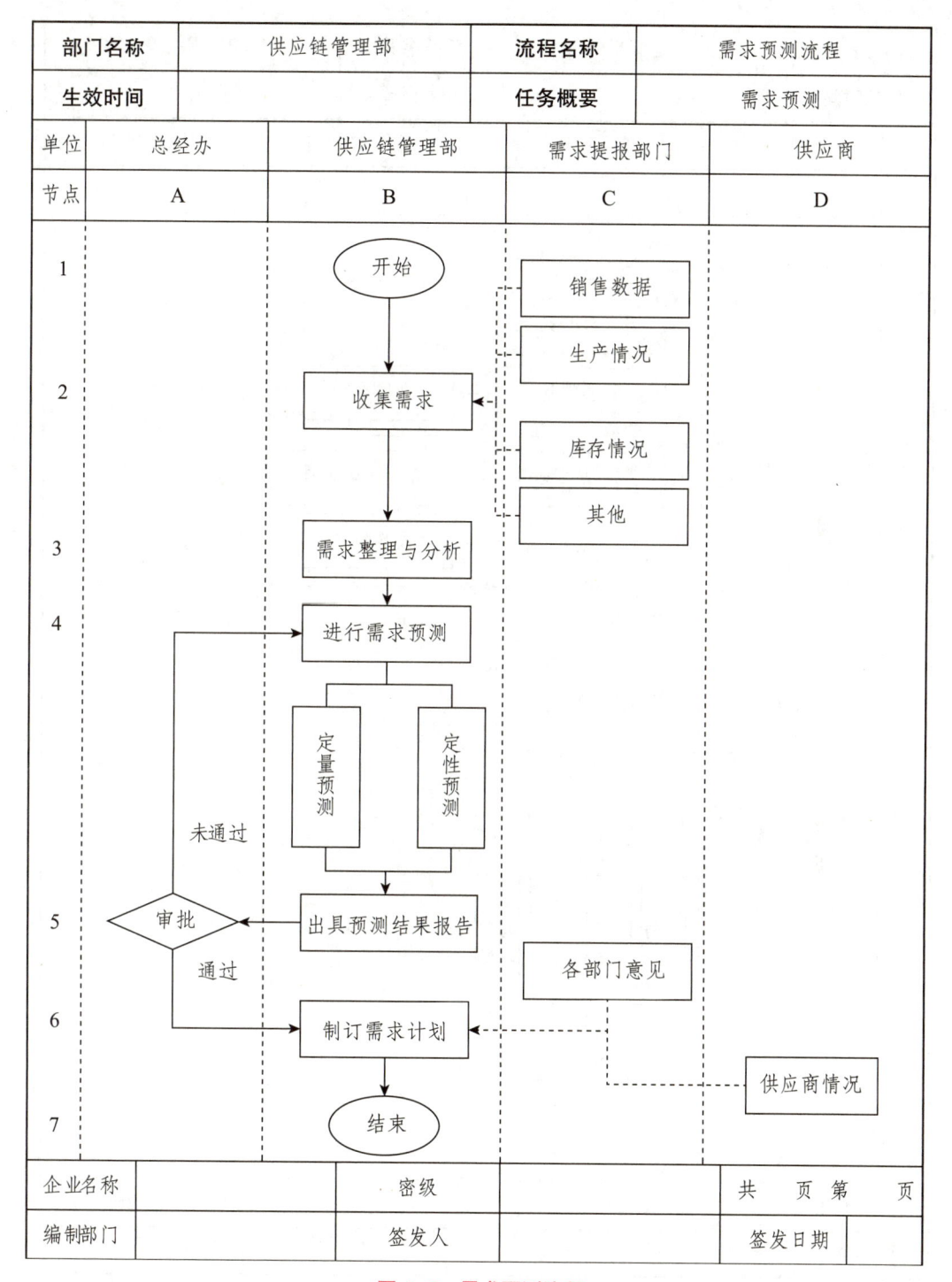

部门名称	供应链管理部	流程名称	需求预测流程
生效时间		任务概要	需求预测

单位\节点	总经办 A	供应链管理部 B	需求提报部门 C	供应商 D
1		开始		
2		收集需求	销售数据 / 生产情况 / 库存情况 / 其他	
3		需求整理与分析		
4		进行需求预测		
5	审批（未通过/通过）	定量预测 / 定性预测 → 出具预测结果报告		
6		制订需求计划	各部门意见	供应商情况
7		结束		

企业名称		密级		共 页 第 页
编制部门		签发人		签发日期

图 1-2 需求预测流程

（2）需求预测纠偏流程，具体如图 1-3 所示。

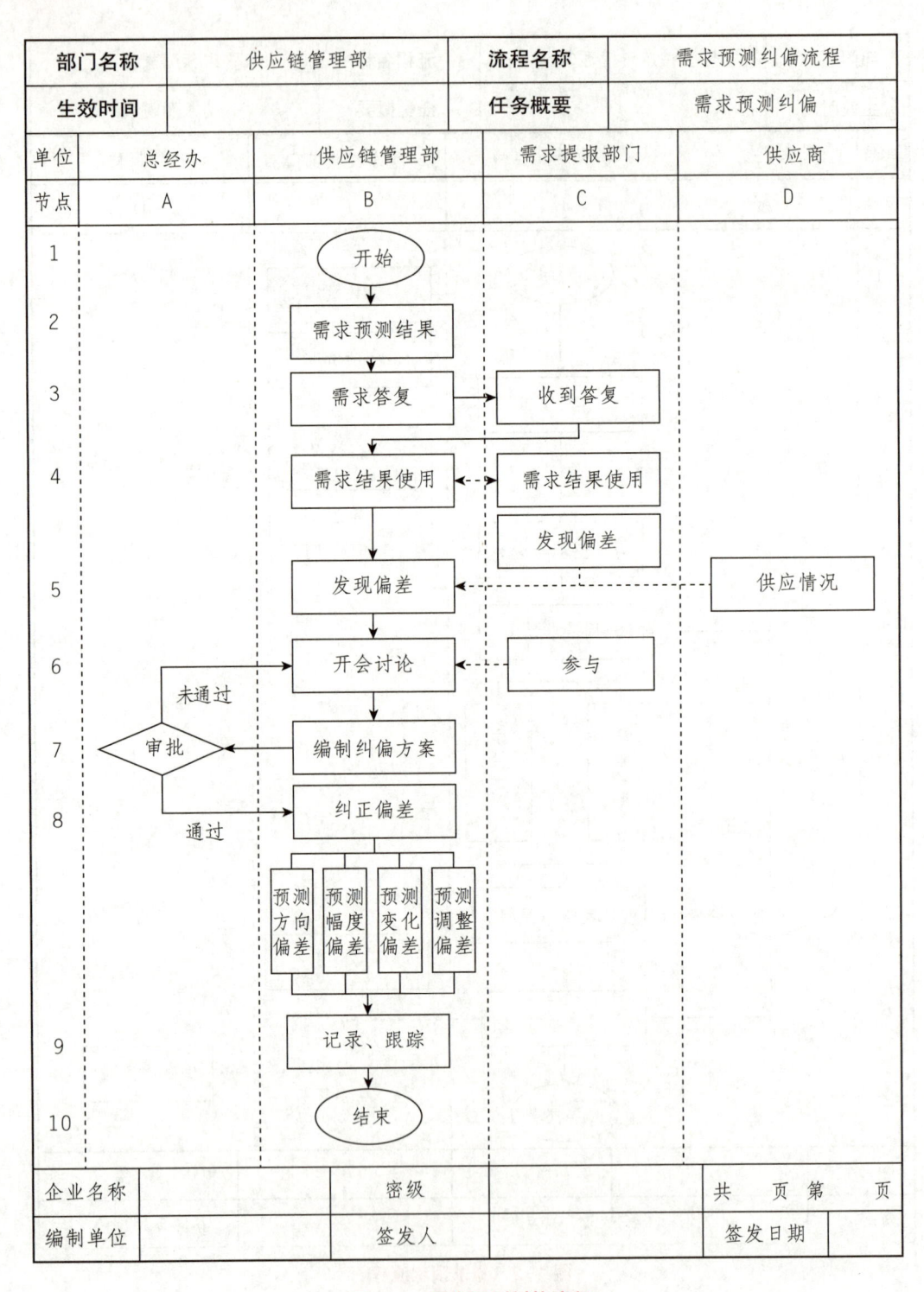

部门名称	供应链管理部		流程名称	需求预测纠偏流程
生效时间			任务概要	需求预测纠偏

单位	总经办	供应链管理部	需求提报部门	供应商
节点	A	B	C	D
1		开始		
2		需求预测结果		
3		需求答复 →	收到答复	
4		需求结果使用 ⇠⇢	需求结果使用 / 发现偏差	
5		发现偏差 ⇠⇢		供应情况
6		开会讨论 ⇠⇢	参与	
7	未通过 ← 审批	编制纠偏方案		
8	通过 →	纠正偏差 → 预测方向偏差 / 预测幅度偏差 / 预测变化偏差 / 预测调整偏差		
9		记录、跟踪		
10		结束		

企业名称		密级		共 页 第 页
编制单位		签发人		签发日期

图1-3 需求预测纠偏流程

1.2.2 需求预测的方法与案例

目前,需求预测有两种常用方法,即定量预测法与定性预测法。这两种方法一种基于数据,一种基于经验,在实际使用过程中都有很强的指导作用。

1. 定量预测法

定量预测法是通过建立数学模型来进行预测的方法,具体是使用历史数据或因素变量来预测需求。

(1)常见的定量预测方法有以下4种。

①简单平均法。简单平均法是相对比较简单的时间序列法,其方法是将前段时间数据的平均数作为未来的预测数据,其公式为:$F_{f+1}=\sum_{f=1}^{N}\frac{D_f}{N}$,其中 F 表示需求预测,D 表示需求,N 表示时段数。公式含义是往期所有数据的平均数作为下期预测数据。简单平均法尤其适合没有明显趋势的数据模式。

②移动平均法。由于简单平均法具有局限性,因此人们引用了移动平均法。移动平均法可以剔除不相关和过时的数据,只保留有效数据,这样预测的结果更准确。移动平均法的计算公式为:$F_{f+1}=\frac{[D_f+D_{f-1}+D_{f-2}+\cdots+D_{f-(N-1)}]}{N}$。假如是4个时间段内的移动平均数,那么其移动平均数公式就是:$F_{f+1}=\frac{[D_f+D_{f-1}+D_{f-2}+D_{f-3}]}{4}$。由于剔除了过期和无关的数据,移动平均法得到的预测数据相对更准确,尤其是数据呈阶段性分布的时候。

③指数平滑法。指数平滑法可以更灵活地运用历史数据,因为预测时可以决定近期和远期数据的占比。指数平滑法的计算公式为:$F_{f+1}=\alpha D_f+(1-\alpha)F_f$,其中 α 代表平滑系数($0<\alpha<1$)。αD_f 表示近期数据的比重,如 α 为0.2,那么说明近期数据的比重较小;α 为0.8,说明近期数据的比重较大。该方法被称为指数平滑法是因为公式后半部分:$(1-\alpha)F_f$,其中 F_f 为当期预测数据,而当期的预测数据又包含了之前的历史数据,再结合 αD_f,则形成了指数型算法。

④回归分析法。时间序列法能够分析随着时间变化而变化的数据,而对于那些数据与时间关联性不强,或者由时间之外因素造成的影响过多时,就可以使用回归分析法。

回归分析是一个统计学概念,指的是确定两种或两种以上变量间相互依赖的定量关系的一种统计分析方法。因此,在进行回归分析前,一般要首先确定两个变量:自变量与因变量。在需求预测中,需求一般是因变量,自变量则是影响因素,这个影响因素包括企业内部因素与外部因素。

除两个变量外,进行回归分析还需要确定一个重要系数——相关系数。最常见的相关系数为皮尔逊相关系数。其公式为：$R(X,Y)=\dfrac{\text{cov}(X,Y)}{\sqrt{\text{var}[X]\text{var}[Y]}}$，其中，$R$ 为相关系数，X 与 Y 是变量，$\text{cov}(X,Y)$ 为 X 与 Y 的协方差，$\text{var}[X]$ 为 X 的方差，$\text{var}[Y]$ 为 Y 的方差。

有了相关系数，就可以确定相关性，常见的相关性有正相关（$R>0$）、负相关（$R<0$）和不相关（$R=0$）。

有了以上基础，接下来介绍两种比较简单和常见的回归分析方法。

a. 一元线性回归分析。这是最简单的回归分析方法，其公式为 $y=ax+b$，其中 y 是因变量，x 是自变量，a 是斜率，也是一种相关系数，b 是截距。求解一元回归方程的办法有很多，如最小二乘法等。

b. 多元线性回归分析。多元线性回归分析是指通过多个自变量对因变量进行预测的回归分析方法，其公式为：$y=a_1x_1+a_2x_2+\cdots+a_nx_{n+b}$，其中 x_n 就代表不断变化的自变量。做多元线性分析时，首先要列出所有自变量，然后对每一个自变量进行相关分析，求出每个自变量和因变量的相关系数；其次要确定相关系数标准，再将达到标准的自变量纳入使用范围。

（2）定量预测案例。

案例名称	吴强的一次定量需求预测

吴强是一家连锁甜品店的副店长。已经4月了，即将进入炎热的夏季，按照往常经验，K企业旗下某品牌雪糕的市场需求量比较大，吴强准备研究一下过往数据，然后确定该品牌雪糕的采购数量。

吴强首先找到 K 企业某品牌雪糕去年5月销售数据如下。

日期（5月）	1日	2日	3日	4日	5日	6日	7日	8日	9日	…	31日
销量（支）	110	100	102	95	115	103	120	104	100	…	102
销售额（元）	220	200	204	190	230	206	240	208	200	…	204

根据零售价=销售额/销量可知，该品牌雪糕的零售价为2元。

吴强首先想到了直接取平均数，最后得到该品牌的每日销量为105支，因此他打算采购一个月的储备量——3255支雪糕。吴强得到这个结果后，将其与另一名副店长周华讨论，周华却说一年的数据参考价值不大，应该多看看往年该月份的销量。

于是吴强又收集了前3年每年5月的销售数据，然后取其平均数，得到了每日销量为130支，这与他初次预测的结果差距较大。

吴强拿着两份结果，去找店长汇报。店长看到结果并询问吴强预测方法后，对吴强说："取平均数这个方法虽然有用，但是太过简单，无法反映市场波动。我们做预测最好精确到每天，即预测每天的需求量。这需要考虑很多外部因素，例如，你收集了3年的销售数据，但是去年这款雪糕其实有作过价格调整，这可能是影响销量的因素之一。还有，雪糕在夏季销量多，其他季节销量少，这是为什么？这是气温的原因，说大点就是天气的原因，不同的天气对销量的影响也是不小的，还有很多其他因素，希望你全盘考虑。你多花点心思，再去做一下预测吧。"吴强惊觉需求预测的重要性和复杂程度，也对这事更加上心起来。

经过数据收集和分析，吴强发现，去年该品牌雪糕虽然进行了价格调整，但该产品也调整了包装和体积，因此销量并未受到太大影响。而销量与天气的联系程度十分密切。吴强查了去年5月当地具体天气情况，得到结果如下。

日期（5月）	1日	2日	3日	4日	5日	6日	7日	8日	9日	…	31日
气温（℃）	28	26	27	25	28	27	29	26	25	…	26
销量（支）	110	100	102	95	115	103	120	104	100	…	102
销售额（元）	220	200	204	190	230	206	240	208	200	…	204

吴强发现，每日销量确实与气温存在某种关系，于是他决定采用回归分析的办法来预测数据。吴强将数据导入Excel软件中，通过LINEST函数得到了回归方程，明确了气温与销量是正相关关系，气温越高，雪糕的销量也就越高。吴强又对3年内每年5月的销售数据进行了回归分析，再查询了当年5月的天气预报，最终得出了精确到5月每天的预测数据。

吴强再找店长汇报时，店长对其结果表示满意，还告诉了他一些其他影响因素，并让吴强通过雪糕需求量预测这一案例，尝试预测店内其他产品需求。

2. 定性预测法

定性预测法也叫主观预测法或者判断预测法，是指根据有经验人士、专家的意见、建议、知识储备以及直觉来下判断、做预测的方法。在某些情况下，这种人为的判断和直觉比数据更准确、有用。

（1）常见的定性预测方法有以下3种。

①德尔菲法。德尔菲法是指有知识、有能力的人直接根据其经验来下判断、做预测的办法。德尔菲这一名称起源于古希腊神话，是古希腊地名。这一预测法虽然古老

但是十分有用，专家与有经验人士的判断有时候甚至比数据计算来得准确。

②集合意见法。集合意见法是指预测人员召集管理者和业务人员等，根据收集的信息资料和个人经验，对需求做出预测，最后把预测方案和意见集中起来，用平均数的方法进行数学处理，并根据实际工作情况进行修正，最终取得预测结果的方法。

③专家意见加权评估法。专家意见加权评估法是建立在专家意见法上的，专家意见法是指通过召集专业人士，再利用其专业知识进行预测，而专家意见加权评估法是指确定每个专家预测结果的权重，最后再计算分值。这种方法相对前面两种方法来说更详尽。

其余预测方法，如部门主管意见法、销售人员组合法等都大同小异，重点都是邀请一群具备发言权的人利用其经验和知识进行预测。

（2）定性预测案例。

案例名称	M企业的一次需求预测
M企业今年新开发了一种产品X，该产品已经销售一个月了，销售业绩波动较大，按照这一个月的销售情况，产品X剩余库存只能支持一个月的销售供给，原材料采购迫在眉睫。由于加工该产品所需要的一种材料Y比较特殊，价格较贵，且只能用于加工X产品，无法用于其他产品，因此采购部、市场部和生产部等部门联合开会，确定该材料Y的具体采购数额。

由于X产品只有一个月的销售数据，且波动较大，目前还不明白波动原因，因此按销售数量来预测采购需求是不具有参考性的，也不能单凭直觉盲目采购，届时X产品销售情况不佳，就可能导致材料Y的浪费。采购部负责人刚得到了材料Y的供应商的消息，称该材料目前比较紧缺，后续调货可能困难，又表示如果不尽快采购该材料，可能导致后续采购出现困难。一时间，关于Y材料的采购问题，几位负责人陷入两难。

经过多次讨论，并请示总经理后，大家决定邀请企业内外部专家参与预测。这几位专家分别是X产品设计师、M企业所在行业资深研究员、Y材料资深研究员以及行业营销专家，再加上企业内采购部、市场部、生产部、物流部等相关人员，形成了专家小组。

企业事先给各专家的预测结果划分了权重占比，但并未告知各位专家。而是先让所有专家聚集在一起，来了一场头脑风暴，然后让各位专家独立预测，收集结果后，再根据事先确定的权重来综合考量各方意见，最后得到了预测结果。

预测完成后，采购部制订了采购计划，并且后续生产和销售情况表明，这次预测是很成功的。 ||

1.2.3 需求预测的评价内容与工具

1. 需求预测的评价内容

需求预测评价的内容之一就是需求预测的准确性。我们可以将需求预测的准确性从 3 个方面来评价。

（1）单项目单次预测准确率。只针对某一项需求做其在未来某段时间的预测，属于阶段性时间预测。

（2）单项目多次预测准确率。需求预测往往不是一次性工作，而是一个持续的、长久的工作，因此需求预测会出现单项目多次预测的情况。

（3）多项目多次预测准确率。实际工作中企业不可能只预测某一项需求，因此我们需要评价多项目多次预测准确率。

2. 需求预测的评价工具

对预测准确性的评价，用预测准确率来作为评价指标，这是需求预测简单而常用的评价工具。预测准确率的计算公式为：$Y=1-P$，其中 Y 代表预测准确率，P 代表预测偏差率。而预测偏差率的计算公式为：$P=\dfrac{|F-S|}{S}\times 100\%$，其中 F 代表预测数据，S 代表实际数据。

有了需求与预测准确率的基础公式，上文中 3 种情况的预测准确率计算公式如下。

（1）单项目单次预测准确率。其计算公式为预测准确率的基础公式，即 $Y=1-P$。

（2）单项目多次预测准确率。此时计算需求预测准确率需要用平均预测偏差率，其公式为：$\overline{P}=\dfrac{\sum_{n-1}^{N}\dfrac{|F_n-S|}{S}\times 100\%}{N}$，其中 N 代表预测次数。而预测准确率的计算公式依旧为：$Y=1-\overline{P}$。

（3）多项目多次预测准确率。此时要引入加权平均绝对百分比偏差的概念，单个项目的加权平均绝对百分比偏差的计算公式为：$\overline{P}_s=\overline{P}\times\dfrac{S_n}{S_S}$，其中 S_n 为某项目的实际需求量，S_S 为所有需求项目的总需求量。而将所有项目的加权平均绝对百分比偏差相加，就得到了总体加权平均绝对百分比偏差 $\overline{P}_s$，最后得到多项目多次预测准确率为 $Y=1-\overline{P}_s$。

3. 需求预测的评价方案

方案名称	需求预测评价方案	编　号	
		受控状态	

一、目的

1. 规范企业 A 产品线需求预测评价工作的方法。

2. 促使企业 A 产品线需求预测评价工作更专业、准确。

二、适用范围

本方案仅适用于企业 A 产品线的需求预测评价工作，不适用于本企业其他项目需求预测评价工作。

三、评价小组

1. A 产品线的需求预测评价工作由评价小组进行。

2. 评价小组由企业供应链管理部需求管理主管、A 产品线的生产主管、A 产品线的销售主管、A 产品线的仓储部主管以及其他相关部门人员组成，供应链管理部需求管理主管任组长。

四、评价原则

需求预测评价坚持以数据为基础、以专家意见作参考、以事实为依据，遵循客观真实、实事求是的原则。

五、评价时间

每次需求预测评价的时间是从需求预测结束到需求使用后一周以内。

六、评价内容

需求预测评价的准确性，具体通过需求预测评价准确率表示。

七、评价对象

1. 库存需求预测评价准确率。

2. 销售需求预测评价准确率。

3. 生产需求预测评价准确率。

4. 采购需求预测评价准确率。

5. 其他需求预测评价准确率。

评价小组组长事先确定评价对象。评价对象范围是评价小组成立之初便确立的，每次评价时，小组组长要选择相应的评价对象。

八、评价方式

1. 评价方式一般是计算需求预测评价准确率，因此要确定计算方法和计算公式。具体方法由评价小组设计与解释。

2. 设计需求预测评价准确率分级表，具体如下所示。

需求预测评价准确率分级表

准确率	在80%及以下	81%~85%	86%~90%	91%~95%	96%~100%
评级	准确率极低	准确率低	准确率较高	准确率高	准确率极高

九、评价步骤

（一）收集数据

评价小组派专门人员收集数据。需要收集的数据有需求预测数据、需求实际数据、往期预测数据和往期实际数据等。

（二）需求预测评价工作会议

需求预测评价小组组长组织召开需求预测评价工作会议，开始需求预测评价工作。

1. 分析数据

评价小组分析收集的各类需求预测评价数据。

（1）分析需求预测评价数据和需求时间数据，可以得到需求预测评价准确率。

（2）分析当下需求实际数据和往期实际数据，可以得到需求增长情况。

（3）分析当下需求预测评价准确率和往期需求预测评价准确率，可以得到需求预测评价变化情况。

2. 判断结果

通过对比需求预测评价准确率分级表，判断各类需求数据的准确率级别。

3. 调整建议

不同的准确率级别对应不同的调整建议，具体如下所示。

准确率级别及其调整建议

准确率	在80%及以下	81%~85%	86%~90%	91%~95%	96%~100%
评级	准确率极低	准确率低	准确率较高	准确率高	准确率极高
调整建议	深刻反思与检查预测方法和步骤，进行重大调整	有针对性地调整预测方法与步骤	优化部分预测步骤	优化小部分预测步骤	积极创新预测方法与工作思路

（三）评价结果公示

需求预测评价工作会议结束后，评价小组将结果与调整建议公示给相关部门。

（四）调整跟踪

评价小组要跟踪需求预测评价工作的调整情况，及时发现问题，解决问题。

（五）资料存档

将需求预测评价工作的资料存档保管，以备后续使用。

十、其他

此方案由供应链管理部需求管理主管编制，于××××年××月××日正式生效执行。

执行部门		监督部门		编修部门	
执行责任人		监督责任人		编修责任人	

1.2.4 需求预测的纠偏内容、方法与方案

1. 需求预测纠偏的内容

需求预测纠偏需要从 4 个方面入手，它们分别对应需求预测纠偏的主要内容。

（1）预测方向的偏差是指需求预测的增减方向出现问题。如某企业 11 月预测 12 月的需求数据会增加，但实际 12 月的需求数据却减少了，这就是预测方向出现偏差。

（2）预测幅度的偏差是指需求数据数量上的偏差，即实际需求数据（或数据的增减）大于或小于预测数据（或数据的增减）。如某企业 11 月预测 12 月需求数据比 11 月增加 50，但实际增加了 80，这就是预测幅度的偏差。

（3）预测变化的偏差是针对需求波动而言的。如某企业预测下半年的需求变化成正弦曲线变化，但实际却成余弦曲线变化。

（4）预测调整的偏差。需求预测是一个持续的、长久的过程，是不断进行又不断调整的，而预测调整的偏差就是指发现预测失误后调整但不及时或不准确，导致预测结果依旧是有偏差的。

2. 需求预测纠偏的方法

（1）PDCA 循环法。这里需要明确一个理念，那就是需求预测是一个 PDCA 循环过程。这里的 P 指的是计划（Plan），D 指的是执行（Do），C 指的是检查（Check），A 指的是调整（Adjust）。

需求预测就是一个不断制订计划、执行计划、检查进度，然后进行调整的过程。在这个过程中，需求预测纠偏是工作环节之一，是主动进行的工作项目。企业明确了这一理念后，自然能够提高需求预测纠偏意识。

实际进行时可在各环节设计节点，通过定时、定点、定员汇报机制来执行 PDCA 循环。

（2）WOOP 思维法。WOOP 思维法是一种全新的思维方法，由著名心理学大师加布里埃尔·厄廷根教授在其著作中提出。WOOP 由 4 个词的首字母组成，即 W（Wish，愿望）、O（Outcome，结果）、O（Obstacle，障碍）、P（Plan，计划）。WOOP 法其实和需求预测纠偏是完全契合的。

Wish 是指愿望，对应需求预测纠偏中的预测结果，即希望达到的结果。

Outcome 是指结果，这说明需求预测纠编已经完成了，在跟踪当中。

Obstacle 是指障碍，这说明需求预测纠编结果出现了问题。

Plan 是指计划，这对应需求预测纠编发现问题后的解决办法。

因此，WOOP 思维法实际上规范了需求预测纠偏的步骤，为需求预测纠偏提供了工作思路，为企业设计需求预测纠偏工作方案提供了模板。

3. 需求预测纠偏的实施方案

方案名称	需求预测纠偏实施方案	编　　号	
		受控状态	

一、目的

1. 规范企业 A 产品线需求预测纠偏工作的方法。

2. 促使企业 A 产品线需求预测纠偏工作更专业、准确。

二、适用范围

本方案仅适用企业 A 产品线需求预测纠偏工作，不适用本企业其他项目需求预测纠偏工作。

三、纠偏小组

1. A 产品线的需求预测纠偏工作由纠偏小组进行。

2. 纠偏小组由企业供应链管理部需求管理主管、A 产品线的生产主管、A 产品线的销售主管、A 产品线的仓储部主管以及其他相关部门人员组成，需求管理主管任组长。

四、纠偏原则

需求预测纠偏工作遵循有偏必纠、有偏快纠原则。

五、纠偏时间

每次需求预测纠偏工作自需求预测完成后，需求预测结果开始使用时自动开始。

六、纠偏内容

1. 需求预测纠偏方向的偏差。

2. 需求预测纠偏幅度的偏差。

3. 需求预测纠偏变化的偏差。

4. 需求预测纠偏调整的偏差。

七、纠偏对象

库存、生产、销售、采购等环节的需求预测纠偏结果在使用时的偏差。

八、纠偏步骤

（一）跟踪需求预测使用

预测的需求数据开始使用后，纠偏小组要派人跟踪，及时发现问题。

（二）需求预测纠偏

主要纠偏需求预测纠偏结果的准确率。

（三）发现偏差

1. 跟踪人员发现偏差后，要及时反映，做好记录。

2. 跟踪人员发现偏差后，除记录外，要及时向纠偏小组汇报。

（四）分析偏差原因

1. 纠偏小组调查和分析偏差出现的原因。

2. 相关部门配合调查。

（五）纠正偏差

1. 查明原因后，纠偏小组要提出解决办法。

2. 按偏差的严重程度和解决的难度，解决办法可分为直接解决、协调解决、上会讨论等。

（1）直接解决。偏差发生原因直接明了，解决难度低。

（2）协调解决。偏差发生原因比较复杂，涉及多部门协调问题。

（3）上会讨论。偏差发生原因十分复杂，涉及多部门、多因素。

（六）纠偏结果跟踪

纠偏结束后，纠偏小组要继续跟踪，防止继续出现偏差。

（七）记录与修正

1. 纠偏小组要记录每次偏差出现原因、出现时间、解决办法、解决过程、解决结果等内容。

2. 纠偏小组要总结以上记录的内容，分析规律，并将其运用到下次需求预测纠偏当中。

九、其他

此方案由供应链管理部需求管理主管编制，于××××年××月××日正式生效执行。

执行部门		监督部门		编修部门	
执行责任人		监督责任人		编修责任人	

1.3 销售与运作计划

1.3.1 S&OP数据准备与处理流程

S&OP（Sale & Operation Plan），即销售与运作计划，S&OP数据准备与处理流程如图1-4所示。

部门名称	供应链管理部	流程名称	S&OP数据准备与处理流程
生效时间		任务概要	S&OP数据准备与处理

单位	总经办	供应链管理部	各内部部门	外部（供应商、政府、客户等）
节点	A	B	C	D
1		开始		
2		启动工作，分配人员	提供数据	
3		确认库存和在途数据		提供数据
4		收集历史需求数据	提供数据	
5		收集历史预测数据	提供数据	
6		请求销售端提供信息	支持	
7	提供信息	了解政策变动等		外部变动
8		数据整理、分类		
9		结束		

企业名称		密级		共 页 第 页
编制单位		签发人		签发日期

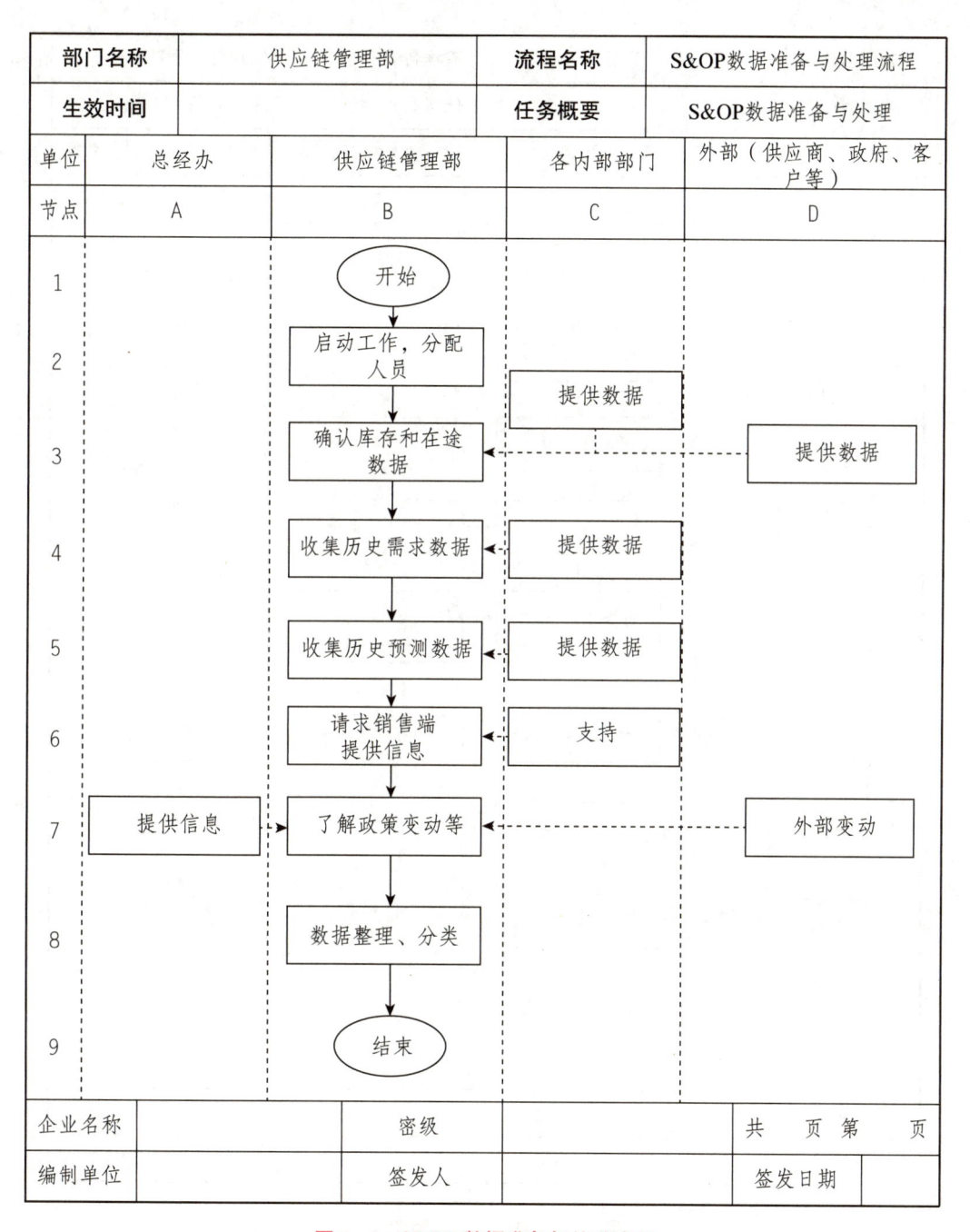

图 1-4　S&OP 数据准备与处理流程

1.3.2 S&OP需求预测流程与其调整流程

1.S&OP 需求预测流程

S&OP 需求预测流程如图 1-5 所示。

部门名称	供应链管理部	流程名称	S&OP需求预测流程
生效时间		任务概要	S&OP需求预测

单位	总经办	供应链管理部	各内部部门	外部（供应商、客户等）
节点	A	B	C	D

节点	流程
1	开始
2	确定预测启动时间
3	确定预测参与人员
4	总业绩预测 ← 数据支持
5	分类业绩预测 ← 数据支持
6	明细产品需求预测 ← 数据支持；← 外部情况
7	编制预测报告
8	审核（未通过返回7；通过）→ 存档以备使用
9	结束

| 企业名称 | | 密级 | | 共 页 第 页 |
| 编制单位 | | 签发人 | | 签发日期 |

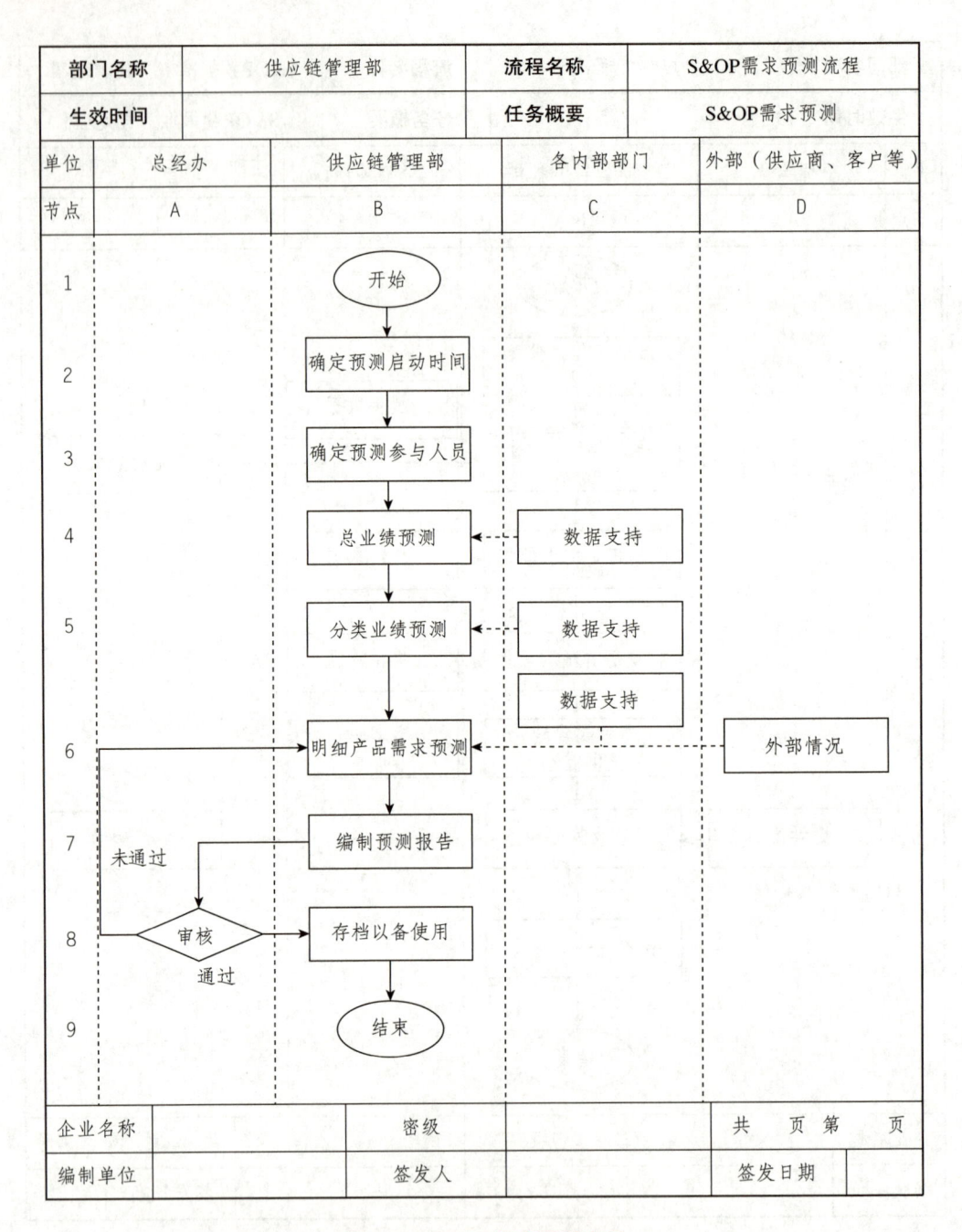

图 1-5 S&OP 需求预测流程

2.S&OP 需求预测调整流程

S&OP 需求预测调整流程如图 1-6 所示。

部门名称		供应链管理部		流程名称	S&OP需求预测调整流程
生效时间				任务概要	S&OP需求预测调整

单位	总经办	供应链管理部	各内部部门	外部(供应商、客户等)
节点	A	B	C	D
1		开始		
2		初步预测结束		
3		初步预测结果分析	参与	提供参考
4		初步预测结果调整		
5		定量调整　定性调整		
6		审核（未通过/通过）编制调整报告		
7		预测结果使用		
8		结束		

企业名称		密级		共　页　第　页
编制单位		签发人		签发日期

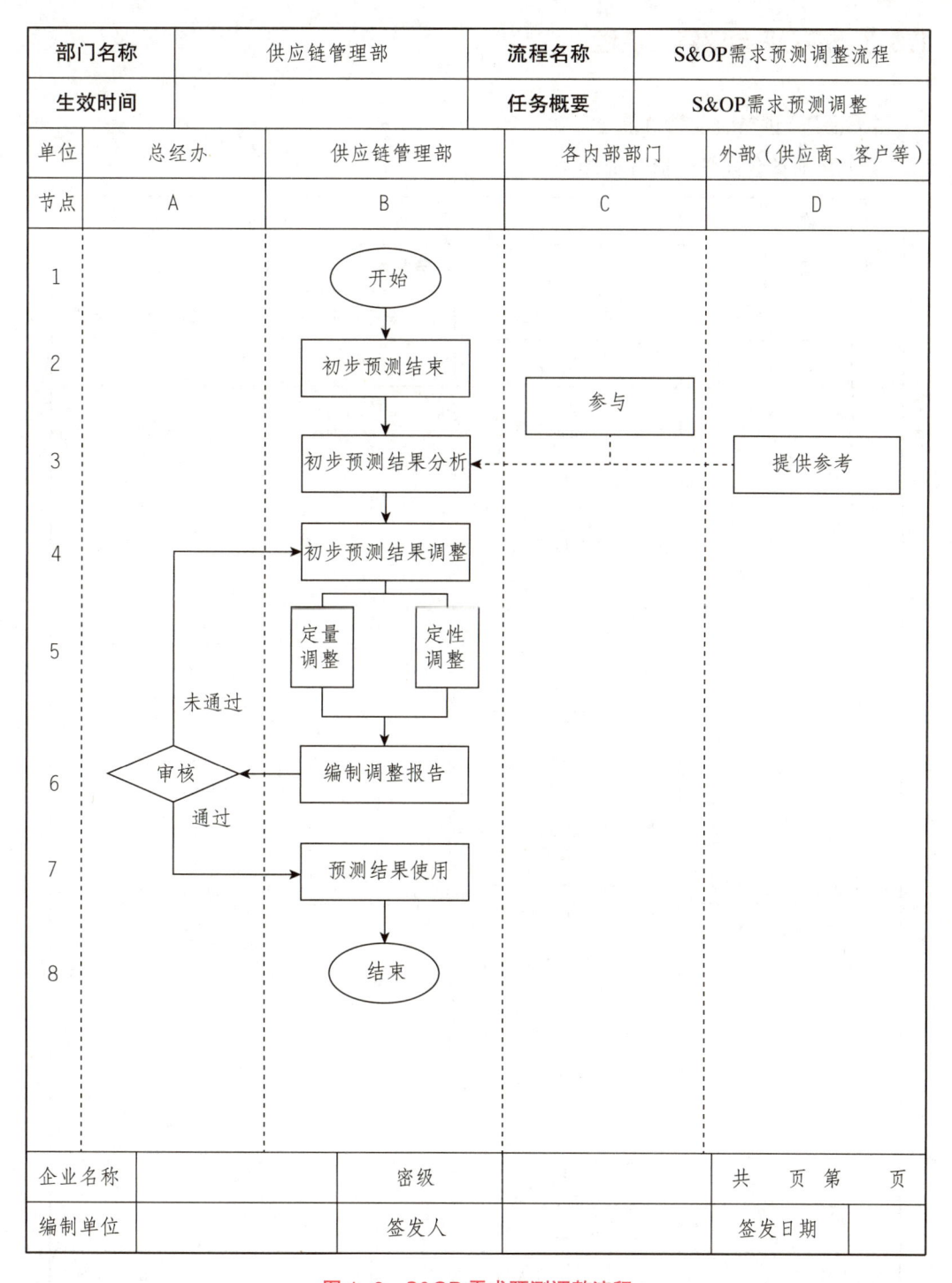

图 1-6　S&OP 需求预测调整流程

1.3.3 S&OP会议管理流程

1.S&OP预备会议管理流程

S&OP预备会议管理流程如图1-7所示。

部门名称	供应链管理部		流程名称	S&OP预备会议管理流程
生效时间			任务概要	S&OP预备会议管理
单位	总经办	供应链管理部	各内部部门	外部(供应商、客户等)
节点	A	B	C	D
1		开始		
2		发布会议通知		
3		主持召开预备会议		
4		回顾上期S&OP执行情况	←----	外部变动
5		评审本期需求预测		
6		评审本期需求计划	----→	
7	酌情参与	评审本期销售计划	积极参与	
8		判断供需关系	←----	
9		梳理会议议题		
10		确定正式会议细节		
11		结束		
企业名称		密级		共 页 第 页
编制单位		签发人		签发日期

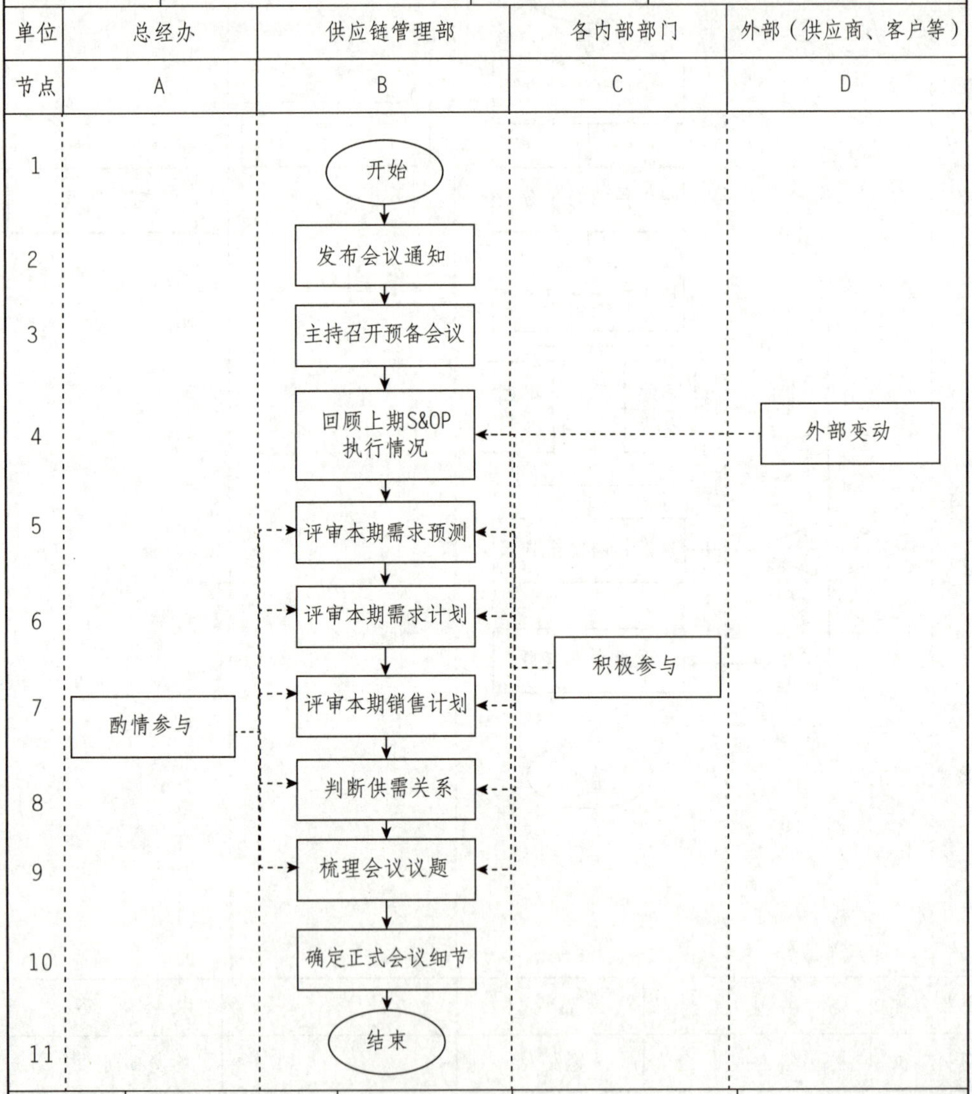

图 1-7 S&OP 预备会议管理流程

2.S&OP 正式会议管理流程

S&OP 正式会议管理流程如图 1-8 所示。

部门名称	供应链管理部	流程名称	S&OP 正式会议管理流程
生效时间		任务概要	S&OP 正式会议管理
单位	总经办	供应链管理部	各内部部门	外部（供应商、客户等）
节点	A	B	C	D

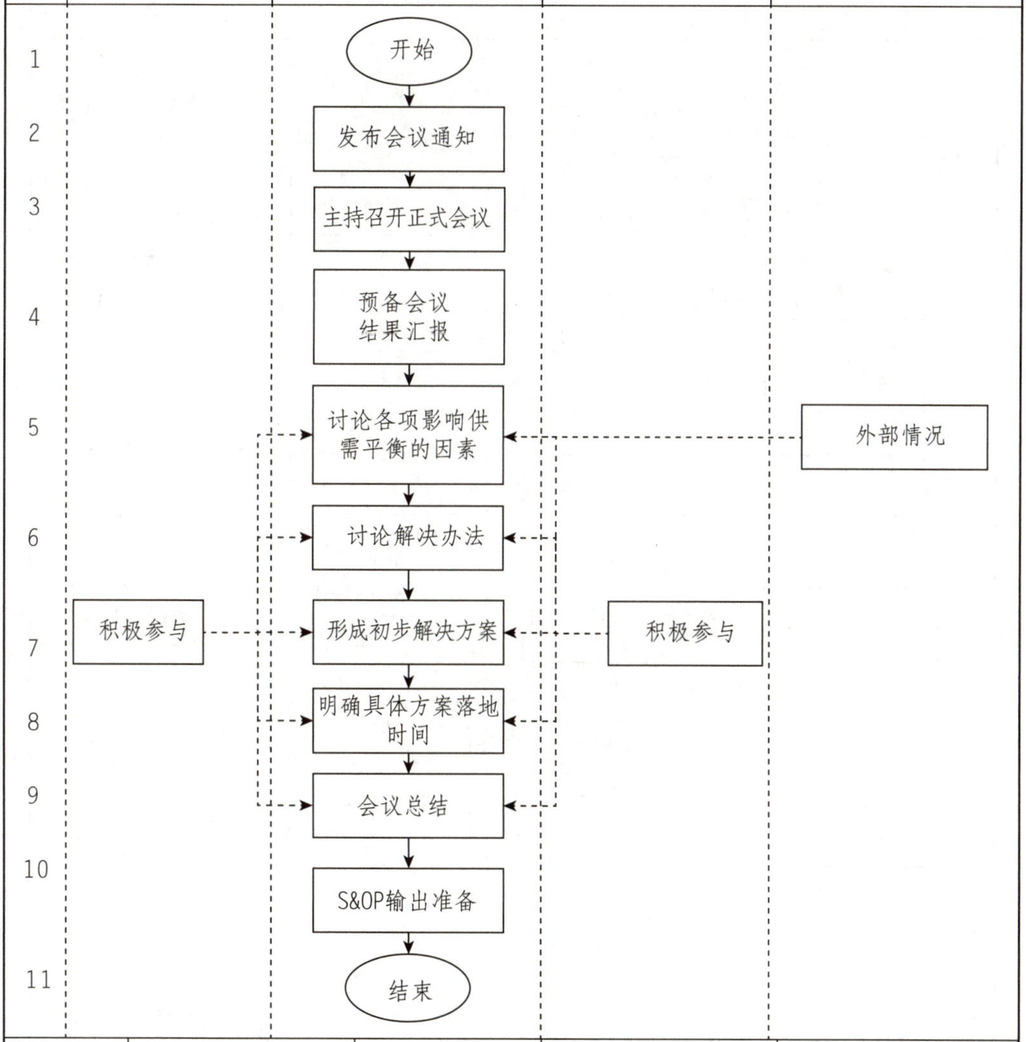

节点	流程
1	开始
2	发布会议通知
3	主持召开正式会议
4	预备会议结果汇报
5	讨论各项影响供需平衡的因素 ← 外部情况
6	讨论解决办法
7	积极参与 → 形成初步解决方案 ← 积极参与
8	明确具体方案落地时间
9	会议总结
10	S&OP 输出准备
11	结束

企业名称		密级		共 页 第 页
编制单位		签发人		签发日期

图 1-8　S&OP 正式会议管理流程

1.3.4 S&OP实施与改善流程

S&OP实施与改善流程如图1-9所示。

部门名称	供应链管理部	流程名称	S&OP实施与改善流程
生效时间		任务概要	S&OP实施与改善

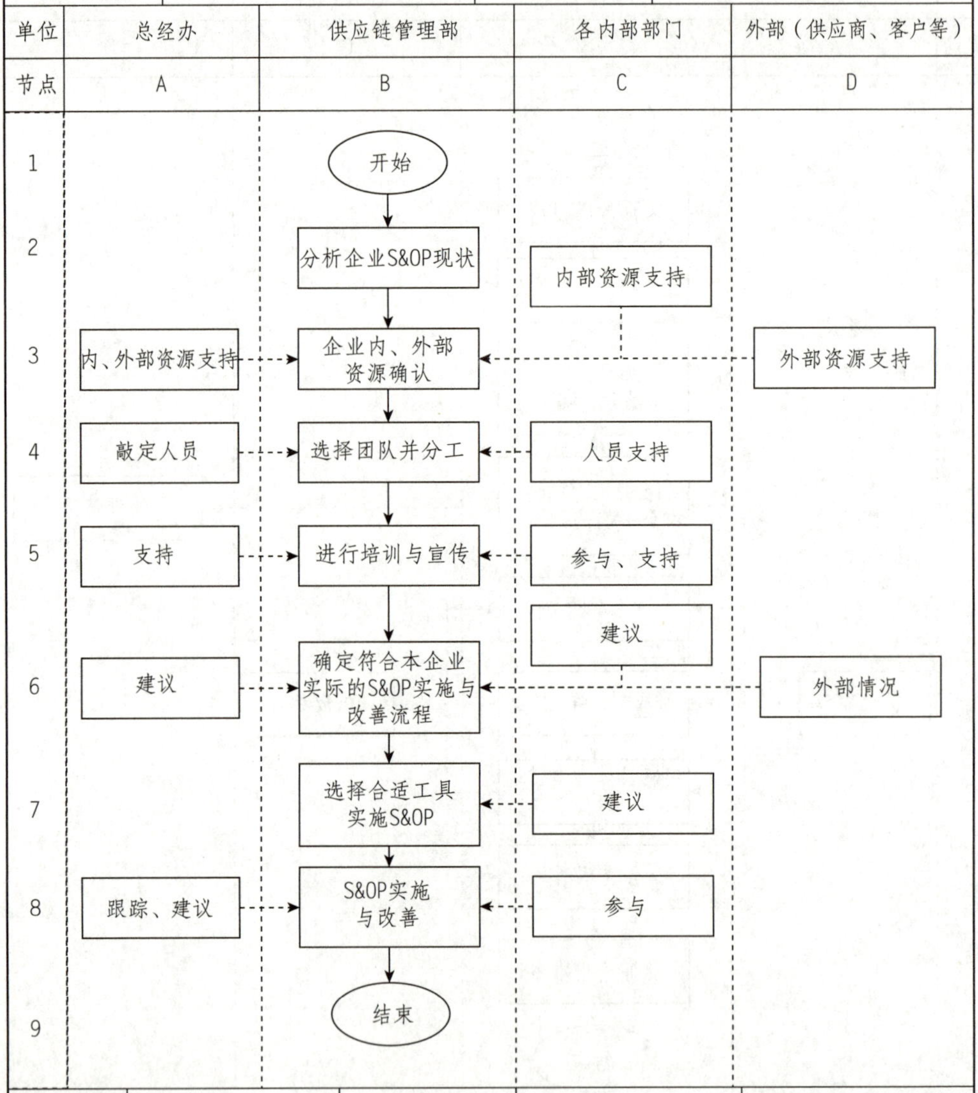

单位	总经办	供应链管理部	各内部部门	外部（供应商、客户等）
节点	A	B	C	D
1		开始		
2		分析企业S&OP现状	内部资源支持	
3	内、外部资源支持	企业内、外部资源确认		外部资源支持
4	敲定人员	选择团队并分工	人员支持	
5	支持	进行培训与宣传	参与、支持	
6	建议	确定符合本企业实际的S&OP实施与改善流程	建议	外部情况
7		选择合适工具实施S&OP	建议	
8	跟踪、建议	S&OP实施与改善	参与	
9		结束		

企业名称		密级		共 页 第 页
编制单位		签发人		签发日期

图1-9 S&OP实施与改善流程

1.4 不确定性分析、应对与管理方案

1.4.1 不确定性的分析方法

不确定性是供应链需求预测和计划管理环节必须要面对的问题,它始终存在并且无法被彻底消除。

如何识别需求预测和计划管理中的不确定性?如何分析不确定性问题?这些都是企业在供应链管理过程中无法回避的问题,它们直接影响供应流程,进而影响供应链的整体效率。

对不确定性进行分析,不仅要依靠历史经验、全面知识、充分信息和对未来发展变化的判断,更要利用科学、合理的分析方法。这里重点介绍2种方法:敏感性分析和概率分析。

1. 敏感性分析

敏感性分析是指在需求计划管理过程中,从诸多不确定性因素中找出对需求预测和计划执行结果的指标有重要影响的敏感性要素。

通过对这些要素的研究、分析和测算,确定具体每一要素对实现需求计划目标的影响程度和敏感性程度。敏感性分析是一种试图判断需求计划工作承受风险能力的不确定性分析方法。

敏感性分析一般有以下5个步骤。

(1)确定敏感性分析指标。在需求计划工作过程中的一些绩效考核指标都可以确定为敏感性分析指标,特别是关键绩效考核指标,可以作为不确定性要素的分析基础,如运营成本、库存周转率、库存成本等。

(2)核算计划目标值。制订需求计划后,对确定的各类敏感性分析指标进行目标值核算,明确各指标的计划达成目标。

(3)寻找不确定性要素。围绕敏感性分析指标寻找企业内外部的各类不确定性要素,不要求找到所有的不确定性要素,因为这是无法做到的,要视需求计划的情况并结合实际选择可能性最大的、影响作用较大的不确定性要素而定。常见的如原材料货源紧张、原材料价格变动、产品市场价格变动、大客户需求变动、产能周期延长等。

(4)计算不确定性要素变化对分析指标的影响范围。针对各类不确定性要素,计算其变化对各敏感性分析指标的影响,通常有单因素敏感性分析和多因素敏感性分析两种。

(5)选择、分析敏感要素。根据敏感性分析指标受不确定性要素影响变化的计算结果,通过对比分析,选择在同一不确定性要素变化幅度下引起敏感性分析指标不同

变化中幅度最大的要素，即为最敏感要素；反之，为不敏感要素。

2. 概率分析

概率分析是一种数学分析方法，是指能够对需求计划的可行性和风险性作出判断的不确定性分析方法。它通过收集不确定性要素的不同变化幅度的概率分布的数据，研究、判断其对供应链需求计划的影响情况。

概率分析一般会用到4种方法：期望值法、效用函数法、模拟分析法和德尔菲法。

概率分析主要包含以下5个步骤。

（1）列举不确定性要素。通过收集资料、整理历史数据等途径，列举所有能够影响需求预测准确性和需求计划执行成果的不确定性要素。

（2）假设不确定性要素的变化情况。对列举的不确定性要素进行分析，就每一要素的变化情况进行逐一假设。

（3）确定各种变化的可能性。计算各不确定性要素的不同变化情况出现的概率，确定其对应的可能性。

（4）选择概率计算方法。根据需求计划内容的实际情况选择合适的方法，计算数据。

（5）计算概率结果，判断不确定性风险。得出概率计算结果，根据概率结果，确定需求计划的不确定性要素的影响程度，判断不确定性风险。

1.4.2 不确定性的应对流程

在市场竞争日趋激烈的今天，客户呈现个性化、分散化的特点，需求也逐渐地碎片化，企业应对不确定性问题的难度不断攀升。

1. 不确定性应对措施

不确定性的应对措施一般有以下3个方面：调整需求计划；基于历史数据进行优化；加强供应链协同。

（1）调整需求计划。在企业供应链管理过程中，对于将要发生的事，企业缺乏必要的认识，无法进行预测是不确定性问题的重要特征之一，进而带来需求预测和计划的不准确性，及时调整需求计划的内容，使之适应现实情况的变化是重要应对措施之一。

通过调整需求计划，纠正后续采购、制造、物流等环节的需求偏差，降低"长鞭效应"的影响，降低需求端的不确定性给供应链带来的不稳定性。

（2）基于历史数据进行优化。风险是不确定性对未来的影响。应对不确定性发生的重要措施之一就是不断地优化供应链需求计划管理的历史数据，通过已知范围的扩大增强企业供应链的抗风险能力。

（3）加强供应链协同。应对需求端不确定性的关键措施在于调整，而提高供应链调整能力的重点之一就是加强供应链协同。同样，应对供应端不确定性的重点之一也在于协同。

强化供应链协同是降低供应端供给不确定性的重要措施，从产品开发阶段开始，持续到产品成熟阶段，直至整个产品生产周期结束。

高效协同的企业的供应链具备"韧性"，较高的供应端"一体性"意味着对于不确定性响应的速度和质量有所提升。

2. 不确定性应对流程

不确定性的应对流程一般包含3步：数据收集、不确定性问题判断、应对措施制定。

（1）数据收集。由于不确定性的特殊性质，企业在供应链管理过程中要对其有充分的"心理预期"和"接受度"，做到与不确定性共处，把不确定性要素的发现融入日常的工作中，敏锐地识别各个环节的不确定性。

识别与发现不确定性要素的重要实现手段就是数据收集，通过从供应端到需求端，从产品开发到产品成熟再到市场销售的各个环节、节点中各类数据的收集，建立基础数据资料库。

（2）不确定性问题判断。不确定性问题判断是指依靠决策人、管理者的经验、知识、能力等因素对不确定性问题作出的处理判断。

虽然不确定性不可预测，人们对其缺乏必要的认识，但在应对不确定性问题的过程中，对于未规定或受到条件限制的问题，应对处理的关键就在于职业判断。

（3）应对措施制定。通过对不确定性问题的研究、分析，结合相关负责人员的判断，从而对不确定性问题采取一定的应对措施。对于没有影响或者影响很小的不确定性要素，有重大影响或者直接关系到供应链运行流程的不确定性要素，要分别制定应对措施。

1.4.3 不确定性的管理方案

1. 不确定性来源

在供应链需求计划管理过程中，不确定性的来源主要体现在3个方面：需求不确定性、供应不确定性、外部环境不确定性。

（1）需求不确定性。需求不确定性是指来自市场和终端客户这一方面的不确定性，随着市场竞争的不断加剧，需求的不确定性情况更加频发，一般表现为需求的多样化、数量的不确定性、要求的多变性等。

（2）供应不确定性。供应不确定性是指由于供应商自身的原因或其他不可抗力因素而造成的，无法向企业按照约定的时间、地点提供合同交付数量和质量的产品，进而导致企业无法正常完成生产制造的情况。

（3）外部环境不确定性。外部环境不确定性是指供应链外部环境变化对企业供应链运作产生的影响，一般体现在行业、竞争对手、法律法规、政策变化及发生自然灾害等方面。

2. 不确定性管理方案

方案名称	不确定性管理方案	编　　号	
		受控状态	

一、目的

为了达成以下目的，特制定本方案。

1. 加强对不确定性要素和可能发生情况的把握，妥善处理不确定性问题。

2. 通过对不确定性的管理，促进企业供应链需求计划精准化地管理工作，降低供应链管理风险。

二、适用范围

本方案适用于供应链管理部对不确定性工作的管理。

三、职责分工

1. 供应链管理部负责对不确定性管理工作的审核和监督。

2. 风险控制部负责对不确定性工作的识别和管理控制。

3. 采购部、生产部、市场营销部等相关部门协助对不确定性的相关问题、信息、数据和资料进行收集以及反馈情况。

四、不确定性管理步骤

不确定性的管理流程一般包含3步：不确定性数据收集、不确定性问题判断、适应措施制定。

（一）不确定性数据收集

数据收集的范围包括但不限于供应链风险管理数据库、市场监控资料、竞争对手不确定性与风险案例、社会环境信息等。

不确定性数据收集主要由风险控制部负责，供应链各环节相关部门协助收集信息、资料并提供经验性意见和反馈。

（二）不确定性问题判断

问题判断主要是对数据、信息、资料的研究、分析和检查，通过这一过程判断不确定性问题和情况发生的可能性。

不确定性问题判断同样由风险控制部负责，其他相关部门配合协助，并提供实际情况的调查和判断取证。

（三）适应措施制定

适应措施的制定是对不确定性风险进行针对性处理，由风险控制部拟定应对策略和处理决定，供应链管理部进行监督。

五、分析不确定性类别

不确定性的类别主要包含3种：市场和客户端不确定性、供应端不确定性、环境变化不确定性。

1. 市场和客户端不确定性。如市场的需求不规律波动、客户订单的非常规增加和取消等。

2. 供应端不确定性。如原材料价格变化、零部件价格变化、供应能力波动、供应商运营情况变化等。

3. 环境变化不确定性。各类自然灾害等不可控的自然环境变化，文化、政治、经济等社会环境变化。

六、判断不确定性带来的风险

不确定性带来的风险主要集中于4个方面：采购风险、生产风险、仓储物流风险和成本风险。

（一）采购风险

不确定性带来的采购风险主要体现在价格、数量和规模化等方面。

1. 采购部无法获得较为准确的需求端数据，从而不能确定基础采购价格和数量。

2. 频繁变动的需求增加了采购的次数，却降低了采购的规模化优势。

（二）生产风险

不确定性带来的生产风险主要体现在进度拖延、交期违约等方面。

1. 不确定性带来的采购风险，直接进一步影响生产，如缺料、补料不及时等情况有极大可能导致生产制造进度被拖延。

2. 不确定性对供应端造成的影响，波及到生产就会带来交期问题，从而可能发生交期违约的情况。

（三）仓储物流风险

不确定性带来的仓储物流风险主要体现在仓储物流基础设施建设浪费、仓储物流资源配备不合理等方面。

1. 需求端和供应端的不确定性情况直接影响仓储物流基础设施的投入使用。

2. 物流部、仓储部面对不确定性情况需要重新配备仓储物流资源。

（四）成本风险

不确定性带来的成本风险包含但不限于采购成本、生产成本、仓储物流成本的上升。

七、制定不确定性应对措施

不确定性的应对措施具体可以参考以下8种。

1. 不确定性回避措施：当不确定性潜在威胁发生的可能性太大、不利后果太严重时，可以主动放弃业务相关项目或改变工作目标与行动方案，采取规避风险的策略。

2. 不确定性遏制措施：指根据不确定性引发的原因进行对应遏制，这是应对不确定性的一种措施，其中，注入新的资金是不确定性遏制的有效方法。

3. 不确定性转移措施：指借用合同、协议或保险，将不确定性风险转移到有能力承受或控制不确定性的企业或其他组织。

4. 不确定性化解措施：指控制和消除不确定性风险的具体引发原因，从而化解不确定性，对于出现的各种冲突风险，可通过采取双向沟通、调解等各种方法去解决。

5. 不确定性降低措施：指通过缓和或预测等手段来降低不确定性风险发生的可能性或减缓不确定性风险带来的不利后果，以达到规避不确定性风险的目的。

6. 不确定性接受措施：指当采取其他不确定性规避方法的费用超过不确定性事件造成的损失数额时，或自身有能力承受时，可有意识地选择承担不确定性后果的一种策略。

7. 不确定性分担措施：指根据不确定性的大小和相关利益者承担风险的能力，按照合同或协议明确不确定性带来的风险的分担责任所采取的一种应对措施。

8. 不确定性利用措施：指为了能够利用不确定性带来的机会，所采取的积极的应对措施。

八、不确定性的处理反馈与跟踪监督

1. 风险控制部持续对不确定性进行管理控制，采购部、生产部、市场营销部等相关部门及时进行不确定性问题相关汇报。

2. 供应链管理部对风险控制部的不确定性管理工作进行检查，审核后者的不确定性管理工作报告和结果反馈，对整个过程进行跟踪监督。

九、其他注意事项

（对未提到的重要内容进行补充说明。）

十、其他

此方案由供应链管理部编制，于××××年××月××日正式生效执行。

执行部门		监督部门		编修部门	
执行责任人		监督责任人		编修责任人	

1.5 需求数据整理、需求计划分析及变更处理

1.5.1 需求数据整理

1. 如何整理需求数据

需求数据是制订供应链需求计划的重要依据，通过科学的统计方法、有效的分析程序对需求数据进行整理，可以有效地提高需求预测的效果，进而提升需求计划的质量。

需求数据的整理要注意以下 3 个要点。

（1）历史数据全面整理。需求数据整理的基础数据就是企业供应链的历史需求数据，这是计划职能部门制订需求计划的必要参照。历史需求数据的整理关键在于全面性，对于企业内部的、可得性高的、价值大的数据源要充分利用。

（2）市场数据重点整理。市场数据是需求数据整理的核心内容，需求计划本身就是对市场需求在预测基础上的设计和规划。

（3）需求数据比较判断。对收集的历史需求数据和市场需求数据进行整理、分析，通过比较判断需求变化的规律和基本特征，为供应端供给安排提供依据。

2. 需求数据整理方案

方案名称	需求数据整理方案	编　号	
		受控状态	

一、目的

为了使企业更全面、系统地掌握供应链需求端信息，发现需求与供应环节在对接过程中的规律和问题，更准确地编制需求计划，为企业采购、生产制造决策提供重要依据，特制定本方案。

二、适用范围

本方案适用于供应链关于需求数据整理的工作。

三、职责分工

1. 供应链管理部负责需求数据整理方案的审核和控制。

2. 需求数据专员负责需求数据的收集、整理、分类、筛选、分析和统计。

3. 采购部、生产部、市场营销部等相关部门负责协同工作。

四、需求数据整理方案的制定

1. 供应链管理部明确需求数据整理方案制定的目的、对象、内容和要求，交由执行人员。

2. 需求数据专员根据需求数据整理规定、规范，选择合适的需求数据统计指标和统计分析方法，结合数据维护和需求预测结果，编制需求数据整理方案，提报供应链管理部经理审批。

3. 需求数据统计包括：需求数据指标体系、需求数据分类目录、需求数据明细表、需求数据调查内容、需求数据整理及统计分析方法等。

五、需求数据的调查

（一）市场信息调查

1. 需求数据专员可以从互联网、供应商、市场营销部、竞争对手等方面收集产品的市场需求变化信息。

2. 需求数据专员应根据待调查产品的特征，结合市场情况对收集到的市场需求信息进行真实性、时效性的全面调查。

（二）产品信息调查

1. 市场营销部应随时收集企业的产品信息，关注企业产品的发展和市场竞争力的变化趋势。

2. 需求数据专员及时通过各种渠道了解并收集市场上同类产品的情况，包括产品的类别、功能、成本、寿命及发展状态等。

（三）客户信息调查

1. 企业的关键客户如大客户、固定客户的下一周期的订单计划以及变化情况。

2. 竞争对手的客户情况，要积极接触、了解这些客户。

（四）风险与不确定性要素调查

市场环境变化对需求带来的诸多影响的调查。

六、需求数据资料的整理

（一）需求数据资料整理的步骤

1. 需求数据专员应保障需求数据资料的真实性、准确性、完整性和及时性。

2. 将原始需求数据资料，按照使用目的、实际规律和统计分析的需要，对资料的内容和性质进行分组，使需求数据资料系统化。

3. 需求数据专员检查原始需求数据资料，对不同逻辑、不同原理、互相矛盾及计算错误的资料，应及时修正，对遗漏的资料应及时补充。

4. 需求数据专员对收集的需求信息进行鉴别处理，剔除虚假和不可靠的信息。

5. 需求数据专员计算、汇总各分类组的合计数字、总计数字，包括绝对数、相对数、平均数。

6. 需求数据专员将信息量化，然后按某一误差理论进行处理，如加权平均法。

7. 需求数据专员把合格的信息进行筛选处理，按重要性进行排序。

8. 需求数据专员根据计算汇总结果和需求数据使用需要，编制统计表和统计图。

（二）统计数据资料整理的结果

1. 通过对市场价格的收集和调查，对最终的价格信息进行统计，并填写价格信息统计表，其内容应包括出厂价、原询单价、议价单价、送达价、合约价和实价等，为后期采购物资做充分准备。

2. 根据需求数据统计整理结果，编制需求明细，为后续采购、生产等环节提供指导。

3. 把收集的客户需求信息，整理统计并建立档案，以便进行后续跟进的客户服务。

4. 把收集的内外部同类产品信息进行比较、整理统计，制作出有效的产品信息统计表，找出企业不同产品需要改进的方向，为企业产品开发提供信息支持。

七、其他注意事项

（对未提到的重要内容进行补充说明。）

八、其他

此方案由供应链管理部编制，于××××年××月××日正式生效执行。

执行部门		监督部门		编修部门	
执行责任人		监督责任人		编修责任人	

1.5.2 需求计划分析

1. 需求计划确认与分包

（1）需求计划确认。需求计划是衔接需求端和供应端的重要部分，需求计划确认是确保需求计划发挥指导作用的关键步骤。它包含项目确认、数据确认和时间确认3个部分。

（2）需求计划分包。需求计划确认后，要根据需求计划的内容对供应链的供应进行安排，需求计划分包就是分配需求与配置供应的一个重要过程。

2. 需求计划分析方案

方案名称	需求计划分析方案	编　号	
		受控状态	

一、目的

为了通过科学的理论、方法和手段对需求计划进行分析，使各环节、各部门充分了解需求计划的设计内容，更好地执行需求计划，特制定本方案。

二、适用范围

本方案适用于供应链关于需求计划的管理工作。

三、职责分工

（1）供应链管理部负责需求计划分析方案的审核和控制。

（2）需求计划专员负责按照规定和要求对需求计划进行分析和确认。

（3）采购部、生产部、市场营销部等相关部门负责协同工作。

四、数据分析

（一）基础数据分析

基础数据包含产品类型、产品组别、产品编码、产品描述、产品条形码、产品标签等。

（二）销售数据分析

销售数据包含销售状态（如可订货、可配额、可内领、不可订等）、单位订货量等。

（三）采购数据分析

采购数据包含采购状态（新品、正常售卖品、待下市品、已下市品）、采购模式（推式、拉式、直接式）、采购参数、产品重要级分类、套包数据、物料接替关系（接替编码、生效日期）等。

（四）仓储库存数据分析

仓储库存数据包含库位、数量、有效期等。

库位要分开，如正常仓、残损仓和退货品仓等。残损仓是为了区分产品的残损程度，以便区分解决方案。产品的残损程度一般可分为3种：不可用（过期或破损）、临期、外包装破损。

（五）财务数据分析

财务数据包含移动平均价、标准成本价。

五、三大预测分析

（一）基线预测

在SKU（Stock Keeping Unit，存货单元）层面创建基线预测，并基于目标差异提供市场促销建议，给市场营销部门作参考。

（二）新品预测

针对新品发布带来的市场需求变化情况的预测。

（三）促销预测

针对一系列促销等市场营销活动的需求刺激情况的预测。

六、需求计划确认

需求计划确认主要包含3个部分：项目确认、数据确认、时间确认。

（一）项目确认

1. 单独采购项目。对需求计划中需要单独进行采购的原材料、物料、零部件等项目的确认。
2. 搭配采购项目。对只能通过搭配采购，配套使用的原材料、物料、零部件等项目的确认。
3. 联合采购项目。对需要通过多方合作，实现区域联合、集中采购，形成规模化以降低采购成本的项目的确认。

（二）数据确认

数据确认是指对需求计划中各类项目所包含的重要数据的确认，如产品数量、规格、价格、性能、体积、功能、质量、交付要求等数据。

（三）时间确认

按照需求项目的轻重缓急和相关生产制造交付要求的规定，对需求计划中各类项目的预定完成时间进行确认。为确保能准确地衔接采购和生产制造，要对需求计划的执行完成情况进行准确的时间推算。

七、需求分包

需求分包主要有2个部分：确定分包任务、确定责任部门。

（一）确定分包任务

1. 确认需求计划中各类项目的分包要求、分包原则。

2. 确认各分包任务的结果，匹配合适的执行部门。

（二）确定责任部门

1. 确认需求分包的承担形式，是独立负责还是联合负责。

2. 确认责任部门的级别、数量，分几个级别，每层有哪些部门。

八、需求计划分析报告的整理

1. 需求计划专员将维护的各类内外部数据和需求预测的结果相结合。

2. 需求计划专员编制需求数据整理与可视化分析报告。

3. 需求计划专员采集并处理库存数据，编制库存数据报告。

4. 需求计划专员根据需求数据整理与分析可视化报告、库存数据报告，整理并编制需求计划分析报告。

九、其他注意事项

（对未提到的重要内容进行补充说明。）

十、其他

此方案由供应链管理部编制，于××××年××月××日正式生效执行。

执行部门		监督部门		编修部门	
执行责任人		监督责任人		编修责任人	

1.5.3 需求计划变更处理

1. 需求计划变更的处理程序

需求计划变更的处理程序一般包含3个部分。

（1）识别需求变动。客户终端需求、市场环境经常会发生变化，需求计划专员要及时发现需求变化因素，识别需求变动问题。

（2）变更需求调整。供应链管理部对需求变动问题进行分析，确定需求调整的适应性变更内容，作出需求计划变更决定，需求计划专员据此编制需求计划的变更方案。

（3）审批需求计划变更方案。需求计划变更方案提交审批，并在通过审批后下发"需求计划变更通知单"，其内容至少应包含以下5项信息。

①需求计划更改的原因。

②需求计划更改后影响的生产单位及生产时间。

③原需求计划的安排情况。

④更改后的需求计划的安排情况。

⑤需要各相关部门进行配合的事项。

相关部门收到"需求计划变更通知单"后，应立即调整工作安排，配合需求计划的变更工作。

2. 需求计划变更处理方案

方案名称	需求计划变更处理方案	编　号	
		受控状态	

一、目的

为了更好地适应需求变动的情况，降低不确定性对需求变更计划的影响，提高需求计划变更工作的效率和质量，特制定本方案。

二、适用范围

本方案适用于需求计划变更处理工作的管理。

三、职责分工

1. 供应链管理部负责需求计划变更处理方案的审核和控制。

2. 需求计划专员负责按照规定和要求编制需求计划变更处理方案。

3. 生产部、采购部、仓储部、人力资源部等相关部门负责协同工作。

四、变更依据

（说明需求计划变更发生的几种情况，即当出现某些情形时，允许变更需求计划，以调整生产适应实际的需求，主要从以下3个方面进行说明。

1. 市场、客户方面。如市场环境变化、客户要求追加或减少订单数量、客户要求修改交货期等。

2. 供应端或生产端自身方面。如原材料短缺、零部件短缺、生产进度延迟、设备大修等。

3. 其他必须变更需求计划的情况。）

五、变更申请

（列举进行需求计划变更申请时需提交的材料与注意事项，并说明相关申请材料如何填写，何时上交。）

六、变更成本评估

（说明需求计划变更成本的评估方法、操作步骤及注意事项，并说明方法的适用情况。）

七、变更审批

（需求计划变更审批主要突出以下2项内容。

1. 审核程序、审批人员。

2. 审批内容的重点。）

八、下发"需求计划变更通知单"

（对"需求计划变更通知单"的内容、格式、附件要求进行说明。"需求计划变更通知单"的示例如下。）

收文部门：		填写时间：	
变更类别		变更依据		重点说明	
变更内容			
变更前		变更后	
审批人签字		负责人签字	

九、变更后管理工作

（一）编制、执行新需求计划

1. 需求计划专员编制变更后的新需求计划，以代替原来的需求计划。

2. 相关部门根据新的需求计划，合理安排供应能力，满足新需求计划要求。

（二）剩余人员的管理

对于需求计划变更带来的人员问题，结合实际情况进行合理安排。具体安排办法如下。

1. 将剩余人员转移到其他环节，安排其他工作。

2. 对剩余人员进行技能培训，提高其技能水平。

3. 根据员工意愿安排假期或其他。

（三）剩余物料的管理

对需求计划变更内容涉及的生产物料进行盘点整理，除按计划保留的部分外，对于剩余物料，可按照以下办法进行处理。

1. 仓储部适当保留可用于其他产品生产的物料。

2. 采购部适当调整生产物料采购计划，在满足继续生产外，取消多余的物料订单。

3. 对于已采购的且不能用于其他产品生产的、多余的生产物料，采购部应与供应商进行协商退货，不能退货的，仓储部应进行妥善保管，以备日后使用。

（四）闲置设备的管理

生产部按照变更后的需求计划，合理调整产能排期，暂停使用多余的生产设备。对于闲置的生产设备，相关部门可按照以下办法进行处理。

1. 对于可直接生产或改造后用于其他产品生产的设备，可用于生产其他产品。

2. 对于不能用于其他产品生产的设备，设备部可合理地进行设备检修。检修完成后，进行妥善保存。

3. 对外寻找设备租赁商，适当地租赁闲置的生产设备。

十、需求计划变更后执行要求

（从以下几个方面具体阐述。

1. 需求计划变更后对生产部的要求。

2. 需求计划变更后对采购部的要求。

3. 需求计划变更后对市场营销部的要求。

4. 需求计划变更后对仓储部的要求。

5. 需求计划变更后对其他必要相关部门的要求。）

十一、需求计划变更后执行监督

（说明需求计划变更后执行监督的责任部门、人员及主要监督内容。）

十二、其他注意事项

（对未提到的重要内容进行补充说明。）

十三、其他

此方案由供应链管理部编制，于××××年××月××日正式生效执行。

执行部门		监督部门		编修部门	
执行责任人		监督责任人		编修责任人	

1.6 需求计划制度、流程与工作规范

1.6.1 需求计划制度

企业供应链需求计划的制度一般应包含需求计划制订制度和需求计划变更制度。通过需求计划制度的规范性引导，可以不断地提高企业供应链需求计划的精准度。

1. 需求计划制订制度

制度名称	需求计划制订制度	受控状态	
		编　　号	
执行部门		监督部门		编修部门	

第1章 总　则

第1条　目的

为了加强对需求计划的管理，保障需求端与供应端的准确衔接，确保企业供应链能够按时、按质地满足终端客户的需求，促进供应链运作顺利、有序地进行，特制定本制度。

第2条　适用范围

本制度适用于企业供应链需求管理工作。

第3条　管理职责

1. 供应链管理部负责需求计划的审批和控制。
2. 需求计划专员负责需求计划的具体起草和编制工作。
3. 市场营销部等相关部门负责配合、协助。

第2章　需求计划的编制

第4条　需求计划的编制原则

1. 市场导向原则。必须以市场需要为依据，在科学预测需求的基础上，力求打造精益供应链。
2. 系统性原则。需求计划的编制必须贯彻统筹安排、瞻前顾后的系统性原则。
3. 准确性原则。要求确保各类需求数据采集、运算、使用的准确性。
4. 及时性原则。要充分发挥需求计划的指导作用和衔接作用，通过需求计划合理安排供应工作，提高供应链反应效率。

第5条　需求计划的编制依据

需求计划专员在制订需求计划时应综合考虑行业环境、市场需求变动情况、终端客户情况、历史需求数据、企业实际能力等要素。

第6条　需求计划的编制步骤

1. 需求数据的输入，包含订单数据、客户数据、产品数据等历史数据、市场需求数据等。
2. 利用需求数据进行需求预测，供应链管理部对预测结果作判断，综合形成需求预测报告。
3. 综合需求预测结果和库存水平制订需求计划。

第3章　需求计划的审核、审批

第7条　需求计划的审核、审批程序

1. 需求计划专员编制需求计划草案，提交供应链管理主管审核，并根据批示意见和修改指导调整需求计划内容。

2. 修改后的需求计划先报供应链管理部主管审核，通过后报供应链管理部经理审批，审批通过后正式成文。

第8条 需求计划审核内容

在审核需求计划时，必须坚持以下5项原则。

1. 需求计划应避免过于乐观或者保守。
2. 需求计划编制过程中应考虑企业供应链运行能力。
3. 需求计划应与采购、制造、物流等供应链环节保持协同。
4. 需求计划内容和数据真实及准确。
5. 需求计划中应考虑不确定性和可能变化的风险。

第4章 需求计划的分解

第9条 需求计划分解过程及目的

1. 供应链管理部对正式需求计划的内容进行分解，分解过程包括两类：一是将需求计划按照供应链周期分解；二是将需求计划按供应链环节分解。

2. 将需求计划分别按照供应链周期和供应链环节进行分解后，便可形成若干子任务，明确每个子任务的工作要求。

第10条 按需求计划指导采购、生产等后续环节

按照需求计划进行采购，安排生产排期。

第5章 需求计划的执行

第11条 销售与运作计划的达成情况

定期召开销售与运作计划跟踪会议，进行上一周期的工作统计和下一周期的安排，明确需求计划的供应满足情况。

第12条 需求计划执行可视化

供应链管理部通过数字化、可视化供应链管理系统对需求计划的供应过程进行监督，及时发现问题，制定控制性措施。

第13条 回答客户的订单询问

开发针对客户的可视化管理系统，使客户能够全程跟踪订单的交付情况。

第6章 附 则

第14条 编制单位

本制度由供应链管理部制定，经总经办审批后通过，修订、废止时亦同。

第15条 生效时间

本制度自××××年××月××日起生效。

编制日期		审核日期		批准日期	
修改标记		修改处数		修改日期	

2. 需求计划变更制度

制度名称	需求计划变更制度		受控状态	
			编　　号	
执行部门		监督部门		编修部门	

第 1 章　总　则

第 1 条　目的

为了规范企业供应链需求计划的变更工作，确保需求计划的指导性，达成供应链需求管理目标，结合需求计划执行的实际情况，特制定本制度。

第 2 条　适用范围

本制度适用于企业供应链需求计划的调整和变更工作的管理。

第 3 条　管理职责

1. 供应链管理部负责需求计划变更的审批和控制。
2. 需求计划专员负责变更后需求计划的具体起草和编制工作。
3. 市场营销部等相关部门负责配合、协助。

第 2 章　需求计划变更的情况

第 4 条　需求计划变更类型

需求计划的变更可分为重大变更和一般变更。

第 5 条　需求计划重大变更

有以下情形之一的，属于需求计划的重大变更。

1. 市场需求发生巨大变动，对需求计划的准确性产生重大影响，需要调整甚至重新制订需求计划。
2. 企业大客户出现经营计划的变动，对需求产生重大影响。
3. 在供应链供给过程中，发现需求计划有明显不足或不合理之处。
4. 国家政策、社会环境、市场环境发生重大变化，导致原来的需求计划失去作用。

第 6 条　需求计划变更情形

需求计划的一般变更，包括以下几种情形。

1. 市场需求发生波动，且幅度超过了需求计划的预设范围。
2. 企业客户群体发生变化，使企业供应链受到了一定的压力。
3. 企业供应链自身的调整，导致供应和需求的变化。

第 3 章　需求计划变更的审批、审核

第 7 条　需求变化变更的审核、审批流程

1. 市场营销部定期收集市场上的需求变化和数据资料，及时监控，并向供应链管理部反馈出现的重要情况。

2. 供应链管理部对汇总的各类可能引起需求计划变更的要素进行核查，情况属实的，由需求计划专员据此编制变更后的需求计划。

3. 供应链管理部主管对变更后的需求计划进行审核，确定在新的需求计划中，变更情况是否得到妥善处理，并批示指导和反馈修改意见。

4. 变更后的需求计划通过供应链管理部主管审核后，提交供应链管理部经理审批，通过后正式成文。

第4章 需求计划变更后的执行

第8条 需求计划变更后的执行情况

1. 在需求计划调整变更过程中，对于重要的、影响程度较大的情况，供应链管理部应向采购部、生产部、物流部等部门下发预指令，避免因程序审批和流程消耗带来更大的库存压力，从而降低损失，提高供应链反应效率。

2. 需求计划变更后，供应链管理部根据供应链运作情况对应调整供应计划，修正销售和运营计划。应该停止的项目及时停止，可以调动的资源快速调动。

3. 供应链管理部根据变更后的需求计划分解供应任务，向各部门下达供应任务，监督供应任务的执行情况。

4. 市场营销部持续监控市场，收集信息、数据和资料，及时反馈需求变化情况。

5. 客户服务部持续跟进客户，了解客户企业的业务经营运作情况，及时反映或提前预判客户企业可能出现的新情况。

第5章 附 则

第9条 编制单位

本制度由供应链管理部制定，经总经办审批后通过，修订、废止时亦同。

第10条 生效时间

本制度自××××年××月××日起生效。

编制日期		审核日期		批准日期	
修改标记		修改处数		修改日期	

1.6.2 需求计划流程

1. 需求计划制订流程

需求计划制订流程如图 1-10 所示。

第 1 章 需求计划精准化

部门名称	供应链管理部	流程名称	需求计划制订流程
生效日期		概要	需求计划制订

单位	总经办	供应链管理部	市场营销部	相关部门
节点	A	B	C	D

流程节点（1～10）：

1. 开始
2. 总经办下达供应链需求计划管理任务 → 供应链管理部明确需求计划的管理目标
3. 确定供应链需求计划管理步骤
4. 收集需求计划历史数据 ← 市场营销部提供市场信息 ← 相关部门资料协助
5. 编制需求计划方案 → 审批（未通过返回；通过继续）
6. 整理需求计划基础内容 → 判断需求计划基础内容（未通过返回；通过继续）
7. 编制需求计划草案 → 审批（未通过返回；通过继续）
8. 形成正式需求计划
9. 确定需求分包结果 → 市场监控 → 供应安排
10. 结束

企业名称		密级		共　页　第　页
编制单位		签发人		签发日期

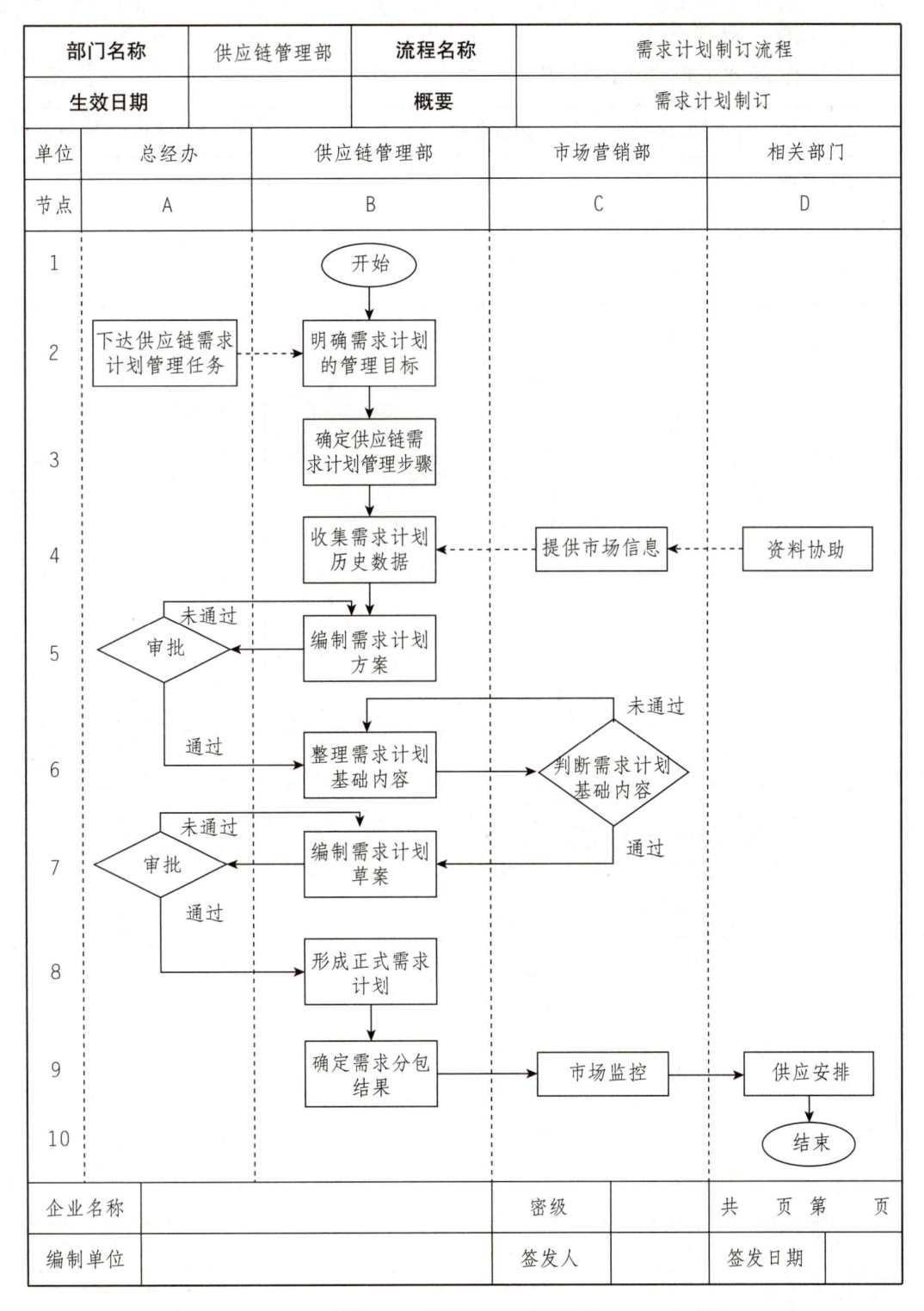

图 1-10　需求计划制订流程

2. 需求计划变更流程

需求计划变更流程如图 1-11 所示。

部门名称	供应链管理部	流程名称	需求计划变更流程
生效日期		概要	需求计划变更

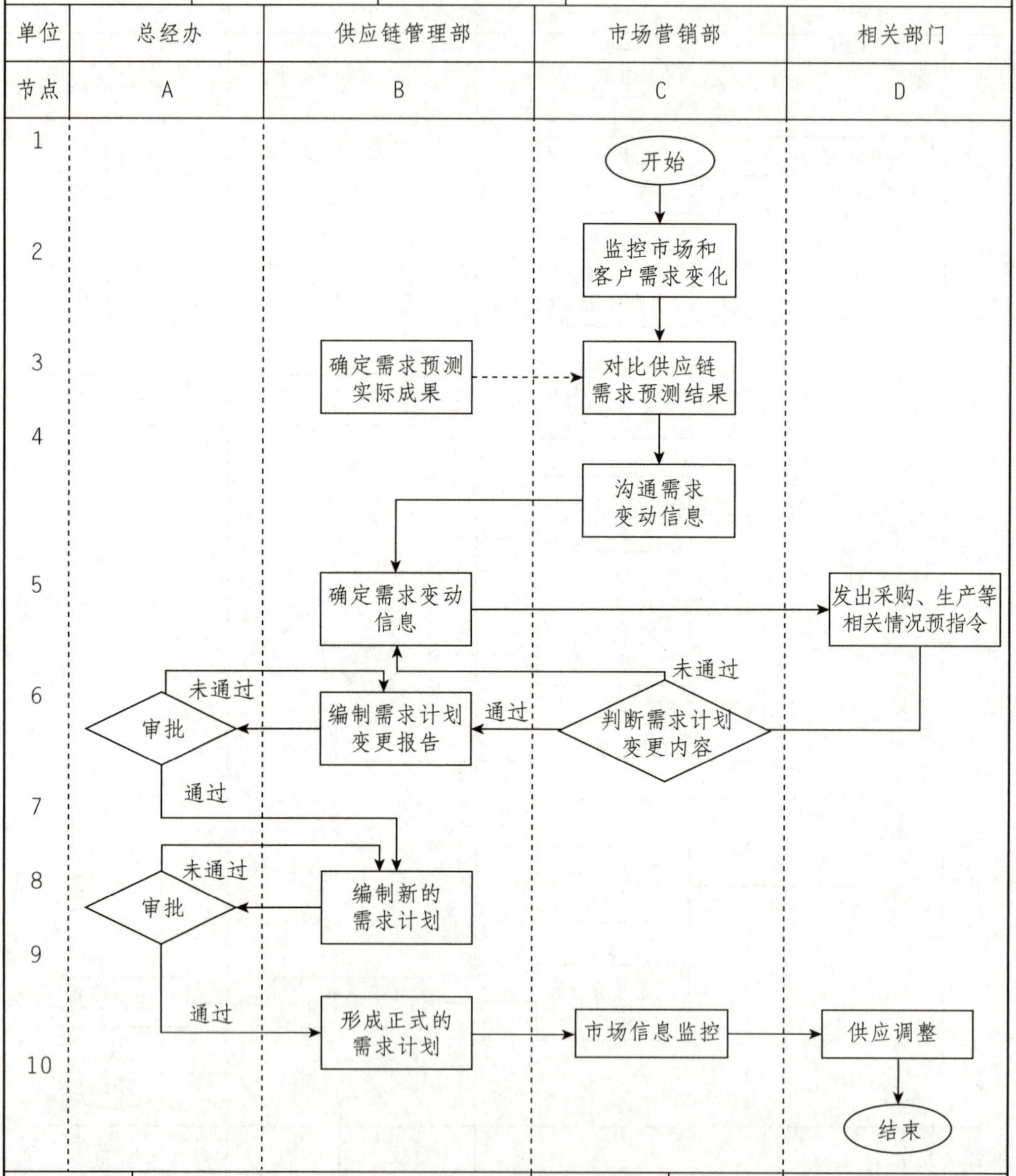

单位	总经办	供应链管理部	市场营销部	相关部门
节点	A	B	C	D

（流程图内容）

1
2　监控市场和客户需求变化
3　确定需求预测实际成果 → 对比供应链需求预测结果
4　沟通需求变动信息
5　确定需求变动信息 → 发出采购、生产等相关情况预指令
6　审批（未通过）← 编制需求计划变更报告（通过）← 判断需求计划变更内容（未通过）
7　通过
8　审批（未通过）← 编制新的需求计划
9
10　通过 → 形成正式的需求计划 → 市场信息监控 → 供应调整 → 结束

企业名称		密级	共　页　第　页
编制单位		签发人	签发日期

图 1-11　需求计划变更流程

1.6.3 需求计划工作规范

企业供应链管理需求计划工作需要通过不断地完善形成体系完整、内容合理、行之有效的规范。以下是某企业需求计划工作规范，仅供参考。

规范名称	需求计划工作规范	受控状态	
		编　号	
执行部门		监督部门		编修部门	

第 1 章　总　则

第 1 条　目的

为规范企业供应链需求计划工作，提高需求计划的质量和准确度，有效改善需求计划管理工作，特制定本规范。

第 2 条　适用范围

本规范适用于与企业供应链需求计划工作相关的所有人员的管理工作。

第 3 条　管理职责

1. 供应链管理部负责需求计划的制订、审核、审批和监督执行。

2. 需求计划专员负责整理、编制周度、月度、季度、年度和单项需求计划的初稿。

3. 采购部、生产部、市场营销部等相关部门负责协同工作。

第 2 章　需求计划的运用

第 4 条　需求计划精准化的工作目的

1. 对需求进行科学、合理的预测，确保供应环节能够具备一定的承压性。

2. 避免库存积压，降低库存成本，提高周转率。

3. 加快供应链对市场的反应速度，增强企业综合竞争力。

4. 对采购、生产、物流等后续环节的指导。

第 5 条　需求计划的运用

1. 根据需求计划确定采购计划的相关内容，通过精确的需求管理提高采购工作的效率和水平。

2. 按照需求计划规划生产制造，做到按期交付、满意交付。

3. 通过需求计划尽可能地实现需求端与供应端的一体化，进而达到高效调动仓储物流资源的目的。

第 3 章　需求预测与需求分析

第 6 条　需求预测的工作要点

1. 根据市场变化信息、价格波动数据等预测市场需求。

2. 根据客户业务经营状态和合作历史，判断供应链客户需求基本面。

第7条　需求分析的工作要点

1. 确定需求的采购类型，如单独采购项目、搭配采购项目、联合采购项目。

2. 整理需求数据，包含产品数量、规格、价格、性能、体积、功能、质量、交付要求等数据，分类、汇总"需求明细表"。

第4章　销售与运作计划会议

第8条　确定销售与运作计划会议的类型

1. 周度销售与运作计划会议。安排下一周的销售与运作工作。

2. 月度销售与运作计划会议。安排下一月的销售与运作工作。

3. 季度销售与运作计划会议。安排下一季的销售与运作工作。

4. 年度销售与运作计划会议。安排下一年的销售与运作工作。

第9条　编制销售预测报告

销售预测报告一般在每月月初完成，主要内容包含上个月实际销售情况、库存、生产以及未完成订单等，附带销售分析数据和需求预测的统计分析。它是召开销售与运作计划会议的必要资料。

第10条　编制供应计划报告

供应计划报告由市场营销部联合生产部、采购部等部门共同商议编制，反映企业供应链运营现状与市场销售情况的差异。

第11条　召开销售与运作计划会议

1. 组织销售与运作计划预备会议，实现供需平衡问题，找出不同部门协同之间的计划差异，从而促使多部门达成一致意见。

2. 召开销售与运作计划正式会议，明确预备会议的一致性内容，调整生产和采购水平，解决不一致意见问题。

第5章　不确定性分析

第12条　判断市场和客户端不确定性

如市场的需求不规律波动、客户订单的非常规增加和取消等。

第13条　判断供应端不确定性

如原材料价格变化、零部件价格变化、供应能力波动、供应商运营情况变化等。

第14条　判断环境变化不确定性

如各类自然灾害等不可控的自然环境变化，文化、政策、经济等社会环境变化。

第15条　不确定性的应对流程

主要包含3个步骤：不确定性数据收集、不确定性问题判断、应对措施制定。

第6章　需求计划的编制与审核

第16条　需求计划的编制原则

1. 市场导向原则。必须以市场需要为依据，在科学预测需求的基础上，力求打造精益供应链。

2. 系统性原则。需求计划的编制必须贯彻统筹安排、瞻前顾后的系统性原则。

3. 准确性原则。要求确保各类需求数据采集、运算、使用的准确性。

4. 及时性原则。要充分发挥需求计划的指导作用和衔接作用，通过需求计划合理安排供应工作，加快供应链反应速度。

第17条　需求计划的审批程序

1. 需求计划专员根据需求预测和库存水平等信息、资料编制需求计划草案，提交供应链管理部审核、审批。

2. 经多次修改后，最终正式需求计划由供应链管理部审批通过。

第18条　需求计划的执行与监督

1. 各部门按照需求分包计划执行。

2. 供应链管理部监督需求计划的供应满足情况。

第7章　附　则

第19条　相关文件与记录

1. 需求预测数据。

2. S&OP会议记录。

3. 需求计划分析报告。

4. 其他重要文件。

第20条　编制单位

本规范由供应链管理部制定，经销售与运作计划会议决议后通过，修订、废止时亦同。

第21条　生效时间

本规范自××××年××月××日起生效。

编制日期		审核日期		批准日期	
修改标记		修改处数		修改日期	

第 2 章　库存控制数据化

2.1　库存分析

2.1.1　库存数据分析工作规范

通过对库存数据的分析,来进行合理配置,不仅可以保证原材料的正常供应,还可以最大限度地减少库存量,提高库存周转效率。以下是某企业库存数据分析工作规范,仅供参考。

规范名称	库存数据分析工作规范	受控状态	
		编　　号	
执行部门		监督部门		编修部门	

第 1 章　总　则

第 1 条　目的

为规范企业库存管理相关数据,分析库存情况,确定合理库存量,以达到优化库存的目的,特制定本规范。

第 2 条　适用范围

本规范适用于库存管理部的库存数据分析与库存管理工作。

第 2 章　管理职责划分

第 3 条　库存管理部门职责

1.库存管理部负责库存数据的收集、整理、分析、报告等工作。

2.库存管理部负责提供详细的库存数据,监管库存数量变化,确定安全库存,提出库存需求,做好后备供给等工作。

第3章　库存数据采集

第4条　库存数据来源

库存数据分析的主要数据来源于企业内部数据、库存存有量数据、库存月出入库数量、呆滞库存数量等。

第5条　采购数量

采购部需要提供企业每月、每年产品采购数量，并做出年度采购数量变化表、历年采购数据变化表，供后续数据分析使用。

第6条　库存消耗数量

营销部门需要提供库存消耗数量、月度销售报表、年度销售报表以及历年销售数据等。

第7条　供应商数据

供应商提供企业采购数据与市场资料。

第8条　其他数据

根据库存分析的目的和目标，向其他职能部门索要相关数据。

第4章　库存数据整理

第9条　库存数据处理

库存管理人员对采集到的数据进行加工处理，根据不同指标进行数据分类、分析，将库存余量、库存金额、出入库数量、周转率等数据分别进行处理。

第10条　库存数据整理方法

库存管理人员可根据以下方法对库存数据进行整理。

1. 对比分析法

同比分析（与去年同期进行比较）、环比分析（与上月同期进行比较）、基比分析（与报告期进行比较）、类比分析（与同类商品进行对比分析）。

2. 回归分析法

回归分析法是根据企业多年的历史数据，通过建立库存与其影响因素之间的函数关系，分析企业在一定时期内库存数量。

3. 多因素方差分析

利用方差比较的方法，通过假设检验来判断多个因素是否对因变量产生显著性影响。

第5章　库存数据分析

第11条　存货数量/金额分析

1. 根据工厂、仓库、物料不同维度的存货结构，分析库存结构的合理性。

2. 通过同比分析方法（与上年度数据对比）、环比分析方法（与上月数据对比），分析库存存量和周转情况。

3. 根据工厂、仓库、物料不同维度的存货排名，进行存货数量/金额分析。

第12条　安全库存量分析

1. 库存管理人员对库存量的上、下限的警戒线进行分析，为库存量安全随时预警。

2. 根据物料低于再订货点及安全库存的明细表，提供合理的补货建议。

第13条　积压呆滞物料分析

库存管理人员根据数据的分析结果，将呆滞物料的库龄与可用性对比分析后，确定呆滞物料使用途径及报废途径，提供处理方式。

第14条　超短缺物料分析

库存管理人员对库存健康状况的合理性进行分析后，根据库存消耗状态、库存余量等信息，找出超短缺物料品，并确定新的订货方式。

第15条　周转速度对比分析

库存管理人员将计算的库存周转速度与同行业库存周转速度进行比较，判断企业的库存周转速度是否合理，找出库存周转速度不合理的原因。

第16条　库存问题分析

库存管理人员对库存结构问题、库存周转问题、订购时点问题、呆滞物料问题等其他问题进行分析，并提出解决方案。

第6章　库存数据分析报告及应用

第17条　数据分析报告内容

库存数据分析报告应包括库存量、周转率、短缺物料、呆滞物料等基本信息，以及目前库存管理条件下存在的问题、问题解决方式、新的库存管理方案及建议等。

第18条　数据分析报告的应用

库存数据分析报告可帮助库存管理人员确定订货时点，为其提供采购决策信息，确定订货数量，还可根据库存信息制定新的营销方案，解决库存积压与库存短缺问题。

第7章　附　则

第19条　编制单位

本规范由库存管理部负责编制、解释与修订。

第20条　生效时间

本规范自××××年××月××日起生效。

编制日期		审核日期		批准日期	
修改标记		修改处数		修改日期	

2.1.2 库存软件需求管理办法

库存软件与库存管理系统为企业库存正常运转提供了强有力的帮助，在库存软件正式运转之前其需求设计更是重中之重。以下是某企业库存软件需求管理办法，仅供参考。

办法名称	库存软件需求管理办法	受控状态	
		编　号	
执行部门		监督部门		编修部门	

第1章　总　则

第1条　目的

为规范库存软件需求管理工作，提高研发质量，降低成本，结合企业的实际情况，特制定本办法。

第2条　适用范围

本办法适用于企业库存软件需求工作的管理。

第3条　管理部门

信息技术部是库存软件工作的归口管理部门，负责软件的需求调查、设计、开发、测试、发布等各项工作。

第2章　软件需求决策管理

第4条　软件规划内容

软件规划是指软件规划人员通过调查研究，进行有关软件需求分析、软件产品设计、软件数据建模和软件开发项目规划等工作，其具体工作内容包括以下3个方面。

1. 软件调研人员通过客户需求分析，获取与产品发展相关的客户意向、市场需求、同类产品等信息。

2. 根据调研分析结果，确定软件的主要功能，根据客户与企业的需要，确定软件的关键功能。

3. 制定软件的长期开发目标。

第5条　可行性研究及决策程序

1. 软件研发部调研分析人员进行市场调查与分析，确认软件的市场需求。

2. 在调查研究的基础上进行可行性研究，提交可行性分析报告。

3. 软件研发主管组织相关人员进行论证，决定项目开发进度、质量和验收标准等。

4. 软件研发部根据论证结果制订软件开发计划草案。

第3章　软件需求分析

第6条　软件需求分析与制订研发计划流程

1. 明确本企业软件开发现状。

2. 对软件开发需求进行分析并给出详细的功能定义。

3. 做出简单的软件原型，与库存管理部共同研究，直到库存管理部满意。

4. 对可利用的资源（如计算机硬件、软件、人力等）进行估计，制订研发进度计划（可有相应的缓冲时间）。

5. 制订详细的软件研发计划。

6. 制订质量控制计划和测试计划。

7. 编写用户手册草案。

8. 评审。

第 7 条　软件需求分析要求

1. 必须以运行环境为基础。

2. 应由用户指定人员参加。

3. 需求说明书必须明确，并经过用户确认。

第 8 条　软件需求审批

经评审通过的各项内容形成相应的文档后，须提交信息技术部经理确认并审批。

第 4 章　概要设计

第 9 条　概要设计的实施流程

1. 确定目标系统的总体结构。

（1）对于大型系统，可按主要的软件需求划分成子系统，然后明确每个子系统定义功能模块及各功能模块间的关系，并描述各子系统的接口界面。

（2）对于一般系统，可按软件需求直接定义目标系统的功能模块及各功能模块间的关系。

2. 明确每个功能模块的功能描述、数据接口描述，以及外部文件与各功能模块间的关系。

3. 设计数据库或数据结构。

4. 制订各阶段开发的目标（里程碑）计划。

5. 制订第一个里程碑的测试计划。

6. 评审。

第 10 条　概要设计要求

1. 在设计目标系统的整体结构时，应力争使其具有好的形态，各功能模块间应满足低耦合度，而各功能模块内应满足高内聚度。功能模块的作用范围应在其控制范围之内。

2. 在设计目标系统的总体结构时，应降低模块接口的复杂性，以提高目标系统的可靠性。

3. 每一个里程碑计划又可分为详细设计、实现、组装测试、确认测试、发布、交接等阶段。

第 11 条　审批流程

1. 经评审通过的各项内容形成相应的文档后，提交给软件研发部经理审批确认。

2. 数据库／数据结构设计说明书、概要设计说明书经软件研发部经理确认后还须提交给信息技术部副总进行审批确认。

第5章 详细设计

第12条 详细设计的实施流程

1. 将概要设计产生的构成软件系统的各个功能模块逐步细化，形成若干个程序模块。
2. 确定各程序模块之间的详细接口信息。
3. 撰写拟订单元测试计划并提交评审。

第13条 详细设计的工作要求

1. 确定程序模块内的数据流或控制流，对每个程序模块必须确定所有输入、输出和处理功能。
2. 规定符号的使用规范，确定设计的命名规则。

第14条 审批流程

1. 经评审通过的各项内容形成相应的文档后，提交给软件研发部经理审批确认。
2. 详细设计说明书经软件研发部经理确认后，还须提交给主管信息技术部副总进行确认并审批。

第6章 软件实现

第15条 软件实现的实施与要求

1. 对每个程序模块使用所选定的程序设计语言进行编码，写出的程序应该结构良好、清晰易读且与设计一致，符合开发编码规范。
2. 单元测试，研发人员按单元测试计划对自己编写的程序进行测试。
3. 对编程及单元测试过程进行版本管理，主要由高级项目工程师负责。

第16条 审批

所有文档必须提交给软件研发部经理确认并审批。

第7章 测试与发布

第17条 组装测试实施程序

1. 开发组完成单元自测后，由研发负责人填写"测试申请单"和"测试产品清单"，并将其交与测试人员。
2. 相关测试人员根据提交的申请单将源程序、文档等拷贝到测试产品目录中。
3. 执行测试计划中要求的所有组装测试。
4. 测试人员对测试结果进行分析，生成问题列表（Bug List），返回给研发负责人。
5. 研发人员经过分析、修复并自测完毕，生成Bug（在计算机领域意指程序漏洞）修复报告，返回给测试人员。
6. 测试人员进行反复测试，直至测试通过。

第18条 组装测试工作要求

1. 组装测试应保证模块间无错误连接。

2. 应对软件系统或子系统的输入、输出能力进行测试，使其达到设计要求。

3. 应测试软件系统或子系统的正确率和承受错误的能力。

第19条　确认测试实施程序

1. 在模拟的环境中进行强度测试，即在事先规定的一个时期内运行软件的所有功能，以证明该软件无严重错误。

2. 执行测试计划中的所有确认测试。

3. 使用用户手册，以进一步证实其实用性和有效性，并改正其中的错误。

4. 对测试结果进行分析，生成当前问题列表。

5. 反复查找Bug原因，直到修复。

6. 对所有文件进行整理。

第20条　确认测试工作要求

1. 全部系统存储量、输入及输出通道，以及进行处理必须预留的余量。

2. 将预期结果、测试结果及测试数据全部存档。

3. 测试人员将测试清单中缺少的文档列入Bug记录表。

4. 对测试中重现与未重现的Bug均要有说明。

第21条　发布过程管理

1. 经测试合格的产品由测试人员填写"发布申请表"连同发布文档一起提交给软件研发部主管、经理及副总经理进行审核、审批。

2. 软件研发部主管、经理及副总经理审核、审批"发布申请表"。

3. 测试人员将要发布的产品（包括源程序、执行文件及相关文档）放入发布产品目录中并生成安装程序。

第8章　附　则

第22条　编制单位

本办法由企业信息技术部制定，修改权、解释权归企业信息技术部所有。

第23条　生效时间

本办法自××××年××月××日起生效。

编制日期		审核日期		批准日期	
修改标记		修改处数		修改日期	

2.2 订货控制制度

2.2.1 基于销售的产品订货控制制度

销售型企业订货计划的最终目的是为销售服务，因此一份完整、有效的产品订货计划应建立在强大的销售数据的分析基础之上，并在执行过程中通过各种工具和方法进行控制与修正。以下是一份基于销售的产品订货控制制度，仅供参考。

制度名称	基于销售的产品订货控制制度	受控状态	
		编　号	
执行部门		监督部门		编修部门	

第 1 章　总　则

第 1 条　目的

为使企业的订货管理工作更具科学性、合理性，做到订货计划有依据、订货过程更透明、订货流程更规范，且能合理、有效地管理产品库存，避免因不合理的订货计划造成产品短货、缺货或产品积压问题，特制定本制度。

第 2 条　适用范围

本制度适用于企业备货式销售预测产生的订货管理。

第 3 条　职责权限

1. 市场营销部负责销售预测分析及其数据的提供。
2. 采购部负责购货合同、"订单变更单"的管理工作，妥善处理突发事件。
3. 采购部负责订货计划的制订、执行与修正。
4. 供应链管理部负责销售预测和订货计划的审核审批、评估、反馈。

第 2 章　订货计划的制订

第 4 条　销售预测分析

市场营销部根据需要进行销售预测分析，具体分析的内容有：历史同期销售数据、近期销售数据、经济形势的变化、特定产品或市场在销售潜力上的变化、企业及竞争对手市场营销策略的变化、企业的安全库存、到货周期等。

第 5 条　订购商品分类

1. 市场营销部根据商品 ABC 分类法，对需要订货的产品进行分类，以便按类型进行后续的订货量的确定、订货控制方式的选择。

2.通过前期的业务分析和数据分析将不同的商品分类，针对每类商品的特殊场景进行建模，运用不同的方法或工具进行销售预测数据的分析，商品可分为A、B、C三类产品。其分类标准如下。

（1）A类产品。累计销售额为销售总额的前____%～____%的若干品类。

（2）B类产品。累计销售额为销售总额的____%～____%的若干品类。

（3）C类产品。A类产品和B类产品以外的其他品类。

第6条　订货控制方式的选择

市场营销部根据A、B、C三类产品的不同特点选择不同的订货控制方式，常用的订货控制方式有2种：定量订货控制和定期订货控制。

第7条　预估订货总量

预估订货总量＝（订货周期＋供应商到货天数＋各种因素延误天数）× 日平均销售 － 订货时库存 － 在途数量 ＋ 货架单品最小陈列量。

第8条　编制订货计划草案

1.采购部将销售预测数据、订货周期、订货总量、订货商品明细、当前库存、仓储成本、物流成本、人工成本等信息进行整理，形成订货计划草案。

2.订货计划草案中应明确事项负责人，方便事项跟进与执行，做到及时反馈和调整，确保订货计划顺利执行。

第9条　审核订货计划草案

采购部将订货计划草案报送供应链管理部审核、评估，审核通过后，成为正式的订货计划文件。

第3章　订货计划的执行

第10条　订货指令下达

1.采购部根据订货总量及各品类订货明细，判断对于采取定量方式订购的产品数量是否达到订货点量，如达到则下达订购指令。

2.采购部对于定期订购的产品，若到达规定的日期，则下达订货指令。在下达订货指令之前，采购部应跟仓储部核对实际库存，避免产品存量超标。

第11条　科学控制库存

在订货计划执行过程中，要科学控制库存，尽量减少因市场需求或补货周期造成的影响，要按日、周、月管理，确保每类产品能够随时间、数量情况的变化而作出相应的更新。

第12条　执行过程中的问题处理

1.订货超标处理

（1）固定清理库存。以____天/次为周期，对超量的产品进行登记，根据产品的完好程度与热销程度判断是否录入库存二次售卖。

（2）清货处理。对于保质期较短或具有季节性特点的产品，可以通过促销活动清理库存。

（3）调拨处理。如果企业有多个仓库，可以利用产品调拨来实现多个仓库发货。产品日常调拨遵循就近原则，同款销售不好的店铺向销售好的店铺调拨遵循平衡调拨原则。

（4）退换货处理。与厂家沟通进行退换货处理。

2. 缺货订单处理

（1）销售终端确认客户订单时，应检查可用库存是否满足需要；可用库存无法满足时，检查在途库存是否满足；若在途库存仍无法满足，应考虑动用安全库存，并通知采购部追加该产品的采购量以补足库存。

（2）若在途库存数量能够满足，但时间不满足时，应通知客户可以满足的最早时间和可靠时间，建议客户分批订货。客户同意先部分交货时，分拆订单处理。

（3）对于市场紧缺产品，应按照客户重要性排序分配产品交货数量。

（4）对客户急需的产品，应通过紧急调配、紧急采购、紧急配送等措施尽快满足客户需求。

（5）在采取措施后，若仍无法满足客户需求时，应及时告知客户，并说明原因，获得客户的谅解，同时取消订单或部分取消订单。

第13条　动态管理订货计划

1. 产品上市后，市场营销部应以周为单位，通过数据分析和市场反应，第一时间发现畅销品，及时下单，加快补货频率，保证货品充足；定期调拨归并，保证畅销品及断码货品规格齐全。

2. 采购部根据市场营销部提供的实地市场调研情况、库存情况、近期商品的动销走势情况、竞争对手的营销策略和市场需求总量所占的比例情况等进行订货计划的调整，动态管理订货执行情况。

第14条　订货计划修正

采购部在执行订货计划过程中，可根据市场需求变化和供应商现状提出修正建议。在供应链管理部评估、审核后，对订货计划进行修正。

第4章　特殊情况处理

第15条　订货周期异常处理

1. 采购部在下达订购指令后及时跟踪订单情况，获取订单交货进度，并与供应商联络，及时获知订货周期异常情况。

2. 采购部得知异常后，应及时向上级部门或相关需求部门反馈信息，以便及时地进行补救或调整。

3. 采购部要采取积极措施尽量挽回损失，也可依具体情况变更采购订单或替换供应商；采购部应积极联络相关部门评估损失费用，并视情况向供应商索赔。

第16条　品质异常处理

采购部发现产品品质异常时，应以书面形式将问题反馈给供应商。并及时向上级主管部门请示解决办法；必要时由采购部召集相关部门到供应商生产现场协商解决异常问题；如因品质问题造成客户不满，采购部应组织相关部门评估损失费用，并视情况向供应商索赔。

第17条 下单异常处理

1. 采购人员如发现订单等单据没有及时发出，应立即联系下单人员；如发生采购部下错订单的情况，应及时与供应商协商能否撤单，尽可能避免滞销品的产生，同时下达正确的订单。

2. 如不能撤单，采购部应与相关部门沟通能否将问题订单内部消化；如果订单不能撤销也不能内部消化，则应由责任部门承担损失费用，并按照企业相关规章制度对责任部门进行处罚。

第18条 突发异常处理

因发生重大的事故或自然灾害而造成供应商短期内无法恢复生产以及发生突发事故造成原料严重短缺的情况，属于突发异常。出现突发异常时，采购人员应及时向采购部经理汇报，并通过多种渠道了解市场行情，力求减少损失。

第5章 附 则

第19条 编制单位

本制度由采购部制定，并对制度进行解释、说明。

第20条 生效时间

本制度自××××年××月××日起生效。

编制日期		审核日期		批准日期	
修改标记		修改处数		修改日期	

2.2.2 基于生产的原材料订货控制制度

原材料的采购是否能按时、按需、按量地满足企业生产计划的需求，是企业生产经营活动得以正常运行的必要前提，也是企业提高经济效益的重要环节之一，因此对生产原材料的订货控制进行科学、合理、有效的管理十分重要。以下是某企业基于生产的原材料订货控制制度，仅供参考。

制度名称	基于生产的原材料订货控制制度	受控状态	
		编 号	
执行部门		监督部门		编修部门	

第1章 总 则

第1条 目的

为统一采购操作流程，有效控制生产所需原材料的采购质量和采购价格，规范采购申请、询价、审核、审批、合同签订、采购执行、库存控制的各类事项，最大限度地确保企业的利益，特制定本制度。

第 2 条　适用范围

本制度适用于企业生产所需原材料的订货控制的管理。

第 3 条　管理职责

1. 采购部负责制订原材料采购计划，并根据企业生产情况，及时进行原材料采购。

2. 须新找厂家的原材料，采购部要按照采购管理制度尽快确定供应商。

3. 采购部对所负责购进原材料的市场行情要有一定的了解，能把握住市场价格的变化趋势，依据市场价格的涨跌，合理地调节购进时间和库存量。

4. 采购部提交原材料的采购计划后，便可以进行询价，并向总经理汇报。

5. 总经理负责生产所需原材料的采购审批工作。

6. 所购进的原材料严格按照本制度的检验程序办理入库手续。

第 2 章　订货计划与审批

第 4 条　建立订货计划制度

订货计划应当与企业生产经营计划相适应。在与相关部门充分沟通的基础上，明确采购品种、质量等级、规格、数量、相关要求和标准、到货时间等。

第 5 条　加强订货业务的计划管理

对于计划内订货项目，采购部应当严格按照计划执行订货业务；对于计划外订货项目，要有完善的审批手续。

第 6 条　审批

原材料月度、年度订货计划须经总经理审批通过后方可执行。

第 3 章　订货控制管理

第 7 条　订货标准

采购部根据生产的需要和采购原材料的标准，有效控制所购进的原材料的质量、价格，每种原材料的供应商应在____家以上，以供询价和采购，同时确保所用原材料在符合质量标准的情况下拥有充实货源。

第 8 条　订货要求

要有计划地按标准适时、适值、适价地完成原材料采购任务，保证原材料的采购不脱节，不超储。

第 9 条　原材料检验

所有采购进厂的原材料须按照本制度规定的进厂检验程序进行检验，检验不合格的原材料依据相关规定进行退货处理。对生产稳定造成影响的不合格的原材料，可进行折价处理，同时将相关情况形成材料上报主管领导并抄送至使用部门负责人。

第 10 条　原材料风险评估

当购进的生产急需的原材料某个批次出现不合格的情况时，为避免对使用单位造成停产的影响，可由原材料购进人、原材料使用单位负责人、工艺负责人共同对使用该不合格原材料可能导致的风险和影响进行评估，并将评估结果上报总经理，经批准后可酌情对该批次原材料紧急放行。

第11条　不合格原材料上报

不合格的原材料须由原材料购进人上报出现此问题的原因，同时与供应商联系并进行退货处理。

第12条　原材料试用

在采购新供应商的原材料时，要购进小批量的原材料进行小试，通过试用证实此原材料适用于生产后，才可发展并确定为正式供货商。

第4章　订货与验收控制

第13条　建立采购与验收环节的管理制度

对采购方式确定、供应商选择、验收程序及计量方法等作出明确规定，确保采购过程的透明化。

第14条　建立供应商评价制度

由采购部、生产部、仓储部等相关部门共同对供应商进行评价，包括对所购原材料的质量、价格、交货及时性、付款条件及供应商的资质、经营状况等进行综合评价，并根据评价结果对供应商进行调整。

第15条　原材料采购方式

根据原材料的性质及其供应情况确定采购方式。大宗原材料的采购可以采用订单采购或合同订货等方式。

第16条　采购审定与备案

采购部对采购量、采购价格进行审定，对采购合同进行备案。

第17条　采购价格调整

采购部应根据市场行情的变化适时调整采购价格，并履行相关审批手续。

第18条　供应商选择

充分了解和掌握有关供应商信誉、供货能力等方面的信息，由采购部等部门共同参与比质、比价，并按规定的授权批准程序确定供应商。

第19条　制定原材料验收制度

指定专人对所购原材料的品种、规格、数量、质量和其他相关内容进行验收，并附上企业相关部门出具的质检单、计量单。对验收过程中发现的异常情况，负责验收的人员应当立即向采购部报告。采购部应当查明原因，及时处理。

第5章　特殊情况处理

第20条　采购项目撤销处理

1.若原请购项目尚未办理，则由采购经办人员在原请购单据上加盖"撤销"章，再退还原请购部门，并进行归档。

2.若原请购项目已向供应商订购，由采购经办人员与供应商接洽撤销订购，经供应商同意撤销后，向其取回订货联络函，然后在原请购单据上加盖"撤销"章后，退还原请购部门，并归档。若供应商坚持不能撤销，采购经办人员应于"撤销请购单"上注明原因，呈总经理核批通过后，将"撤销请购单"返回原请购部门。

第21条　紧急请购处理

采购经办人员接到紧急请购通知后，应立即查明请购原材料名称、规格、数量、请购单号及交货地点等信息，并以电话询议价格，待收到正式的"撤销请购单"时，补入询议价格结果，按急件方式处理。

第22条　交货质量异常处理

当采购经办人员收到质量管理部验收不合格的报告时，应尽快与供应商交涉扣款、退货、换货等事宜，并将交涉结果记录于"原材料检验报告表"的"采购处理结果"栏内，并呈总经理核批通过后进行存档。

第23条　价格变动处理

1.当产品原材料价格变动时，采购部应立即重新审理供应商报价，避免不当损失。

2.采购部应于每月____日前，核算各种原材料价格变动情形，填写"主要原材料价格波动月报表"，并呈总经理核批处理。

第6章　监督检查

第24条　建立对订货业务的监督检查制度

明确监督检查人员的职责权限，对订货业务要定期或不定期地进行检查。

第25条　监督检查措施

对监督检查过程中发现的订货业务中的薄弱环节，采购部应当采取措施，及时加以纠正和完善。

第7章　附　则

第26条　编制单位

本制度由采购部负责制定，并对制度进行解释、说明。

第27条　生效时间

本制度自××××年××月××日起生效。

编制日期		审核日期		批准日期	
修改标记		修改处数		修改日期	

2.2.3 基于维修的备品备件订货控制制度

企业设备运行的好坏，直接影响企业的经济效益，只有不断加强对设备备品备件的订货管理，才能使备品备件订货管理工作更规范、科学，从而让备品备件的订货管理走向良性循环轨道。以下是某企业基于维修的备品备件订货控制制度，仅供参考。

制度名称	基于维修的备品备件订货控制制度	受控状态	
		编　号	
执行部门		监督部门		编修部门	

第1章　总　则

第1条　目的

为了使采购流程标准化，科学、合理地采购维修备品备件，优化库存备品备件储存结构，提高备品备件的有效利用率，降低资金占用率，特制定本制度。

第2条　适用范围

本制度适用于企业维修备品备件的订货控制的管理。

第3条　术语定义

1. 备品备件。为了保障设备的维护保养工作顺利进行，在设备出现故障时缩短故障的修复时间而备用的零部件。

2. 消耗性、轮换性备品备件。

（1）消耗性备品备件：设备在运行中经常磨损，在正常检修时需要更换的零部件。

（2）轮换性备品备件：修复工作量大的设备和零部件，修复后可作为备品备件继续使用。

3. 事故性备品备件。事故性备品备件是指用于突发事故抢修而且具有加工或采购周期长、修复困难、价格贵重、消耗频次低等特点的零部件。

（1）设备性事故备品备件：指主机以外的其他重要零部件，这些零部件一旦损坏，将影响设备的正常运行，而且损坏后不易修复且难于购买。

（2）材料性事故备品备件：是为了解决主机设备故障及突发事故抢修储备的材料以及加工配件性备品所需的特殊材料不足的问题。

（3）配件性事故备品备件：指主要设备（主机和辅机）的零部件，这些零部件具有在正常运行时不易损坏，正常检修时不需更换，但损坏后将造成设备不能正常运行和直接影响主要设备的安全运行，而且损坏后不易修复，具有制造周期长和加工需用特殊材料的特点。

（4）属于下列情况之一者，不包括在事故性备品备件范围之内。

①在设备正常运行情况下容易磨损，正常检修中需要更换的零部件。

②为缩短检修时间用的检修、轮换零部件。

③在检修中使用的一般材料、设备、工具和仪器。

④设备损坏后，在短时间内可以修复、购买、制造、加工的零部件。

⑤特殊检修项目需要的大宗材料、特殊材料的零部件。

⑥现场固定安装的备用设备，如备用开关、备用泵等。

4.计划更换备品备件。计划更换备品备件指周期性更换及状态管理的备品备件，其更换具有一定的计划性。

5.紧急备品备件。紧急备品备件指凡在定修、年修、抢修、设备发生故障或事故后影响正常生产运行的紧急需求的备品备件。

第2章 采购计划的编制

第4条 统计分析

1.仓储部应对常用备品备件、易损备品备件进行定期清点，按照备品备件的库存及正常消耗情况总结规律，进行预采购分析，将分析结果提交至采购部。

2.各使用部门根据设备运行、检修情况及库存备品备件情况提出备品备件使用需求计划，经物资管理部审批后，向采购部提报备品备件采购计划。

第5条 需求预测

采购部根据预采购分析情况、各单位上报的采购需求、企业备品备件采购周期、供应商供货及时情况、质量不稳定设备故障与备品备件需求的不确定性，进行综合需求预测，为制订备品备件计划和订货提供依据。

第6条 备品备件订购预算编制及审核

1.采购部相关负责人应根据备品备件采购的历史数据以及市场价格的变化数据等信息，编制备品备件的采购预算。

2.备品备件采购预算须经采购部、物资管理部及财务部经理审批，审批通过后，方可列入备品备件订货计划。

第7条 备品备件采购计划的编制

1.采购部相关负责人应根据备品备件需求汇总信息及采购预算等资料编制成备品备件采购计划，并提交上级领导审批。

2.上报的备品备件采购计划里必须明确备品备件名称、编号、型号、技术参数等相关信息，必要时提供常用供应商信息。

第8条 备品备件采购计划的审批

1.采购部相关负责人应将编制完成的备品备件采购计划交由采购部经理、物资管理部经理、财务部经理审核，在做必要的补充后，上交分管副总经理审批。

2.对于备品备件的零星采购，且采购预算总额在××万元以内的，由分管副总经理审批后，即可执行。

3.对于大批备品备件采购，且采购预算总额在××万元（含）以上的，由分管副总经理审批，并交总经理审批通过后方可执行。

4.确因意外故障，须对某些备品备件紧急采购时，设备管理员须自行编制"备品备件紧急采购申请单"交部门经理及分管副总经理审批通过后，再交采购部按紧急方式直接采购。

第3章 订货实施管理

第9条 采购分类

备品备件采购计划被批准后，采购部应根据需要时间、品种对其进行分类。

第10条 供应商选择

1.采购计划确定以后，采购部应及时了解市场行情，多方收集、整理相关供应商信息，根据计划进行询价、比价，选择合适的供应商。

2.凡未通过招标确定供应商的备品备件的采购，每次采购，必须有三家以上的供应商提供报价。

3.采购相关负责人应就质量、价格、付款方式、交货时间、售后服务、资信等因素进行供应商的综合评估，并将评估结果排名报采购部经理审核，最终确定供应商。

第11条 合同签订

1.采购相关负责人应与供应商就备品备件的价格、数量、技术参数、质量要求等进行进一步协商并确认。

2.采购相关负责人必须同供应商签订备品备件采购合同。

3.采购相关负责人应将拟订的采购合同交采购部经理及财务部经理审核，分管副总经理审批。审批通过后，方可签字确认，合同生效。

第12条 合同履行

合同生效后，采购相关负责人应跟踪供应商的生产备货情况，确保供应商能及时交货。

第4章 订货验收管理

第13条 备品备件验收实施

1.采购的备品备件到货后，采购人员应办理相应的接收手续，并通知相关人员对采购的备品备件进行验收。

2.验收人员应查看备品备件的外观及技术资料，核对备件的规格、型号，检查其是否符合相关质量要求。

第14条 验收结果处理

1.验收合格后，采购人员应签字确认，并协助入库管理员办理备品备件的入库。

2.验收不合格时，验收人员应提交验收异常报告，采购人员应与供应商协商解决措施，做退、换货处理。

3.通过验收的备品备件在实际使用时发现的质量问题，采购人员须第一时间与供应商交涉并处理，确保不影响对其不合格性质的判定。

<h2 style="text-align:center">第 5 章　特殊情况处理</h2>

第 15 条　紧急备品备件采购处理

因使用单位自身原因，为保证设备检修未能按正常计划上报而临时上报的，急需使用的备品备件，统称为急件。采购急件时，由使用单位向采购部递交申请报告，经采购部经理（或分管副总经理）审批后，采购部在保证质量的前提下优先采购该计划所批项目，以确保设备检修和生产正常。

第 16 条　超预算采购

大型设备备品备件，一般技术要求高，价格昂贵，备品备件的单件价格在××万元以内的（包括××万元）的，按正常程序上报计划即可；估价超过××万元的，由使用单位单独提出报告，作为正常计划的一部分，报主管物资管理部副总，由其牵头，与相关部门共同研究、确定后，依据会议决定，由物资管理部纳入计划，报采购部实施采购。

<h2 style="text-align:center">第 6 章　附　　则</h2>

第 17 条　编制单位

本制度由采购部负责制定，并对制度进行解释、说明。

第 18 条　生效时间

本制度自××××年××月××日起生效。

编制日期		审核日期		批准日期	
修改标记		修改处数		修改日期	

2.3　缺货、断货控制与紧急补救

2.3.1　缺货、断货控制管理办法

在供应链管理过程中，用户需求的变化，供应商供货不及时，配送中心延迟发货，拣货不足，采购不及时，库存管理存在缺陷，补货不及时，生产力不足等原因会导致企业缺货、断货。因此，企业需要制定管理办法进行控制，避免缺货、断货现象的发生。以下是某企业缺货、断货控制管理办法，仅供参考。

办法名称	缺货、断货控制管理办法	受控状态	
		编　号	
执行部门		监督部门		编修部门	

第1章 总　则

第1条 目的

为了保障企业生产经营正常进行，避免缺货、断货对企业造成无法有效地组织生产，无法快速且准确地为客户供货，不能按期履约合同，从而丢失订单、丧失客户等影响，特制定本办法。

第2条 适用范围

本办法适用于企业所有原辅料、备品备件、成品的控制的管理。

第3条 术语定义

1. 缺货：当产品供应出现异常状况，在一段时间内供应总量减少或者暂停供应，但在此期间，企业还有安全库存可以维持（正常供货或配额供货）到产品能够正常供应时，并且在安全库存配发完毕之前产品已开始正常供应，此期间内即为缺货，淘汰产品除外。

2. 断货：到了缺货期末尾，企业安全库存即将耗尽，仍然没有产品补充供应，则产品已面临断货，一直到产品开始正常供应为止，此期间内即为断货，淘汰产品除外。

3. 安全库存：指当不确定因素（如突发性大量订货或供应商延期交货）而导致更高的预期需求或导致完成周期更长的缓冲存货。

4. 采购周期：指采购方决定订货并下订单、供应商确认、订单处理、生产计划、原料采购、质量检验、发运的整个周期时间。

第4条 职责分工

1. 仓储部：

（1）负责制定安全库存数据，并及时对安全库存的设置进行更新；

（2）根据安全库存管理原辅料、成品库存；

（3）负责监控已设置的安全库存物料的库存情况；

（4）及时做出缺货、断货提醒预警。

2. 采购部：负责根据各部门提出的申购单，保障所采购物料内、外部的供应。

3. 生产部：

（1）参与安全库存的设定，并负责提出产品加工申请；

（2）生产部以及仓储部有责任对运行中的库存量提出变更申请，以稳定供应。

4. 销售部：进行销售预测，及时提出补货申请。

5. 物流部：保障货物运输安全，提高配送效率。

6. 需求管理部：负责市场需求的预测，避免出现缺货、断货现象。

第2章 缺货、断货控制流程

第5条 畅销品监控

销售部以月为单位把前一个月销售量在前100名的商品汇总并制作成"畅销品跟踪表",分部主管每日对自己部门的畅销品进行跟踪,如发现畅销品出现缺货、断货情况,要在第一时间跟踪缺货、断货原因,并及时解决。

第6条 检查产品缺货、断货情况

运营部每日检查自己部门的产品缺货、断货情况,主管根据缺货、断货情况填写"缺货、断货统计表",并及时跟踪解决。

第7条 定期记录

物流部人员应认真做好每天配送产品的收货记录,对错发、漏发、未发的产品,及时汇总并交与相关部门进行跟踪解决。

第8条 定期反馈

销售部对某些缺货、断货且解决困难的情况应在每天9:00之前反馈给仓储部。

第9条 定期答复

仓储部在接到缺货、断货反馈后负责跟踪解决,于2天内给予销售部答复。

第10条 最低库存量

仓储部对较畅销商品设定最低库存量并实施监控,低于最低库存而当日无下单订货视同工作失误。

第11条 订单说明与确认

前一天所发订单,应在工作交接本上说明,要求次日值班主管第一时间进行跟催,对供应商提出的未收到订单的问题,要求马上以手工单形式进行补单,并要求对方人员接收确认。

第12条 缺货、断货问题处理

各采购部主管在供应商提出其仓库缺货、断货或因货款问题等无法正常发货时,应在第一时间上报销售部。

第13条 缺货、断货跟催

对于销量在前50名的畅销品,销售部以周为周期进行监控,若发现缺货、断货情况及时跟催。若销售部3日内无法解决缺货、断货问题,应立即上报总经理。

第14条 制定"缺货、断货反馈单"

各营销店百货产品超过正常日均销售量20倍以上及食品超过日均销售量30倍以上的单品,应尽可能地在店间或企业间调拨直送产品,由仓储部统一规划,要求各供应商业务员将该企业两营销店纳入常规巡店日程,并安排每周与供应商业务主管通报缺货、断货情况,制定"缺货、断货反馈单"。

第3章 缺货、断货控制关键事项

第15条 品牌需求预测

需求管理部做好主销品牌的需求预测,加强对紧俏品牌的投放趋势预测,加速新品牌的市场潜力评估效率。

第 16 条　选择供应商需考虑因素

采购部下订单前要慎重选择供应商，除了考虑价格因素，还要考虑供应商的生产能力、时间观念、诚信状况等。作为采购方，可以在交货日期前，分时期与供应商沟通，监督生产状况，从而给供应商造成压力。

第 17 条　完善产品相关配套设施

物流管理部完善产品配送中心功能，改善配送中心网点布局，引进先进技术，完善物流系统。

第 18 条　增加库存量情况分析

当台账中运算得出"建议采购量"，且安全库存低于下限时，仓库管理员须提请"采购申请单"，或者发送"缺料表"给生产部要求增加库存量。

第 19 条　填制"采购申请单"

各部门在填制"采购申请单"时，以下信息必须填写完整、准确：物料的编码、名称、规格、型号、数量、现存量、需求日期（原则上不能少于交货期）。

第 20 条　制定安全库存

标准计算公式为：安全库存＝日平均消耗量 × 一定服务水平下的前置期标准差。根据实际情况，也可采用计算公式：安全库存＝日平均消耗量 × 采购周期 × 调整系数。

其中：日平均消耗量由库房提供数据；采购周期、调整系数由采购部测算。

第 21 条　库存申请条件

若某物料连续三个月使用量递增或稳定在高位，安全库存量跟不上生产速度，要及时提出增加库存申请。若某物料连续三个月使用量递减或很少，库存量过多，要及时提出删减库存申请。

第 22 条　物料审批

采购部、生产部、销售部等部门对某一物料给出使用量增加或减少的正式指令（可以是书面指令、腾讯对话等，口头通知无效），并由各级部门经理审批。

第 23 条　特殊情况处理

一旦判断失误，相关人员要及时告知仓储部，避免产生库存积压，占用企业资金，增加企业运营成本，影响整个供应链的盈利。

第 4 章　附　则

第 24 条　编制单位

本办法由仓储部负责编制、解释与修订。

第 25 条　生效时间

本办法自××××年××月××日起生效。

编制日期		审核日期		批准日期	
修改标记		修改处数		修改日期	

2.3.2 缺货、断货紧急补救预案

当产品供应出现异常状况，须放缓供应速度或在一段时间内暂停供应时，为防止出现缺货、断货情况，造成重大损失，企业必须制定缺货、断货紧急补救预案，确保当缺货、断货情况发生时，可以迅速补救，最大限度地减少企业的经济损失。以下是某企业缺货、断货紧急补救预案，仅供参考。

预案名称	缺货、断货紧急补救预案	编　　号	
		受控状态	

一、目的

1. 为了建立缺货、断货紧急补救机制，充分发挥各部门的积极作用，提高其应急水平和能力。

2. 确保当缺货、断货情况发生时能够迅速、准确、有效地补救，最大限度地减少经济损失。

二、适用范围

本预案适用于企业所有原材料、在售产品的缺货、断货情况。

三、紧急补救组织设置

（一）成立行动小组

当缺货、断货情况发生时，企业应立即成立行动小组进行紧急补救。小组成员有供应链管理部、生产部、采购部、产品交付部、销售部等。

（二）职责分工

1. 组长：供应链管理部经理

负责全面领导缺货、断货的应急补救工作，保证各个部门的协调配合。

2. 副组长：采购部经理

总体协调各部门在紧急应变过程中的分工合作和统一指挥。

3. 组员：生产部、销售部、产品交付部员工

配合供应链管理部、采购部完成紧急补救的具体措施。

四、行动方案设定

（一）缺货、断货状态判别

1. 收到缺货、断货通知时，仓储部须在ERP（企业资源计划，是一种面向制造行业进行物质资源、资金资源和信息资源集成一体化管理的企业信息管理系统。）系统中进行审核，确保可用库存不能满足。

2. 当可用库存不能满足时，检查在途库存能否满足。

3. 当在途库存仍无法满足时，应考虑动用安全库存，并通知采购部增加该产品的采购以补足库存。

4. 当在途库存能够满足，但时间不能满足时，应查看库户订单可以满足的最早时间和可靠时间，建议客户分批订货。待客户同意先部分交货，再分拆订单处理。

5. 当客户紧急需求无法延迟时，应作为缺货订单处理，并上报供应链管理部进行协调。

（二）与客户沟通协调

1. 与客户沟通协调交货期、交货数量、交货批次，尽可能地在不增加成本的情况下通过延迟交货、分批交货满足用户需求。

2. 对于市场紧缺产品，应按照客户重要性排序分配可以交货的数量，并与客户沟通，维持客户满意度。

3. 对客户急需的产品，应通过紧急采购、紧急配送等措施尽快满足客户的需求。

4. 在采取措施后仍无法满足客户需求时，应及时告知客户，说明原因，获得客户的谅解，维持良好的合作关系，同时取消订单或部分取消订单。

（三）内部紧急补救

缺货、断货材料的补救可以通过异地调货、紧急采购、当地采购3种方法处理。

1. 异地调货：DC（Distribution Center，配送中心）经理应征求总经理同意。总经理再与采购部、物流部、调货地 DC 经理协调，统筹安排。

2. 紧急采购：DC 经理应征求采购部的意见，对紧急采购可行性作出判断。采购部应及时和供应商沟通，确定供货时间，并通知 DC 经理和 DC 所在仓库。

3. 当地采购：当地采购由于是向批发商采购，可能在价格上无法满足条件。DC 经理应和当地批发商达成初步意向后，报企业总经理批准。

五、补救措施评估

每次启动预案结束后从以下4个指标进行评估，以备下次改进。

1. 方案成本：包括人工、物流、调货产生的溢价以及相应的损失。

2. 方案适用性：通过设定的紧急预案较好地解决了缺货、断货问题，没有产生重大问题与过失。

3. 行动效率：相关人员能够根据预案内容及时行动，保证措施的有效执行。

4. 主要问题：紧急预案中出现的问题可控，能够得到解决。

六、奖励与处罚

1. 有以下情况之一的，对相关人员进行表彰和奖励。

（1）在缺货、断货情况发生后，积极寻找解决办法者。

（2）根据方案进行严格执行、指挥的报告者。

（3）在方案实施过程中发现问题，及时提出有效措施解决者。

2. 有以下情况之一的，对相关人员进行处罚。

（1）未按照预案采取措施，导致补救失败，给企业造成严重损失者。

（2）在方案实施过程中不紧张的懈怠者。

（3）不服从上司的管理或工作安排者。

七、预案修订与完善

1.为了能把新技术和新方法运用到应急行动中去，以及与不断变化的具体情况保持一致，预案应及时更新，必要时重新编写。

2.对销售情况、人员变化进行定期检查，对预案及时更新。

3.在实践中提高水平，将预案进一步合理化。

八、预案公布

1.缺货、断货紧急补救预案由总经办制定，经审查批准后发布，方可生效。

2.必须组织员工学习预案，让每位员工了解预案的全部内容。

执行部门		监督部门		编修部门	
执行责任人		监督责任人		编修责任人	

2.4 库存呆滞盘点与物料处理

2.4.1 库存呆滞盘点实施细则

在呆滞盘点过程中，由于相关部门人员的监督不力、盘点过程中数据错误、库区摆放混乱、盘点人员安排混乱、盘点前无计划，导致盘点混乱。因此，企业应规范库存呆滞盘点工作，做到账账相符，账实相符。以下是某企业库存呆滞盘点实施细则，仅供参考。

细则名称	库存呆滞盘点实施细则	受控状态	
		编　　号	
执行部门		监督部门		编修部门	

第1章　总　则

第1条　目的

为明确呆滞物料的盘点工作，掌握企业呆滞物料的库存情况，解决呆滞物料盘点过程中出现的问题，加强企业库存管理，特制定本细则。

第2条　适用范围

本细则适用于所有呆滞原材料、半成品、成品、外购件、外协件、边角料等的盘点工作的管理。

第 3 条　呆滞物料认定

1.呆料认定。本细则所指的呆料，是指在库存中存量较大、消耗极少且库存周转率极低但仍保留原有特性和功能的物资。

2.滞料认定。本细则所指的滞料，是指因质量不符合企业或行业规范、存放久远且没有使用价值或者虽有使用价值但因需求、技术、改革等情况已不适用的物资。

第 4 条　管理职责

1.仓储部是呆滞物料盘点工作的主要负责部门，其主要职责如下。

（1）仓储部经理担任总盘点人，主要负责呆滞物料盘点工作的总指挥，协调、监督及指导盘点工作的进行。

（2）仓储部主管担任主盘点人，负责仓库现场的实际盘点工作，制定盘点方案并付诸实施，及时向总盘点人报告进度，处理盘点中存在的问题。

（3）仓储部工作人员负责呆滞物料的清点并详细记录盘点数量。

2.财务部主要负责呆滞物料盘点工作的抽查，确保盘点数据的准确性，具体职责如下。

（1）财务部负责对清点过的呆滞物料数量进行复点并单独做记录。

（2）财务部负责指挥、安排财务人员检查各组盘点准确度，对出现误差的呆滞物料进行复点，并将结果上报总盘点人。

（3）财务部指派财务人员负责收集盘点表单，对盘点数据进行归类、汇总，并对统计数据的准确性负责。

第 2 章　盘点内容

第 5 条　盘点方式

盘点方式主要包括抽盘和全盘。企业主要采用定期盘点，定期盘点分为月度盘点、半年度盘点和年度盘点。月度盘点采用抽盘方式，半年度和年度盘点采用全盘方式。

第 6 条　盘点时间

月度盘点时间为每月＿＿＿＿日上午＿＿＿＿＿。半年度盘点时间为每年 7 月＿＿＿＿＿日上午＿＿＿＿＿。年度盘点时间为每年 1 月＿＿＿＿＿日上午＿＿＿＿＿。

第 7 条　盘点准备

仓储部应充分做好盘点前准备工作，具体盘点要求如下。

（1）制订详细的盘点计划，合理安排工作人员。

（2）将盘点工作所需工具和"呆滞物料盘点表"提前准备。

（3）仓库内呆滞物料应分区摆放，按类划分，力求整齐、有序，用标识加以区分，以便呆滞物料的保存和处理。

第 3 章　抽盘盘点

第 8 条　进行人员培训

1.对参与盘点的工作人员进行盘点前的培训工作，包括盘点实施、盘点复查、盘点核算，以预防盘点错误，减少经济损失。

2. 盘点人员在盘点期间，必须认真核对物料的品名、数量、型号，做到准确无误，对实物过小的呆滞物料，要借助一定的计量工具。对于贵重呆滞物料，还要进行重点记录，精确计量。

第9条　进行盘点工作

仓储部工作人员随机抽取_____类以上的物料进行呆滞物料盘点，并将盘点结果写在"呆滞物料盘点表"上。"呆滞物料盘点表"要注明盘点物料的相关信息，如物料品名、分类、数量、型号、呆滞原因、存放地点、盘点日期等。

第10条　抽盘盘点比例

1. 物料仓管员所管物料品类在_____种以上，抽盘盘点比例为5%~10%。
2. 物料仓管员所管物料品类在_____~_____种，抽盘盘点比例为10%~15%。
3. 物料仓管员所管物料品类在_____种以下，抽盘盘点比例为15%~20%。

第11条　报告盘点问题

要保证呆滞物料库存报表与实际库存数量一致，抽盘盘点中如有差异应如实记录，对于抽盘中发现的问题，仓储部工作人员应及时查明情况并处理；对于无法处理的异常应报仓储部主管协调处理。

第12条　盘点结果

1. 呆滞物料经盘点确认后，由财务部核算物料金额。按"呆滞物料盘点表"将呆滞物料隔离，并做好标识放入待处理区。
2. 造成呆滞物料的部门应对原因进行分析，并提出改善意见。

第13条　盘点差错范围

1. A类材料（单价在_____元以上的物料）允许差错范围：0%。
2. B类材料（单价在_____~_____元的物料）允许差错范围：2%。
3. C类材料（单价在_____元以下的物料）允许差错范围：5%。

第4章　盘点问题

第14条　进行复盘工作

在进行第一次盘点工作后，企业还要对盘点的呆滞物料进行复盘，以提高数据的准确性，减少工作中的失误。

第15条　查找差异原因

盘点结束后，复盘与初盘点数量比较得到差异，如果差异率在合理的范围内，不需要分析差异原因；如果差异率超过企业规定的范围，就必须对差异进行原因分析并做出说明。

第5章　附　则

第16条　编制单位

本细则由仓储部负责编制、解释与修订。

第 17 条　生效时间				
本细则自××××年××月××日起生效。				
编制日期		审核日期		批准日期
修改标记		修改处数		修改日期

2.4.2 库存呆滞物料处理办法

在企业库存中，不仅呆滞物料的存放占用库存空间，加大管理成本，而且呆滞物料的剩余价值也会随着时间的推移而逐渐变少。因此，企业要对库存中的呆滞物料进行定期处理，以最大化地利用呆滞物料的价值。以下是某企业库存呆滞物料处理办法，仅供参考。

办法名称	库存呆滞物料处理办法	受控状态	
		编　　号	
执行部门		监督部门		编修部门	

第 1 章　总　则

第 1 条　目的

为处理库存呆滞物料，减少库存成本，避免企业损失，特制定本办法。

第 2 条　适用范围

本办法适用于库存呆滞物料处理工作的管理。

第 3 条　管理职责

1. 仓储部负责呆滞物料的处理，具体工作职责如下。

（1）负责处理办法的拟定、审批、执行及对呆滞物料处理工作的管理与执行监督。

（2）负责库存内部的呆滞物料的库存统计、数据报告及处理。

2. 技术部负责呆滞物料具体处理意见的提出与拆用处理过程的技术指导。

3. 采购部负责呆滞原材料的处理意见及出售、交换、退、换货的处理。

4. 总经办负责本办法的批准执行及呆滞物料处理的最终审批工作。

第 2 章　呆料处理办法

第 4 条　退还供应商

与供应商协商，将库存中还保留原有价值、库存量较大、企业＿＿＿年内不会用到的物料退还给物料供应商，对只保留部分使用价值的呆料可低价退还给供应商，做出价格让步。

第 5 条　低价处理

寻找合适的供应商或企业，对库存中的呆料进行低价转让。

第 6 条　交换物料

寻找使用相同物料进行生产的企业，双方对各自的呆料情况进行沟通，查看有无可交换的、具有使用价值的物料。对于交换的物料要仔细盘查，注意质量问题。

第 7 条　再加工处理

根据企业的生产情况，判断库存中的物料经过再加工处理后能否应用于企业生产中。

第 8 条　设计新产品

仓储部与产品开发部沟通、交流，判断能否根据呆料进行新产品的研发和设计，从而拓宽销售渠道，减少库存成本，增加企业利润。

第 9 条　报废处理

对于不能退还、低价处理、交换、再加工处理、再设计利用的呆料，仓储部要进行清点报废，报备财务部后，对呆料进行报废处理。

第 3 章　滞料处理办法

第 10 条　出售滞料

寻找合适的供应商或企业，对库存中的滞料进行出售，对还存在使用价值的滞料，可按照滞料原价的＿＿＿折扣进行出售；对没有使用价值的滞料，按照废品进行出售。

第 11 条　分解再利用

仓储部将"滞料盘点表"交由质量管理部，质量管理部对滞料进行分解再利用，提高物料的使用效率，降低库存成本。

第 12 条　报废处理

对于不能出售、分解再利用的滞料，仓储部要清点需要报废的滞料，报备财务部后，对物料进行报废处理。

第 4 章　呆滞物料处理流程

第 13 条　处理申请

仓储部对仓库现有的呆滞物料提出处理申请，其申请程序如下。

1. 仓储部工作人员申请。仓储部工作人员根据呆滞物料清单填写"呆滞物料申请处理表"，注明呆滞原材料、外购件、外协件、成品及半成品的处理原因，报仓储部主管审核。

2. 其他部门申请。技术部、质量管理部等部门产生的呆滞原材料、半成品、成品，部门主管应定期安排部门人员填写"呆滞物料申请处理表"，交各部门主管审核，或可退交仓储部主管申请处理。

第 14 条　申请受理

1. 各部门主管确认"呆滞物料申请处理表"是否真实、有效，判断上报的物料是否为呆滞物料，并确定呆滞物料产生的原因及数量。

2. 对申请原因进行审核。若各项信息真实、准确，则主管签字转回给申请人；相反地，若存在以次充好、数据误报等现象则退回申请人重新整理。

第15条　盘点统计

仓储部主管确认呆滞物料处理数量，安排仓储部工作人员对其他部门申请的呆滞物料进行盘点、统计，确认无误后对申报数量进行签字确认。

第16条　处理审批

将审核通过的"呆滞物料申请处理表"提交总经理审批，审批通过后方可进行呆滞物料处理，仓储部按照处理办法分别处理。

第5章　呆滞物料预防

第17条　呆滞物料处理目的

1. 节约库存空间，节省仓储成本，使其他物料有更多的空间存放。

2. 节省人力资源成本，提高仓储部工作人员对呆滞物料的管理和盘点的工作效率。

第18条　需求与计划环节预防

供应链管理部在制订需求与计划前，要结合库存实际情况，以防过度采购。

第19条　采购环节预防

1. 根据市场需求，做好采购计划。

2. 选择合适的供应商，采购优质的物料。

第20条　产品开发环节预防

提高企业技术开发水平，提高物料的使用效率。

第21条　生产环节预防

1. 制订合理的生产计划，根据订单需求进行生产。

2. 加强与市场营销部的沟通，做到产销结合。

第6章　附　则

第22条　编制单位

本办法由仓储部负责编制、解释与修订。

第23条　生效时间

本办法自××××年××月××日起生效。

编制日期		审核日期		批准日期	
修改标记		修改处数		修改日期	

第 3 章　供应管理全面化

3.1　供应商开发、现场审核与评估

3.1.1　供应商开发管理办法

供应商的开发是采购体系的核心，其表现也关系到整个采购部门的业绩。企业应从多种渠道对供应商进行开发，在选择供应商时可从经营状况、生产能力、设计研发能力、售前售后 4 个方面对供应商进行评估。以下是某企业供应商开发管理办法，仅供参考。

办法名称	供应商开发管理办法	受控状态	
		编　　号	
执行部门		监督部门		编修部门	

第 1 章　总　则

第 1 条　目的

1. 明确供应商开发方式，规范供应商开发程序，提高供应商开发效率，加强供应商管理，保证供应商数量，提高供应商质量。

2. 规范供应商选择、入库程序，充分了解供应商信息，满足企业生产经营的需求。

第 2 条　适用范围

本办法适用于供应商开发小组根据市场竞争情况和企业需求，建立供应商数据库，通过多种渠道寻找供应商信息等工作的管理。

第 3 条　职责分工

由供应链管理部、采购部、生产部、财务部、质量管理部组成供应商开发小组。

1. 采购部负责供应商开发的主导工作，具体工作职责如下。

（1）根据企业战略发展和业务需求，择优开发、储备供应商资源。

（2）负责培育和发展战略合作供应商。

（3）根据行业特点，建立完善的供应商数据库。

（4）负责组织对合格供应商进行评估、考核。

（5）负责开发OEM（Original Equipment Manufacturer，贴牌生产或原始设备制造商）供应商。

2. 生产部、质量管理部参与供应商的技术交流，负责供应商的技术评估工作。

3. 财务部负责审核供应商财务报表。

4. 供应链管理部负责供应商开发的监督工作。

第2章　供应商开发

第4条　供应商开发流程

需求收集与整理→制订供应商开发计划→市场竞争情况分析→供应商开发渠道→初步联系→初步走访→报价→供应商筛选→样品检验→批量试产→供应商名单审批→合格供应商入库。其中主要的几个步骤具体内容如下。

1. 需求收集与整理

供应商开发小组根据企业以下4项需求，制定供应商开发目标。

（1）企业所需供应商的品质水平、产能情况。

（2）供应商开发成功的截止日期。

（3）企业所需原材料或零部件的种类。

（4）供应商与企业的距离是否便于运输。

2. 制订供应商开发计划

供应商开发小组制订供应商开发计划，包括供应商开发目标、开发渠道、开发数量、开发成功时间等内容，报采购部经理审核，总经理审批通过后方可实施。

3. 市场竞争情况分析

（1）供应商开发小组应了解市场发展趋势、标杆企业、各大供应商的定位、潜在供应商等情况。

（2）供应商开发小组应了解竞争市场的性质、容量和规模。

（3）供应商开发小组应分析供应商调查资料，明确竞争市场自身的基本情况，包括竞争市场的生产能力、技术水平、价格水平、管理水平、需求情况等。

4. 供应商开发渠道

供应商开发小组可从互联网站（阿里巴巴网、慧聪网、中国制造网及其他采购平台）、新闻媒体（专业广告、杂志、广播电台、电视等）、竞争对手供应商、招标采购、行业协会、专业刊物、产品发布会、产品展销会、产品订货会、供应商主动联络等多个渠道进行开发。

第5条　潜在供应商信息收集

1. 供应商信息包括营业执照、资质证书、荣誉证书、业绩文件、经营状况、财务报表、样本资料、质量管理体系认证等，根据标的不同对供应商信息进行收集、整理并分类。

2.凡有意愿与企业建立供应关系的供应商须如实填写"供应商信息登记表"，内容主要包括供应商概况、供应商规模、主营产品、生产设备、检测设备、生产工艺流程、质量验收与管理制度、采购合同、付款方式、售后服务等。

第3章　供应商选择

第6条　供应商选择标准

1.具有独立的法人资格，能够提供有效的营业执照、特种行业相关生产资质、质量及环境认证体系证书等。

2.遵纪守法，经营状况良好，能够提供近3年的"销售业绩表"和"财务报表"。

3.生产能力强，具有一定的生产规模化，且具有与企业项目建设相匹配的供应商厂房面积、生产工人、技术研发人员、质量管理、生产设备，具备完整的生产、加工、组装能力。

4.具备较强的设计和研发能力，工艺先进，品质稳定，有突出的产品创新意识，具备相当数量和规模的关键生产设备、产品检测设备、检测手段等。

5.能接受企业规定的商务合作模式，提供性价比高的产品，接受灵活的付款条件以及合理的交货时间，提供优质的服务。

6.具备提供优质的售前、售中和售后服务的能力，能快速反应并解决问题。

第7条　供应商确认

1.在供应商初评、现场评审通过，并且样品检验合格的情况下，采购部主管应将该供应商列入合格供应商名单，交采购部经理审核，再由采购总监审批。

2.原则上一种物资应有2家或2家以上的合格供应商，以供采购时选择。

3.对于唯一供应商或独占市场的供应商，可直接列入合格供应商名单。

4.如果客户提供供应商名单，采购部必须按客户提供的供应商名单进行采购。客户提供的供应商名单直接列入合格供应商名单，如须从非客户要求的供应商处采购时，必须事先得到客户相关部门的书面批准。

5.合格供应商名单在每次的供应商考核结果得出后进行修改，并删除不合格供应商，修订后的合格供应商名单由采购部经理审核，采购总监审批。

第4章　供应商入库

第8条　供应商信息入库

基于供应商综合评估结论，整理供应商相关资料文件（资质文件、财务报表、销售业绩、商务和技术交流情况总结、相关会议纪要、考察报告等）并提交总经办审批。审批通过后，正式录入合格供应商数据库，后续采购参照合格供应商数据库发布的招采文件或询价函。

第9条　供应商资料存档

采购部主管负责建立供应商档案，对每个选定的供应商必须有详尽的档案，包括供应商基本情况、营业执照复印件、生产许可证（审查合格证）复印件、产品检验合格证、产品标签、产品检验报告复印件、报价单、协议、发货单以及留存样品、现场考核结果等，以便后期进行定期的评估。

第 5 章 附 则

第 10 条 编制单位

本办法由采购部负责编制、解释与修订。

第 11 条 生效时间

本办法自××××年××月××日起生效。

编制日期		审核日期		批准日期	
修改标记		修改处数		修改日期	

3.1.2 供应商现场审核管理办法

供应商现场审核是供应商管理的重要内容，当发生需要现场审核的情形时，企业须在质量管理、检验管理、生产管理、设备工装管理以及改进管理 5 个方面进行审核，并将审核结果运用到实际中。以下是某企业供应商现场审核管理办法，仅供参考。

办法名称	供应商现场审核管理办法	受控状态	
		编　号	
执行部门		监督部门		编修部门	

第 1 章 总 则

第 1 条 目的

为了规范对供应商进行现场审核的有关程序，推动供应商完善质量保证能力，确保其满足企业采购产品的质量要求，特制定本办法。

第 2 条 适用范围

本办法适用于在生产批准或日常供货过程中，发现供应商的制造过程或产品质量不符合要求，需要进行现场审核的情况。

第 3 条 职责分工

由供应链管理部、采购部、生产部、质量管理部组成供应商审核小组。

1. 供应链管理部负责编制审核计划，并组织实施。

2. 生产部、质量管理部负责审核具体内容，并对审核后出现的不符项进行跟踪、验证。

3. 采购部负责对不合格供应商进行淘汰，更新供应商数据库。

第 4 条 供应商现场审核情形

1. 出现批量的和突发性的重大质量事故的。

2. 质量评分连续 3 个月分数走势下降，且平均分差 ≥ 5 分的情形，并经核实属质量问题原因造成的。

3. 上年度供应商综合评价为 D 级（综合评价得分 <70 分）拟再供货的。

4. 必要时，须按照企业级指令开展实施供应商现场审核的。

第 2 章 现场审核首次会议

第 5 条　首次会议内容

向供应商代表介绍审核小组成员，确认审核的范围、目的、计划安排，在审核小组和供应商代表之间建立正式的联络渠道，包括陪同人员，并促进供应商代表积极参与。

第 6 条　时间控制

首次会议的时间控制在 30 分钟以内，主角应是审核小组成员，而非供应商。

第 3 章 现场审核内容

第 7 条　质量审核

1. 设备及工装、模具、夹具的管理和维护、保养状态是否正常；工艺设计是否合理。

2. 产品是否按工艺要求执行生产过程检验。

3. 供应商是否全程质量跟踪。

4. 供应商是否按要求建立质量体系。

5. 审核小组随机抽取样品，按审核标准要求检验，检验项目是否按进货检验项目要求执行（特别要注意企业无检测能力的项目的供应商检测控制情况），判定是否按其标准执行。

第 8 条　检验审核

1. 检查供应商是否制定了采购原材料的检验规范并执行。

2. 供应商是否制定了产品最终检验标准并执行。

3. 产品是否按规定的时间间隔进行了型式试验，所有计量设备能否适应检验的需要。

4. 检验所用的计量设备是否进行定期检验校准，是否对不合格产品进行区分和标识，不合格产品是否经评审和处理并留下记录。

5. 特别要注意各关键工序（主要是质量特性、特殊过程特性）所必备的手段设备（包括生产、检测）是否齐备，是否有欠缺，并做好记录。

第 9 条　生产审核

生产现场的安全文明生产、定置管理以及工位器具的合理使用也要注意进行检查，检查内容至少包括物流、空间布置、工位器具、设备设施、作业环境、作业操作、节拍瓶颈、人机工程学、工序间产品堆积情况等。

第 10 条　设备审核

1. 设备是否满足产品生产的能力要求。

2. 所有生产设备是否进行了定期保养，设备损坏是否进行了及时维修，工装、模具是否进行了标识。

3. 是否指定有能力的人进行工装、模具的维护、保养工作，是否对工装、模具进行了保养，易损工装、模具是否有更换计划。

第 11 条　改进审核

1. 针对反馈的质量问题或整改要求，检查厂家是否制定了相应的改进措施，措施是否得到有效实施，并对措施进行效果验证，做好检查情况记录。

2. 客户退货产品是否进行了检验、分析，并采取纠正措施。

3. 是否定期进行内审，内审不符合项是否采取纠正措施。

4. 是否定期进行管理评审，评审的结果是否予以实施。

5. 是否进行客户满意度测评，并进行分析。

6. 是否对客户满意度和供应商质量绩效数据进行了分析，对数据分析结果是否提出改进意见并实施。

第 4 章　现场审核关键事项

第 12 条　质量体系的审核

如果供应商通过第三方质量体系认证并且产品质量稳定，可以不进行全面的质量体系检查，而做适当的抽查；如果未通过第三方质量体系认证，应着重检查质量管理制度或相应技术文件是否完善，是否按规定执行及主要二次配套件的检验、控制情况。

第 13 条　相关资质的审核

对接受审核的供应商的所有资质进行核查，主要检查企业资产、人员数量标准、专业人员比例与其他应具备的专业资质。

第 14 条　管理制度与流程的审核

审核小组成员应注意审核供应商企业的管理制度与运营流程。

第 5 章　审核结果应用与报告

第 15 条　审核结果应用

1. 审核中发现不符合项，要求供应商整改的，由审核员当场向供应商提供"不符合项报告"，提出整改要求，并要求被审核供应商按规定格式提交整改计划，届时到期检查、验证整改效果，逐项过关。

2. 到期仍不符合要求的，剔除合格供应商名单。

第 16 条　编制审核报告

1. 根据实际情况对该供应商本次现场审核予以定级并填写"供应商现场审核报告"，内容包括审核目的、审核名称、审核情况概述、严重不符合项、一般不符合项、得分率以及评定等级等，并报领导审批。

2. 将"供应商现场审核报告"连同相关记录提交质量管理部审核后，再存入供应商档案。

3. 将审核结果告知生产部、采购部等参与部门。

第6章 附 则

第17条 编制单位

本办法由供应链管理部负责编制、解释与修订。

第18条 生效时间

本办法自××××年××月××日起生效。

编制日期		审核日期		批准日期	
修改标记		修改处数		修改日期	

3.1.3 供应商评估管理办法

企业在初步确定供应商名单后，下一步要决定怎么去进行正式的评估，筛选出合适的供应商，这就要求企业有详细的评估办法，并对供应商进行分级，淘汰不合格供应商，鼓励优秀供应商，促使供应商不断改进产品质量。以下是某企业供应商评估管理办法，仅供参考。

办法名称	供应商评估管理办法	受控状态	
		编 号	
执行部门		监督部门		编修部门	

第1章 总 则

第1条 目的

1. 建立完善的采购供应商管理办法，有效地对企业所需购置产品中的材料、过程、成本、服务进行持续的质量改进，建立和维护良性的原材料采购机制，并依据评估考核，寻求最佳供应商和进行部分供应商的持续改进。

2. 建立相配套的信息共享系统，有效地对供应商在产品质量、交付时间、成本等方面进行合理的供应管理，避免出现部分供应商将产品以次充好交货的现象。保证供应商具有提供和满足企业规定及要求的能力，使得企业所购置产品的品质得到稳定发展。

第2条 适用范围

本办法适用于向企业提供产品（原材料）及服务的供应商的评估评级、优劣供应商的筛选工作的管理。

第3条 职责分工

由采购部、生产部、技术部、质量管理部以及总经办组成供应商评估小组。

1. 采购部负责编制评估计划，对供应商进行具体评估工作，并公示评估结果。

2. 生产部、技术部、质量管理部负责评估原材料、包材设备、消耗品的品种、数量和质量等。

3. 总经办负责对供应商评估工作的监督。

第4条　评估维度

1. 产品质量：质量改进和无缺陷产品为合格产品的质量表现。

2. 交付时间：产品准时制（JIT）管理为供应商交付时间的有效表现。

3. 成本：合理的产品原材料、生产成本、运输等方面的成本分析，组成最终的合理采购价。

4. 服务：供应商前期样品开发力度、紧急订单的配合度、质量要求反馈力度为服务等级表现。

第2章　评估与分级

第5条　初步评估

1. 收集具有合作潜力供应商的相关资料，包含原有供应商。资料内容包含：企业简介（组织架构）、主要产品生产流程图、各类产品标准认证书复印件、产品质检报告、营业执照、税务登记证复印件、供应厂商调查表。并将供应商依据不同产品生产特性进行分类。

2. 采购人员依据供应商资料表内容对新的供应商的加工或接单能力进行评估，并参考其厂商以往的业绩及业界口碑，作为评定是否可列为开发或交易对象的标准，不合格者予以淘汰。

第6条　样品质量评估

采购部向供应商提出样品需求，通知供应商提供两件以上正常情况下生产出的代表性产品。质量管理部对样品的材质、性能、尺寸、外观质量等方面进行检验，检验确认合格的样件，在样件上贴样件标签注明合格或不合格，并标识检验状态，一件返还供应商，另一件留在质量管理部作为今后检验的依据。

第7条　现场评估

1. 样品确认后，由采购人员到供应商生产工厂进行现场调查，对其品质保证能力、实际生产规模、5S现场管理［即整理（Seiri）、整顿（Seiton）、清扫（Seiso）、清洁（Seiketsu）、素养（Shitsuke）］、产品生产程序、部分工序外包情况进行了解。

2. 对供应商的生产规模、5S现场管理、人员配备方面的不足给予明确指出，并提出相关建议。同时要求供应商限时进行整改，以达到企业所期望的合格供应商目标。

3. 现场调查结果将作为供应商前期样品开发的主要安排依据，对没有能力进行产品试样及只能进行小量订单生产的供应商给予通告，并下调供应商资格。

第8条　产品品质评估

1. 由采购部通知供应商提交一定数量的产品后，由IQC（Incoming Quality Control，来料质量控制）部门根据其产品特性进行相应的使用性能、物理指标的测试，并对其产品测试结果进行记录。

2. 品质不合格的样品由IQC部门出具相应的测试结果和标准要求，并通知采购部，同时提交结果予采购部和供应商，由采购部要求重新制样并提交样品，重新确认其品质，若仍不合格者，将予以淘汰。

第9条 供应商品质分级

1. 关键性零件（全检）。合格率≥80%的为A类供应商，优先下单；70%≤合格率<80%的为B类供应商，正常下单；60%≤合格率<70%的为C类供应商，备用，警告并提醒供应商；合格率<60%的为D类供应商，淘汰。

2. 普通零件和包装材料（抽检）。合格率≥95%的为A类供应商，优先下单；85%≤合格率<95%的为B类供应商，正常下单；75%≤合格率<85%的为C类供应商，备用，警告并提醒供应商；合格率<75%的为D类供应商，淘汰。

3. 原材料（抽检）。合格率≥95%的为A类供应商，优先下单；合格率<95%的为B类供应商，淘汰。

第10条 产品询议价

1. 由采购部征询供应商的产品报价后，采购部同时进行有关同类产品价格资料的收集，并进行比价，在对其他同类产品供应商要求样品报价对比后，分析两家或两家以上供应商产品价格，掌握一定资料，由采购部主管、采购人员召集供应商进行产品价格的二次评估分析，使企业所采购产品在一个较合理的产品价格上。

2. 对部分供应商在报价时故意将价格根据其愿望进行不合理的提价，并且其样品品质因其原因检验结果表现不良的，视为不合格者，予以淘汰。

第3章 评估结果应用

第11条 评估结果的效力

1. 评估结果有效期为一年。

2. 评估结果为A、B类的供应商，可以继续采购或作为参与招标或比价采购对象；C类供应商虽保留候选采购资格，但应由采购部给予书面通知，说明存在的问题，并要求其给予书面反馈；D类供应商应终止后续业务，且三年内不得参与企业有关的招标或比价采购。

3. 供应链管理部根据供应商评估结果进行供应商分级动态管理，对评估结果好的供应商可提出建议，优先考虑发展战略采购关系。同时，经常开展供应商结构分析，提出减少对个别大供应商的过分依赖、分散采购风险等建议。

第12条 供应商问题处理措施

1. 评估小组综合供应商年度各项指标评估结果，对于品质波动较大且连续返改三次以上，但品质依然不合格者，评估小组应建议采购部暂停采购，并责令供应商进行整改。

2. 评估小组对连续三次无故推迟交货期的供应商，应与采购部核实情况后，责令采购部停止与该供应商的合作关系。

第13条 符合下列情况之一的供应商，一经查实，取消其合格供应商资格

1. 采用欺诈、拉拢、贿赂评估小组成员等不正当竞争手段通过评估的。

2. 发出整改通知后，没有改进措施或改进措施不力的。

第4章 附 则

第14条 编制单位

本办法由采购部负责编制、解释与修订。

第15条 生效时间

本办法自××××年××月××日起生效。

编制日期		审核日期		批准日期	
修改标记		修改处数		修改日期	

3.2 供应商考核与评级、考核异议处理

3.2.1 供应商考核与评级实施细则

由于供应商良莠不齐、实力各异，且供应商也在不断发展中，原来优质的供应商不一定一直保有实力，原来没有实力的供应商也不一定一直没有实力，并且随时有新的供应商不断涌现，所以企业应该动态评估供应商，不断提升自己的供应链效能。以下是某企业供应商考核与评级实施细则，仅供参考。

细则名称	供应商考核与评级实施细则	受控状态	
		编　号	
执行部门		监督部门		编修部门	

第1章 总 则

第1条 目的

1. 为了评判供应商的供货水平，筛选出优秀的供应商为企业提供物料。

2. 为了鼓励供应商在质量、价格、交货期、服务等多方面进行改善，满足企业所需物料的质量标准，降低企业的采购成本。

第2条 适用范围

本细则适用于供应商的考核和评级工作的管理。

第3条 管理职责

1. 采购部负责制定供应商考核内容、考核标准、考核细则，以及开展对供应商的调查、评审、考核、评级工作。

2. 质量管理部负责为供应商考核工作提供质量检测等数据。

3. 总经办负责审批供应商的考核与评级结果。

第4条　供应商考核工作纪律

1. 规定考核周期内，采购部工作人员须对所管辖供应商进行公平、公开、公正的考核工作。

2. 考核过程中，由各相关部门按照"供应商考核表"上所列项目对供应商进行评分，并将评分结果提交给采购部工作人员。

3. 采购部工作人员将各项考核结果进行加总，根据总结果确定供应商等级并对其进行分级处理。

第2章　考核与评级实施

第5条　考核内容

对供应商的考核主要涉及供货质量、供货交付、供货价格、供货服务、管理能力、财务状况等方面，具体内容如下。

1. 供货质量

（1）供应商提供的供货质量是否符合采购合同规定的质量标准。

（2）供应商提供的供货质量是否满足企业的生产需求。

2. 供货交付

（1）供应商是否按照采购合同规定时间将物资送达企业。

（2）供应商是否按照合同规定的数目交付物资。

（3）供应商物资的破损率是否在合同规定范围之内。

3. 供货价格

（1）供应商提供的供货价格是否符合市场同类型产品的平均价格标准。

（2）供应商是否及时告知因市场变化而调整后的供货价格。

（3）供应商的供货价格是否有下降的空间。

4. 供货服务

（1）采购前，供应商是否对产品进行详细的说明及提供周到的供货服务。

（2）采购中，供应商能否对需求的变动快速反应，并提供预案。

（3）采购后，出现问题供应商能否及时解决，企业相关部门对供应商的供货服务态度是否满意。

5. 管理能力

（1）供应商的管理能力和管理水平。

（2）供应商的企业文化及团队是否契合企业的管理。

6. 财务状况

（1）供应商的供货和资金周转是否正常运行。

（2）供应商的资信是否通过审查。

第6条　考核评分

根据考核内容对供应商进行打分。

1. 供货质量

（1）分值：30分。

（2）评分标准及指标计算方法。

质量合格率＝（合格件数/抽样件数）×100%。

比率≥____%时，本项得满分；每降低____%，减____分；低于____%时，该项得分为0。

（3）得分：_____分。

2. 供货交付

（1）分值：20分。

（2）评分标准及指标计算方法。

按时交货率＝（期内实际交货量/期内应交货量）×100%。

比率≥____%时，本项得满分；每降低____%，减____分；低于____%时，该项得分为0。

（3）得分：_____分。

3. 供货价格

（1）分值：20分。

（2）评分标准及指标计算方法。

平均价格比率＝（供应商的供货价格/市场平均价格）×100%。

比率≤____%时，本项得满分；每提高____%，减____分；高于____%时，该项得分为0。

（3）得分：_____分。

4. 供货服务

（1）分值：10分。

（2）评分标准及指标计算方法。

出现问题时配合解决的速度。响应速度非常快，得8~10分；较快，得4~7分；一般，得1~3分。

（3）得分：_____分。

5. 管理能力

（1）分值：10分。

（2）评分标准及指标计算方法。

管理能力非常强，得8~10分；较强，得4~7分；一般，得1~3分。

（3）得分：_____分。

6. 财务状况

（1）分值：10分。

（2）评分标准及指标计算方法。

通过供应商提供的三张财务报表综合评价供应商的财务状况。优秀，得8~10分；较好，得4~7分；很差，得1~3分。

（3）得分：_____分。

第3章 供应商分级

第7条 等级为A的供应商

1. 分数标准：90分（含）以上。

2. 相应措施：评为优秀供应商，可对其加大采购量或给予一定的奖励。经采购管理小组认定为特别优秀的供应商可享受优先采购的待遇。

第8条 等级为B的供应商

1. 分数标准：80（含）~90分。

2. 相应措施：评为合格供应商，可对其正常采购，并要求其对不足之处进行改进。

第9条 等级为C的供应商

1. 分数标准：70（含）~80分。

2. 相应措施：评为一般供应商，要求其对不足之处进行整改，并将整改结果以书面形式提交到采购管理小组，然后采购管理小组对其提交的纠正措施和结果进行确认，再决定是否对其采购或减少采购量。

第10条 等级为D的供应商

1. 分数标准：70分以下。

2. 相应措施：评为淘汰供应商，须从"合格供应商名单"中删除，并停止采购，终止合作。

第4章 审批流程

第11条 总经办审批

总经办根据采购部的考核与评级提出供应商等级审批意见。

第12条 修订审批结果

采购部根据审批结果修订"合格供应商名单"，对不符合标准的供应商限期改进以观后效，或取消其供应资格。

第5章 附 则

第13条 编制单位

本细则由采购部负责编制、解释与修订。

第14条 生效时间

本细则自××××年××月××日起生效。

编制日期		审核日期		批准日期	
修改标记		修改处数		修改日期	

3.2.2 供应商考核异议处理办法

供应商对考核结果不认可，会增加企业的法律风险，影响企业的对外口碑和形象，不利于企业的长远发展，因此要制定异议处理办法，解决异议。以下是某企业供应商考核异议处理办法，仅供参考。

办法名称	供应商考核异议处理办法	受控状态	
		编　　号	
执行部门		监督部门	编修部门

第 1 章　总　则

第 1 条　目的

为规范供应商对考核结果异议的处理程序，建立快速反应机制，减少供应商的争议，特制定本办法。

第 2 条　适用范围

本办法适用于供应商对考核结果有异议的管理工作。

第 3 条　管理职责

1. 供应链管理部负责成立考核异议小组，并处理供应商考核异议工作。
2. 采购部负责提供供应商的基本信息、考核评分和考核评级等资料。
3. 总经办负责审批考核异议处理结果。

第 2 章　考核异议受理

第 4 条　考核异议申请

1. 供应商对考核结果有异议的，要以书面形式向供应链管理部提出申请，以其他形式提出申请的概不受理。
2. 考核异议的申请要在考核结果公布后_____个工作日内进行申请，逾期拒不受理。
3. 书面申请存在错误的，考核异议小组要与供应商协商，修改书面申请内容。
4. 考核异议小组要及时履行接收手续，出具书面接收证明。

第 3 章　考核异议分类

第 5 条　质量异议

1. 具体表现

（1）供应商提供的物资不符合采购合同所规定的质量标准。

（2）供应商提供的物资存在因包装、工艺、材料的缺陷而产生的质量问题。

2. 解决办法

供应商就质量考核方面提出异议的，考核异议小组要判断供应商所提供的物资是否符合企业的质量标准；是否存在各种缺陷；供应商的质量问题是否影响了企业生产，从而延迟了企业的交付期限，降低了企业的经营利润，损害了企业形象。

第6条　价格异议

1. 具体表现

（1）供应商没有按照采购合同规定价格进行供货。

（2）供应商根据市场变化调整价格但没有向企业提供价格调整信息。

（3）供应商所提供的物资价格高于同品牌、同型号产品的一般价格。

（4）供应商物资价格没有下降空间。

2. 解决办法

（1）供应商就价格考核方面提出异议的，考核异议小组应参照供应商的供货价格进行判断，供应商的物资价格是否高于市场价格或者供应商是否随意调整价格信息。

（2）供应商就价格异议作出价格让步或价格调整说明，并且其交货情况、质量、服务、财务、管理方面的考核分数都比较高的，经采购部重新审核与评级后，可继续合作进行采购。

第7条　交货异议

1. 具体表现

（1）供应商没有根据采购合同内所规定的日期按时交付产品或提供物资。

（2）供应商没有按照采购合同所规定的交付方式进行交付。

2. 解决办法

供应商就交付考核方面提出异议的，考核异议小组要分析供应商的交付情况，判断供应商是否按照合同的规定期限、规定方式进行交货，是否对企业的生产经营活动造成影响。

第8条　服务异议

1. 具体表现

（1）供应商售前服务不周到、不全面。

（2）供应商售后服务不及时、态度差，出现问题不能及时处理、解决。

2. 解决办法

供应商就服务考核方面提出异议的，考核异议小组要核实采购部与供应商的沟通情况，判断供应商是否提供周到、及时的服务。

第9条　管理能力异议

1. 具体表现

团队松散，不能及时解决突发问题。

2. 解决办法

供应商就管理能力考核方面提出异议的，考核异议小组要对供应商的经营情况和盈利收入进行分析，了解供应商的管理方式，判断供应商的管理能力和管理水平，判断供应商是否具有对突发情况进行处理的能力。

第 10 条　财务异议

1. 具体表现

供应商资信、资金周转方面出现问题。

2. 解决办法

供应商就财务考核方面提出异议的，考核异议小组要对供应商的资信情况进行审查，查看供应商公布的财务状况，判断供应商的资金周转能力，判断是否会影响物资生产和产品交付。

第4章　考核异议结果

第 11 条　考核异议沟通

1. 考核异议小组经过审核和判断，与供应商沟通异议，进行澄清和说明，消除异议。

2. 澄清和说明后仍对考核结果存在异议的，供应商可向供应链管理部提出书面申请，进行二次考核与评级工作。

3. 考核异议小组按照"供应商考核与评级实施细则"对供应商重新进行考核与评级，采购部负责提供供应商的相关数据。

4. 二次考核结果与一次考核结果相较无误的，考核异议小组与供应商就认定的异议进行说明处理。

5. 二次考核结果与一次考核结果不一致的，考核异议小组若发现企业考核过程中确实存在问题的，供应链管理部须及时采取措施予以纠正，与供应商进行协商并向总经理报告情况。

第 12 条　考核异议结果

双方意见达成一致后，共同签署异议处理书。异议处理书应包含以下内容。

1. 双方对考核异议的认定。

2. 对异议的处理结果：继续合作、解除合作关系、观察等。

3. 账务结算。

4. 约定本处理为最终处理结果。

5. 异议处理的时间。

6. 异议处理双方名称。

第 13 条　考核异议分析

分析供应商考核异议产生的原因，落实和确定异议的责任方，向采购部提出考核意见，制定改进措施，减少或防止异议的发生。

第 14 条　异议处理文件存档

1. 供应链管理部将异议处理书、异议书面申请、"供应商基本信息表"、供应商审核与评级结果等材料放入供应商档案。

2. 将供应商档案等相关文件存档保留。

第 5 章 附 则

第 15 条 编制单位

本办法由供应链管理部负责编制、解释与修订。

第 16 条 生效时间

本办法自××××年××月××日起生效。

编制日期		审核日期		批准日期	
修改标记		修改处数		修改日期	

3.3 供应商管理

3.3.1 供应商关系管理办法

供应链管理中的供应商关系管理与传统的供应商关系管理有所不同，是一种致力于实现企业与供应商建立和维持长期、紧密的业务关系，并通过整合双方资源和竞争优势共同开拓市场，扩大市场份额的新型管理模式。以下是某企业关于供应商关系管理办法，仅供参考。

办法名称	供应商关系管理办法	受控状态	
		编　　号	
执行部门		监督部门		编修部门	

第 1 章 总 则

第 1 条 目的

为规范供应商资源管理，建立健全供应商开发、维护、服务、淘汰管理体系，与供应商建立长期友好的合作关系，增强供应商与企业合作的信心，提升企业品牌效益和社会效益，特制定本办法。

第 2 条 适用范围

本办法适用于企业与所有供应商关系管理工作。

第 3 条 职责及要求

1. 采购部是供应商关系管理的归口管理部门，负责组织协调相关部门进行供应商开发、供应商走访、供应商服务工作以及评定供应商等级。

2. 采购部工作职责如下。

（1）负责拟定供应商分类标准，并组织进行供应商等级评定。

（2）根据战略发展关系与决策，组织执行供应商关系处理及维护工作。

（3）负责供应商谈判、绩效评估等工作的实施。

3. 供应链管理部不定期地对采购部的管理工作进行监督和抽查。

4. 所有供应商档案报法务部审核，审核通过后由采购部统一存档。

第4条　供应商关系管理原则

1. 公平、公正、客观原则。

2. 定期评估原则。

3. 维护合作关系原则。

第2章　供应商等级评定

第5条　供应商等级及评定标准

供应商等级根据供应商业绩和合作情况划分为战略性供应商、重点供应商、友好供应商和不合作供应商。

（1）战略性供应商：是指有较强资源和垫资能力，供应的物资或提供的服务性价比高，且诚实守信的供应商。

（2）重点供应商：是指有一定资源优势和垫资能力，供应的物资或提供的服务性价比具有一定优势，且诚实守信的供应商。

（3）友好供应商：是指与企业有业务往来的除战略性供应商和重点供应商以外的供应商。

（4）不合作供应商：是指除上述供应商外的，难沟通或恶意损害企业利益的供应商。若供应商被评为该等级，企业须终止与其所有业务合作。

第6条　定级评定流程

采购部根据收集的供应商资料填写"供应商等级评定申请表"，并请本部门相关人员按"供应商评定标准"进行评定。最后交由采购部经理审核、总经理审批。战略性供应商按照不超过供应商总数的____%进行评定。

第7条　档案建立

采购部根据已批准的供应商等级，分类建立供应商关系档案。

第3章　供应商关系管理和维护

第8条　供应商优惠政策

1. 付款优先政策。原则上优先支付战略性供应商，其次支付重点供应商，然后再支付友好供应商。

2. 采购优先。在质量、价格等同的情况下，优先采购战略性供应商，其次采购重点供应商，然后采购友好供应商。

3. 付款及采购优惠方案必须报总经办审核、总经理批准后才能实施。

第9条　供应商关系管理和维护措施

1. 采购部根据已评定的供应商等级建立"供应商等级评定目录清单"传送总经办、供应链管理部、法务部、财务部以及企业相关领导，并及时更新。

2. 建立并完善供应商档案

采购部应建立并完善供应商档案，其内容包括如下。

（1）单位名称、地址、供应（物资）名称。

（2）法定代表人、业务负责人及其联系电话。

（3）经营规模、企业资信情况简介。

（4）该供应商与其他主要企业合作情况。

（5）双方高层互访或重大合作意向纪要。

（6）战略性供应商领导班子（变化）情况。

第10条　合作关系的维护和加强

1. 对已建立的合作关系，应指定专人对重要供应商生产、经营相关信息进行收集和管理，如有异常情况须立即上报，并分析、总结产生异常的原因、措施与对策、资源补救渠道等。

2. 采购部负责策划每年1~2次大型走访活动，增强双方的合作与交流。

3. 供应商企业法人名称、法人代表、供销业务负责人，或企业资产、注册资金等信息发生变化后，采购部应及时督促对方提供新的相关证件或证明材料，并把相关资料纳入供应商档案进行及时更新。

第11条　制订沟通计划

采购部根据供应商等级制订供应商沟通计划，计划内容包括沟通时间、地点、内容等，经采购部经理审核批准后，安排具体人员执行供应商沟通计划。

第12条　供应商沟通频率安排

根据供应商等级对供应商沟通频率进行安排，具体如下表所示。

供应商沟通频率安排

供应商等级	划分标准	沟通频率
A级	保证按时、按量供货，供应产品质量优良，售后服务处理及时、有效	至少____次/月
B级	保证按时、按量供货，供应产品质量合格，售后服务可达到标准要求	至少____次/月
C级	无法保证按时、按量供货，产品质量不合格率高，售后服务不及时或服务质量无法达到标准要求	发生不合格情况时立即沟通并协商处理办法

第13条　沟通方式

采购部工作人员主要采取以下4种方式与供应商进行沟通。

1. 电话联系。

2. 网络即时通信。

3. 上门拜访。

4. 邀请参加座谈会。

第 14 条　沟通内容

供应商沟通具体包括以下内容。

1. 采购物资的数量、规格、标准要求的核实或变更。

2. 交期的跟催与物流方式选择。

3. 售后服务相关事项。

4. 供应服务改善方案。

5. 供应商管理相关支持活动。

6. 供应商企业相关人员培训。

第 4 章　供应商服务和反馈

第 15 条　提供服务及反馈

1. 采购部应督促相关部门建立健全服务体系，对每个供应商、每笔业务须指派专人对外衔接；应及时协调处理供应商提出的物资质量、数量等异议，并及时将信息反馈。

2. 如供应商对相关部门的服务有意见或有其他服务要求，可直接与采购部联系。采购部在收到供应商要求后应予以登记，并在____个工作日内征询相关部门及领导意见，提出解决方案，然后向供应商回复沟通处理意见。

第 16 条　供应商服务评价

每年对供应商服务进行一次综合评价，并按标准进行升、降级。如发现供应商恶意诋毁企业信誉造成直接或间接经济损失或名誉损失的，将据情节严重程度降级供应商资格，直到终止合同，停止业务往来。

第 17 条　满意度测评

供应商满意度测评由采购部提供表格，由相关物资或服务使用部门填写，然后采购部组织回收并统计测评结果，报供应链管理部经理审核、总经理审批后，作为供应链客户等级评价的重要依据。

第 5 章　附　则

第 18 条　编制单位

本办法由采购部制定，解释权、修改权归采购部所有。

第 19 条　生效时间

本办法自××××年××月××日起生效。

编制日期		审核日期		批准日期	
修改标记		修改处数		修改日期	

3.3.2 供应商质疑管理办法

为确保在企业公开招、投标工作中供应商的质疑能够得到公平、公正和规范的处理，企业应对供应商质疑管理工作进行规范，并制定相关管理办法。以下是某企业供应商质疑管理办法，以供参考。

办法名称	供应商质疑管理办法	受控状态	
		编　号	
执行部门		监督部门		编修部门	

第 1 章　总　则

第 1 条　目的

为了防止和纠正违法或者违规程序的采购行为，保障参加采购活动的供应商的合法权益，维护企业自身利益，建立规范、高效的采购招标质疑处理机制，特制定本办法。

第 2 条　适用范围

本办法适用于供应商质疑管理并在质疑有效期内的管理工作。

第 2 章　受理质疑的条件

第 3 条　受理质疑情形分析

供应商所提出的质疑，必须存在有采购文件、采购过程、中标和成交结果等使自己的利益受到损害的事实和依据；对与采购活动无关的供应商或者没有提出使自己的利益受到损害的事实和依据的质疑，企业不予受理。

第 4 条　质疑方式

质疑必须以书面形式提出并署名，质疑人为法人或其他组织的，质疑书应当加盖质疑单位公章，以口头形式提出的，企业可不予受理。

第 5 条　质疑应在规定时间内提出

质疑人对预中标的质疑，应当在预中标公布后＿＿＿个工作日内提出；对中标和成交结果的质疑，应当在中标或成交结果公布后＿＿＿个工作日内提出。

第 3 章　质疑受理和答复的程序

第 6 条　提交质疑书

质疑人提出质疑，应当以书面形式提交质疑书。

1. 质疑书应当包括下列主要内容。

（1）质疑人和被质疑人的名称、地址、电话等。

（2）具体的质疑事项、事实依据及相关证明材料。

（3）提起质疑的日期。

2. 质疑书应当署名。质疑人为自然人的，应当由本人签字；质疑人为法人或者其他组织的，应当由法定代表人或者主要负责人签字并加盖公章。

第7条　质疑审查

企业收到供应商质疑书后，要对其是否符合质疑条件（如质疑的范围、条件、形式、时限等）进行认真审查，对符合质疑条件的必须受理；对经审查不符合要求的，不予受理，并在收到质疑书后____个工作日内将不予受理的理由以书面形式通知质疑人；未进行书面通知的，则视为已受理。

第8条　质疑研究

企业应对受理的质疑事项及时地认真研究，复杂的项目可以组织相关专家就质疑问题进行评议并提出书面意见，相关采购人、采购代理机构、评审专家要积极主动配合。

第9条　质疑答复

企业应当在收到供应商的书面质疑书后____个工作日内，对质疑事项作出客观公正、实事求是、有依有据的书面答复，不得不答复或逾期答复，更不能答非所问。质疑答复内容不得涉及商业秘密。质疑答复除了通知质疑人，还必须同时通知与质疑事项有关的其他人或组织，并办理有关签收手续。

第10条　质疑规定

质疑人不按本办法规定提出质疑的，企业可不予受理。

第4章　依法受理和处理供应商质疑事项

第11条　质疑人提起质疑条件

1. 质疑人是参与所质疑招标采购活动的当事人。

2. 质疑的内容不涉及评标过程或依法应当保密的事项。

3. 质疑书的内容符合本办法的规定。

4. 在质疑有效期内提起质疑。

5. 法律法规规定的其他条件。

第12条　质疑书处理程序

企业收到质疑书后，发出"质疑书签收函"，按以下程序处理。

1. 对质疑相关材料进行审核。审核的内容主要包括：是否属于质疑受理范围，质疑材料是否齐全，送达日期是否符合本办法第5条的规定等。

2. 经审核认为不符合质疑必备条件的，分别按下列规定予以处理。

（1）质疑内容不符合本办法第6条规定的，企业应及时发出"质疑书处理函"，告知质疑人修改后重新提出质疑。

（2）质疑人不符合本办法第11条规定的，企业应告知质疑人不予受理，并发出"质疑书处理函"。

3. 与质疑人进行沟通。以口头答疑的方式消除质疑人由于误解或对招标程序的不了解造成的疑虑。对双方沟通的情况，应做好质疑受理前口头沟通答疑记录。质疑人应对沟通是否满意进行评价并签字。沟通结束后，企业应及时将记录存档。

4. 经过口头沟通解答，质疑人认为满意的可撤回质疑书。若仍不能让质疑人满意且经审核符合质疑条件的，自收到质疑书之日起即为受理。

第13条　质疑书核查程序

在收到书面质疑后，企业应首先进行调查核实，在客观事实的基础上，正式受理，并发出"质疑书处理函"，对质疑事项提出相应处理意见，经总经理审批后，以书面形式给予答复。

第14条　书面核查质疑事项

处理质疑事项原则上采取书面核查的办法。即审查质疑人、被质疑人以及与投诉事项有关的供应商提供的相关证据和其他有关材料，包括采购文件、评标报告等。有必要时，也可以进行调查取证，组织质疑人和被质疑人进行当面质证。

第15条　质疑取证要求

质疑调查取证时，质疑人、被质疑人应当如实反映情况，并提供所需要的相关材料。

第16条　质疑事项说明

质疑人拒绝配合调查的，按自动撤回质疑处理。被质疑人不提交相关证据和其他有关材料的，视同放弃说明权利，认可质疑事项。

第17条　质疑事项处理办法

经审查，对质疑事项可分别作出如下处理。

1. 质疑人撤回质疑的，终止质疑处理。

2. 质疑事项缺乏事实依据的，驳回质疑。

3. 质疑事项经查证属实的，分别按以下规定处理。

（1）质疑内容属实且有可能影响中标结果的，建议评标委员会进行复议，同时视情节轻重将有关情况上报相关招标监管部门。

（2）质疑内容涉及评审专家或企业的，应及时报请招标监管部门处理。

（3）质疑内容涉及企业招标操作程序的，企业应根据具体情况，及时进行整改。

（4）质疑内容由企业责任人工作过失原因造成不良影响和损失的，扣发绩效奖金；给企业造成重大不良影响和重大损失的，给予责任人处罚。

（5）质疑内容涉及企业工作人员违法违纪的，按相关法律法规处理。

第18条　质疑人相关权限

质疑人对企业的答复不满意或企业未在规定的期限内作出质疑答复的，可以在答复期满后__个工作日内向相关部门投诉。

第 5 章　质疑过程中的其他规定

第 19 条　质疑事项违规内容

在质疑过程中，以下事项对外泄露的应视为程序违规。

1. 未公布的项目预算。
2. 领取采购文件的供应商名单。
3. 评审专家及评审的有关情况。
4. 公告之前的中标（成交）结果。
5. 不得公开的供应商报价。
6. 其他供应商的投标文件。
7. 其他可能影响采购结果公正、公平的事项。

第 20 条　质疑费用受理

处理质疑过程中，如发生必要的鉴定费、检测费、差旅等费用，应当按照"谁过错，谁负担"的原则由过错方负担。

第 21 条　建立质疑档案

企业应当建立真实、完整的质疑档案。质疑过程形成的所有文件或其他介质的材料均应当留存，档案管理人员应当按档案管理规定对其进行立卷、归档，以便有关部门查证。

第 6 章　附　则

第 22 条　编制单位

本办法由采购部制定，解释权、修改权归采购部所有。

第 23 条　生效时间

本办法自××××年××月××日起生效。

编制日期		审核日期		批准日期	
修改标记		修改处数		修改日期	

3.3.3 合作伙伴供应商管理办法

合作伙伴供应商的管理主要以建立共同发展目标，加强沟通和交流，实现信息共享、风险共担、利益共享，提高双方的竞争优势为目标。以下是某企业合作伙伴供应商管理办法，仅供参考。

办法名称	合作伙伴供应商管理办法	受控状态	
		编　号	
执行部门		监督部门		编修部门	

第1章　总　则

第1条　目的

为更好地选择能在优质服务、技术革新、产品设计等方面进行良好合作的供应商，加强双方的合作和信任，共担风险、共享信息、实现共赢，特制定本办法。

第2条　适用范围

本办法适用于企业合作伙伴供应商的维护管理。

第3条　管理职责

1. 供应链管理部负责监督、选择合作伙伴供应商的管理工作，并审批、选择、确认合作供应商。

2. 采购部监督、检查、选择合作伙伴供应商的执行情况，并审核、选择确认的合格供应商。

3. 质量管理部负责检验供应商提供的样品，对合作伙伴供应商进行现场评审。

第2章　合作伙伴供应商的选择

第4条　合作伙伴供应商的资料收集

采购部根据目前采购物料的需要，收集目标供应商的有关资料，具体包括以下内容。

1. 本企业上年度全年对该供应商的采购量。

2. 本企业本年度至今对该供应商的采购量。

3. 供应商的基本情况，包括发展战略、全国销售代理的扩张情况。

4. 供应商的年度销售额及本企业的采购量占其总销售额的比例。

5. 供应商在本地区的发展预测。

6. 供应商的信用状况、理赔及涉讼记录。

7. 供应商的价格敏感程度，供货的及时、准确性。

8. 供应商的客户服务与客户评审政策。

9. 供应商产品质量管理体系、生产组织结构及管理体系。

10. 如果是初次选择的供应商，还应收集除第一、二条外的其他各种原始数据。

11. 其他可收集的资料。

第5条　合作伙伴供应商的选择标准

合作伙伴供应商是对企业的生存和兴旺有重要战略意义的客户，应符合以下标准。

1. 双方的兼容性。合作伙伴供应商的选择应优先选择长期合作的供应商，因为在长期合作过程中双方相互了解，有一定的兼容性。

2. 潜在合作者的能力。合作伙伴供应商应占领一定的市场份额，在市场具有主导作用，可以互相成就效益最大化。

3. 具有同样的投入意识。合作伙伴供应商应与企业有共同的合作意识，明白双方深度合作的益处，并具有投入意识。

第6条　合作伙伴供应商的选择原则

企业在选择合作伙伴供应商时应遵循以下原则。

1. 核心竞争力原则。合作双方都有各自的核心竞争力，且有很大的互补性。

2. 总成本核算原则。最大限度地降低成本，提高效率，实现共赢。

3. 敏捷性原则。可以快速地对市场变化作出准确反应。

4. 风险最小化原则。可互相承担对方的潜在风险，使风险最小化。

第3章　合作伙伴供应商的管理

第7条　合作伙伴供应商的分类

主要分为有影响力的合作伙伴、战略性合作伙伴、普通合作伙伴、竞争性合作伙伴、技术性合作伙伴。

第8条　建立信任和共享机制

在采购业务合作中，企业应与合作伙伴供应商签订一份正式的合作协议，该协议既是双方合作关系的开始，也是今后双方合作关系的规范。随后双方应相互协调，共同建立起供应商运行机制，在这个运行机制的基础上加强双方信息交流与共享。

第9条　合作伙伴供应商的维护

1. 加强与合作伙伴供应商的沟通

（1）建立合作伙伴供应商会见机制

为了规范企业的采购工作，企业应建立健全合作伙伴供应商会见机制，其内容主要体现在时间要求、地点要求、会见内容要求三个方面。

（2）加强与合作伙伴供应商的信息沟通

为了加强企业与合作伙伴供应商的信息交流与沟通，企业要建立并完善与合作伙伴供应商的信息交流和共享机制。

2. 高层领导拜访

采购部应根据计划不定期组织安排企业高层领导对合作伙伴供应商进行拜访。采购部应为企业高层提供准确的合作伙伴供应商信息，协助安排时间与行程，以使企业高层有目的、有计划地拜访重点合作伙伴供应商，提高或建立企业与合作伙伴供应商间的关系。

3. 邀请参加座谈会

采购部应定期组织每年一次的合作伙伴供应商与企业高层之间的座谈会，邀请重点合作伙伴供应商与企业相关人员参加。听取合作伙伴供应商对企业产品、服务、营销等方面的意见和建议，对未来市场的预测，对企业下一步的发展计划进行研讨等。

第 10 条　定期征求提案

采购部定期举办"合作伙伴供应商提案计划"，向合作伙伴供应商征求各方面改进方案。对于重点合作伙伴供应商提出的方案由采购部经理受理，并直接交由总经理和其他相关人员进行审批。

第 4 章　合作伙伴供应商的考核和评价

第 11 条　合作伙伴供应商考核

1. 考核对象。考核对象为列入"合作伙伴供应商名单"的所有供应商。

2. 考核方法。对合作伙伴供应商考核实行评分分级制度，合作伙伴供应商的考核项目包括质量、交期、服务、价格水平等方面。

第 12 条　考核频率

关键、重要材料的合作伙伴供应商每月考核一次，普通材料的合作伙伴供应商每季度考核一次。

第 13 条　合作伙伴供应商的评价内容，见下表。

合作伙伴供应商的评价内容

序号	评价维度	具体内容
1	优势能力	包括合作伙伴供应商的组织管理能力、设计能力、创新能力、生产能力、营销能力、服务能力、研发能力等
2	信任度	包括合同履约、用户信誉度、信用度、价值观差异、上下游伙伴满意度等
3	投入强度	包括设备投入、资金投入、知识资源投入、人力资源投入、参与合作主动性投入等
4	协作能力	包括支持环境有效性、资源动态调配和作业流程的重组能力、适应网上合作的管理协调机制等

第 14 条　合作伙伴供应商管理档案

采购部负责建立合作伙伴供应商档案，对每个选定的供应商必须有详尽的档案，以便后期进行定期的评估。

第 5 章　附　则

第 15 条　编制单位

本办法由采购部制定，解释权归采购部所有。

第 16 条　生效时间

本办法自××××年××月××日起生效。

编制日期		审核日期		批准日期	
修改标记		修改处数		修改日期	

3.4 供应商失信惩处与行贿行为处置

3.4.1 供应商失信惩处实施细则

在企业采购过程中,供应商信用问题是企业选择供应商时需要考虑的重要选项之一。针对供应商失信,企业需要采取以下供应商失信惩处实施细则。

细则名称	供应商失信惩处实施细则	受控状态	
		编　　号	
执行部门		监督部门		编修部门	

第1章　总　则

第1条　目的

为构建企业供应商信用管理体系,加强和规范供应商的信用监管,完善失信惩处联动机制,促进企业采购工作良好发展,依据有关法律法规和企业相关制度,结合发展实际情况,特制定本细则。

第2条　适用范围

本细则适用于供应商失信惩处的相关工作的管理。

第3条　术语说明

1.本细则所称的供应商,是指为企业及其下属企业提供产品或服务的企业、法人或者其他组织,包括工程、物资和服务等类别供应商。

2.本细则所称"重点关注名单"与"黑名单",是指供应商因违反法律法规、不履行法定义务、违背商业道德、违反合同(协议)和承诺等失信行为,被企业列入相关名单,并在企业范围内公布,最终实施信用约束和失信惩处。供应商存在一般失信行为的,将被列入"重点关注名单";存在严重失信行为的,将被列入"黑名单"。

第4条　失信行为处置方法

供应商失信行为处置分为"警告""暂停资格""取消资格"三种方式。受"警告"和"暂停资格"处置的供应商同时被列入"重点关注名单";受"取消资格"处置的供应商被列入"黑名单"。

第5条　失信行为管理

在企业范围内,企业对供应商失信行为的认定、处置、信息公布、异议处理和退出等工作,实行统一管理、分级报送、信息共享和联合惩处。

第6条　失信行为特殊事项

对供应商失信行为的处置不替代合同(协议)约定对供应商违约责任的追究。

第2章 管理职责

第7条 失信行为责任部门

企业供应链管理部与采购部是供应商失信行为管理的责任部门，主要职责如下。

1. 拟定与审定企业供应商失信行为管理相关制度。
2. 审定供应商对处置异议申诉的调查结果和对供应商提前解除处置的申请报告。
3. 研究决定有关供应商失信行为管理的其他重大事项。
4. 组织对供应商"取消资格"的处置，解除处置的审核、会签及报批工作。
5. 受理供应商在企业采购和履约过程中对失信行为处置相关问题的申诉，并组织调查、协调和处理。
6. 对供应商失信行为管理工作进行指导、检查和监督。
7. 负责企业供应商失信行为记录的建档、信息发布等日常管理工作。

第8条 失信行为负责单位

下属企业是供应商失信行为管理的主要负责单位，主要职责如下。

1. 制定、完善本企业供应商失信行为管理制度，明确管理流程及执行考核奖惩措施。
2. 对供应商拟定被"警告""暂停资格""取消资格"处置，解除处置的初步认定，并拟定处置、解除处置报告，上报企业供应链管理部。
3. 受理供应商在企业采购和履约过程中对失信行为处置相关问题的申诉，并组织调查、协调和处理。
4. 协助本企业完成供应商失信行为管理的其他工作。

第3章 处置标准

第9条 "警告"处置

1. "警告"处置是指对违反采购和合同相关规定，情节轻微，且未给企业造成损失的失信行为供应商的处置方式。

第10条 "暂停资格"处置

1. "暂停资格"处置是指暂停供应商在企业及其下属企业"相关标的"的合格投标人或报价人资格。"相关标的"指供应商发生失信行为所涉及的标的。
2. 供应商有下列情形之一的，给予"暂停资格"处置，暂停期限原则上不超过6个月。

（1）供应商在参与采购活动中，涉嫌违法、违规、违纪，尚在调查期间的。

（2）供应商在提供产品或服务过程中，发生安全事故或出现质量问题，存在安全隐患，尚在调查期间的。

（3）其他违反国家法律法规或企业采购相关规定的失信行为，尚在调查期间的。

第11条 "取消资格"处置

1. "取消资格"处置是指取消供应商在企业及其下属企业所有采购标的的合格投标人或报价

人资格。依据供应商失信行为性质的严重程度，"取消资格"期限设为1年、2年、3年和永久。

2. 有下列情形之一的供应商，经领导小组批准后，给予"取消资格"处置，期限为1年。

（1）不能按合同约定完成相关事项，给企业造成轻微损失的。

（2）不按合同规定配合监造/监理人员工作的，违反合同规定私自将中标项目分包的。

（3）未经企业同意擅自更换合同约定或采购文件承诺的原材料、零部件，未造成损失的。

（4）供应商对其重要注册信息发生实质性变化未做及时更新，在后续引用中对采购造成影响的。

（5）在投标/报价过程中，以无故放弃投标/报价等手段干扰正常采购秩序的。

（6）供应商年度绩效评估结果为"不合格"的，无正当理由放弃中标/中选或拒签合同的。

（7）其他违反国家法律法规或企业采购相关规定的失信行为的。

3. 有下列情形之一的供应商，经领导小组批准后，给予"取消资格"处置，期限为2年。

（1）在采购活动期间以非正常渠道接触采购人、专业采购机构、招标代理机构、评标专家等人员，获取相关信息，干扰正常采购的。

（2）不按约定提交履约保证金或索取额外费用，对企业生产建设造成影响的。

（3）违反投标承诺或合同约定而提高价格、降低质量、拖延工期的。

（4）在质保期内出现质量问题，不按合同规定进行处理，影响所供设备安全稳定运行的。

（5）降低产品设计标准、偷工减料，或在生产制造过程中使用伪劣原材料、零部件以次充好的。

（6）其他违反国家法律法规或企业采购相关规定的失信行为的。

4. 有下列情形之一的供应商，经领导小组批准后，给予"取消资格"处置，期限为3年。

（1）参与采购活动过程中弄虚作假，提交虚假的营业执照、资质证书、业绩证明及其他投标需要提交的资料，非法以他人名义投标或借用他人资质投标，故意隐瞒与订立合同有关的重要事实的。

（2）在采购过程中哄抬价格或不合理地降低报价，串通投标、围标，破坏公平竞争的。

（3）提供假冒伪劣产品，伪造施工、货物或服务等检验合格证明、报告、文件资料的。

（4）严重违反投标承诺或合同约定而提高价格、降低质量、拖延工期，情节严重的。

（5）在履行投标承诺或合同过程中，发生安全、环保事故，出现质量问题，给企业造成较大经济损失或产生不良社会影响的。

（6）合同签订后，拒绝履行合同义务，擅自终止合同，或将中标项目转包或违法分包，情节严重的。

（7）在参与采购活动过程中，存在商业贿赂、恶意诽谤、诬告或陷害其他竞争对手的。

（8）所供设备不能安全稳定运行或技术、质量等性能指标与设计值出现重大偏差，且无法通过进一步调试和正常维护得到解决的。

（9）供应商年度绩效评估结果累计2次为"不合格"的。

（10）其他违反国家法律法规或企业采购相关规定的失信行为的。

5. 供应商屡次发生违法、违规等失信行为拒不改正的，或发生重大安全、环保、质量事故的，或给企业造成严重不良社会影响等严重失信行为的，给予"取消资格"处置，期限为永久。

第 4 章　处置与退出

第 12 条　处置与退出情况说明

1. 被"警告"处置的供应商，在完成整改，经下属企业采购与招标领导机构批准通过后，解除"警告"处置，退出"重点关注名单"。

2. 被"暂停资格"处置的供应商，经认定供应商为非责任方的，解除"暂停资格"处置，退出"重点关注名单"，恢复其相关采购标的的合格投标人/报价人资格；若为主要责任方的，按规定给予相应"暂停资格"处置（处置期自批准"暂停资格"处置之日起计算）。

3. 被"取消资格"处置的供应商，处置期自批准之日起计算，到期后自动解除"取消资格"处置，退出"黑名单"。

第 13 条　异议与申诉

供应商对其失信行为处置如有异议的，可向相关单位提出申诉，经调查属实的，并经相应认定机构批准后，解除对其失信行为处置，并于批准当日退出"重点关注名单"或"黑名单"；专业采购机构、招标代理机构在指定的采购与招标信息系统，变更"重点关注名单"或"黑名单"，修改系统限制权限，统一发布公告。

第 14 条　供应商信用记录

凡被国家相关部门认定为有失信行为的供应商，按列入"黑名单"处置，取消其参与企业及其下属企业采购活动的资格，直到供应商信用记录恢复正常。

第 5 章　附　则

第 15 条　编制单位

本细则由供应链管理部制定并负责解释。

第 16 条　生效时间

本细则自××××年××月××日起生效。

编制日期		审核日期		批准日期	
修改标记		修改处数		修改日期	

3.4.2　供应商行贿行为处置办法

供应商行贿对企业和其他供应商来说，不仅会破坏商业公平性，还会为企业项目运行留下隐患，因此供应商行贿问题必须妥善处理。以下是某企业关于供应商行贿行为处置办法，仅供参考。

办法名称	供应商行贿行为处置办法	受控状态	
		编　号	
执行部门		监督部门		编修部门	

第1章　总　则

第1条　目的

为了保证采购工作的公平、公正、公开，严厉打击和制止商业贿赂行为，避免采购腐败，维护企业与供应商的权益，根据国家相关法律法规，特制定本办法。

第2条　适用范围

本办法适用于企业采购过程中出现的商业贿赂行为的处置管理。

第3条　名词解释

本办法所指采购行贿行为主要指商业贿赂行为及贪污行为。

第2章　商业贿赂

第4条　商业行贿

本办法所指商业贿赂是指供应商为销售物资而采用财务或者其他手段贿赂本企业工作人员，以及本企业工作人员为了收受或者索取贿赂而采购供应商物资的行为。

第5条　商业贿赂的手段

1. 财务贿赂是指供应商为了销售物资，假借宣传费、赞助费、促销费、科研费、劳务费、咨询费、佣金等名义，或者采用报销各种费用的方式，给付企业采购相关部门或者个人现金或实物的行为。

2. 按照商业礼仪赠送小额礼品的行为不属于商业贿赂。

3. 其他手段贿赂是指供应商向本企业采购相关部门或者个人提供各种名义的旅游、考察等财务以外的其他利益的行为。

第6条　行贿行为的界定

商业贿赂是指供应商在经营活动中为了争取交易机会，排挤竞争对手而采用的以秘密给付财物或其他手段贿赂对方单位或个人的行为。

供应商行贿手段主要表现为回扣，即供应商暗中从账外向企业采购相关部门或个人秘密支付钱财或给予其他好处。

第7条　受贿行为的界定

1. 本企业采购人员在账外暗中收受回扣的，以受贿论处。

2. 本企业采购人员为了收受回扣与供应商串通，抬高或压低报价，相互勾结，以排挤竞争对手的行为构成受贿行为。

3. 本企业采购人员假借促销费、宣传费、赞助费等名义，或者以报销各种费用等方式，收受现金或实物的行为构成受贿行为。

4. 本企业采购人员受邀参加供应商不合理的宴请、娱乐活动等。

5. 其他不正当手段谋取非法利益的行为。

第8条　折扣入账

买卖双方企业对于"销售折扣"不按规定处理账目，不能反映真实情况，不能分别抵减营业收入或购进成本，应视为账外暗中的回扣。

对于"销售折让"不按规定处理账目，不能分别抵减营业收入或购进成本，同时有证据证明该"销售折让"不是因售出商品的质量不合格等正当原因在售价上给予的减让，而属促销竞争行为的，应视为账外暗中的回扣。

第9条　串通投标

本企业采购人员为收受回扣与供应商相互勾结，通过串通投标、抬高标价或者压低标价的方式排挤竞争对手，此行为构成商业贿赂。

第3章　贿赂行为处理办法

第10条　供应商行贿处理

供应商违反本办法以行贿手段销售物资的，企业应当停止对其采购并进行相关调查。情节严重者，3年内不能参加本企业的招标活动或者成为本企业的供应商。构成违法犯罪者，本企业有权向司法机关举报，依法追究其法律责任。

第11条　投标单位串通投标处理

供应商和采购人员相互勾结以排挤竞争对手的，中标无效，并停止其投标权利，3年内不能参加本企业的招标活动或者成为本企业的供应商。情节严重者，应将其列入供应商黑名单，永不向其采购，并向司法机关举报，依法追究其法律责任。

第12条　采购人员受贿处理

1. 采购稽核小组对在采购业务中收受贿赂、拿回扣的采购人员进行调查、审核。若发现违法违规现象，根据情节轻重对当事人进行经济处罚；情节特别严重的，将其移送司法机关，依法追究其法律责任。

2. 在采购业务中，采购人员收受供应商回扣或其他各种形式的馈赠，一律上缴企业，不能私自截取，否则一律作为受贿处理。受贿的惩罚措施如下。

（1）金额在_____元及以下者，给予罚款_____元（____倍），并给予职务降级处理。

（2）金额在_____~_____元者，除给予____倍罚款外，一律开除。

（3）金额在_____元以上者，除给予____倍罚款外，给予开除处理，并移送司法机关，追究其法律责任。

（4）若受贿为实物，则按市场价格折算金额。

（5）凡因吃、拿回扣而受到处理的，都将在本企业局域网上予以通报。

3. 发生下列恶劣情况之一的，须按照实际情况予以严惩。

（1）在采购中采购人员故意选择质次价高的物资或劣质的服务。

（2）采购人员故意以长期合作为由，索要回扣。

（3）采购人员与供应商串通欺骗企业。

（4）采购人员拖延时间，打时间差欺骗领导。

（5）在业务工作中采购人员不积极寻找好的合作伙伴，不认真向对方提出合理要求，不考虑企业利益，业务谈判马马虎虎，致使企业蒙受损失。

第13条　费用报销

对于采购业务涉及的差旅交通、汽车修理、餐饮招待等费用，采购人员必须如实报销，提供正规发票。对于弄虚作假者，一律按本办法第12条第2款处理。

第14条　知情不报处理

本企业采购人员在工作中非法收受他人贿赂或贪污的，其同事或者主管知情不报者，应由企业处以罚金并通报批评。

第15条　主动交代处理

采购人员在被追诉前主动交代贪污行贿行为的，由企业进行通报批评处理并将实情呈报司法机关，可以减轻处罚或免除处罚。

第4章　附　则

第16条　编制单位

本办法由供应链管理部制定，经总经理批准后生效。供应链管理部对本办法有解释、修订的权利。

第17条　生效时间

本办法自××××年××月××日起生效。

编制日期		审核日期		批准日期	
修改标记		修改处数		修改日期	

第 4 章　采购管理效能化

4.1　采购战略规划与计划管理

4.1.1　采购战略规划管理制度

采购战略规划是企业对采购工作的总体规划与布局，是采购部在企业采购理念的指导下，为实现企业战略目标，针对采购管理工作制定的长远性的策略。

采购战略规划的目标主要是缩短提前期，降低采购成本，降低采购风险，改进采购质量，改善供应效率。以下是某企业采购战略规划管理制度，仅供参考。

制度名称	采购战略规划管理制度		受控状态	
			编　　号	
执行部门		监督部门		编修部门

第 1 章　总　则

第 1 条　目的

为规范企业采购战略规划管理，防范采购战略规划制定与实施中的风险，确保企业采购战略规划的持续性和有效性，实现企业供应链采购的持续发展，特制定本制度。

第 2 条　适用范围

本制度适用于企业采购战略规划管理工作。

第 3 条　管理职责

1. 采购总监负责采购战略规划的审批。
2. 采购部经理负责采购战略规划的审核。
3. 采购战略规划工作小组负责企业采购战略规划的编制与实施工作。
4. 各职能部门负责相关信息的收集、整理，并配合采购战略规划工作小组开展工作。

第2章　采购战略规划内容要求及编制流程

第4条　采购战略规划编制依据

1. 宏观经济和政策环境的变化分析。

2. 行业环境、供应环境、竞争环境、采购品类的变化分析。

3. 上一年度采购战略规划执行情况的分析。

第5条　采购战略规划构成要素

1. 采购工作的目标要求。

2. 采购质量标准规划。

3. 采购方式的选择要求。

4. 采购人员的组织结构。

5. 确定合适的采购时机。

6. 采购价格策略。

7. 供应商选择和维护策略。

8. 采购成本控制策略。

9. 采购风险规避策略。

10. 各类采购标准作业程序。

第6条　采购战略规划的编制流程

1. 采购总监提出采购战略规划编制要求，各职能部门准备相关调研资料，一并提交至采购战略规划小组。

2. 采购战略规划小组负责进行宏观经济、政策环境、行业环境、供应环境、竞争环境、采购品类等的初步研究。

3. 采购战略规划小组应汇总相关资料，编制采购战略规划草案，最后提交至采购部经理审核。

4. 采购部经理对采购战略规划草案进行研究和审核，并提出建议，最后提交至采购总监审批。

第3章　采购战略规划的实施

第7条　采购战略规划实施监督

采购战略规划小组应对采购战略规划实施过程进行监督和管理，其内容包括如下两个方面。

1. 对每次采购活动的执行情况进行跟踪检查。

2. 定期提交采购战略规划运行内部报告。

第8条　采购战略规划实施评价

采购战略规划小组应按年度、季度、月度组织评价会议，重点检查和总结采购战略规划目标的完成情况、重点战略及相关策略的落实情况等内容。

第9条　采购战略规划实施调整

当出现以下情况时，采购战略规划应随之调整。

1. 企业供应链发展战略进行了重大调整。

2. 企业外部环境发生了重大变化。

3. 企业内部资源发生了变化。

第 4 章　附　则

第 10 条　编制单位

本制度由采购部负责制定与解释。

第 11 条　生效时间

本制度自××××年××月××日起生效。

编制日期		审核日期		批准日期	
修改标记		修改处数		修改日期	

4.1.2 采购计划管理制度

　　采购计划是企业管理人员在了解市场供求情况，知晓企业生产经营活动及掌握物资消耗情况的基础上，对计划期内的物资采购活动的预见性安排和部署。做好采购计划管理，有助于企业规范采购工作和部署，提高采购管理工作水平。下面是某企业采购计划管理制度，仅供参考。

制度名称	采购计划管理制度	受控状态	
		编　　号	
执行部门		监督部门		编修部门	

第 1 章　总　则

第 1 条　目的

为加强采购计划的管理，保证企业供应链采购工作按时、按质地完成，特制定本制度。

第 2 条　适用范围

本制度适用于企业所有物资采购计划管理工作。

第 3 条　管理职责

1. 采购部经理负责年度、季度、月度采购计划的审批与控制工作。

2. 采购计划主管负责年度、季度、月度采购计划编制工作的组织与审核。

3. 采购计划专员负责采购计划的编制工作。

第 2 章　采购需求确定

第 4 条　采购需求预测

1. 在进行采购需求分析之前，采购计划专员应收集采购历史数据、市场销售计划、生产计划等各类数据，为预测采购需求做好准备。

2. 采购计划专员须将收集到的资料分类整理，以方便使用。

第5条　物资请购

1. 各请购部门应当及时汇总部门内部的物资需求，并编制"物资请购单"。

2. 各请购部门须在规定的时间内，将"物资请购单"及时提交至采购部。

第6条　物资需求汇总

1. 采购计划专员须将各部门的物资请购需求进行汇总，并编制"物资需求汇总表"。

2. 采购计划专员应对各部门的"物资需求汇总表"进行分析，并与历史数据进行对比，查看需求是否合理。

第7条　确定物资需求量

1. 采购计划专员应根据需求预测以及各部门的实际需求状况，确定独立需求物资的需求数量。

2. 独立需求物资批量订购和订购点的确定可以采用订量订货模型和订期订货模型。

3. 确定好独立需求物资的需求数量之后，采购计划专员应当进一步确定相关需求物资的数量。

4. 相关需求物资的数量的确定可以用传统的订货点法处理，也可按照相关产品的需求量进行处理。

5. 确定上述两类物资需求数量之后，采购计划专员应当根据库存及在途物资的状况，确定采购需求数量。

6. 采购需求数量可以由净需求数量扣减可用库存数量和即将到货的物资数量后予以确定。

第3章　采购计划的编制与审批

第8条　采购计划的编制依据

采购计划专员在制订采购计划时应考虑企业经营计划、需求部门的采购申请、年度采购预算、库存状况和企业现金流状况等相关因素。

第9条　采购计划的编制步骤

采购计划专员应按照以下步骤编制采购计划。

1. 收集所采购物资的规格、质量等信息。

2. 分析所采购物资的库存情况，确定采购数量。

3. 根据所采购物资情况和库存情况等确定采购方式。

4. 预测采购成本与所需的费用。

5. 根据上述分析结果，编制采购计划。

第10条　采购计划的审核、审批

1. 年度采购范围内的采购计划须先由采购计划主管进行审核，审核通过后，再上报采购部经理审批；年度采购范围外的采购计划，须由相关部门填写"紧急采购申请表"，经部门负责人审核签字，企业主管副总批准后方可列入采购范围。

2. 采购计划应同时报送财务部门审核，以便企业各项资金计划工作得以完成。

第 11 条　采购计划的审核内容

采购部或财务部的相关领导在审核采购计划时，应着重审核采购计划中的以下内容。

1. 采购计划是否符合企业经营计划。

2. 采购目标是否合理得当，采购物资是否遵循成本最优的原则。

3. 物资消耗定额、物资采购批量是否准确，库存储备量是否存在过高或过低的情况。

第 4 章　采购计划的执行与调整

第 12 条　采购计划的分解

采购计划主管应将审批通过后的采购计划进行分解，分解过程包括两类：时间分解和职位分解。

第 13 条　采购计划的下达

1. 采购计划分解后，由采购部经理将采购计划分配到人，并落实责任，同时向采购人员说明采购的品种、数量、价格、期限和供应商的情况等内容。

2. 采购部经理须判断采购作业是否属于大额采购，对不同的采购作业采取不同的执行方法。大额采购由采购部经理签发"采购控制书"，并报请总经理审批后，严格按照"采购控制书"执行采购计划；小额采购可由采购部经理直接安排采购工作。

第 14 条　采购计划的执行

1. 采购计划专员应做好采购过程中采购数量和交货情况等信息的记录。

2. 采购计划主管应对采购部执行计划的过程进行监督。

第 15 条　采购计划的变更

1. 若在计划执行过程中出现异常问题，采购部应对问题作出调查。

2. 对于已经审批的采购物资，请购部门如果需要变更物资的规格、数量或撤销采购申请，必须立即通知采购部，以便采购部及时根据实际情况更改采购计划。

第 16 条　采购计划的增补

1. 各需求部门如发现采购物资不能满足业务需求时，应编制"增补需求计划申请表"。

2. 采购部须编制相关的说明文件（说明增补物资需求的原因以及已采购物资的使用状况），并将文件附在"增补需求计划申请表"之后。

3. 申请表经需求部门经理审批签字后，递交采购部。

4. 如增补需求的申请符合企业相关规定，则采购计划人员应着手编制采购计划增补方案；如增补需求的申请不规范或申请原因不充分，采购部有权驳回相关部门的申请。

5. 采购计划增补方案经采购部经理、财务部经理分别审批通过后，使其作为增补采购计划的依据。

6. 增补采购计划制订完成后，采购部应将其发送至需求部门，作为采购增补实施的依据。

第 5 章　附　则

第 17 条　编制单位

本制度由采购部负责制定与解释。

第 18 条 生效时间

本制度自××××年××月××日起生效。

编制日期		审核日期		批准日期	
修改标记		修改处数		修改日期	

4.2 招标、非招标与评标

4.2.1 招标管理实施细则

招标管理实施细则是企业招标工作的重要纲领和工作指导。采购人员必须按照招标管理实施细则对招标过程进行管理和控制，确保招标工作顺利完成。下面是某企业招标管理实施细则，仅供参考。

细则名称	招标管理实施细则	受控状态	
		编　号	
执行部门		监督部门		编修部门	

第 1 章　总　则

第 1 条　目的

为规范企业招标活动，保证招标工作合法、有序、有效进行，根据《中华人民共和国招标投标法》《中华人民共和国招标投标法实施条例》的相关规定，结合企业实际情况，特制定本细则。

第 2 条　适用范围

本细则适用于企业招标管理工作。

第 3 条　管理职责

招标采购办公室负责招标工作的实施及管理工作。

第 2 章　确定招标采购方式

第 4 条　招标采购方式

1. 招标采购方式分为公开招标和邀请招标。

（1）公开招标是指招标人以招标公告的方式邀请不特定的法人或者其他组织投标。

（2）邀请招标是指招标人以投标邀请书的方式邀请特定的法人或者其他组织投标。

2. 采购需求明确、采购时间充足且成本合理的招标项目，应当选择公开招标。

3. 有下列情形之一的，可以选择邀请招标。

（1）技术复杂、有特殊要求或者受自然环境限制，只有少量潜在投标人可供选择。

（2）涉及国家安全、国家秘密或者抢险救灾，适宜招标但不宜公开招标。

（3）采用公开招标方式的费用占项目合同金额的比例过大。

第3章 资格预审（公开招标）

第5条 编制资格预审文件

1. 招标采购办公室应根据招标项目特点和实际需求情况，设置资格审查因素、审查程序和审查标准，并编制资格预审文件。

2. 资格预审文件的主要内容包括资格预审公告、申请人须知、申请人的资格要求、资格审核标准和方法、资格预审申请文件的内容和格式、招标项目概况等。

3. 资格预审文件的内容不得违反法律、行政法规、强制性标准，或者公开透明、公开竞争、公正和诚实信用原则。

第6条 发布资格预审公告

1. 招标采购办公室应在企业指定媒介发布资格预审公告。公告的内容应符合国家有关规定。

2. 若招标范围、申请人资格条件等实质性内容发生调整的，招标采购办公室应在企业指定媒介发布变更公告。

第7条 发售资格预审文件

招标采购办公室应按照资格预审公告规定的时间、地点和方式，安排专人负责发售资格预审文件，发售期不得少于5日。

第8条 澄清或修改资格预审文件

1. 招标采购办公室应对已发出的资格预审文件进行必要的澄清或者修改。

2. 澄清或者修改的内容可能影响资格预审申请文件编制的，招标采购办公室应当在提交资格预审申请文件截止时间至少3日前，以书面形式通知所有获取资格预审文件的申请人。不足3日的，招标采购办公室应当顺延提交资格预审申请文件的截止时间，并告知申请人。

第9条 接收资格预审申请文件

1. 招标采购办公室按照资格预审文件规定的时间和地点安排专人负责接收申请人递交的投标资格申请文件，并向申请人出具签收凭证。

2. 签收凭证的内容主要是招标项目名称、申请标段/标包名称、申请人名称、文件递交的时间等。

第10条 拒收资格预审申请文件

出现下列情况之一的，招标采购办公室应拒收资格预审申请文件。

1. 申请文件未按要求进行密封的。

2. 未按时送达的。

第11条 组织资格审查

1. 招标采购办公室负责组建资格审查委员会，资格审查委员会成员须根据相关法律法规从评标专家库中进行抽取。在资格审查结果通知发出之前，招标采购办公室应对资格审查委员会成员名单进行保密。

2. 若在审查过程中发现申请人有弄虚作假的行为，可直接取消其投标资格。对资格预审申请文件中含义不明确的内容，资格审查委员会可要求申请人进行书面澄清。

第12条　处理资格评审结果

1. 招标采购办公室应对通过资格预审的潜在投标人发出投标邀请书，对未通过资格预审的投标申请人发出资格预审结果通知书，并告知未通过的依据和原因。

2. 通过资格预审的申请人不得少于3家；若少于3家的，应当重新招标。

第4章　招标与投标

第13条　编制招标文件

招标采购办公室应根据招标项目的特点和需要编制招标文件，招标文件应当包括招标项目的技术要求、对投标人资格审查的标准、投标报价要求和评标标准等所有实质性要求和条件以及拟签订合同的主要条款。

国家或企业对招标项目的技术、标准有规定的，招标采购办公室应当按照其规定在招标文件中载明。

第14条　发布招标公告或发出投标邀请书

对采用公开招标方式且需要进行资格预审的项目，招标采购办公室应编制招标公告，在国家指定的报刊、信息网络或者企业指定媒体发布招标公告；对采用公开招标方式且不需要进行资格预审的项目，招标采购办公室应对通过资格预审的投标申请人发出投标邀请书；对采用邀请招标的项目，招标采购办公室应对3家以上具备承担招标项目能力、资信良好的特定的法人或者其他组织发出投标邀请书。

招标公告应当载明招标企业或部门的名称和地址、招标项目的性质、数量、实施地点和时间以及获取招标文件的办法等事项。

采用资格预审时，投标邀请书应当载明邀请参与投标的项目名称和标段、投标截止时间和地点以及获取招标文件的办法等事项。

采用邀请招标时，投标邀请书应当载明招标条件、项目概况和招标范围、投标人资格要求以及获取招标文件的办法等事项。

第15条　发售招标文件

招标采购办公室应当根据招标公告或投标邀请书规定的时间、地点和方式，安排专人负责发售招标文件。发售招标文件时，应注意以下2点事项。

1. 招标文件的发售期不得少于5日。

2. 招标文件的售价应按照弥补制作、邮寄成本的原则确定，不得以招标采购金额作为依据。

第16条　组织潜在投标人踏勘项目现场和召开投标预备会

招标采购办公室应当根据招标实际需求，确定是否组织潜在投标人踏勘项目现场和召开投标预备会。组织潜在投标人踏勘项目现场和召开投标预备会，应注意以下2点事项。

1. 不得组织单个或者部分潜在的投标人踏勘项目现场，并应避免在现场踏勘过程中泄露潜在投标人的相关信息。

2. 投标预备会的召开时间不得距离招标文件出售截止时间过近。

第17条　澄清或修改招标文件

招标采购办公室应对已发出的招标文件进行必要的澄清或者修改，并通知所有获取招标文件的潜在投标人。

澄清或者修改的内容可能影响投标文件编制的，招标采购办公室应当在投标截止时间至少15日前，以书面形式通知所有获取招标文件的潜在投标人。不足15日的，招标采购办公室应当顺延提交投标文件的截止时间，并告知潜在投标人。

招标采购办公室接到潜在投标人的异议时，应当在3日内作出答复，在作出答复前，须暂停招标与投标活动。

第18条　接收投标文件

招标采购办公室应按照招标文件规定的时间和地点安排专人接收投标文件，并向投标人出具签收凭证。

第19条　拒收投标文件

出现下述情况之一的，招标采购办公室应拒收投标文件。

1. 未通过资格预审的投标人提交的投标文件的。

2. 逾期送达或未送达指定地点的。

3. 投标文件未按照招标文件要求密封的。

第5章　开标、评标、定标和中标

第20条　组织开标

招标采购办公室应在招标文件确定的提交投标文件截止时间的同一时间和预先确定的地点组织开标，同时须安排专人对开标活动现场进行全程录影录像，并归档保存。

第21条　开标注意事项

组织开标活动，须注意以下4点事项。

1. 开标须邀请所有投标人参加，不得邀请单个或者部分投标人参加。

2. 在投标截止时提交投标文件的投标人少于3个的，不得开标，须重新招标。

3. 对投标人提出的异议，应当场作出答复，并做好记录。

4. 遇到特殊情形需要延长招标时间的，须在投标截止前1小时内通知所有投标人延长的时间和理由。

第22条　组建评标委员会

招标采购办公室负责组建评标委员会。评标委员会成员由评标专家组成，成员人数须为5

人以上且为单数。

第 23 条　评标委员会负责事务

评标委员会负责具体评标事务，并独立履行下列职责。

1. 审查、评价投标文件是否符合招标文件的商务、技术等实质性要求。
2. 要求投标人对投标文件有关事项作出澄清或者说明。
3. 对投标文件进行比较和评价。
4. 确定中标候选人名单。
5. 报告评标中发现的违法行为。

第 24 条　评标委员会评标

评标委员会应当依照法律法规和招标文件规定的评标方法和标准对投标文件进行评审，并撰写评标报告，上交招标采购办公室。

评标报告的内容包括招标公告刊登的媒体名称、开标日期、开标地点、投标人名单、评标委员会名单、评标方法等。

第 25 条　评标方法

评标方法分为最低评标价法和综合评分法。最低评标价法是指投标文件满足招标文件全部实质性要求，且投标报价最低的投标人为中标候选人的评标方法。综合评分法是指投标文件满足招标文件全部实质性要求，且按评审因素的量化指标评审得分最高的投标人为中标候选人的评标方法。

第 26 条　确定中标人

招标采购办公室应当自收到评标报告之日起 5 个工作日内从评标委员会推荐的候选人中确定中标人。

第 27 条　公示评标结果

招标采购办公室须在确定中标人后 2 个工作日内公示中标结果，公示期不得少于 3 日。中标结果公示一般包括招标项目名称、中标候选人排序、名称和投标报价等内容。

第 28 条　发出中标通知书

中标人确定后，招标采购办公室须在投标有效期内向中标人发出中标通知书。中标通知书必须包括中标结果、中标价款、签订合同的时间和地点等内容。

中标通知书不得存在内容错误或发送遗漏等情况。

第 6 章　合同签订

第 29 条　编写拟补充、细化条款

招标采购办公室应根据采购实际情况对合同非实质性内容进行补充和细化，编写拟补充、细化条款，并上报企业法务部进行审核，再由总经理审批。

第 30 条　签订合同

合同签订应在中标通知书发出之日起 30 日内完成。

第 7 章 附 则

第 31 条 编制单位

本细则由招标采购办公室制定并负责解释。

第 32 条 生效时间

本细则自××××年××月××日起生效。

编制日期		审核日期		批准日期	
修改标记		修改处数		修改日期	

4.2.2 非招标管理实施细则

非招标管理实施细则是企业非招标工作的重要纲领和工作指导。采购人员必须按照非招标管理实施细则对非招标过程进行管理和控制，确保非招标工作顺利完成。下面是某企业非招标管理实施细则，仅供参考。

细则名称		非招标管理实施细则		受控状态	
				编　　号	
执行部门		监督部门		编修部门	

第 1 章 总 则

第 1 条 目的

为规范企业非招标采购活动管理，进一步规范采购人员的行为，提高采购工作质量和效率，特制定本细则。

第 2 条 适用范围

本细则适用于企业非招标管理工作。

第 3 条 名词解释

本细则所称非招标采购方式，是指以公开招标和邀请招标之外的方式取得货物、工程、服务所采用的采购方式，主要包括竞争性谈判、竞争性磋商、单一来源采购、询价采购以及框架协议采购。

第 4 条 管理职责

招标采购办公室负责非招标管理工作的指导、监督。采购部负责组织实施企业采购项目非招标采购工作。

第 2 章 竞争性谈判

第 5 条 术语说明

竞争性谈判是指谈判小组按照规定的程序与符合项目资格条件的供应商就采购项目事宜进行谈判，供应商按照谈判文件的要求提交响应文件和最后报价，采购人员从谈判小组提出的成交候选人中确定成交供应商的采购方式。

第6条 竞争性谈判情形

符合下列情形之一的采购项目，采购部可以采用竞争性谈判方式采购。

1. 招标后没有供应商投标或者没有合格标的，或者重新招标未能成立的。

2. 技术复杂或者性质特殊，不能确定详细规格或者具体要求的。

3. 非采购人员所能预见的原因或者非采购人员拖延造成采购招标所需时间不能满足用户紧急需要的。

4. 不能事先计算出价格总额的。

5. 属于有关部门认定技术含量高、规格和价格难以确定的自主创新产品的。

第7条 编制谈判文件

采购部负责根据采购项目的特点和采购需求编制谈判文件，明确谈判程序、谈判内容、合同条款以及评定成交的标准等事项。谈判文件至少应当载明技术和商务要求、对供应商报价的要求及其计算方式、合同条款和格式等内容。

谈判文件不得要求或者标明供应商名称或者特定货物的品牌，不得含有指向特定供应商的技术、服务等条件。不得出现"指定、暂定、参考、备选"品牌等表述词，不得设置不合理的限制性条件，不得含有倾向性或者排斥供应商的其他内容。

第8条 发布谈判公告或发出邀请书

采购部负责在企业指定的媒体发布谈判公告或邀请书。谈判公告或邀请书应包括企业名称、地址、采购项目情况、谈判时间和地点等内容。邀请参加谈判的供应商不得少于3家。

第9条 发放谈判文件

采购部应安排专人给被邀请的供应商发放谈判文件。从谈判文件发出之日至供应商提交首次响应文件截止之日，一般项目不得少于5个工作日，大型或技术复杂项目不得少于10个工作日。

第10条 澄清或修改谈判文件

提交响应文件截止之日前3个工作日，采购部若对已发出的谈判文件有实质性变动的，应当以书面形式通知所有被邀请参加谈判的供应商，不足3个工作日的，应顺延至提交首次响应文件截止之日。

第11条 收取响应保证金

采购部负责根据谈判文件要求收取响应保证金。保证金数额应当不超过采购项目预算的2%。

第12条 接收响应文件

采购部应在谈判文件规定的时间和地点安排专人接收响应文件。若递交响应文件的供应商只有1家，应向上级部门申请转入单一来源采购程序。

第13条 拒收响应文件

出现下列情况之一的，采购部应拒收供应商提交的响应文件。

1. 响应文件未按要求进行密封的。

2. 未按照谈判文件要求交纳保证金的。

3. 逾期送达或未送达指定地点的。

第14条 组建谈判小组

开展谈判之前,采购部负责组建谈判小组,谈判小组成员由采购部代表及有关专家共3人以上的单数组成,其中专家人数不得少于成员总数的2/3。

参加过谈判文件征询意见的专家,不得再作为谈判小组专家参加同一项目的谈判或询价。采购部代表不得以专家身份参与本部门或者本单位采购项目的谈判。专家的抽取和管理按照企业《评标专家管理实施细则》执行。

第15条 审查响应文件

谈判小组负责依据谈判文件,对供应商递交的响应文件的有效性、完整性和谈判文件的响应程序进行审查,以确定是否对谈判文件的实质性要求作出响应。未按实质性要求响应谈判文件的响应文件按无效处理,谈判小组应当告知有关供应商,同时不得进入下一步具体谈判程序。

第16条 组织实施谈判

谈判小组应当通过随机方式确定参加谈判供应商的谈判顺序,所有成员集中与供应商按照顺序分别进行谈判,并给予所有参加谈判的供应商平等的谈判机会。

在谈判过程中,谈判小组应注意以下5点。

1. 谈判内容发生变动的,谈判小组应当确保以书面形式通知所有参加谈判的供应商。

2. 谈判的任何一方在未征得另一方同意的情况下,不得透露与谈判有关的所有技术资料、价格信息和其他信息。

3. 谈判小组与供应商进行谈判,必须按照谈判文件确定的内容、程序和评定标准等进行。

4. 谈判小组应当按照谈判文件规定的谈判轮数,要求参加谈判的供应商分别进行原则上不超过3轮的报价,同时,参加谈判的各方供应商应当享有相同的报价权利。

5. 谈判小组在谈判过程中,如果认为参加谈判的供应商有报价明显不合理、降低质量、不能诚实履约或其他特殊情形的,应当通知其限期作出书面说明并提供相关证明材料;若供应商未在规定的期限内作出合理说明并提供相关证明材料的,视为自动放弃成交候选供应商的资格。

第17条 提交最终报价

最后一轮谈判结束后,谈判小组应当要求参加谈判的供应商在规定的时间内以书面形式提交最终报价,并由法定代表人或其授权人签字确认。

第18条 评审及推荐成交候选供应商

谈判小组应当根据谈判文件规定的评审方法对供应商提交的最终报价进行评审,并按照谈判文件中推荐的原则向采购部推荐成交候选供应商。

第 19 条　编制竞争性谈判采购报告

谈判结束后，谈判小组应根据谈判情况和评审结果编制竞争性谈判采购报告，并上报采购部。采购报告须有谈判小组全体成员的签字。若谈判小组成员对采购报告有异议的，应在报告上说明不同意见及理由，未说明理由的，视为同意。

竞争性谈判采购报告应当包括以下内容。

1. 邀请供应商参加采购活动的具体方式和相关情况，以及参加采购活动的供应商名单。

2. 评审日期和地点，谈判小组成员名单。

3. 评审情况记录和说明，包括对供应商的资格审查情况、供应商响应文件评审情况、谈判情况、报价情况等。

4. 提出的成交候选人的名单及理由。

第 20 条　确定成交供应商

采购部应在收到竞争性谈判采购报告后的 5 个工作日内确定成交供应商。

第 21 条　发出成交通知书

确定成交供应商后 3 个工作日内，采购部应当向成交供应商发出成交通知书，同时将成交结果通知所有参加谈判的未成交的供应商。

第 22 条　签订合同

采购部与成交供应商应当自发出成交通知书之日起 30 日内签订采购合同。在签订合同时，不得向成交供应商提出超出谈判文件以外的任何要求作为签订合同的条件，不得与成交供应商订立背离谈判文件确定的合同文本以及采购标的、规格型号、采购金额、采购数量、技术和服务要求等实质性内容的协议。

第 23 条　终止情形

出现下列情形之一的，采购部应当终止竞争性谈判采购活动，并在企业指定媒体上发布项目终止公告，说明原因，然后重新开展采购活动。

1. 因情况变化，不再符合规定的竞争性谈判采购方式适用情形的。

2. 出现影响采购公正的违法、违规行为的。

3. 邀请公告公示期满后，供应商报名不足 3 家的。

4. 在采购过程中符合竞争要求的供应商或者报价未超过采购预算的供应商不足 3 家的。

第 3 章　竞争性磋商

第 24 条　术语说明

竞争性磋商是指磋商小组与符合条件的供应商就采购项目事宜进行磋商，供应商按照磋商文件的要求提交响应文件和报价，采购人员从磋商小组评审后提出的候选供应商名单中确定成交供应商的采购方式。

第25条　竞争性磋商情形

符合下列情形之一的采购项目，采购部可以采用竞争性磋商方式采购。

1. 技术复杂或者性质特殊，不能确定详细规格或者具体要求的。
2. 不能事先计算出价格总额的。
3. 市场竞争不充分的科研项目，以及需要扶持的科技成果转化项目。
4. 需要和供应商商讨的项目采购。

第26条　发布竞争性磋商公告或发出邀请书

采购部负责在企业指定的媒体发布竞争性磋商公告或邀请书。竞争性磋商公告或邀请书应包括企业名称、地址、采购项目情况、供应商资格条件及获取磋商文件的时间、地点和方式等内容。

第27条　编制竞争性磋商文件

采购部负责根据采购项目的特点和采购需求编制竞争性磋商文件。竞争性磋商文件应当包括供应商资格条件、采购邀请、采购方式、采购预算、采购需求、评审程序、评审方法、评审标准、价格构成或者报价要求、响应文件编制要求、保证金交纳数额和形式以及不予退还保证金的情形、磋商过程中可能出现实质性变动的内容、响应文件提交的截止时间、开启时间和地点以及合同草案条款等。

竞争性磋商文件不得要求或者标明供应商名称或者特定货物的品牌，不得含有指向特定供应商的技术、服务等条件。

第28条　发售竞争性磋商文件

采购部应安排专人给被邀请的供应商发放竞争性磋商文件。从竞争性磋商文件发出之日至供应商提交首次响应文件截止之日不得少于10个工作日。竞争性磋商文件的发售期限自开始之日起不得少于5个工作日。

第29条　澄清或修改竞争性磋商文件

提交响应文件截止之日前5日，若对已发出的竞争性磋商文件有实质性变动的，采购部应当以书面形式通知所有获取竞争性磋商文件的供应商；不足5日的，应当顺延至提交首次响应文件截止时间。

第30条　收取响应保证金

采购部负责根据竞争性磋商文件要求收取响应保证金。保证金数额应当不超过采购项目预算的2%。

第31条　接收响应文件

采购部应在竞争性磋商文件规定的时间和地点安排专人接收响应文件。若递交响应文件的供应商只有1家的，应向上级部门申请转入单一来源采购程序。

第32条　拒收响应文件

出现下列情况之一，采购部应拒收供应商提交的响应文件。

1. 响应文件未按要求进行密封的。

2. 未按照竞争性磋商文件要求交纳保证金的。

3. 逾期送达或未送达指定地点的。

第33条　组建磋商小组

采购部应负责组建磋商小组，磋商小组成员由采购部代表及有关专家共3人以上的单数组成，其中专家人数不得少于磋商小组成员总数的2/3。采购部代表不得以专家身份参与本部门或者本企业采购项目的评审。专家的抽取和管理应按照企业《评标专家管理实施细则》执行。

第34条　组织实施磋商

谈判小组应当通过随机方式确定参加磋商的供应商顺序，所有成员应当集中与供应商分别进行磋商，并给予所有参加磋商的供应商平等的磋商机会。

磋商过程中，磋商小组应注意以下事项。

1. 磋商小组可以根据竞争性磋商文件和磋商情况的实质性变动采购需求中的技术、服务要求以及合同草案条款，但不得变动磋商文件中的其他内容。

2. 磋商内容发生变动的，磋商小组应当确保以书面形式通知所有参加磋商的供应商。

3. 磋商小组与供应商进行磋商，必须按照竞争性磋商文件确定的内容、程序和评定标准等进行，不得私自改动。

第35条　提交最终报价

磋商结束后，磋商小组应当要求所有参加实质性响应的供应商在规定的时间内以书面形式提交最终报价，并由法定代表人或其授权人签字确定。提交最终报价的供应商不得少于3家。

第36条　综合评审

磋商小组根据最终采购需求和最终报价，采用综合评分法对提交最后报价的供应商的响应文件和最后报价进行综合评分。

综合评分法是指响应文件满足竞争性磋商文件全部实质性要求，且按评审因素的量化指标评审得分最高的供应商为成交候选供应商的评审方法。

综合评分法中的价格分统一采用低价优先法计算，即满足竞争性磋商文件要求且最后报价最低的供应商的价格为磋商基准价，其价格分为满分，其他供应商的价格分统一按照下列公式计算。

磋商报价得分 =（磋商基准价 / 最后磋商报价）× 价格权值（40%）×100

第37条　评审要求

在项目评审过程中，不得去掉最后报价中的最高报价和最低报价。

第38条　推荐成交候选供应商

磋商小组应当根据综合评分情况，按照评审得分由高到低顺序推荐3名以上成交候选供应商。评审得分相同的，按照最后报价由低到高的顺序推荐；评审得分和最后报价相同的，按照技术指标优劣顺序推荐。

第 39 条　编制评审报告

磋商小组应当根据磋商情况和评审结果编制评审报告，并上报采购部。评审报告须有磋商小组全体成员的签字。若磋商小组成员对评审报告有异议的，应在报告上说明不同意见及理由，未说明理由的，视为同意。

评审报告应当包括邀请供应商参加采购活动的具体方式和相关情况，响应文件开启日期和地点，获取竞争性磋商文件的供应商名单和磋商小组成员名单，评审情况记录和说明等内容。

第 40 条　确定成交供应商

采购部应当在收到评审报告后 5 个工作日内，从评审报告的成交候选供应商中，按照排序由高到低的原则确定成交供应商。

第 41 条　发出成交通知书

确定成交供应商后 2 个工作日内，采购部应当向成交供应商发出成交通知书，同时将成交结果通知所有参加磋商的未成交的供应商。

第 42 条　签订合同

采购部与成交供应商应当自发出成交通知书之日起 30 日内签订采购合同。在签订合同时，不得向成交供应商提出超出磋商文件以外的任何要求作为签订合同的条件，不得与成交供应商订立背离磋商文件确定的合同文本以及采购标的、规格型号、采购金额、采购数量、技术和服务要求等实质性内容的协议。

第 43 条　退还磋商保证金

采购活动结束后，采购部应及时安排专人负责退还供应商的保证金。未成交供应商的磋商保证金应当在成交通知书发出后 5 个工作日内退还；成交供应商的磋商保证金应当在采购合同签订后的 5 个工作日内退还。

第 44 条　不予退还磋商保证金

出现下列情形之一的，磋商保证金不予退还。

1. 供应商在提交响应文件截止时间内撤回响应文件的。

2. 供应商在响应文件中提供虚假材料的。

3. 除因不可抗力或磋商文件认可的情形外，成交供应商不与企业签订合同的。

4. 供应商恶意串标的。

第 45 条　终止情形

出现下列情形之一的，采购部应当终止竞争性磋商采购活动，并在企业指定媒体上发布项目终止公告，说明原因，然后重新开展采购活动。

1. 因情况变化，不再符合规定的竞争性磋商采购方式适用情形的。

2. 出现影响采购公正的违法、违规行为的。

3. 在采购过程中符合要求的供应商或者报价未超过采购预算的供应商不足3家的。

第4章 单一来源采购

第46条 术语说明

单一来源采购是指采购人员从某一特定供应商处采购货物、工程和服务的采购方式。

第47条 单一采购情形

符合下列情形之一的，采购部可以采用单一来源方式采购。

1. 只能从唯一供应商处采购的。

2. 发生了不可预见的紧急情况且不能从其他供应商处采购的。

3. 必须保证原有采购项目一致性或服务配套的要求，需要继续从原供应商处添购的。

第48条 发布单一来源采购公示

属于只能从唯一供应商处采购的情形，且达到招标规模或数额标准的采购项目，拟采用单一来源采购方式的，采购部应在企业指定的媒体上发布不少于5个工作日的采购公示。

1. 公示内容包括：采购人、采购项目名称、预算和内容，拟采购项目的说明，采用单一来源采购方式的原因及相关说明，拟定的唯一供应商名称、地址，公示的期限，采购人联系地址、联系人和联系电话等。

2. 若采购部收到对采用单一来源采购方式公示的异议后，应当在公示期满后5个工作日内，组织补充论证。补充论证后，认为异议成立的，应当采取其他采购方式；若异议不成立的，应当将异议意见、论证意见与公示情况一并报招标采购委员会审批，审批通过后，再将补充论证的结论告知提出异议的企业或者个人。

第49条 编制单一来源采购文件

采购部负责按照采购项目的特点和采购需求编制单一来源采购文件。单一来源采购文件应当载明技术和商务要求、对供应商报价的要求及其计算方式、合同条款和格式等内容。

第50条 发出采购文件

采购部应以书面形式向确定的特定供应商发出采购文件。

第51条 组建采购小组

开展谈判之前，采购部负责组建采购小组，采购小组成员由采购部代表及有关专家共3人以上的单数组成，其中专家人数不得少于小组成员总数的2/3。

参加过采购文件征询意见的专家，不得再作为采购小组专家参加同一项目的谈判或询价。采购部代表不得以专家身份参与本部门或者本单位采购项目的谈判。

第52条 协商采购

采购小组接收到供应商提交的响应文件后，应当在保证项目质量和合理价格的基础上集中与供应商进行协商，确定采购对象的技术、商务要求以及报价。

第53条 编制协商情况记录

协商结束后，采购小组应根据协商情况和供应商的最终报价，编制协商情况记录，并上报采购部。协商情况记录须有采购小组全体成员的签字。若采购小组成员对采购报告有异议的，应在报告上说明不同意见及理由，未说明理由的，视为同意。

协商情况记录内容主要包括：公示情况说明、协商日期和地点、采购人员名单、供应商提供的采购标的成本、同类项目合同价格以及相关专利、专有技术等情况说明，合同主要条款及价格商定情况。

第54条 确定成交供应商

采购部应在收到协商情况记录后5个工作日内确定成交供应商名单。

第55条 签订合同

采购部与成交供应商应当自发出成交通知书之日起30日内签订采购合同。在签订合同时，不得向成交供应商提出超出采购文件以外的任何要求作为签订合同的条件，不得与成交供应商订立背离采购文件确定的合同文本以及采购标的、规格型号、采购金额、采购数量、技术和服务要求等实质性内容的协议。

第56条 终止采购活动

出现下列情形之一的，采购部应当终止采购活动，并在企业指定媒体上发布项目终止公告，说明原因，然后重新开展采购活动。

1. 因情况变化，不再符合规定的单一来源采购方式适用情形的。
2. 出现影响采购公正的违法、违规行为的。
3. 报价超过采购预算的。

第5章 询价采购

第57条 术语说明

询价采购是指询价小组向符合资格条件的供应商发出采购货物询价通知书，要求供应商一次报出不得更改的价格，采购人员从询价小组提出的成交候选人中确定成交供应商的采购方式。

第58条 询价采购情形

符合下列情形之一的，采购部可以采用询价采购方式。

1. 采购规格、标准统一、市场资源充足且价格变化幅度小，采购活动需要在短时间内完成的。
2. 纳入集中采购目录或高于集中采购限额标准，但项目预算金额低于30万元的。

第59条 成立询价小组

采购部负责按照采购项目要求成立询价小组。询价小组成员人数为3人以上的单数，其中有关专家不得少于小组成员总数的2/3。

参与该项目论证及咨询的专家不得进入询价小组。

第 60 条　制定询价通知书

询价小组应当根据采购项目的特点和采购需求制定询价通知书，并上报采购部审批。询价通知书不得要求或者标明供应商名称或者特定货物的品牌，不得含有指向特定供应商的技术、服务等条件。不得出现"指定、暂定、参考、备选"品牌等表述词，不得设置不合理的限制性条件，不得含有倾向性或者排斥供应商的其他内容。

询价通知书内容应当包括：供应商资格条件、采购邀请、采购方式、采购预算、采购需求、采购程序、价格构成或者报价要求、响应文件编制要求、提交响应文件截止时间及地点、保证金交纳数额和形式、评定成交的标准等。

第 61 条　发出询价通知书

询价小组应当从符合相应资格条件的供应商中确定不少于 3 家供应商作为被询价对象，并向其发出询价通知书。从询价通知书发出之日至供应商提交响应文件截止时间，一般项目不得少于 3 个工作日，大型或技术复杂项目不得少于 5 个工作日。

第 62 条　澄清或修改询价通知书

提交响应文件截止之日前 3 个工作日，询价小组若对已发出的询价通知书有实质性变动的，应当以书面形式通知所有接收询价通知书的供应商；不足 3 个工作日的，应当顺延至提交响应文件截止之日。

第 63 条　接收响应文件

询价小组应在询价通知书规定的时间和地点安排专人接收响应文件，然后全体成员集中对供应商的响应文件进行比较。

第 64 条　拒收响应文件

出现下列情况之一，询价小组应拒收供应商提交的响应文件。

1. 响应文件未按要求进行密封的。

2. 逾期送达或未送达指定地点的。

第 65 条　组织实施询价

在询价过程中，询价小组成员及供应商应遵循以下规则。

1. 询价小组不得改变询价通知书所确定的技术和服务等要求、评审程序、评定成交的标准和合同文本等事项。

2. 供应商只能一次报出且不得更改的价格，并对询价通知书所列出的全部技术、商务要求作出承诺。

第 66 条　编写评审报告

询价小组应当从质量和服务均能满足询价通知书规定的供应商中，按照报价由低到高的顺序提出 3 家以上成交候选供应商，并编写评审报告，其内容可参见"竞争性谈判采购报告"。

评审报告须由询价小组全体成员签字，若询价小组成员对采购报告有异议的，应在报告上说明不同意见及理由，未说明理由的，视为同意。

第 67 条　确定成交供应商

采购部应在收到评审报告后 5 个工作日内确定成交供应商名单。

第 68 条　发出成交通知书

确定成交供应商后 3 个工作日内，采购部应当向成交供应商发出成交通知书，同时将成交结果通知所有参加谈判的未成交的供应商。

第 69 条　签订合同

采购部与成交供应商应当自发出成交通知书之日起 30 日内签订采购合同。

第 70 条　终止情形

出现下列情形之一的，采购部应当终止询价采购活动，并在企业指定媒体上发布项目终止公告，说明原因，然后重新开展采购活动。

1. 因情况变化，不再符合规定的询价采购方式适用情形的。

2. 出现影响采购公正的违法、违规行为的。

3. 邀请公告公示期满后，供应商报名不足 3 家的。

4. 在采购过程中符合竞争要求的供应商或者报价未超过采购预算的供应商不足 3 家的。

第 6 章　框架协议采购

第 71 条　术语说明

框架协议采购是指采购人员对技术、服务等标准明确、统一，需要多次重复采购的货物和服务，通过公开征集程序，确定第一阶段入围供应商并订立框架协议，然后再按照框架协议约定的规则，在入围供应商范围内确定第二阶段成交供应商并订立采购合同的采购方式。

第 72 条　适用情形

框架协议采购通常适用于难以确定采购计划的应急、小额零星采购或者需要重复组织采购的同类工程、货物或服务的采购。

第 73 条　框架协议采购方式

框架协议采购包括封闭式框架协议采购和开放式框架协议采购。

1. 封闭式框架协议采购是通过公开竞争订立框架协议后，除经过框架协议约定的补充征集程序外，不得增加协议供应商的框架协议采购。

2. 开放式框架协议采购是指明确采购需求和付费标准等框架协议条件，愿意接受协议条件的供应商可以随时申请加入的框架协议采购。

第 74 条　确定框架协议采购需求

采购部应当开展需求调查，听取相关部门、供应商和专家等意见，确定框架协议采购需求。调查对象不得少于 3 个，框架协议采购需求在框架协议有限期内不得变动。

第 75 条　发布征集公告或发售征集文件

采购部根据框架协议采购需求，发布征集公告或发售征集文件。在征集公告和征集文件中应当确定框架协议采购的最高限制单价。

第76条 接收响应文件

采购部应在征集公告或征集文件规定的时间和地点安排专人接收响应文件,然后全体成员集中对供应商的响应文件进行比较。

第77条 确定第一阶段入围供应商

采购部应安排评审专家对响应文件进行评审,确定第一阶段入围供应商名单。评审方法包括价格优先法和质量优先法。

提交响应文件和符合资格条件、实质性要求的供应商应当均不少于2家,淘汰比例不得低于20%,且至少淘汰1家供应商。

第78条 发布入围结果公告

第一阶段入围供应商确定后,采购部应在2个工作日内发布入围结果公告。入围结果公告应当包括以下主要内容。

1. 采购项目名称、编号。
2. 征集人的名称、地址、联系人和联系方式。
3. 入围供应商的名称、地址及排序。
4. 最高入围分值或者最低入围分值。
5. 入围产品名称、规格型号或者主要服务内容及服务标准,入围单价。
6. 公告期限。

第79条 签订框架协议

确定入围供应商,采购部应当向入围供应商发出入围通知书,并在入围通知书发出之日起30日内与入围供应商签订框架协议。

第7章 附 则

第80条 编制单位

本细则由招标采购办公室制定并解释。

第81条 生效时间

本细则自××××年××月××日起生效。

编制日期		审核日期		批准日期	
修改标记		修改处数		修改日期	

4.2.3 评标专家管理实施细则

评标专家管理是对评标专家的评标行为进行管理,确保评标专家客观、公正地履行职责,提高评标评审质量和效率。下面是某企业评标专家管理实施细则,仅供参考。

细则名称	评标专家管理实施细则	受控状态	
		编　　号	
执行部门		监督部门		编修部门	

第1章 总　则

第1条　目的

为规范评标专家的评标行为，特制定本细则。

第2条　适用范围

本细则适用于评标专家选聘、解聘、抽取、使用、评标劳务费管理、监督管理。

第3条　管理原则

对评标专家实行统一标准、管用分离、随机抽取的管理原则。

第4条　管理职责

企业招标采购办公室负责评标专家的选聘、解聘、抽取、使用、评标劳务费管理、监督管理等工作。

第2章 评标专家选聘与解聘

第5条　选聘方式

评标专家的选聘方式包括公开征集、内部推荐和自我推荐。

第6条　评标专家条件

评标专家应当具备以下条件。

1. 具有良好的职业道德，廉洁自律，遵纪守法，能自觉维护招、投标双方当事人的合法权益。

2. 服从企业监督管理，无行贿、受贿、欺诈等不良信用记录。

3. 具有中级专业技术职称或具备同等专业水平且从事相关领域工作满8年，或者具有高级专业技术职称或同等专业水平。

4. 熟悉国家采购相关政策法规。

5. 身体健康，能够承担评标工作。

6. 符合法律法规规定的其他条件。

第7条　申请材料明细

符合本细则第6条规定条件的，自愿申请成为评标专家的人员（以下简称申请人），应当提供以下申请材料。

1. 个人简历、本人签署的申请书和承诺书。

2. 学历学位证书、专业技术职称证书或者具有同等专业水平的证明材料。

3. 证明本人身份的有效证件。

4. 本人认为需要申请回避的信息。

第 8 条　申请信息审核

招标采购办公室应安排专人负责对申请人提交的申请材料、申报的评审专业性和信用信息进行审核，符合条件的选聘为评标专家，并纳入评标专家库进行管理。

第 9 条　信息变更

当评标专家联系方式、专业技术职称、需要回避的信息等发生变化时，应当及时向招标采购办公室申请变更相关信息。

第 10 条　解聘情况

评标专家存在以下情形之一的，企业有权将其解聘。

1. 不符合本细则第 6 条规定条件的。

2. 本人申请不再担任评标专家的。

3. 存在本细则第 32 条规定的不良行为记录的。

4. 受到企业行政处罚或国家刑事处罚的。

第 3 章　评标专家抽取与使用

第 11 条　评标专家抽取方式

评标专家抽取方式可以采用随机抽取或者直接确定。一般项目可以采取随机抽取的方式；技术复杂、专业性强或者国家有特殊要求的招标项目，并且采取随机抽取方式确定的专家难以保证胜任的，可以由招标采购办公室直接确定。

第 12 条　评标专家过程监控

评标专家的抽取应集中在企业评标专家库管理系统中实施。抽取过程由企业审计或法务部工作人员现场监督，并做好书面记录。

第 13 条　评标专家抽取时间

评标专家的抽取应于开标前 2 个工作日进行。招标采购办公室应及时书面通知被抽取的评标专家。

第 14 条　评标专家名单上报

评标专家抽取完成后，招标采购办公室应将最终确定的专家成员名单上报总经理，经总经理审批通过后，再以书面形式通知被抽取的评标专家。

第 15 条　评标专家特殊事由

接到入选通知的评标专家，原则上不允许请假，如因特殊原因不能参加评标工作的，评标专家须在接到通知的第 1 个工作日内向招标采购办公室提交书面说明。

第 16 条　评标专家回避情形

评标专家有下列情形之一的，应当回避。

1. 曾担任过供应商的董事、监事，或者是供应商的控股股东或实际控制人的。

2. 与供应商的法定代表人或者负责人有夫妻、直系血亲、三代以内旁系血亲或者近姻亲等关系的。

3. 与供应商有其他可能影响企业采购活动公平、公正进行的关系的。

4. 法律法规规定的其他情形的。

评标专家有上述情形之一的，应当主动提出回避，若未主动提出回避的，一经发现，应立即终止该评标项目的评标活动并对评标专家予以警告；情节严重的，则取消评标专家的评标资格，并与其解除劳动合同关系。

第17条　补足评标专家

若出现评标专家缺席、回避等情形导致评标现场专家数量不符合规定的，招标采购办公室应当及时补足评标专家，或者经采购主管预算单位同意后自行选定补足评标专家。无法及时补足评标专家的，应当立即停止评标工作，妥善保存采购文件，依法重新组建评标委员会、谈判小组、询价小组、磋商小组，再进行评标。

第18条　评审工作纪律

评标专家应当严格遵守评审工作纪律，按照客观、公正、审慎的原则，并根据采购文件规定的评审程序、评审方法和评审标准进行独立评标。

评标专家发现采购文件内容违反国家有关强制性规定或者采购文件存在歧义、重大缺陷导致评审工作无法进行时，应当停止评审，并以书面形式向招标采购办公室说明情况。

评标专家应当配合答复供应商的询问、质疑和投诉等事项，不得泄露评审文件、评审情况和在评审过程中获悉的商业秘密。

评标专家发现供应商具有行贿、提供虚假材料或者串通等违法行为的，应当及时向招标采购办公室报告。

评标专家在评审过程中受到非法干预的，应当及时向企业审计等部门举报。

第19条　评审意见担责

评标专家应当在评审报告上签字，对自己的评审意见承担法律责任。对需要共同认定的事项存在争议的，按照少数服从多数的原则作出结论；对评审报告有异议的，应当在评审报告上签署不同意见并说明理由，否则视为同意评审报告。

第20条　评审结果保密

评标专家名单在评审结果公告前应当保密。评审活动完成后，招标采购办公室或负责此次招标工作的部门应当随中标、成交结果及评标专家名单一并公告。

第21条　评标专家履职情况

招标采购办公室或负责招标工作的部门应当于评审活动结束后5个工作日内，在企业采购信用评价系统中记录评标专家的职责履行情况。

评标专家可以在企业采购信用评价系统中查询本人职责履行情况记录，并就有关情况作出说明。

招标采购办公室可根据评标专家履职情况等因素设置阶梯抽取概率。

第4章 评标劳务费管理

第22条 评标劳务费

招标采购办公室负责制定评标专家劳务报酬标准,并上报总经理审批。

第23条 支付劳务报酬

集中采购目录内的项目,由集中采购部门支付评标专家劳务报酬;集中采购目录外的项目,由采购人支付评标专家劳务报酬。

第24条 劳务费评审时间

评标劳务费按照评审时间,每4小时为一个区间(不足4小时按4小时计算),报酬为300元。评标劳务费为税后报酬。

第25条 报酬支付标准

评标专家到达评审地点后,非评标专家自身原因(因回避关系、项目取消或延期)不能开展评审工作的,按照每人150元报酬标准支付。

第26条 评标专家履行责任

评标专家对于所参加的评标项目,有配合答复供应商的询问、质疑和投诉等事项的责任。评标专家到评审现场履行以上责任时,按照每次每人200元标准支付。

第27条 其他费用报销

评标专家参加异地评审的,其往返的城市间交通费、住宿费等实际发生的费用,可参照企业差旅费管理办法的相应标准进行报销。

第28条 其他不予支付情形

因评标专家自身原因,未按照法律法规的相关规定或者招标文件的要求进行评审,导致项目复核或者重新评审的,不予支付劳务费和报销异地评审差旅费。

评标专家未完成评审工作擅自离开评审现场,或者在评审活动中有违法违规行为的,不予支付劳务费和报销异地评审差旅费。

评标专家以外的其他人员不得获取评标劳务费。

第29条 劳务费支付时间与方式

评标劳务费在项目评审结束后3个工作日内支付,方式为银行转账支付。

第5章 评标专家监督管理

第30条 评标专家担责情形

评标专家有下列情形之一的,由有关审计部责令改正。情节严重的,禁止其在一定期限内参加评标工作;情节特别严重的,取消其担任评标专家的资格。

1. 应当回避而不回避的。
2. 擅离职守的。
3. 不按照招标文件规定的评标标准和方法评标的。

4. 私下接触投标人的。

5. 向招标人征询、确定中标人的意向，或者接受任何单位或个人明示或暗示而提出的倾向或者排斥特定投标人的要求的。

6. 对依法应当否决的投标不提出否决意见的。

7. 暗示或者诱导投标人作出澄清、说明或者接受投标人主动提出的澄清、说明的。

8. 其他不客观、不公正履行职务的行为的。

第 31 条　评标专家受贿行为

评标专家收受投标人的财物或者其他好处，向他人透露对投标文件的评审和比较、中标候选人的推荐以及与评标有关的其他情况的，给予警告，没收收受的财物，并处 3000~50000 元的罚款。对有所列违法行为的评标专家取消担任评标专家的资格，不得再参加任何招标项目的评标；构成犯罪的，依法追究法律责任。

第 32 条　不良行为记录

申请人或评标专家有下列情形之一的，列入不良行为记录。

1. 未按照采购文件规定的评审程序、评审方法和评审标准进行独立评审的。

2. 泄露评审文件、评审情况的。

3. 与供应商存在利害关系而未回避的。

4. 收受采购人、采购代理机构、供应商贿赂或者获取其他不正当利益的。

5. 提供虚假申请材料的。

6. 拒不履行配合答复供应商询问、质疑、投诉等法定义务的。

7. 其他严重违反评标专家管理规定行为的。

第 33 条　配合调查取证

评标专家被投诉、举报或被发现有违法违规行为，在对其进行调查取证期间，暂停其评标专家资格，待调查结束后，根据调查结果，作出相应处理。

第 34 条　评标专家不录用情形

评标专家因不良行为被取消资格的，将其清出评标专家库且今后不得录用，并予以公告。

第 6 章　附　则

第 35 条　编制单位

本细则由招标采购办公室制定并负责解释。

第 36 条　生效时间

本细则自××××年××月××日起生效。

编制日期		审核日期		批准日期	
修改标记		修改处数		修改日期	

4.2.4 评标管理实施细则

为确保评标工作的科学性和公正性,企业应对评标活动进行规范管理,并制定相关细则。下面是某企业评标管理实施细则,仅供参考。

细则名称	评标管理实施细则	受控状态	
		编　号	
执行部门		监督部门		编修部门	

第1章　总　则

第1条　目的

为规范评标活动,保证评标的公平、公正,维护招标、投标活动当事人的合法权益,特制定本细则。

第2条　适用范围

本细则适用于企业所有招标项目的评标活动。

第3条　管理职责

评标委员会负责评标活动,向招标人推荐中标候选人或者根据招标人的授权直接确定中标人。

第2章　评标委员会组建

第4条　评标委员会组建说明

评标委员会由招标采购办公室负责组建。评标委员会成员名单一般应于开标前确定。评标委员会成员名单在中标结果确定前应当保密。

第5条　评标委员会组成成员

评标委员会由招标人或其委托的招标代理机构且熟悉相关业务的代表,以及有关技术、经济等方面的专家组成,成员人数为5人以上的单数,其中技术、经济等方面的专家不得少于委员会成员总数的2/3。

评标委员会设负责人的,由评标委员会成员推举产生或者由招标人确定。评标委员会负责人与评标委员会的其他成员有同等的表决权。

第6条　评标专家确定方式

评标委员会的专家成员应当从组建的专家库内的相关专家名单中确定。

评标专家的确定可以采取随机抽取或者直接确定的方式。一般项目可以采取随机抽取的方式;技术复杂、专业性强或者国家有特殊要求的招标项目,并且采取随机抽取方式确定的专家难以保证胜任的,可以由招标人直接确定。

第7条　评标专家担任条件

1. 从事相关专业领域工作满8年并具有高级职称或者同等专业水平。

2. 熟悉有关招标、投标的法律法规，并具有与招标项目相关的实践经验。

3. 能够认真、公正、诚实、廉洁地履行职责。

第 8 条　不得担任评标专家情形

有下列情形之一的，不得担任评标委员会成员，且应当主动提出回避。

1. 与投标人或者投标人主要负责人有近亲属关系的。

2. 成员为项目主管部门或者行政监督部门的人员的。

3. 与投标人有经济利益关系，可能影响投标公正评审的。

4. 曾因在招标、评标以及其他与招标、投标有关活动中从事违法行为而受过行政处罚或刑事处罚的。

第 9 条　评标委员会成员履职要求

评标委员会成员应当客观、公正地履行职责，遵守职业道德，对所提出的评审意见承担个人责任。

评标委员会成员不得与任何投标人或者与招标结果有利害关系的人进行私下接触，不得收受投标人、中介人、其他利害关系人的财物或者其他好处，不得接受任何单位或者个人明示或者暗示提出的倾向或者排斥特定投标人的要求，不得有其他不客观、不公正的履行职务的行为。

第 10 条　评标委员会成员保密工作

评标委员会成员和与评标活动有关的工作人员不得透露对投标文件的评审和比较、中标候选人的推荐情况以及与评标有关的其他情况。

与评标活动有关的工作人员是指评标委员会成员以外的因参与评标监督工作或者事务性工作而知悉有关评标情况的所有人员。

第 3 章　评标的准备与初步评审

第 11 条　评标委员应知内容

评标委员会应当编制供评标使用的相应表格，认真研究招标文件，至少应了解和熟悉以下内容。

1. 招标的目标。

2. 招标项目的范围和性质。

3. 招标文件中规定的主要技术要求、标准和商务条款。

4. 招标文件规定的评标标准、评标方法和在评标过程中考虑的相关因素。

第 12 条　提供评标信息

招标人或者其委托的招标代理机构应当向评标委员会提供评标所需的重要信息和数据，但不得提供带有明示或者暗示倾向或者排斥特定投标人的信息。

招标人设有标底的，在开标前应当保密，并在评标时将其作为参考。

第13条 评标标准和方法

评标委员会应当根据招标文件规定的评标标准和方法，对投标文件进行系统的评审和比较。招标文件中没有规定的标准和方法不得作为评标的依据。

招标文件中规定的评标标准和评标方法应当合理，不得含有倾向或者排斥潜在投标人的内容，不得妨碍或者限制投标人之间的竞争。

第14条 投标文件排序

评标委员会应当按照投标报价的高低或者招标文件规定的其他方法对投标文件进行排序。以多种货币报价的，应当按照中国银行在开标日公布的汇率中间价换算成人民币。

招标文件应当对汇率标准和汇率风险作出规定。未作规定的，汇率风险由投标人承担。

第15条 澄清、说明或者补正投标文件

评标委员会可以书面方式要求投标人对投标文件中含义不明确、对同类问题表述不一致或者有明显文字和计算错误的内容作必要的澄清、说明或者补正。澄清、说明或者补正应以书面方式进行，但不得超出投标文件的范围或者改变投标文件的实质性内容。

投标文件中的大写金额和小写金额不一致的，以大写金额为准；总价金额与单价金额不一致的，以单价金额为准，但单价金额小数点有明显错误的除外；对不同文字文本投标文件的解释产生异议的，以中文文本为准。

第16条 否决投标情形

在评标过程中，评标委员会发现投标人以他人的名义投标、串通投标、以行贿手段谋取中标或者以其他弄虚作假方式投标的，应当否决该投标人的投标。

第17条 投标人报价管控

在评标过程中，评标委员会发现投标人的报价明显低于其他投标报价或者在设有标底时明显低于标底，使得其投标报价可能低于其个别成本的，应当要求该投标人作出书面说明并提供相关证明材料。投标人不能合理说明或者不能提供相关证明材料的，由评标委员会认定该投标人以低于成本报价竞标，应当否决其投标。

第18条 评标委员会否决投标

投标人资格条件不符合国家有关规定和招标文件要求的，或者拒不按照要求对投标文件进行澄清、说明或者补正的，评标委员会可以否决其投标。

第19条 否决投标处理

评标委员会应当审查每一份投标文件是否对招标文件提出的所有实质性要求和条件作出响应。未能在实质上响应的投标文件，应当予以否决。

第20条 投标偏重类型

评标委员会应当根据招标文件审查并逐项列出投标文件的全部投标偏差。投标偏差分为重大偏差和细微偏差。

第21条 重大偏差

下列情况属于重大偏差。

1. 没有按照招标文件要求提供投标担保或者所提供的投标担保有瑕疵。

2. 投标文件没有投标人授权代表签字和加盖公章。

3. 投标文件载明的招标项目完成期限超过招标文件规定的期限。

4. 明显不符合技术规格、技术标准的要求。

5. 投标文件载明的货物包装方式、检验标准和方法等不符合招标文件的要求。

6. 投标文件附有招标人不能接受的条件。

7. 不符合招标文件中规定的其他实质性要求。

投标文件有上述情形之一，未能对招标文件作出实质性响应的，根据本细则第19条作否决投标处理。招标文件对重大偏差另有规定的，从其规定。

第22条 细微偏差

细微偏差是指投标文件在实质上响应招标文件要求，但在个别地方存在漏项或者提供了不完整的技术信息和数据等情况，并且补正这些遗漏或者不完整的信息不会对其他投标人造成不公平的结果。细微偏差不影响投标文件的有效性。

评标委员会应当书面要求存在细微偏差的投标人在评标结束前予以补正。拒不补正的，在详细评审时可以对细微偏差做不利于该投标人的量化，量化标准应当在招标文件中规定。

第23条 否决不合格投标

评标委员会否决不合格投标后，若因有效投标数量不足三个使得投标项目缺乏竞争性，评标委员会可以否决全部投标。

投标人少于3个或者所有投标被否决的，招标人在分析招标失败的原因并采取相应措施后，可重新招标。

第4章 详细评审

第24条 评审、比较

经初步评审合格的投标文件，评标委员会应当根据招标文件确定的评标标准和方法，对其技术部分和商务部分作进一步评审、比较。

第25条 评标方法

评标方法包括经评审的最低投标价法、综合评估法或者法律、行政法规允许的其他评标方法。

第26条 最低投标价法

经评审的最低投标价法一般适用于具有通用技术、性能标准或者招标人对其技术、性能没有特殊要求的招标项目。

第27条 中标候选人

根据经评审的最低投标价法，能够满足招标文件的实质性要求，并且经评审的最低投标价的投标,应当推荐为中标候选人。

第28条 评标价格调整

采用经评审的最低投标价法的,评标委员会应当根据招标文件中规定的评标价格调整方法,对所有投标人的投标报价以及投标文件的商务部分作必要的价格调整。

采用经评审的最低投标价法的,中标人的投标应当符合招标文件规定的技术要求和标准,但评标委员会无须对投标文件的技术部分进行价格折算。

第29条 "标价比较表"

根据经评审的最低投标价法完成详细评审后,评标委员会应当拟定一份"标价比较表",连同书面评标报告提交招标人。"标价比较表"应当载明投标人的投标报价、对商务部分偏差的价格调整和说明以及经评审的最终投标价。

第30条 综合评价法

不宜采用经评审的最低投标价法的招标项目,一般应当采取综合评估法进行评审。

第31条 衡量投标文件

根据综合评估法,最大限度地满足招标文件中规定的各项综合评价标准的投标的,应当推荐为中标候选人。

衡量投标文件是否最大限度地满足招标文件中规定的各项评价标准可以采取折算为货币的方法、打分的方法或者其他方法。需量化的因素及其权重应当在招标文件中明确规定。

第32条 量化评审因素

评标委员会对各个评审因素进行量化时,应当将量化指标建立在同一基础或者同一标准上,使各投标文件具有可比性。

对技术部分和商务部分进行量化后,评标委员会应当对这两部分的量化结果进行加权,计算出每一投标的综合评估价或者综合评估分。

第33条 综合评估比较表

根据综合评估法完成评标后,评标委员会应当拟定一份"综合评估比较表",连同书面评标报告提交招标人。"综合评估比较表"应当载明投标人的投标报价、所作的任何修正、对商务部分偏差的调整、对技术部分偏差的调整、对各评审因素的评估以及对每一份投标的最终评审结果。

第34条 备选标评审

根据招标文件的规定,允许投标人投备选标的,评标委员会可以对中标人所投的备选标进行评审,以决定是否采纳备选标。不符合中标条件的投标人的备选标不予考虑。

第35条 整体合同授予

对于划分有多个单项合同的招标项目,且招标文件允许投标人为获得整个项目合同而提出优惠的,评标委员会可以对投标人提出的优惠进行审查,以决定是否将招标项目作为一个整体合同授予中标人。将招标项目作为一个整体合同授予的,整体合同中标人的投标应当最有利于招标人。

第 36 条　投标有效期

评标和定标应当在投标有效期内完成。不能在投标有效期内完成评标和定标的，招标人应当通知所有投标人延长投标有效期。拒绝延长投标有效期的投标人有权收回投标保证金。同意延长投标有效期的投标人应当相应延长其投标担保的有效期，但不得修改投标文件的实质性内容。因延长投标有效期造成投标人损失的，招标人应当给予补偿，但因不可抗力因素须延长投标有效期的除外。

招标文件应当载明投标有效期。投标有效期从提交投标文件截止日起计算。

第 5 章　推荐中标候选人与定标

第 37 条　评标问题处理

评标委员会在评标过程中发现的问题应当及时作出处理或者向招标人提出处理建议，并做书面记录。

第 38 条　书面评标报告

评标委员会完成评标后应当向招标人提出书面评标报告，并抄送有关行政监督部门。评标报告应当如实记载以下内容。

1. 基本情况和数据表。

2. 评标委员会成员名单。

3. 开标记录。

4. 符合要求的投标一览表。

5. 否决投标的情况说明。

6. 评标标准、评标方法或者评标因素一览表。

7. 经评审的价格或者评分比较一览表。

8. 经评审的投标人排序。

9. 推荐的中标候选人名单与签订合同前要处理的事宜。

10. 澄清、说明、补正事项纪要。

第 39 条　评标委员会成员签字

评标报告应由评标委员会全体成员签字。对评标结论持有异议的评标委员会成员可以书面方式阐述其不同意见和理由。评标委员会成员拒绝在评标报告上签字，且不陈述其不同意见和理由的，视为同意评标结论。评标委员会应当对此作出书面说明并记录保存。

第 40 条　资料归还

向招标人提交书面评标报告后，评标委员会应将评标过程中使用的文件、表格以及其他资料及时归还招标人。

第 41 条　中标候选人

评标委员会推荐的中标候选人应当限定在 1~3 人，并标明排列顺序。

第42条　投标条件

中标人的投标应当符合下列条件之一。

1. 能够最大限度地满足招标文件中规定的各项综合评价标准。

2. 能够满足招标文件的实质性要求，并且经评审的投标价格最低。但是投标价格低于成本的除外。

第43条　谈判例外情形

招标人不得与投标人就投标价格、投标方案等实质性内容进行谈判。

第44条　中标通知书

中标人确定后，招标人应当向中标人发出中标通知书，同时通知未中标人，并与中标人在投标有效期内以及中标通知书发出之日起30日内签订合同。

第45条　法律效力

中标通知书对招标人和中标人具有法律约束力。中标通知书发出后，招标人改变中标结果或者中标人放弃中标的，应当承担法律责任。

第46条　订立书面合同

招标人应当与中标人按照招标文件和中标人的投标文件订立书面合同。招标人与中标人不得再订立背离合同实质性内容的其他协议。

第47条　投标保证金

招标人与中标人签订合同后5日内应当向中标人和未中标的投标人退还投标保证金。

第6章　评标委员会成员监督管理

第48条　评标委员会成员行为监督

评标委员会成员有下列行为之一的，由有关行政监督部门责令改正。情节严重的，禁止其在一定期限内参加评标；情节特别严重的，取消其担任评标委员会成员的资格。

1. 应当回避而不回避的。

2. 擅离职守的。

3. 不按照招标文件规定的评标标准和方法评标的。

4. 私下接触投标人的。

5. 向招标人征询、确定中标人的意向，或者接受任何单位或个人明示或暗示而提出的倾向或者排斥特定投标人的要求的。

6. 对依法应当否决的投标不提出否决意见的。

7. 暗示或者诱导投标人作出澄清、说明或者接受投标人主动提出的澄清、说明的。

8. 其他不客观、不公正履行职务的行为的。

第49条　明令禁示行为

评标委员会成员收受投标人的财物或者其他好处的，评标委员会成员或者与评标活动有关的工作人员向他人透露对投标文件的评审和比较、中标候选人的推荐以及与评标有关的其他情况的，给予警告，没收收受的财物，并处3000~50000元的罚款。对有所列违法行为的评标委员会成员取消担任评标委员会成员的资格，不得再参加任何招标项目的评标。构成犯罪的，依法追究法律责任。

第50条　招标人担责情形

招标人有下列情形之一的，责令改正，可以处中标项目金额10‰以下的罚款；给他人造成损失的，依法承担赔偿责任；对企业直接负责的主管人员和其他直接责任人员依法给予处分。

1. 无正当理由不发出中标通知书的。
2. 不按照规定确定中标人的。
3. 中标通知书发出后无正当理由而改变中标结果的。
4. 无正当理由不与中标人订立合同的。
5. 在订立合同时向中标人提出附加条件的。

第51条　责令改正并处罚款

招标人与中标人未按照招标文件和中标人的投标文件订立合同的，合同的主要条款与招标文件、中标人的投标文件的内容不一致，或者招标人、中标人订立背离合同实质性内容的协议的，由有关行政监督部门责令改正，可以处中标项目金额3‰~10‰的罚款。

第52条　取消中标资格并处罚款

中标人无正当理由不与招标人订立合同，在签订合同时向招标人提出附加条件，或者不按照招标文件要求交纳履约保证金的，取消其中标资格，投标保证金不予退，并处中标项目金额10‰以下的罚款。

第7章　附　则

第53条　编制单位

本细则由招标采购办公室制定并负责解释。

第54条　生效时间

本细则自××××年××月××日起生效。

编制日期		审核日期		批准日期	
修改标记		修改处数		修改日期	

4.3 采购成本控制与绩效考核

4.3.1 采购成本控制实施细则

采购成本控制是指采购部通过控制采购价格、采购数量等方式降低采购成本，提高企业竞争力。下面是某企业采购成本控制实施细则，仅供参考。

细则名称	采购成本控制实施细则	受控状态	
		编　　号	
执行部门		监督部门		编修部门	

第1章　总　则

第1条　目的

为了加强采购成本管理，降低采购成本消耗，提高企业的市场竞争力，结合企业实际情况，特制定本细则。

第2条　适用范围

本细则适用于企业采购成本控制相关事项的管理。

第3条　管理职责

1. 成本控制部负责指导、监督采购成本控制工作。
2. 采购部成本控制专员负责采购成本具体控制工作。
3. 采购部其他人员及其他部门须配合执行采购成本控制规定。

第2章　采购成本的构成与控制要点

第4条　采购成本的构成

采购成本包括维持成本、订购成本及缺料成本，不包括物资的价格，具体构成内容如下表所示。

采购成本构成

采购成本分类	说　明	成本细分
维持成本	为维持物资的原有状态而发生的成本	资金成本、搬运成本、仓储成本、折旧及陈腐成本、保险成本、管理成本等
订购成本	为实现一次采购而进行的各种活动的成本	请购手续成本、采购成本、进货验收成本、进库成本等
缺料成本	由于物资供应中断而产生的成本	安全库存成本、延期交货成本、试销成本、失去客户的成本等

第 5 条　采购成本控制要点

企业采购成本控制包含对采购申请、计划、询价、谈判、合同签订、采购订单、物资入库、货款结算等采购作业全过程的控制。采购部应结合企业的具体情况明确采购成本控制关键点，具体内容如下。

1. 采购计划控制。

2. 确定最优的采购价格。

3. 确定合理的采购订货量。

4. 采购付款控制。

第 3 章　采购计划控制

第 6 条　采购计划的制订

采购专员应根据各部门的采购申请、库存情况及物资需求制订采购计划，经采购部经理审核后，上报总经理审批。

第 7 条　采购计划的审批

1. 采购专员将制订的采购计划，报采购部经理审核，经采购部经理审核后，报送成本控制部审批，最后报总经理审批。

2. 采购计划应同时报送财务部审核，便于企业资金的安排。

第 8 条　采购计划的变更

采购部在实施采购的过程中，必须严格执行采购计划，若采购计划需要变更时，必须由总经理签字确认后方可执行。

第 9 条　紧急采购

未列入采购计划内的物资一般不能进行采购。若确属急需物资，应填写"紧急采购申请表"，经总经理审批、采购部核准后方能列入采购范围。

第 4 章　采购价格控制

第 10 条　采购申请

采购部实施物资采购时须填制"采购申请表"，其价格要严格执行财务部核定的物资采购限价。

第 11 条　采购申请授权审批控制

企业应建立采购授权审批制度，明确审批人对采购作业的授权批准方式、权限、程序和责任等。企业具体的采购授权审批权限如下表所示。

采购授权审批权限					
采购项目	采购金额（元）	请购程序			
^	^	申请人	初核人	复核人	核准人
计划内采购	0~10000	采购专员	采购部经理	财务部经理	财务部经理
^	10000以上	采购专员	采购部经理	财务部经理	主管副总
计划外采购	全部	采购专员	采购部经理	财务部经理	主管副总

第12条　确定采购方式

采购方式包括招标采购、供应商长期定点采购、比价采购等，采购部应将各种采购方式进行对比，找出成本最低的采购组合形式，降低采购成本。

第13条　采购价格确定

采购部在确定采购价格时，可经过询价、比价、估价、议价4个步骤来确定。

1. 询价。利用网络、行业协会、市场采价等多种渠道，快速获取市场最高价、最低价、一般价格这3类信息，从而保障采购询价的准确性。

2. 比价。分析各供应商提供的物资规格、品质、性能等信息，建立比价体系。

3. 估价。成立估价小组（小组由采购管理人员、营运人员、财务人员组成），自行估算出较为准确的底价资料。

4. 议价。采购部根据底价资料、市场行情、采购量大小和付款期的长短等因素与供应商议定出合理的价格。

第5章　采购价格确定的步骤

第14条　采购价格执行

1. 如果实际物资采购价格低于最高限价，企业将给予经办人一定比例的奖励。

2. 如果实际采购价格高于最高限价，则必须获得财务部核价人员的确认和总经理的批准，同时给予经办人一定比例的罚款。

第6章　采购订货量控制

第15条　库存信息的反馈

仓储部库管员应每日填写"物资库存日报表"，反映现有存货物资的名称、单价、储存位置、储存区域及分布状况等信息，并及时将此信息报送给采购部。

第16条　未达库存信息的反馈

采购部应要求供应商或第三方物流的库房保管人员通过微信、电子邮件等方式，及时提供已订购物资的"未达存货日报表"。

第17条　确定安全库存量

1. 采购部根据各部门采购申请制订采购计划时，应在充分研究同期的采购历史记录、下期的销售计划的基础上，协助物资计划人员确定最佳安全库存量。

2. 采购部协助仓储部根据物资采购耗时的不同及货源的紧缺程度等，借助历史经验估计、数学模型测算等方法确定安全库存量，安全库存量确定步骤及具体方法如下表所示。

安全库存量确定步骤及具体方法

确定步骤	具体方法
预估存货的基准日用量	◆ 仓储部会同生产部依据去年日平均用量，结合今年销售目标和生产计划，预测常用存货的基准日用量 ◆ 当产销计划发生重大变化时，应及时对相关存货的日用量作出相应的修正
确定采购作业天数	◆ 采购专员依据采购作业的各阶段所需时间设定采购作业期限，并将设定的作业流程和作业天数报采购部经理核准 ◆ 采购部经理结合企业的具体情况和发展规划，核准其作业流程和作业天数 ◆ 采购部拟定请购作业的相关规范文件传达到有关部门，作为确定请购需求日及采购数量的参考依据
确定安全库存量	◆ 仓储部根据确定的存货的基准日用量和采购部发布的采购作业天数，预估此期限内的安全库存量

第 18 条　确定最佳定货量及订货时点

采购部人员在制订采购计划时，应在充分分析现有存货量（包括供应商或第三方物流的未达存货）、货源情况、订货所需时间、物资需求量、货物运输到达时间等因素的基础上，结合各种货物的安全存货量确定最佳订货量及订货时点。

第 7 章　采购入库及付款控制

第 19 条　采购物资验收入库

相关人员办理采购物资验收入库时，必须同时满足以下 2 个条件，否则仓储部一律不予受理。

1. 到库物资符合采购订单要求。

2. 到库物资经质量管理部检验合格。

第 20 条　物资登记入账

采购物资登记入账时，价格、质量、数量、规格型号须完全符合采购订单的要求。

第 21 条　采购费用的支付

支付物资采购费用时，必须同时满足以下 3 个条件，否则财务部一律不予付款。

1. 已经列入当期货币资金支出预算。

2. 双方往来账核对无误。

3. "付款申请单"已经过财务部经理签字批准。

第 8 章　附　则

第 22 条　编制单位

本细则由成本控制部负责制定、修订和解释。

第 23 条　生效时间

本细则自××××年××月××日起生效。

编制日期		审核日期		批准日期	
修改标记		修改处数		修改日期	

4.3.2 采购绩效考核实施方案

采购绩效考核实施方案为企业对采购业务的绩效考核工作提供了思路，有利于顺利展开绩效考核工作。下面是某企业采购绩效考核实施方案，仅供参考。

方案名称	采购绩效考核实施方案	编　号	
		受控状态	

一、目的

为贯彻企业绩效考核管理制度，全面评价采购工作绩效，保证企业经营目标的实现，同时也为员工的薪资调整、培训、晋升等提供准确、客观的依据，特制定本方案。

二、适用范围

本方案适用于本企业所有采购相关人员的绩效考核管理。

三、实施时间

本方案将于××××年××月××日正式实施。

四、遵循原则

1. 明确化、公开化原则

考评标准、考评程序和考评责任都应当有明确的规定，并且让考评者在考评中遵守这些规定。同时，考评标准、考评程序和对考评责任的规定在企业内部应当对全体员工公开。

2. 客观考评原则

明确规定的考评标准，针对客观考评资料进行评价，避免掺入主观性和个人感情色彩。首先要"用事实说话"，考评一定是建立在客观事实的基础上的。其次要把被考评者与既定标准作比较，而不是在人与人之间进行比较。

3. 差别原则

考核的等级之间应当有鲜明的差别界限，不同的考评评语在工资、晋升、使用等方面应体现出明显差别，使考评带有刺激性，激励员工的上进心。

4. 反馈原则

考评结果（评语）一定要反馈给被考评者本人。在反馈考评结果时，还要向被考评者就评语进行说明、解释，肯定其成绩和进步，说明其不足之处，为其提供参考意见等。

五、绩效考核小组成员

人力资源部负责组织绩效考核的全面工作,其主要成员有:人力资源部经理、采购部经理、采购部主管、人力资源部绩效考核专员、人力资源部其他工作人员。

六、采购绩效考核实施

1. 采购绩效考核指标

采购绩效考核以适时、适质、适量、适价的方式进行,并用量化指标作为考核尺度。此外,主要利用采购时间、采购品质、采购数量、采购价格、采购效率 5 方面的指标对采购工作进行绩效考核。采购绩效考核指标如下表所示。

采购绩效考核指标

绩效考核方面	权重(%)	考核指标/指标说明
采购时间	15	停工断料,影响工时
		紧急采购(如空运)的费用差额
采购品质	15	进料品质合格率
		物料使用的不良率或退货率
采购数量	30	呆料物料采购金额
		呆料物料采购损失金额
		库存金额
		库存周转率
采购价格	30	实际价格与标准成本的差额
		实际价格与过去平均价格的差额
		比较使用时的价格和采购时的价格的差额
		将当期采购价格与基期采购价格之比率同当期物价指数与基期物价指数之比率作比较
采购效率	10	采购金额
		采购收益率
		采购部门费用
		新开发供应商数量
		采购完成率
		错误采购次数
		订单处理时间

2. 绩效考核周期

以月度为周期进行考核。

3. 绩效考核方法及说明

采购绩效考核采用量化指标考核与日常工作表现考核相结合的方式进行，量化指标考核量占考核总量的70%，日常工作表现考核量占考核总量的30%。两次考核的总和即为采购绩效考核。采购绩效考核计算方式如下。

绩效考核分数＝量化指标考核得分×70%+日常工作表现考核得分×30%

4. 绩效考核实施

绩效考核小组工作人员根据采购的实际工作情况展开评估，将被考核者的工作情况反映到人力资源部，人力资源部汇总并统计结果，在绩效反馈阶段将考核结果告知被考核者本人。

5. 绩效考核结果应用

绩效考核结果分为五个层次（等级划分标准见下表），其结果作为人力资源部奖金发放、薪资调整、是否进行员工培训、岗位调整、人事变动等的客观依据。

绩效考核结果等级划分标准

杰出	优秀	中等	需提高	差
A	B	C	D	E
85分≤分数	85分＞分数≥75分	75分＞分数≥65分	65分＞分数≥50分	分数＜50分

根据采购绩效考核的结果，可以发现与标准要求的差距，从而制订有针对性的采购发展计划和培训计划，提升采购工作人员的素质，提高培训的有效性，最终为企业管理水平的提高打好坚实的基础。

6. 绩效考核实施工具

绩效考核实施工具为采购绩效考核表、等级标准说明表，如下所示。

采购绩效考核表

项目		权重	等级说明					自我评分	综合得分
			杰出	优秀	中等	需提高	差		
定量指标	采购时间	15%							
	采购品质	15%							
	采购数量	30%							
	采购价格	30%							
	采购效率	10%							

续表

项目		权重	等级说明					自我评分	综合得分
			杰出	优秀	中等	需提高	差		
定量指标占权重的70%									
定性指标	责任感	30%							
	合作度	30%							
	主动性	20%							
	纪律性	20%							
定性指标占权重的30%									
综合得分									
考核补充：									

考核者：　　　　被考核者：　　　考核日期：　年　月　日

等级标准说明表

项目	考核指标	指标等级划分说明				
		杰出	优秀	中等	需提高	差
采购时间	是否导致停工	从不	没有	无记录	3次以下	3次及以上
采购品质	进料品质合格率	95%~100%	90%~94%	85%~89%	80%~84%	83%及以下
	物料使用不良率	0	5%以下	6%~10%	11%~15%	16%及以上
采购数量	呆料物料金额	__万元以下	__~__万元	__~__万元	__~__万元	__万元以上
	库存周转率	__%以上	__%~__%	__%~__%	__%~__%	__%以下
采购价格	采购成本降低率	__%以上	__%~__%	__%~__%	__%~__%	__%以下
	采购价格降低额	__万元以上	__~__万元	__~__万元	__~__万元	__万元以下
采购效率	采购完成率	__%以上	__%~__%	__%~__%	__%~__%	__%以下
	订单处理时间	__天以内	__~__天	__~__天	__~__天	__天以上

指标等级得分说明

杰出	优秀	中等	需提高	差
10分	8分	5分	2分	0分

七、其他

此方案由人力资源部牵头，协同采购部等其他部门联合制定，人力资源部负责具体执行，其他相关部门配合执行。

执行部门		监督部门		编修部门	
执行责任人		监督责任人		编修责任人	

第 5 章　生产管理协同化

5.1　基于供应链的生产管理与物料管理

5.1.1　基于供应链的生产计划管理办法

基于供应链的生产计划管理，即 SCM（Supply Chain Management，供应链管理）环境中的生产计划管理，与传统的生产计划有着明显的区别，主要体现在 2 个方面：信息平台化、协同集成化。

信息平台化是指 SCM 环境中的生产计划通过网络信息技术实现智能化、自动化，实现相关多方成员的信息共享，实现信息互联、互通基础上的高效生产。

协同集成化是指在供应链生产制造过程中，为了提高企业供应链的整体竞争力而逐渐发展出来的各环节成员之间的协同关系和集成化趋势。

SCM 环境中的生产计划管理主要包含 7 个部分：需求订单分解、外包生产确定、主生产计划（Master Production Schedule，MPS）编制、物料需求计划（Material Requirement Planning，MRP）编制、投入产出分析与细能力平衡、生产计划审批与调整和车间生产作业任务分配。以下是某企业生产计划管理办法，仅供参考。

办法名称	生产计划管理办法	受控状态	
		编　号	
执行部门		监督部门		编修部门	
第 1 章　总　则					
第 1 条　目的 为了规范 SCM 环境中生产计划的管理工作，确保各项生产任务在受控状态下按时、保质地完成，使生产资源（物料、人员、设备）得到合理配置，提高企业供应链的生产效率，控制生产					

成本，特制定本办法。

第 2 条 适用范围

本办法适用于企业供应链生产计划的全过程和所有人员管理工作。

第 3 条 管理职责

1. 供应链管理部负责生产计划管理的审核和监督。

2. 生产部负责生产计划的制订、执行和修改、调整等工作。

3. 采购部、仓储部、物流部、财务部等相关部门负责在生产计划管理过程中的协助和配合。

第 2 章 需求订单分解

第 4 条 筛选信息共享平台的需求订单

1. 产品需求订单通过各销售渠道进入企业订单管理系统，市场营销部预先对客户订单状态进行检查，及时发现并处理错误、异常订单，需求订单确认真实、有效后进入供应链信息共享平台［该信息共享平台可向第三方软件供应商采购或企业自行开发搭建，如 CFAR（Collaborative Forecast and Replenishment，协同预测与补货系统）、CPFR（Collaborative Planning Forecasting and Replenishment，协同式供应链库存管理）等］。

2. 生产部通过供应链信息共享平台对需求订单进行整理、统计、筛选，排除成品库存可满足的需求订单部分。

第 5 条 分解需求订单

1. 生产部对需要生产的订单信息进行分解，并归类、整理各类订单中不同产品的生产需求。

2. 根据需求订单的分解结果，生产部汇总形成"产品生产需求统计表"。

第 6 条 平衡生产能力与需求订单

1. 生产部对企业供应链生产状况进行盘点，了解各生产单位、车间和人员的任务负荷，以及供应商、制造商等合作伙伴的合作状态，从而确定企业供应链的实际生产能力。

2. 将"产品生产需求统计表"和企业供应链实际生产能力相结合，生产部对企业生产能力和需求订单的生产需求进行平衡。

第 3 章 外包生产确定

第 7 条 确定外包订单

1. 符合外包条件。需求订单外包生产需要满足特定的外包条件，该外包条件和标准由生产部根据企业供应链实际生产情况制定，并报供应链管理部审批通过。

2. 判断外包需求。生产部根据"产品生产需求统计表"，再结合供应链综合生产能力，判断各类需要外包的产品生产项目。

3. 形成外包订单。生产部需要将通过外包生产的产品项目进行汇总，整理形成产品的外包订单。

第 8 条 编制外包订单生产计划

1. 生产部根据外包订单，在需求订单交期要求的范围内，编制外包订单生产计划，报供应链管理部审核、审批。

2. 生产部根据供应链管理部的批示意见对外包订单生产计划进行修改，形成正式计划。

第9条　跟进外包订单

1. 生产部选择外包合作商，按照规定程序与外包合作商完成签约。

2. 生产部持续跟进外包订单的生产进度，确保外包订单生产按期、保质完成。

第4章　主生产计划（MPS）编制

第10条　主生产计划重要指标

确定时段、时区、时界、预测量、合同量、毛需求、PAB初值（考虑毛需求推算特定时段的预计库存量）、净需求、计划产出量等指标。

1. 生产部再次对需求订单的状态进行确认，及时更新"产品生产需求统计表"。

2. 根据"产品生产需求统计表"，生产部确定主生产计划的重要指标，如生产时段安排（周、月、季、年）、时区划分、时界确定、预测量、合同量、毛需求、计划接受量、PAB初值、净需求、计划产出量、可供销售量等。

第11条　制订主生产计划

生产部制订主生产计划草案，再进行粗能力平衡，最后形成主生产计划，提交供应链管理部评估审批。

第12条　评估主生产计划

主生产计划的可行性一般通过粗能力计划（Rough Cut Capacity Planning，RCCP）进行校验。

1. 如果需求和生产能力基本平衡，则同意主生产计划。

2. 如果需求和生产能力偏差较大，则否定主生产计划，并提出修正意见。

3. 如果生产能力和需求不平衡，生产部应该首先进行调整，力求达到平衡，一般有2种方法：改变预计负荷；改变生产能力。

第5章　物料需求计划（MRP）编制

第13条　查询库存状态

1. 主生产计划是物料需求计划的基础数据，生产部要按照主生产计划的安排来规划物料需求。

2. 生产部查询零部件、配件或半成品的库存数据。

第14条　确定动态物料清单（Bill of Material，BOM）

1. 生产部整理各类产品所需物料之间的结构关系、数量等信息，确定产品的工程BOM、工艺BOM、制造BOM。

2. 生产部编制单级展开或多级展开的动态物料清单。

第15条　确定零部件供应

1. 生产部通过可视化生产管理系统确定原材料、配件、零部件等的供应情况。

2. 各供应商通过供应链信息共享平台对订单产品生产所需的零部件供应情况进行确认和问题反馈。

第16条　外协生产与外协采购

1. 生产部统计、整理需要进行外协生产的需求订单，在选择外部协作生产商后签订合作合同。

2. 生产部归类、汇总需要外协采购的零部件、配件等明细单，制订外协采购计划，经供应链管理部审批通过后执行。

3. 生产部定期跟踪外协生产与外协采购的完成进度，确保生产计划的顺利完成。

第6章　投入产出分析与细能力平衡

第17条　分析投入产出

1. 生产部对自制生产的需求订单部分进行投入产出分析，明确生产各部分之间的价值联系。

2. 编制"投入产出分析表"，一般有"实物表"和"价值表"两种。

第18条　供应链细能力平衡

1. 生产部对供应链生产能力进行精细计算，了解企业供应链在一定时间段内的实际生产能力水平。

2. 结合"投入产出分析表"和供应链细能力计算结果，生产部对供应链生产能力和生产投入产出水平进行平衡。

第7章　生产计划审批与调整

第19条　生产计划整理、编制与审批

1. 生产部通过对上述主生产计划、物料需求计划、"投入产出分析表"、外包生产计划、外协生产计划、外协采购等各部分的内容整理，编制供应链生产计划，报供应链管理部审批。

2. 供应链管理部反馈生产计划修改意见。

第20条　生产计划修改、调整

1. 生产部对供应链生产计划进行修改、调整，并再次提交审批。

2. 生产部确定通过后的供应链生产计划的正式文本。

第8章　车间生产作业任务分配

第21条　分解生产计划任务

1. 生产部对生产计划进行分解，按照时段分配并确定各车间、生产单位的作业任务。

2. 生产部向各车间、生产单位下达生产作业任务。

第22条　跟踪车间生产作业进度

1. 生产部按照生产计划的交期规定，对自制件的生产进度进行定期跟踪。

2. 生产部对规定生产时段内的各车间、生产单位的作业情况进行抽检，及时发现问题并解决。

第9章　附　则

第23条　编制单位

本办法由供应链管理部和生产部联合制定，由总经办审批，修订、废止时亦同。

第 24 条　生效时间					
本办法自××××年××月××日起生效。					
编制日期		审核日期		批准日期	
修改标记		修改处数		修改日期	

5.1.2 基于供应链的生产控制管理办法

生产控制管理是供应链生产管理的重要内容，是影响订单生产交期的关键因素。而交付延期、生产质量等问题是生产控制管理中常见的难点。

基于供应链的生产控制管理主要包含 7 大要点：生产进度控制、生产节奏控制、库存控制、在制品控制、生产成本控制、订单交期控制和产品质量控制。以下是某企业生产控制管理办法，仅供参考。

办法名称	生产控制管理办法		受控状态	
:::		:::	编　号	
执行部门		监督部门		编修部门	
第 1 章　总　则				

第 1 条　目的

为了准确了解生产任务的执行情况，把握生产过程，使生产计划得以顺利执行，同时及时发现生产计划与实际的差异，并根据差异作出调整，以达到按期交货的目的，特制定本办法。

第 2 条　适用范围

本办法适用于企业供应链生产控制的全过程和所有人员管理工作。

第 3 条　管理职责

1. 供应链管理部负责生产控制管理过程的审核和监督。
2. 生产部负责生产控制工作的具体管理事项。
3. 采购部、仓储部、物流部、财务部等相关部门负责生产控制管理过程中的协助和配合。

第 2 章　生产控制管理流程

第 4 条　掌握生产过程信息

1. 生产部通过供应链协作网络（Supply Chain Collaboration Networks，SCCN）了解供应商、物流商等供应链成员关于原材料、零部件、配件等生产协同任务的工作信息。
2. 对自制件生产过程中各生产车间、单位之间的协作信息进行掌握。
3. 对外包生产订单进行定期生产问询、进度检查、产品抽检等。
4. 对外协采购、外协生产的订单情况进行了解、监督、检查等。

第 5 条　控制生产制造流程

1. 生产部通过厂房可视化、流程可视化、设备可视化系统对生产制造流程进行监控。

2. 生产部通过生产看板系统（如 Andon 电子看板系统）对物料、车间、仓库等流程进行控制。

第 6 条　纠正生产过程问题

1. 生产部及时对生产流程控制中发现的问题进行分析、研究，查明原因，并制定问题处理措施，纠正生产问题。

2. 充分发挥预警系统的作用，如物料预警系统等。

第 3 章　生产进度控制

第 7 条　自制件生产进度控制

1. 生产部根据主生产计划（MPS）的生产时段、时区、时界安排生产，并规定各指标量，对各车间、单位的生产作业进度进行控制。

2. 生产部根据物料需求计划（MRP）生产看板系统，实时控制物料等与生产相关物资的消耗、库存和补充情况。

3. 生产部通过供应链协作网络（SCCN）对自制件所需的原材料、零部件等物资的供应及运输进度进行控制。

第 8 条　外包订单生产进度控制

1. 生产部根据外包生产计划的进度约定，定期对外包订单的产品生产情况进行检查。

2. 生产部持续跟进外包生产进度，监督外包生产质量和订单交期。

第 9 条　生产进度控制措施

生产部一般可采用 4 种方式对生产进度执行控制。

1. 降低生产批量，缩短作业更换时间。

2. Andon 电子看板系统。

3. 现场生产工序布局和设计的调整及更换。

4. IE（Industrial Engineering，工业工程）技术手段。

第 4 章　生产节奏控制

第 10 条　生产节拍确定

1. 生产部根据订单生产总需求和可用生产时间，计算能够满足需求的生产节拍。

2. 单位生产节拍的计算公式一般为：生产节拍（T）= 可用生产时间（Ta）/ 订单生产需求（Td）。

其中可用生产时间和订单生产需求在同一时间范围内，如每天（月）的可用生产时间/每天（月）的订单生产需求，就是单位产品的生产时间控制要求，即生产节拍。

第 11 条　生产节奏调整

生产节拍是随订单生产需求数量和交期的有效工作时间变化而变化的，由生产部负责制定，反映需求对生产的调节。

1. 当需求订单比较稳定的时候，生产节拍也要求保持稳定的状态。

2. 当需求订单发生变动时，生产节拍也要对应发生变动。

（1）需求订单减少时，生产部延长生产节拍，减慢生产节奏。

（2）需求订单增加时，生产部缩短生产节拍，加快生产节奏。

第12条 确定标准生产周期

生产部通过不断地改进使产品生产周期与市场需要的生产节拍相适应，从而让企业供应链保持一个均衡、有序的生产状态。

第5章 库存控制

第13条 生产库存和流通库存物资分类

1. 生产部对库存物资进行分类，按照供应链生产环节将其分为生产库存和流通库存。

（1）生产库存应包含：原材料库存、零部件库存、配件库存、在制品库存等。

（2）流通库存应包含采购环节的流通以及准备发往批发、零售等销售过程中的成品库存。

2. 流通库存物资的控制通常可分为3类，即重点控制、一般控制、简单控制，并设置物资的库存成本占比和实物量占比，如库存成本占比分别为70%、20%、10%，实物量占比分别不超过20%、30%、50%。

第14条 库存补充控制

生产部通过物料、仓库看板系统和可视化系统等方式准确地控制物资的库存情况，并借助供应链协作网络（SCCN）向供应商发送补充订单的信息。各类常用物资一般有以下3种库存补充方式。

1. 定量、定货补充方式。即当物资库存降低到最低允许库存量时，按照规定数量进行库存补充。规定数量的计算以经济订货批量为标准。

2. 连续库存补货方式。即向供应商提供即时、正确的发货通知与库存数据，由供应商匹配库存补充计划，充分利用供应商库存。

3. 定期补充方式。即选择一个相对合理的定货间隔期，每次到订货期就根据当前库存情况与允许最高库存量来补充库存，其中最高库存量可以根据近期的出货分析结果进行适当调整。

第6章 在制品控制

第15条 在制品使用管理

1. 计数管理。生产部对自制件各生产工序之中的在制品要进行明确的数量计算。

2. 凭证管理。对在制品的投入、出产、领用、发出、保管、周转等每一步要做到有凭证、有记账。

3. 手续管理。对在制品的投入、出产、领用、发出、保管、周转等每一步都要有严谨的手续。

4. 管理秩序。对在制品的每一个环节都进行秩序和流程管理。

5. 现场整顿。对在制品的堆放、搬运、不良品标识等进行整顿。

第 16 条　在制品清点、盘存管理

生产部对在制品和半成品在供应链生产环节的流动变化，要进行定期的清点和盘存管理，对超过定额的在制品要及时处理。

第 17 条　生产工序和生产环节衔接管理

1. 生产部要按照生产计划有节奏地、均衡地、成套地生产，有效地控制在制品的流转过程，缩短生产周期。

2. 减少在制品、半成品的占用量，避免在制品积压和损失，避免影响各生产工序和生产环节的相互衔接。

第 7 章　生产成本控制

第 18 条　确定生产成本控制标准

财务部制定生产成本控制的总体要求和相关规范，生产部据其确定各项生产成本控制标准。

1. 直接材料控制标准，如原材料、辅助材料、备品备件、燃料及动力等项目成本控制。

2. 直接工资控制标准，如车间生产人员的工资、奖金、津贴和补贴等项目成本控制。

3. 资产、设备的折旧等控制标准。

4. 生产管理成本控制标准。

第 19 条　制订生产成本控制计划

生产部制订生产成本控制计划，附生产成本控制活动方案和成本优化方案，报送财务部审核审批，送供应链管理部审批，通过后方可颁布执行。

第 20 条　执行生产成本控制计划

1. 生产过程成本控制。生产部以生产过程中的工序、能力、效率等因素，对生产过程中的成本控制进行有效实施，并依据生产成本控制计划严格执行。

2. 成本微观控制。生产部应以车间为单位细分生产成本控制计划，尽力将其分配到班组和人员。通过成本微观控制，最终实现生产成本的总体控制。

第 8 章　订单交期控制

第 21 条　供应链中的提前期设置

生产部为了对订单交期进行准确控制，至少应对企业供应链的 5 个供需环节进行提前期的时间控制。

1. 采购任务的提前期设置。

2. 自制件生产的提前期设置。

3. 物流运输的提前期设置。

4. 外协采购和外协生产的检查、验收提前期设置。

5. 外包生产订单的产品验收、检货的提前期设置。

第 22 条　应对交期延迟可能的措施

1. 缩短订单信息沟通时间。生产部要熟练使用包括供应链信息共享平台（如 CFAR、CPFR）和供应链协作网络（SCCN）在内的信息沟通交流系统工具，从而缩短与供应链内、外部的沟通、协作时间。

2. 缩短供料时间。生产部要与供应商充分共享信息，减少生产等待时间，缩短供料时间。

3. 缩短生产排程时间。生产部根据需求订单的实际情况，调整生产节奏和生产进度控制标准，缩短供应链整体的生产排程。

4. 缩短制造时间。通过供应链内、外部协作集成，缩短产品的制造时间。

5. 缩短出货时间。打造高效供应链，进一步缩短出货时间。

第 9 章　产品质量控制

第 23 条　产品质量控制规范

1. 产品质量控制应从原材料、零部件的采购环节开始，通过生产制造的过程，到订单成功交付为止。

2. 生产部应从工序流程分析着手，找出各环节影响质量特性的主要因素，对工序流程进行系统控制。

3. 视产品的类型、用途、需求订单的要求、生产条件等情况分别确定，允许结合具体情况使用不同的控制方法。

4. 对外包生产、外协采购、外协生产的订单进行严格检查。

第 24 条　产品质量问题纠正

1. 偶发性的质量缺陷纠正。生产部查明产品质量问题，修正问题环节。

2. 经常性的质量缺陷纠正。对生产工序、现场和生产流程进行全局性检查。

第 10 章　附　则

第 25 条　编制单位

本办法由供应链管理部和生产部联合制定，由总经办审批，修订、废止时亦同。

第 26 条　生效时间

本办法自××××年××月××日起生效。

编制日期		审核日期		批准日期	
修改标记		修改处数		修改日期	

5.1.3 基于供应链的物料控制管理办法

物料控制是供应链生产管理中的基础内容，没有物料控制的保证，对生产的控制就无从谈起。因此，优秀的物料控制是成功生产的基本条件。

在 SCM 环境中的物料控制（Materials Control，MC）管理，主要包含4大要点：物料计划、物料请购、物料调度、物料控制。以下是某企业物料控制管理办法，仅供参考。

办法名称	物料控制管理办法	受控状态	
		编　　号	
执行部门		监督部门		编修部门	

第1章　总　则

第1条　目的

为了加强对物料使用的管理和控制，提高物料综合利用水平和供应商协作管理水平，降低物料使用成本，增强供应链生产能力，特制定本办法。

第2条　适用范围

本办法适用于企业供应链物料控制的全过程和所有人员管理工作。

第3条　管理职责

1. 供应链管理部负责物料控制管理过程的审批和监督。
2. 生产部负责物料控制工作的具体管理事项。
3. 采购部、仓储部、物流部、财务部等相关部门负责物料控制管理过程中的协助和配合。

第2章　物料计划

第4条　供应链生产控制信息获取

生产部通过供应链信息共享平台、供应链协作网络（SCCN）等信息系统和数据系统，了解并掌握各供应商供货状态、自制件生产情况、现有库存、现有需求订单、需求预测结果等环节的具体情况。

第5条　BOM物料清单编写

1. 确定物料编号、物料名称、单位、数量、规格型号等物料数据项。
2. 结合库存数据和生产任务安排，计算各类物料需求数量。
3. 识别关键物料品目，重点规划。

第6条　物料交期确定

生产部规划物料清单中各物料品目的供应商发货日期（Expected Time of Delivery，ETD）和到货日期（Expected Time of Arrival，ETA），根据到货时间预留收货和验货的时间，综合确定物料交期，避免缺料和停工。

第7条　物料计划制订

综合生产控制信息、物料清单和物料交期，生产部根据主生产计划（MPS）和物料需求计划（MRP）制订物料计划，经供应链管理部审批通过后执行。

第3章　物料请购

第8条　物料请购品目统计

1. 生产部统计产品生产用料和常备用料的物料请购品目。

2. 采购部统计预备用料和其他用料的物料请购品目。

3. 供应商通过供应链协作网络了解物料订购信息，进行日常"物料请购单"的预供应准备。

第9条　"物料请购单"填写

物料请购的生产车间、单位在信息化生产管理系统里填写"物料请购单"，注明物料的名称、规格、数量、需求日期、请购部门及对物料的特殊要求等，经供应链管理部审批后，递交采购部。

第10条　"物料请购单"审批

1. 日常生产物料请购审批。按物料计划的规定程序进行。

2. 紧急物料请购审批。设立紧急物料请购程序。

3. 特殊物料请购审批。规定特殊物料请购手续流程。

第4章　物料调度

第11条　物料调度需求确定

1. 同一区域内各生产环节之间的物料调度需求统计。

2. 跨区域的各生产环节之间的物料调度需求统计。

3. 生产部通过生产看板和供应链信息共享平台等系统对物料调度需求进行确定和问题反馈。

第12条　物料调拨单审批

1. 物料需求车间、单位填写"物料调拨单"时，应包含调度原因、库存情况、调度数量、调度物料信息等内容。

2. 供应链管理部对"物料调拨单"内容进行审核审批。

第13条　物料调度过程

1. 采购部、仓储部、物流部协同完成物料调度过程。

2. 生产部及时更新台账和数据系统，财务部进行必要的账务调整。

第5章　物料控制

第14条　日常用料控制

1. 各生产车间、单位注意对物料使用检查、上线物料管理、物料消耗登记、物料使用监督、退料和物料回收进行监督。

2. 对正常进、出用料控制至少应标明品名、规格、批号、数量、检验合格等信息。

第15条　坏料控制

1. 当各生产车间、单位发现不能投入使用的坏料时，应及时填写"坏料报告单"。

2. 供应链管理部对坏料进行质量检验，审批"坏料报告单"，并安排仓储部重发物料。

3. 生产部、采购部、仓储部、物流部等部门对物料从采购到投入使用的过程进行核查，明确其中的坏料是否有供应商责任。

第16条　物料浪费控制管理

1. 直接物料浪费。规范物料投入量、消耗量；加强作业标准、技能方面培训；加强生产现场管理；严格执行物料"先进先出"等储备管理原则。

2. 间接物料浪费。改进产品结构设计，改善生产制造工艺，降低边角料损耗；加快技术更新，采用先进设备；加强物料投入生产前的质检力度。

第6章　附　则

第17条　编制单位

本办法由供应链管理部和生产部联合制定，由总经办审批，修订、废止时亦同。

第18条　生效时间

本办法自××××年××月××日起生效。

编制日期		审核日期		批准日期	
修改标记		修改处数		修改日期	

5.2　基于供应链的定制化与第三方驻厂生产管理

5.2.1　定制化生产监督管理制度

定制化生产往往涉及供应链生产中较为重要且不可或缺的部分，因此对于定制化生产的监督管理就显得十分必要。

在SCM环境中有关企业定制化生产监督管理，要对从生产计划到产品验收的全过程进行监督管理。定制化生产监督管理至少应包含6个部分：生产计划监督、采购监督、工序、工艺监督、生产现场监督、质量标准监督、成品检验监督。以下是某企业定制化生产监督管理制度，仅供参考。

制度名称	定制化生产监督管理制度	受控状态	
		编　号	
执行部门		监督部门		编修部门	

第1章　总　则

第1条　目的

为了达成以下目的，特制定本制度。

1. 规范定制化生产订单承接方的生产过程，促使承接方按要求顺利完成定制化生产任务。

2.提高企业供应链生产协作管理水平，降低供应链生产管理成本。

第 2 条　适用范围

本制度适用于企业供应链定制化生产监督工作的管理。

第 3 条　管理职责

1.供应链管理部负责定制化生产监督管理工作的领导和审批。

2.生产部负责定制化生产监督管理工作的具体内容。

3.承接方（承接企业或工厂）负责进行产品定制化生产。

第 2 章　生产计划监督

第 4 条　产品订单生产要求传达

1.定制化生产订单交付要求说明书。生产部要根据供应链管理部给出的定制化需求编制交付要求说明书，并提交供应链管理部审核。

2.生产部向承接方传达定制化产品要求，并将交付要求说明书附送到供应链生产外协或外包合同中。

第 5 条　主生产计划（MPS）编制控制

1.承接方基于定制化产品订单制订主生产计划，并向生产部就各阶段生产进度指标进行解释、说明。

2.生产部根据供应链生产计划的需求和安排对定制承接方的主生产计划提出意见和修改要求。

3.定制化生产承接方的主生产计划要与企业供应链生产计划相协同，并接受供应链生产控制管理。

第 6 条　物料需求计划（MRP）编制控制

1.承接方根据主生产计划制订物料需求计划，并报企业生产部审阅。

2.生产部对物料供应安排与主生产计划的匹配程度进行计算，监督承接方物料供应以满足定制化生产需要。

3.定制化生产承接方的物料需求计划要与企业供应链生产计划相协同，并接受供应链生产控制管理。

第 3 章　采购监督

第 7 条　供应商信息审查

1.承接方在开展采购活动之前，要将定制化订单物料供应商的信息进行汇总，并报送给企业生产部。

2.生产部先对物料供应商的背景信息进行核对调查，然后对其负责的物料供应项目进行比对分析，确保所选择的供应商符合企业要求。

第 8 条　采购明细报告

1.承接方将定制化订单生产采购所包含的各类物料项目、型号、数量等信息汇总，并编制"采购明细表"。

2. 承接方对物料"采购明细表"所需的费用预算进行计算。

3. 生产部要对承接方提交的采购明细报告（包含明细表和费用预算）进行核对，确定各项费用的合理性情况。

第 9 条　采购结果审核

承接方采购完成后，供应链管理部要对其采购结果进行审核，一般包含如下 2 个方面。

1. 原材料、零部件等采购项目的实际数量、支付价格等。

2. 原材料、零部件等采购项目的质量和合格证明等。

第 4 章　工艺、工序监督

第 10 条　生产工艺监督

1. 生产部定期对承接方提交的生产工艺管理记录进行审查，并进行不定时、不定期的生产工艺抽检，最后填写"生产工艺监督检查表"。

2. 生产工艺监督的具体内容包括工艺纪律、工序操作、工艺文件、零部件、工装设备、环境卫生、物料消耗等。

第 11 条　生产工序监督

1. 生产部根据定制化产品生产的工序要求确定各个工序监督的质量控制点，形成关于控制点的控制指标、正常波动范围、检查项目、检查频率和纠正措施的监督要求。

2. 生产部不定时、不定期地对承接方的生产工序执行数量和执行质量等进行监督检查，最后填写"生产工序监督检查表"。

第 12 条　工艺、工序改进监督

1. 生产部根据生产工艺、工序的监督检查情况，对发现的问题及时提出改进要求，若承接方出现重大责任问题，及时记录到供应链协作网络中，并且对该承接方执行依法解约程序。

2. 生产部定期对承接方的生产工艺、工序改进情况进行监督、调查。

第 5 章　生产现场监督

第 13 条　作业环境监控

生产部对定制化产品生产所需的特殊作业环境的维护情况进行监控，督促承接方维护自身生产作业环境。其具体要求如下。

1. 无菌、无尘要求等。

2. 照明、色彩、噪声、振动、温度、湿度、空气成分、电磁辐射要求等。

第 14 条　生产浪费与不良品处理监控

1. 生产部根据本企业精益生产的管理规定对承接方提出生产浪费管理要求，并定期对其物料消耗情况进行监控。

2. 对于在定制化生产过程中产生的不良品，生产部要根据供应链外协或外包合同的管理要求，监督承接方对不良品进行回收、封存或销毁等处理。

第15条 生产安全监督

生产部要监督承接方严格贯彻执行国家和地方关于安全生产的方针、政策、法律、法规和各项制度，依法安全生产，降低企业供应链生产管理风险。

第6章 质量标准监督

第16条 生产物料达标控制

生产物料的质量标准直接影响定制化产品的基础质量水平，生产部要严格监督并控制承接方采购的生产物料质量标准，主要包括以下内容。

1. 物料的基本信息包括企业统一指定的物料名称和内部使用的物料代码、质量标准的许可证明、经批准的供应商和包装材料的实样等。
2. 取样、检验方法和相关操作规程编号。
3. 贮存条件和注意事项。
4. 有效期或复验期。

第17条 半成品达标控制

半成品是定制化生产质量控制的中间阶段，生产部要对承接方定制化生产要求的实际执行情况进行控制，并根据供应链外协或外包合同关于半成品质量标准的要求对半成品进行监督和控制。

第18条 全过程质量监控

对供应链定制化生产的监督管理，是一个全过程的质量监控工作，生产部要在供应链管理部的指导下对定制化生产过程进行精细控制。

第7章 成品检验监督

第19条 成品性能、精度、外观和安全性等项目检验

供应链定制化订单生产完成后，生产部对承接方的生产成品进行检验，检查成品的性能、外观、精度和安全性等，并汇总为成品检查报告，提交供应链管理部审批。

第20条 成品交付确定

成品检验通过后，生产部可以组织定制产品交付验收。交付事项应包括产品名称和产品代码、产品规格和包装形式、成品检验许可、交付批次和数量、贮存条件和注意事项、产品有效期等。

第21条 供应链定制化生产报告

生产部对企业供应链定制化生产过程进行总结，并编制定制化生产报告，提交供应链管理部审批。

第8章 附 则

第22条 编制单位

本制度由供应链管理部和生产部联合制定，由总经办审批，修订、废止时亦同。

第23条 生效时间

本制度自××××年××月××日起生效。

编制日期		审核日期		批准日期	
修改标记		修改处数		修改日期	

5.2.2 第三方驻厂生产监督管理制度

在供应链生产管理过程中，企业聘用第三方驻厂进行生产监督管理的方式已经越来越常见，对第三方驻厂生产监督的管理是企业供应链生产管理的重要组成部分。

第三方驻厂生产监督管理对于提升供应链生产管理水平，降低生产管理成本都发挥着重要作用。第三方驻厂生产监督管理至少应包含 4 个部分：第三方选择管理、服务内容约定管理、日常数据和信息沟通管理、产品交付检查管理。以下是某企业第三方驻厂生产监督管理制度，仅供参考。

制度名称	第三方驻厂生产监督管理制度	受控状态	
		编　　号	
执行部门		监督部门		编修部门	

第 1 章　总　则

第 1 条　目的

为了达到以下目的，特制定本制度。

1. 规范第三方驻厂生产监督管理工作的流程，提高第三方驻厂生产监督管理的服务水平。

2. 提高供应链生产管理效率，降低供应链生产管理成本。

第 2 条　适用范围

本制度适用于供应链第三方驻厂生产监督工作的管理。

第 3 条　管理职责

1. 供应链管理部负责第三方驻厂生产监督管理工作的领导和审批。

2. 生产部负责第三方驻厂生产监督管理的日常沟通和管理工作。

3. 第三方驻厂企业负责对工厂的生产工作进行监督管理。

第 2 章　第三方选择管理

第 4 条　第三方开发

1. 供应链管理部应通过公告或招标方式进行第三方开发，并向优秀第三方生产监管企业发送合作意向，同时收集主动投递的第三方生产监管企业信息。

2. 被邀约和主动投递的企业都应当填写"第三方生产监督管理企业基本情况表"，并由供应链管理部统一受理。

第 5 条　第三方审查

1. 供应链管理部对受理的"第三方生产监督管理企业基本情况表"进行关键问题真实性、有效性等的审核，并载明签约企业及具体选择原因，报供应链管理部经理审批。

2. 供应链管理部经理安排与利益无关人员对第三方选择意向的结果进行检查，了解选择过程是否存在瑕疵以及腐败因素，最后审核并批示意见。

第 6 条　第三方签约

1.供应链管理部代表企业与第三方进行谈判，就驻厂生产监督管理服务的内容和项目等进行洽谈。双方达成一致意见，经法务部对合作合同进行审核无误后方可签约。

2.供应链管理部要严格按照企业相关制度的管理要求进行签约谈判工作，坚定地维护企业的利益。

第 3 章　服务内容约定管理

第 7 条　采购供货监督管理

1.第三方驻厂企业应对工厂生产使用的原材料、零部件等进行采购供货监督检查，确保原材料、零部件等来源清晰、质量安全。

2.第三方驻厂企业对工厂采购供货的监督管理要以生产部为工厂规定的原材料、零部件等的各项标准为基础。

第 8 条　生产过程监督管理

第三方驻厂企业要对工厂承接生产部产品订单的生产全过程进行监督，包含但不限于产品的工艺和工序监督、生产进度监督、质量标准监督、交期控制监督、安全生产监督等。

第 9 条　出货检验管理

1.工厂完成生产部产品订单生产后，第三方驻厂企业应对待出货产品进行质量检验。

2.第三方驻厂企业进行出货检验要以生产部规定产品的成品标准为依据。

第 10 条　货柜监装管理

1.产品出货检验完成后，第三方驻厂企业要对接下来物流运输环节的出厂、货柜装载进行监督和检查。

2.第三方驻厂企业要严格执行生产部规定的产品货柜装载运输要求。

第 4 章　日常数据和信息沟通管理

第 11 条　供应商信息和原料评估数据

1.第三方驻厂企业在入驻之初及工厂供应商发生变动时，全面整理工厂的供应商信息，通过供应链协作网络上报给企业生产部。

2.第三方驻厂企业应对工厂生产用料进行采购批次的质量评估检查，将原料及相关生产物资的评估数据编制成明细表，报送给企业生产部。

第 12 条　生产制造能力评估报告

第三方驻厂企业对工厂的生产制造能力进行综合评估，评估内容包括但不限于以下 7 项。

1.生产资质和相关许可证核验。

2.设备、设施等生产条件水平评估。

3.人员、技术等生产能力水平评估。

4. 生产计划、物料需求计划等计划能力评估。

5. 作业现场管理体系的运行情况评估。

6. 安全生产标准、安全技术措施、安全防护措施的落实情况评估。

7. 作业现场安全事故应急预案的建立与落实情况评估。

第三方驻厂企业应定期评估工厂的生产制造能力水平，形成动态报告，报送企业生产部。

第 13 条　产品抽样监测结果

1. 第三方驻厂企业对工厂每一生产阶段的出产产品进行抽样检测，实时监测产品的生产进度和各阶段质量水平，并形成产品抽检报告，报送生产部。

2. 生产部根据企业供应链生产计划的安排，对工厂的生产进度和产品质量水平提出最新控制要求。

第 14 条　成品质量检测报告

1. 第三方驻厂企业对订单完成的生产成品进行质量检测，并编制产品生产批次质量报告，报送生产部。

2. 生产部根据供应链生产管理工作的安排，确定成品的接收工作。

第 15 条　特殊情况与突发问题

对于在工厂生产过程中发生的特殊情况和突发问题，第三方驻厂企业要及时向企业生产部汇报具体情况，最大限度地降低对订单生产的影响。

第 5 章　产品交付检查管理

第 16 条　交付时间

第三方驻厂企业要对工厂生产交付的时间进行检查管理。

1. 产品订单的生产任务完成时间监督管理。

2. 生产成品发货时间、到货时间监督管理。

第 17 条　交付数量

第三方驻厂企业要对工厂生产交付的产品数量进行检查管理。

1. 产品订单生产完成数量与计划数量监督管理。

2. 生产成品发货批次数量监督管理。

第 18 条　交付质量

第三方驻厂企业要对工厂生产交付的产品质量进行检查管理。

1. 生产成品交付批次的质量监督检查。

2. 产品运输到货的成品质量监督管理。

第 6 章　附　则

第 19 条　编制时间

本制度由供应链管理部和生产部联合制定，由总经办审批，修订、废止时亦同。

第 20 条　生效时间

本制度自××××年××月××日起生效。

编制日期		审核日期		批准日期	
修改标记		修改处数		修改日期	

5.3 基于供应链的生产协同管理

5.3.1 生产外部协同管理办法

企业供应链生产外部协同包含采购、制造、仓储、物流、销售等多个环节，涵盖供应商、制造商、物流商、分销商、零售商等多个成员。

通过生产外部协同管理，确保生产的物料、资源、服务、条件都具备，为生产过程提供良好、有序、高效的外部环境。

在 SCM 环境下的生产外部协同管理，主要包含 5 个部分：供应商协同管理、分销商协同管理、仓储物流协同管理、第三方服务支持协同管理、外部信息和数据协同管理。以下是某企业生产外部协同管理办法，仅供参考。

办法名称	生产外部协同管理办法	受控状态	
		编　　号	
执行部门		监督部门		编修部门	

第 1 章　总　则

第 1 条　目的

为了强化企业供应链生产外部成员之间的协同关系，提高生产外部协同的整体效率和水平，进而不断地提升企业供应链的综合竞争力，特制定本办法。

第 2 条　适用范围

本办法适用于企业供应链生产外部协同的全过程和所有人员管理工作。

第 3 条　管理职责

1. 供应链管理部负责生产外部协同的管理和领导工作。

2. 生产部联合采购部、市场营销部、物流部、仓储部、产品交付部、信息技术部等部门负责生产外部协同管理的相应工作。

第2章 供应商协同管理

第4条 需求预测信息沟通

1. 基于供应链信息共享系统（如 CFAR、CPFR），采购部与各供应商沟通需求预测的信息和数据，双方共同规划供应安排。

2. 生产部、采购部、供应商三方根据企业供应链生产计划，制定物料供应协同方案。

第5条 质量要求一致

1. 采购部根据生产所需物料、零部件等项目的质量要求，形成具体采购品目的质量要求说明，并发给供应商作参考。

2. 供应商应根据质量要求说明，编制质量匹配方案，由采购部和生产部共同审核。

第6条 系统互通建设

1. 为了便于采购部、生产部与供应商之间进行及时地沟通，快速解决供应速度、供应质量、供应批次等相关问题，应最大限度地实现供应商和企业生产业务环节之间的 IT（Internet Technology，互联网技术）系统的互联、互通建设。

2. 借助 IT 系统的互联、互通，实现更高效的供应商协同管理。

第7条 结算支付方案

针对供应商提出的结算支付要求，采购部要在企业供应链管理财务相关规定的基础上制定满足供应商要求的结算支付方案，对于合理的结算支付要求可尽量满足，不合理的甚至违规的结算支付要求不可退让。

第8条 供应商活动安排

企业与供应商之间，不仅是合作关系，也是博弈的复合关系。采购部可定期安排一些活动，通过这些活动加强双方的互动，从而协调、维系企业与供应商之间的关系。

第3章 分销商协同管理

第9条 价格统一与窜货管理

分销商的增多往往会带来杀价、撬单和窜货等现象，如果没有严格的价格管理和窜货处罚规定，最终企业的市场零售价格体系将面临严峻问题甚至崩盘。

1. 分销商要严格执行企业统一制定的价格，超出价格调整权限范围而调整产品市场零售价格，对企业产品声誉造成影响的行为，视问题严重程度对分销商做出处罚或取消经销权。

2. 若分销商倒货、窜货，一经发现立即取消经销权。

第10条 分销商业绩考核

1. 市场营销部应每月、季设立分销商合同完成率排名，重点宣传做得好的样板市场，通过分销商会议的形式开展经验分享、样板市场参观及奖惩活动。

2. 通过对分销商业绩进行考核，评选优秀分销商，并以此作为榜样进行宣传，不断提高分销商的工作热情，优化供应链销售渠道的竞争氛围。

第 4 章　仓储物流协同管理

第 11 条　仓储物流系统建设

1. 依据企业供应链仓储管理工作建设仓储管理系统，如 WMS（Warehouse Management System，仓库管理系统），通过仓储管理系统高效地满足生产环节的使用需求。

2. 建设物流运输管理系统，如 TMS（Terminal Management System，中国银联终端远程维护管理系统），利用物流运输等配套系统提高物流环节的协同能力。

第 12 条　仓储运配联动

1. 打通仓储系统和物流系统，实现仓储和物流系统间的信息数据的深度互通，建立基于信息数据互通建设的系统协作机制。

2. 通过物流全过程的多维度信息数据的互通，逐步实现仓储、物流、运输和配送等联动模式。

第 13 条　仓配一体化运营

1. 在多维度信息数据和仓储运配联动的支持下，实现仓配一体化运营，使物流环节从数据出发，在仓配整体层面提升仓储物流的作业效率。

2. 不断提高仓配一体化的实际应用水平，降低企业供应链生产环节成本，提升交付服务体验和质量。

第 5 章　第三方服务支持协同管理

第 14 条　第三方服务内容协同

1. 第三方采购服务。根据企业供应链生产环节的实际采购需求，选择第三方采购商，确定外协或外包采购的品目、数量、质量标准等服务内容。

2. 第三方制造服务。结合企业供应链的生产能力，根据生产计划的安排选择第三方制造商，确定外协或外包生产项目的名称、订单数量、质量要求和交期计划等服务内容。

3. 第三方物流服务。按照企业供应链生产环节的物流需求，选择第三方物流商，确定第三方物流的物流计划、EDI（Electronic Data Interchange，电子数据交换）能力、报表管理能力、货物集运能力，选择承运人、货代人，明确信息管理、物流咨询等服务内容。

4. 其他第三方服务内容。根据供应链生产服务需求具体情况制定。

第 15 条　第三方服务过程监督

1. 对第三方采购服务过程的监督包含：供应商选定监督、询议价程序监督、采购价格监督、物料验收与质量监测监督、货款结算监督等。

2. 对第三方制造服务过程的监督包含：生产许可条件和资质监督、生产工艺和工序监督、生产现场监督、生产计划执行监督、生产进度控制监督、生产安全监督、质量管理监督等。

3. 对第三方物流服务过程的监督包含：妥投率监督、及时交付率监督、物流费率监督、客诉率监督等。

第 16 条　第三方服务问题纠正

1. 生产部、采购部、仓储部、物流部等部门及时在与第三方的日常信息沟通和数据传递中发现、识别问题。

2. 根据问题的内容，向第三方服务商传达问题处理要求和理想目标。

3. 持续监督第三方纠正、改进问题，提高服务能力，确保企业供应链生产的进度顺利。

第 6 章　外部信息和数据协同管理

第 17 条　供应链协作网络（SCCN）与信息共享系统

1. 供应链管理部根据企业供应链各环节主体成员的实际协同需求，自行搭建或者向外部订购供应链协作网络，形成涵盖供应商、制造商、物流商、分销商、零售商等多个成员的供应链外部信息和数据协同管理的系统。

2. 基于供应链各环节的实际需要，企业同各环节主体成员建立信息共享系统（如 CFAR、CPFR），进一步实现信息和数据的协同管理。

第 18 条　生产外部协同信息沟通

供应商、制造商、物流商等供应链生产环节的外部成员，通过供应链协作网络与信息共享系统，在业务合作的过程中及时进行日常信息的交流、沟通，加快供应链生产环节的整体反应速度。

第 19 条　生产外部协同数据分享

生产外部数据的协同分享是必要的，通过与供应链生产外部成员之间的数据分享，进一步降低需求在供应链传递中的"长鞭效应"所带来的影响，从而提高供应链生产运营的库存周转率。

第 7 章　附　则

第 20 条　编制单位

本办法由供应链管理部负责编制、解释与修订。

第 21 条　生效时间

本办法自××××年××月××日起生效。

编制日期		审核日期		批准日期	
修改标记		修改处数		修改日期	

5.3.2　生产内部协同管理办法

企业供应链生产内部协同是指企业内部各部门之间的信息共享和高效协同。生产内部协同的成员，如采购部、生产部、质量管理部、仓储部、物流部、产品交付部、财务部等，它们之间的协同工作是保证供应链产品顺利交付的关键之一。

在 SCM 环境下的生产内部协同管理，主要包含 5 个部分：职责分工协同管理、信息沟通与数据共享协同管理、系统协同管理、特殊问题处理协同管理、工作流程协同管理。以下是某企业生产内部协同管理办法，仅供参考。

办法名称	生产内部协同管理办法	受控状态	
		编　　号	
执行部门		监督部门		编修部门	

第1章　总　则

第1条　目的

为了强化供应链生产内部各部门之间的协同关系，加快内部协同的信息沟通速度，不断提高各部门之间的业务协作水平，特制定本办法。

第2条　适用范围

本办法适用于企业供应链生产内部协同的全过程和所有人员管理工作。

第3条　管理职责

1. 供应链管理部负责生产内部协同的管理和领导工作。

2. 生产部、采购部、仓储部、物流部、市场营销部等各部门负责生产内部协同的对应工作。

第2章　职责分工协同管理

第4条　采购管理协同

采购是获得供应链生产所需外部资源的重要手段，是供应链生产顺利开展的基础。采购在供应链生产内部协同背景下的管理体现为3点。

1. 基于主生产计划和物料需求计划的采购计划，是采购部与生产部的协同要点之一。

2. 采购部要发挥需求整合和优化的作用，对需求进行协调。

3. 采购部要多开发供应商，不断优化供应商，同供应商发展为战略联盟关系，持续挖掘供应商潜力。

第5条　制造管理协同

制造是供应链生产的重要实现手段，是供应链生产管理的关键控制内容。制造在供应链生产内部协同背景下的管理体现为3点。

1. 生产计划的制订与需求预测的结果是分不开的，基础产能确定的精准程度很大程度上依靠生产部和市场营销部的协作成果。

2. 生产部与采购部的协同直接影响需求订单的生产进度，如物料短缺问题是常见的生产停止的原因之一。

3. 在需求订单生产过程中，物料、零部件、配件、半成品、成品的运输是生产部与仓储部、物流部协同的重要内容。

第6条　仓储物流管理协同

仓储物流是供应链生产的重要支撑，现阶段各企业生产环节的协同管理都无法离开仓储物流。仓储物流在供应链生产内部协同背景下的管理体现为3点。

1. 产品交付过程是仓储部、物流部、生产部、市场营销部等相关部门协同的关键环节。

2. 仓储部要对物料、零部件、半成品、成品等出入库情况进行信息化管理，提高智能化、自动化水平，不断提高与供应链生产内部其他部门的互联、互通水平。

3. 在满足供应链生产运输需求的基础上，物流部要不断改进自身信息化、数据化水平，提高协同能力。

第3章 信息沟通与数据共享协同管理

第7条 信息沟通与数据共享协同需求

1. 生产部与采购部之间关于物料需求与生产计划的信息和数据协同需求。

2. 采购部、仓储部、物流部之间关于采购项目的储存与运输的信息和数据协同需求。

3. 市场营销部与生产部之间关于需求与计划的制订、修正和管理的信息和数据协同需求。

4. 其他供应链生产环节的重要信息和数据协同需求。

第8条 信息沟通与数据共享要求

1. 需求订单信息和数据的访问权限与范围要求。

2. 供应链生产内部各部门数据读取与录入的权限要求。

3. 信息沟通和传递的时限性要求。

第9条 信息沟通与数据共享软件

1. 供应链管理部可根据企业实际需要开发内部信息沟通与数据共享软件。

2. 向市场中的信息沟通与数据共享软件提供商购买或定制。

第4章 系统协同管理

第10条 供应链管理系统

供应链管理系统是生产内部协同使用的重要系统之一，通过该系统帮助企业实现供应链生产运作的自动化。

第11条 ERP系统

ERP（Enterprise Resource Planning，企业资源计划系统）是一个将物流、资金流、信息流集成化管理的应用系统，包含采购、销售、库存、客户、财务等模块。企业利用ERP系统优化生产资源管理，能够使效益最大化。

第12条 CRM系统

CRM（Customer Relationship Management System，客户关系管理系统）是以客户数据的管理为核心，帮助企业与客户保持联系，跟踪客户与企业的交互情况，同时管理客户账户的应用系统。它以建立、发展和维护客户关系为主要目的。

第5章 特殊问题处理协同管理

第13条 紧急处置措施制定

供应链管理部根据企业供应链管理情况，就生产环节各节点可能出现的特殊问题，制定对应的紧急处置措施。

1. 采购特殊问题紧急处置措施。

2. 制造特殊问题紧急处置措施。

3. 仓储特殊问题紧急处置措施。

4. 物流特殊问题紧急处置措施。

5. 其他供应链生产相关节点特殊问题紧急处置措施。

第 14 条　领导小组设立

对于各类特殊问题的进一步处理，由供应链管理部组织并设立跨职能部门的领导小组，对特殊问题的具体原因进行分析，然后制定处理方案。

第 15 条　问题解决与追责

1. 生产部、采购部、仓储部、物流部等生产相关部门执行特殊问题处理方案。

2. 特殊问题解决后，供应链管理部对责任部门进行追责。

第 6 章　工作流程协同管理

第 16 条　工作流程协同结构

以整体性思维看待工作流程，以项目式的管理思路划分工作流程，并结合供应链生产内部协同的要求设计工作流程协同结构。

第 17 条　部门内部工作流程协同

部门内部工作流程的协同，重点在于高效、流畅地建立一体化的工作模式。

第 18 条　跨部门工作流程协同

跨部门工作流程的协同，重点在于降低成本，提高效率，并通过精简、缩短等方式建立响应能力强、应变速度快的内部协同团队。

第 7 章　附　则

第 19 条　编制单位

本办法由供应链管理部负责编制、解释与修订。

第 20 条　生效时间

本办法自××××年××月××日起生效。

编制日期		审核日期		批准日期	
修改标记		修改处数		修改日期	

第 6 章 质量管理标准化

6.1 产品质量管理

6.1.1 产品质量标准管理制度

通过对产品质量实行标准化管理以确保产品质量符合人体健康和人身、财产安全的国家标准、行业标准。以下是某企业产品质量标准管理制度,仅供参考。

制度名称	产品质量标准管理制度	受控状态	
		编　号	
执行部门		监督部门		编修部门	

第 1 章　总　则

第 1 条　目的

为保证所经营的产品符合法定的质量标准,根据有关法律法规,特制定本制度。本制度规定了质量标准的类别、参照、选用和执行。

第 2 条　适用范围

本制度适用于企业各种物料有关质量标准的制定、检验、控制的管理。

第 3 条　标准定义

质量标准的类别:质量标准分为法定标准和企业标准。

1. 法定标准

由国家发布的标准或由行业主管部门发布的标准及地方政府主管部门发布的标准,都属于法定标准。

2. 企业标准

由企业制定的标准,是企业内部规章制度,必须执行,它包括内控质量标准和其他企业标准。

（1）内控质量标准是企业在法定质量标准的基础上制定的比法定质量标准有所提高的质量标准，企业生产的产品必须制定内控质量标准。

（2）其他企业标准是企业除内控质量标准外而制定的质量标准。没有执行内控质量标准的物料，包括原辅料、包装材料、中间产品等必须制定企业标准。

第 4 条　管理职责

1. 质量管理部的职责如下。

（1）负责收集国际、国家和本行业的产品质量标准的相关制度或规定的信息。

（2）编写企业的产品质量标准，并指导、监督各相关部门执行该质量标准。

（3）收集并汇总质量标准在执行过程中产生的各种问题，并召集企业相关领导或部门人员讨论质量标准在执行过程中出现的问题，讨论、修订质量标准。

（4）负责质量标准的具体修订工作。

2. 相关部门的职责如下。

（1）负责为质量管理标准编写人员提供资料。

（2）上报质量管理过程中出现的问题。

（3）为质量标准的修订提供意见和建议。

（4）执行企业的产品质量标准。

第 2 章　质量标准参照

第 5 条　国际标准

国际标准化组织（International Organization for Standardization，ISO）、国际电工委员会（International Electrotechnical Commission，IEC）以及其他国际组织所制定的标准。

第 6 条　国家标准

基于全国范围内统一的技术要求，由国务院标准化行政主管部门制定的标准。我国的国家标准是采用等同于现行的 ISO 9000：2000 标准，编号为 GB/T 19000—2000 系列。

第 7 条　行业标准

没有国家标准而又需要在全国范围内有统一的技术要求时，可以参照行业标准。

第 8 条　企业标准

1. 已有国家标准或者行业标准的，企业可制定严于国家标准或者行业标准的企业标准。

2. 针对企业生产的产品没有国家标准和行业标准的，企业为生产组织提供依据而制定的企业标准。

3. 企业的产品标准须报当地政府标准化行政主管部门和其他有关行政主管部门备案。

4. 企业标准只适用于企业内部执行。

第 3 章　质量标准选用

第 9 条　原辅材料的标准选用

原辅材料质量标准，除根据各种原辅材料生产厂商说明执行的技术标准外，还应有技术部、质量管理部、采购部及使用单位根据实际生产需要，制定使用标准，报主管产品质量的副总及总工程师批准后执行。

第 10 条　正式生产的产品标准选用

正式生产的产品必须执行国家标准，若无国家标准的，应执行行业标准。生产的产品无国家或行业标准，而又必须主产的产品可制定企业标准。自用产品也必须由质量管理部会同有关部门制定自用产品标准，并经主管产品质量的副总及总工程师批准后执行。

第 11 条　新产品标准选用

新产品在一般情况下应执行国家、行业或企业标准，因客观原因暂时达不到要求的，应制定企业暂行标准，经主管产品质量的副总及总工程师批准后执行。

第 12 条　专用料标准选用

为确保产品质量或根据用户特殊需要，一般情况下可制定不低于国家标准的内控标准。专用料标准应根据用户要求，不断进行修订。为赶超国际先进水平，可采用国外先进标准。

第 4 章　质量标准执行

第 13 条　成品出厂

成品出厂时，必须执行内控质量标准，且内控质量标准不低于国家标准或行业标准。

第 14 条　物料执行标准

企业使用的物料执行法定标准，没有法定标准的，执行行业或者企业标准。

第 15 条　采购执行标准

质量标准执行后，物料部门、生产部门均须按此标准采购原材料、包装材料，生产出来的半成品（中间体）、成品均应符合企业标准。

第 16 条　标准制定要求

企业标准的制定标准不得低于国家标准，如产品质量没有国家标准，则不得低于行业标准。

第 17 条　质量标准实施流程

企业标准、企业暂行标准、专用料标准等均由质量管理部起草，并会同生产管理中心、技术部、有关生产分厂讨论制定，经主管产品质量的副总及总工程师批准，报行政区域内质量监督部门备案后执行，有些产品为了准确执行产品质量标准，由质量管理部会同相关部门确定标准样品。

第 5 章　质量标准优化

第 18 条　质量标准改善

根据市场需求，对产品的质量标准进行优化和改善，在确定产品功能和技术指标时应力求先进、合理，标准水平要宽严适度，使产品在功能上适应市场经济的需求。

第 19 条　质量标准革新

质量标准要与时俱进，随着生产技术的不断提高和市场需求的多样化不断改善。

第 20 条　质量标准竞争力

产品质量标准要不断提高，加快与国际标准接轨，从而使生产的产品更具市场竞争力。

第 6 章　附　则

第 21 条　编制单位

本制度由质量管理部负责编制，并对制度进行解释、说明。

第 22 条　生效时间

本制度自××××年××月××日起生效。

编制日期		审核日期		批准日期	
修改标记		修改处数		修改日期	

6.1.2 产品质量测试管理制度

产品质量测试是产品进入市场的最后一道防线，因此，产品质量测试管理应遵循严谨、规范的原则。下面是某企业产品质量测试管理制度，以供参考。

制度名称	产品质量测试管理制度		受控状态	
			编　号	
执行部门		监督部门		编修部门	

第 1 章　总　则

第 1 条　目的

为了严格执行企业产品质量标准，加强产品质量管理，严格落实国家产品质量的有关规定和要求，确保企业产品生产的质量安全、稳定，特制定本制度。

第 2 条　适用范围

本制度适用于企业生产的所有产品的质量测试管理。

第 3 条　管理职责

1. 质量管理部：

（1）负责确定产品测试方案，企业内部测试方案应与市场测试方案一致；

（2）负责被测试产品样件的设计；

（3）负责确定产品测试标准，且应高于国际测试标准；

（4）负责被测试产品及其零部件的 100% 检验，确保测试样件与设计图纸相符；

（5）负责跟踪、记录测试样件在加工、安装及测试过程中发生的问题，并形成产品质量测试分析报告。

2. 生产部：

（1）负责被测试样件的加工制作及安装；

（2）在测试过程中，按照设计员的意见对样件进行必要的整改。

3. 其他相关部门：

（1）负责准备测试样件所需的材料；

（2）负责产品测试过程中各部门间的协调。

第 4 条　产品质量测试主要环节

产品质量测试主要环节分为原材料测试（依据相关购买合同条款进行检验）、产品生产过程测试和产品出厂测试 3 个方面。

第 2 章　校准测试设备

第 5 条　设备校准分类

1. 外部校准是指质量管理部送至厂外，由至少具有实验室认证资质的机构执行校准。

2. 内部校准是指厂内有能力依据外部校准合格标准对仪具实施的校准。

3. 免校是指不使用于产品质量直接判定或无法使用外部校准仪具的校准。

第 6 条　校准规范

1. 新购设备进厂时由质量管理部判定分类，并相应登记台账，需要校准的设备依据厂商提供校准报告可免校一年。

2. 质量管理部于每年____月底前依据"设备校准台账"，找出欲校准设备，执行校准工作；如遇送校到期后一周内因赶产导致送校时间延期，仍属接受范围，不算逾期。

3. 外校设备由质量管理部负责将设备送达外校单位，校验完成后再将设备与校准报告取回。

4. 外校设备由质量管理部依据"设备校准台账"的允收标准对其判定、检视，并于校准报告上签字确认，然后将校准结果进行记录和汇报，并将设备放回指定位置。

第 7 条　校准周期

1. 新购设备依其功能、使用目的及精度，建立校准周期（原则上为一年），并依原厂校准证明或出具的合格证自出厂之日起一年内有效。

2. 使用中的仪器量具

（1）由数据来制定校准周期：由量具校准记录的长期数据修正旧有的校准周期，可予以延长或缩短使用。

（2）使用测试结果制定校准周期：检查仪器测试重要参数，统计分析后决定校准周期。

第 8 条　校准追溯体系

1. 国内校准者。追溯至国家认可的一、二级实验室，或是国家度量衡标准实验室，或是实验室认证合格的机构。

2. 原厂校准者。由原厂追溯至国家或国际标准。

第3章　产品测试管理重点

第9条　产品测试方案的确定

1. 测试的过程一定按合同或招标文件中规定的标准进行。

2. 企业内测试的性能指标应高于合同或招标文件中的规定。

3. 企业内测试样件的规格、安装方式应与市场测试样品相同，如受实验室设备限制而无法相同的，必须通过企业总工程师批准。

第10条　样品测试严格要求

测试样品加工与制作必须符合设计图纸要求，不得考虑是测试样品而对其采取额外的措施。

第11条　记录补救措施

在测试过程中采取的各种补救措施由设计员、质检员进行详细记录，记录可以采用画图纸、拍照等手段。

第12条　产品测试记录

产品测试的每一个环节都应详细记录，为进一步优化产品质量提供依据。产品测试记录应根据产品特点，如产品的测试环境、使用的测试辅助工具、产品功能、效率、产品缺陷跟踪、缺陷分析、性能分析、产品质量风险等来进行记录。

第13条　产品测试总结

1. 审核质量管理部整理完成的"产品测试质量分析报告"。

2. 落实通过测试发现的设计问题的整改方案。

3. 落实通过测试发现的安装工艺问题的整改方案。

4. 做出下一步的工作计划安排。

第4章　测试结果处理

第14条　测试过程复盘

对产品质量测试过程进行复盘，总结测试过程中遇到的问题，对当时的解决方案进行探讨。通过复盘，从而达到指导后续工作，减少产品质量问题的目的。

第15条　信息共享

在产品质量测试复盘完成后，将结果在部门内进行信息共享。通过信息分享，有效丰富团队整体测试经验。

第16条　规范测试流程

根据测试结果，对测试流程进行规范，全覆盖产品生命周期，在各个阶段保证信息在测试过程中的一致性。

第5章　附　则

第17条　编制单位

质量管理部负责本制度的制定、解释、修改、废止等工作。

第 18 条　生效时间

本制度自××××年××月××日起生效。

编制日期		审核日期		批准日期	
修改标记		修改处数		修改日期	

6.1.3 产品质量问题管理办法

产品质量是企业长远发展的关键因素，因此，产品质量问题管理办法是每个企业都应规定和执行的，目的是避免生产大批质量不合格产品，同时，也可以对质量问题产生的相关责任人进行权责界定。下面是某企业产品质量问题管理办法，仅供参考。

办法名称	产品质量问题管理办法	受控状态	
		编　　号	
执行部门		监督部门		编修部门	

第 1 章　总　则

第 1 条　目的

为了加强企业生产质量管理，及时解决生产过程中出现的产品质量问题，建立快速反应机制，保证最终成品的质量合格率，特制定本办法。

第 2 条　适用范围

本办法适用于企业处理生产过程中以及成品出库前所发生的产品质量问题的管理。

第 3 条　管理职责

1. 生产管理部负责生产过程中产品质量问题的发现、报告、分析以及质量问题改进措施的实施。
2. 仓储部负责成品存储期间成品质量问题的发现、报告及分析。
3. 质量管理部负责评定质量异常问题的严重性，对企业重大质量事故及恶性、批量的质量问题进行通报处理。制定质量异常预防措施，并跟踪其实施情况，及时纠正质量异常责任单位的错误。

第 4 条　质量问题定义

1. 产品质量问题：用户对所购买的产品的性能、尺寸公差、外观质量及内部质量不满意，而提出的有关质量方面的异议。
2. 重大质量问题：一起质量问题事故造成的经济损失≥＿＿万元；产品问题重量超过＿＿吨；因重大质量问题造成用户重大设备、人身事故的。
3. 一般质量问题：未构成重大质量问题的视为一般质量问题。
4. 典型质量问题：一个月内连续出现三起以上同类型的质量问题。

第2章　质量问题报告

第5条　报告质量问题

1. 售后、生产、检验等相关人员应将在其所负责的在工作过程中发现的产品质量问题，反映在"信息反馈单"中，包含产品名称、型号、编号、质量问题发生时间及具体现象等详细描述，并对其进行初步分析，提出整改要求或建议、整改完成时间等。

2. 提出质量问题的部门，须在质量问题发生后的____个工作日内，将"信息反馈单"报给质量管理部。

第6条　质量问题情况判定

质量管理部在接到质量异常报告后要同时分析质量问题严重程度与质量问题覆盖面两方面情况，以判断上报情况是否属于质量异常情况。具体判定标准如下。

1. 质量问题严重程度。具体划分等级如下。

（1）一级缺陷，涉及产品安全性、可靠性及结构性的重大问题。

（2）二级缺陷，对产品外观、性能、稳定性以及操作性有较大影响的问题。

（3）三级缺陷，可能导致产品外观、品质出现轻微缺陷的问题。

2. 质量问题覆盖面。同一批次产品满足以下条件之一的，即可判定为质量异常。

（1）一级缺陷比例在____%以上的。

（2）二级缺陷比例在____%以上的。

（3）三级缺陷比例在____%以上的。

（4）质量管理部判____%以上的可能性会出现以上情况或问题的。

第3章　质量问题分析

第7条　分析质量问题的原因

确定质量问题情况属实后，质量管理部相关主管应着手分析质量问题产生的原因，主要包括以下6个方面内容。

1. 技术原因。包括设备技术问题、产品研发技术问题、生产制造技术问题等。

2. 原材料原因。包括原材料质量不合格、原材料库存不到位、产品配件质量不合格等。

3. 设备原因。包括设备保养问题、设备维修问题、设备更新改造问题等。

4. 作业原因。包括工序安排问题、计划时间问题等。

5. 存储、搬运原因。包括成品搬运方法不当、存储条件不合规等。

6. 其他原因。其他导致质量问题产生的原因。

第4章　质量问题解决

第8条　制定质量问题处理方案

1. 质量管理部收到"质量异常反馈单"后，于____小时内召集相关部门共同分析质量问题产生的原因，并初步制定"质量异常处理方案"。

2. "质量异常处理方案"经总经理审批通过后,相关部门应于____小时内开始实施。

第9条 追究责任

若质量异常问题是人为因素导致的,则应在问题处理完成后追究相关责任人的责任。

第10条 注意事项

1. 若在生产过程中发现质量异常,生产部应采取临时对策以尽快恢复生产,在确保品质的前提下尽可能减少误工损失。

2. 各相关单位发现质量异常应立即上报,不得瞒报、拖延,以免导致问题扩大化,若发现瞒报、拖延者,必须严肃处理。

3. 各单位落实改善措施时,应彻底纠正不良问题,以巩固和预防为原则。

第5章 质量问题跟踪

第11条 质量问题纠正措施

质量问题的最终纠正措施须在实物上进行实施和验证,由质量问题负责人负责具体验证过程,并出具最终检验报告。

第12条 实施纠正措施

完成厂内验证后,由生产部负责对质量问题纠正措施进行实施,售后服务人员负责跟踪现场问题的整改效果。

第13条 纠正措施无效

对于纠正措施无效或效果不明显的,须重新进行原因分析并制定相应的纠正措施,直到问题得到解决。

第14条 质量问题延期处理

若质量问题整改不能按期完成,负责人应向质量管理部提出延期申请,并说明理由,质量管理部负责人批准后实施延期。

第15条 质量问题跟踪并确认

质量问题跟踪并确认解决后,质量问题负责人负责收集并整理相关证据,以内部报告、客户质量报告等形式提交给质量管理部,审批通过后,质量工程师还要对"质量问题汇总表"进行相应的状态更新,并将相关资料存档于质量管理部。

第6章 附 则

第16条 编制单位

质量管理部负责本办法的制定、解释、修改、废止等工作。

第17条 生效时间

本办法自××××年××月××日起生效。

编制日期		审核日期		批准日期	
修改标记		修改处数		修改日期	

6.2 服务质量管理

6.2.1 服务质量标准管理制度

通过对服务质量标准进行设计，对服务质量标准的执行进行规范，对服务质量标准管理制度不断完善，从而提升企业的服务质量，提高客户满意度。以下是某企业服务质量标准管理制度，仅供参考。

制度名称	服务质量标准管理制度	受控状态	
		编　　号	
执行部门		监督部门		编修部门	

第 1 章　总　则

第 1 条　目的

为明确企业服务质量标准，不断提高售后服务的质量，提高客户满意度，实现企业发展目标，特制定本制度。

第 2 条　适用范围

本制度适用于企业售后服务质量标准管理的各项工作。

第 3 条　管理职责

1.客户服务部负责售后服务人员的指导工作，以及售后服务质量标准的制定、贯彻执行和改善。

2.服务质量管理专员负责不定期地对服务项目进行检查，并编制"服务质量检查表"，然后提出改善措施。

3.售后服务人员负责按照企业的售后服务质量标准和流程规范为客户提供售后服务，并提出售后服务质量改善建议。

第 2 章　服务质量标准设计

第 4 条　售后服务质量调查

售后服务质量调查应包括以下两方面内容。

1.当前售后服务质量的现状，如企业售后服务制度是否完善，售后服务配套设施是否健全，企业售后服务人员素质是否达标，以及客户对企业售后服务的评价等。

2.主要竞争对手的售后服务状况，尤其是竞争对手售后服务的哪些方面值得学习。

第 5 条　确定售后服务内容

1.客户服务部根据企业的产品特点确定售后服务的基本内容。

2.售后服务的具体内容应具有一定的灵活性，需要根据不同客户的需求，提供有针对性的服务。

第6条　制定售后服务质量标准

客户服务部针对售后服务的各项具体内容制定售后服务的质量标准，一般考虑以下5个要素。

1. 可靠。售后服务人员的专业技能、产品知识是否达标，售后服务是否满足企业对客户所作出的承诺。

2. 响应。售后服务人员对客户需求的响应是否及时，在提供服务的过程中是否满足客户的期望。

3. 形象。企业售后服务的设备是否齐全、整洁，售后服务人员的形象是否良好等。

4. 礼貌。售后服务人员是否尊重客户，在提供服务时是否做到友善、真诚和周到。

5. 跟踪。售后服务人员是否做到对服务的后续跟踪工作，确保服务质量令客户满意。

第7条　设计售后服务流程

售后服务流程可分为业务流程和信息流程2种，在设计售后服务流程的过程中，设计人员必须做到以下2点。

1. 站在客户的立场思考问题，设身处地为客户着想。

2. 向售后服务的一线员工咨询，掌握售后服务的各个细节。

第3章　服务质量标准执行规范

第8条　服务人员仪表标准要求

1. 服装。应着统一制服上岗，服装完好、整洁、正式，制服纽扣要全部扣好，不得敞开外衣或卷起裤脚、衣袖等；胸牌佩戴要端正、规范。

2. 形象。面容整洁、大方、舒适，女士妆容得体；男士不留长发，女士若是长发，上岗必须盘起。

3. 肢体动作。站姿优美，两眼平视或注视服务对象，表情大方自然，微笑点头示意；行进中两眼平视，正对前方，身体保持垂直平稳，不左右摇晃或八字步，行进速度适中，不可跑步。

第9条　服务态度标准要求

1. 客户服务人员应根据时间、场所、情景、接待对象的不同，使用不同的问候礼节主动问候客户。

2. 客户服务人员应根据客户的身份、年龄、性别、职业，使用不同称呼，表现亲切、和蔼。

3. 应尊重客户的风俗习惯和宗教信仰，对客户的服饰、形象、不同习惯和动作，不评头论足，并按照客户的要求和习惯提供服务。

4. 同客户见面或握手等，能正确运用礼貌形式，且动作规范。

5. 客户来访进行咨询、洽谈、采购或投诉时，客户服务人员应做到眼勤、口勤、手勤、腿勤、心勤，想客户之所想，急客户之所急，服务客户。

6. 与客户沟通时，应说话和气，语言亲切，称呼得当，使用敬语，语言运用准确、恰当。

7. 客户服务人员应对老、弱、病、残或有困难的客户主动照顾、帮助，服务细致、准确。

8. 对客户服务始终如一，不可急躁，具有忍耐精神，不得与客户争吵。

第10条　服务语言标准

1. 谈话标准要求

（1）服务语言应用词准确，语句通顺，简明扼要，表达清楚。

（2）服务应使用普通话，说话清晰，声调柔和，声音不过高也不过低。

（3）应根据时间、场景、服务对象的不同，正确使用迎接、问候和告别语言，不得讲粗言，使用藐视或侮辱性语言。

（4）对客户应使用请求、建议和劝告式语言，"请""谢"字不离口，不得用否定、命令和训诫式语言。

（5）任何时候不得讲"喂"或"不知道"。

（6）不得打断客户说话，或使用"你""你先听我说完好不好"等顶撞词句。

2. 谈话礼节要求

（1）未知客户姓氏之前，要称呼客户为先生或女士。

（2）交谈时若谈到第三者，不能称他，应称那位先生或那位女士。

（3）客户道谢时，应立即回答"不用谢"，不得无反应。

（4）由于特殊原因离开面对的客户时，一律讲"请稍候"。若离开时间较长，回来后要讲"对不起，让您久等了"，不可一言不发地就继续进行服务。

3. 外语服务要求

（1）当客户为外国友人时，客户服务人员必须使用国际通用语言（英语）同客户交谈，并处理业务问题和客户投诉问题。

（2）客户服务人员必须熟练掌握客户服务常用单词_____个，常用语_____句。

第11条　服务行为标准

1. 提供服务时严格遵守约定时间，不误时，不失约，做到快速、准确地进行服务。

2. 客户服务人员在客户服务区或在其他公共场所进行客户服务时，不得高声喧哗，应做到动作轻稳，声音柔和，不影响他人。

3. 爱护客户物品，服务时应轻拿轻放。

4. 同客户交谈时注意倾听，精神集中，表情自然，不随意打断客户谈话或插嘴，时时表示尊重。

5. 不做客户忌讳的不礼貌动作，不说对客户不礼貌的话。

6. 接听电话时，应先问好，报企业名称、部门名称，之后再说"请问能帮您什么忙"，不得颠倒次序。

7. 结束通话时，应以对方挂断为通话完毕，任何时候不得先挂断电话或用力掷听筒。

第12条　服务效率标准

1. 客户服务人员应在规定的时间内完成咨询、投诉、售后维修、委托代办及其他服务。

2.在客户指定服务时间和内容的情况下,应按时提供服务,不失约,不拖沓,保证客户满意。

3.因客观原因不能按时提供或完成服务的,要耐心向客户解释。

4.严禁由于客户服务人员服务速度慢而耽误客户时间的现象发生。

第13条　服务人员响应标准要求

1.客户咨询响应

客户服务人员在接受客户咨询的电话、邮件来访时,应做到以下8个方面的要求。

（1）设身处地为客户着想,解答客户的疑问。

（2）客户来电咨询时,接听前振铃次数不得超过3次。

（3）清晰、完整地记录客户问题。

（4）应答语言礼貌,口齿清晰,用词规范。

（5）接听后_____小时内由客户服务人员或技术工程师为客户作出明确答复或直接以电话形式进行服务。

（6）向客户答复的内容应确保正确,客户可以理解,保证解答准确率在_____%以上。

（7）将客户咨询问题、解答过程、响应时间完整地记录在"客户咨询记录表"上。

（8）工作时间为24小时全天候服务。

2.客户投诉响应

（1）受理投诉事件应及时,受理电话投诉、来信投诉时,要做到"三清"。

①清楚投诉人姓名、工作单位。

②清楚事情的经过。

③清楚投诉人的联系地址及电话。

（2）投诉受理人员应认真做好记录。

（3）不准以任何方式要求或暗示对方撤回投诉。

（4）客户服务人员与相关责任人应当面向客户道歉,并通力合作,以解决客户问题为目标,为客户提供满意答复。

（5）受理客户投诉时,要注意时间限制,不可过长时间不作回应。

①来访投诉客户等候时间不得超过_____分钟。

②信件投诉回复应在_____个工作日内给予明确答复。

③问题解决时间不得超过_____个工作日。

第14条　其他标准要求

1.客户服务人员上岗前不得饮酒,吃异味较大的食品,应保持牙齿清洁,口腔清新。

2.客户服务人员的指甲不可涂深色或花色指甲油。

3.客户服务人员不得面向客户打喷嚏、咳嗽等。

4.客户服务人员工作时不做有碍观瞻的动作。

5. 若客户服务人员感染传染性疾病，应及时向上级汇报调离服务岗位，并进行治疗。

第 4 章 服务质量标准的改善

第 15 条 服务质量效果评价

1. 客户服务人员按照企业的相关规定向客户服务部经理汇报售后服务工作，反馈售后服务过程中所遇到的问题。

2. 主管领导根据客户服务人员反馈的信息和客户满意度调查结果，进行售后服务效果评价，明确企业售后服务的优势和不足。

3. 人力资源部定期对客户服务人员进行考评，考评结果作为其年度绩效考核的参考依据。

第 16 条 售后服务质量的改善

客户服务部针对企业售后服务的不足，制定相应的改进措施，提高企业售后服务质量水平。售后服务质量的改善可以从以下 2 个方面入手。

1. 优化企业售后服务质量标准和流程规范。

2. 加强对售后服务人员的培训，提高售后服务人员的服务意识和服务技巧。

第 5 章 附　则

第 17 条 编制单位

本制度由客户服务部制定，其解释权归客户服务部。

第 18 条 生效时间

本制度经总经理审批通过后，自颁发之日起开始实施。

编制日期		审核日期		批准日期	
修改标记		修改处数		修改日期	

6.2.2 服务质量问题管理办法

服务质量问题是指在为客户提供服务的过程中，因为客户服务人员的服务用语、服务技巧、服务礼仪等服务态度问题，或某个业务解释错误、未履行承诺等导致客户不满而产生投诉或影响进一步合作。以下是某企业服务质量问题管理办法，仅供参考。

办法名称	服务质量问题管理办法	受控状态	
		编　号	
执行部门		监督部门		编修部门	

第 1 章 总　则

第 1 条 目的

为完善客户服务质量标准，提高服务效率，规范客户服务过程中服务质量问题的处理工作，特制定本办法。

第 2 条　适用范围

本办法适用于客户投诉、特殊客户服务、应急情况服务等问题的管理。

第 3 条　管理职责

1. 客户服务部经理负责服务质量问题处理的决策、处理过程的监督和评价，必要时协助下属进行问题解决。

2. 服务质量管理人员负责制定服务质量问题处理的质量标准，并严格按照标准监督客户服务人员执行，随时发现问题，并制定解决执行标准。

3. 客户服务人员负责执行服务质量问题的处理标准，并在特殊情况下，灵活应变，解决客户问题。

第 2 章　服务质量问题处理

第 4 条　服务质量问题分类

1. 投诉客户的服务质量问题。

2. 特殊客户的服务质量问题。

3. 特殊情形下的服务质量问题。

第 5 条　处理基本要求

1. 严格遵守国家法律、法规及本企业规章制度。

2. 诚实守信，恪守承诺，廉洁自律。

3. 真心实意地为客户着想，尽量满足客户的合理要求。

4. 遵守保密规定，尊重客户的保密要求，不得泄露客户的保密资料。

5. 保持对突发事故和事件的警觉，一旦发生立即报上级主管进行应急处理。

第 3 章　投诉客户服务质量标准

第 6 条　接待投诉的态度标准

1. 要态度诚恳、心平气和地认真听取客户投诉的原因，眼睛正视对方，切记不可心不在焉，东张西望。

2. 承认客户投诉的现实事实。听取客户投诉时要注视客户，不时地点头示意，表示虚心接受，向客户致谢或道歉；不时地表示关心、理解，必要时还应做一些听取意见的记录，以示对客户的尊重和对所反映问题的重视。

3. 要衷心地感谢客户的批评、指教。

第 7 条　投诉处理技巧

1. 接待客户投诉时，应尽可能地避免在公共的场所，要客气地引导客户到适合的区域或位置。

2. 对客户提出的不符合事实的意见不要直接否定，谨记"争一句没完没了，忍一句一了百了"，不要因口头的胜利导致服务失败，进而失去客户，要对客户表示充分的信任。

3. 接到投诉要立即着手调查，弄清事实，找出问题根源。

4. 处理过程中发现处理不当要立即纠正，必要时应请主管到工作现场，监督问题的解决和处理。

5. 切勿轻易作出权力范围外的承诺，对自己无法做主处理解决的投诉要及时报当值管理人员或有关部门，并采取措施稳定客户情绪。

6. 处理完客户投诉后，要及时通知客户，表示对客户的重视，并诚恳致歉，欢迎其提出宝贵意见，以在客户心中留下好印象。

7. 处理投诉要尽量缩小影响面，当客户同意所采取的改进措施时，要立即行动，补偿客户所投诉的损失，绝不拖延时间以免引起客户的进一步不满，反而扩大事件影响。

8. 投诉处理结束后，将处理过程和结果进行汇报，并采取纠正和预防措施。

第4章　特殊客户服务质量标准

第8条　对年幼客户的服务

1. 对待儿童客户应给予耐心、愉快地照应，安排儿童椅（或婴儿椅）让儿童（或婴儿）客户入座，尽量不要把他们安排在过道边上。

2. 在不明显的情况下，把易碎物品移到儿童客户够不着的地方，更不应在儿童客户面前摆放危险物品，以防不测。

3. 进行招待服务，提供水或饮料时，不可将儿童使用的玻璃杯倒得太满，应配备吸管，并配备小号的餐具。

4. 对在过道或服务区中因打闹玩耍而打扰到其他客户的儿童，要向其看护人建议，让他们坐在桌边以防发生意外。

5. 未经客户同意，不得抱、逗儿童或抚摸儿童的头，不可随意喂儿童吃东西。

第9条　对年长、伤残或有宗教信仰客户的服务

1. 尽量为他们提供方便。

2. 不要特意注视或投以奇异的眼光，应表情自然，避免注视伤残人士的伤残部位，给客户造成不愉快的体验。

3. 对年长、伤残人士要灵活、适当地帮助他们，使其感受到的是帮助而不是同情。

4. 当信奉宗教的客户来访时，应了解客户信奉的宗教和忌讳，尽可能地在服务过程中使用与其信奉宗教相符的礼仪。

第10条　客户损坏物品处理

1. 在对客户进行服务，发生客户因失误损坏物品时，应马上收拾现场，并对客户的失误表示同情，关切地询问客户有无碰伤并采取相应措施，不要指责或批评客户，使客户难堪。

2. 向有关部门询问被损坏物品价格，在适当的时机用适当的方式告诉客户企业的制度，表明需要客户赔偿。

3. 若被损坏物品价值小，有备存时，应及时弥补；若被损物品因体积过大、价值大而无法及时弥补时，应判断是否有潜在危险，然后通知相关人员到场判断，即时拆换或划定安全区域，并与客户协商处理。

4. 若发现物品损坏时客户已离开，找不到当事人，客户服务人员应在"客户服务记录单"上明确记录，并向领导汇报。

第 11 条　客户欠缺礼貌的处理

1. 分清客户不礼貌行为的性质，切勿与客户争论，发生冲突。

2. 如果客户是讲粗话、扔垃圾、吐口水等一般不礼貌时，客户服务人员要忍耐，保持冷静和克制的态度，不能和客户发生冲突，必要时以友好的态度对客户表示歉意，用自己的谦虚、诚恳感染客户、影响客户。同时，要以婉转的语言劝导、提醒客户。

3. 如果出现客户动手打人的情况，当事人应该保持冷静和克制，绝对不要和客户发生肢体冲突，同时要保护好自己，其他客户服务人员应立即向安保人员求助，中途劝阻客户以保护当事人，并马上向上级主管汇报，由主管解决处理。

第 12 条　对情绪不佳客户的服务

1. 客户服务人员要保持态度温柔，服务耐心、周到。

2. 与客户沟通交流时，注意语言精练，服务操作敏捷，最大限度地满足客户合理的需求。

3. 客户服务人员应努力用自己的热情去影响和带动客户的情绪。

第 5 章　特殊情形下服务质量标准

第 13 条　突发事故的处理

1. 当进行客户服务时发生突发事故，客户服务人员要保持镇静，先向客户道歉，并立即了解突发事故的原因。

2. 向客户解释，并再次表示歉意，要尽可能地提供更优质的服务加以弥补。

3. 对强烈不满的客户，应向上级主管汇报，并由上级主管向客户进行解释，防止由于突发事件处理得不及时造成客户损失或与客户关系破裂。

第 14 条　客户损失处理

1. 现场确认。客户服务人员在进行客户服务时，若客户物品有损失，应立即与客户共同确认损失责任归属。

2. 处理。客户服务人员应向客户解释关于损失赔偿的政策，若属于企业工作人员责任，则应立即通知相关责任部门人员到现场，确认客户损失，一边请客户填写客户损失报告并签名，一边进行赔偿处理。

3. 赔偿。在相关部门调查清楚损失原因后，客户服务人员负责向客户道歉并提供赔偿。赔偿时，应先验证客户有效身份证明，办理赔偿手续并请客户签名以做记录。

4. 如遇客户出现重大损失或发生暴力、吵闹等特殊情况时，客户服务人员应立即报警处理。

第6章 附 则

第 15 条 编制单位

本办法由客户服务部负责解释、说明。

第 16 条 生效时间

本办法自××××年××月××日起生效。

编制日期		审核日期		批准日期	
修改标记		修改处数		修改日期	

第 7 章　交付管理流程化

7.1　产品交付管理

7.1.1　产品交付流程管理

1. 产品交付流程如图 7-1 所示。

第7章 交付管理流程化

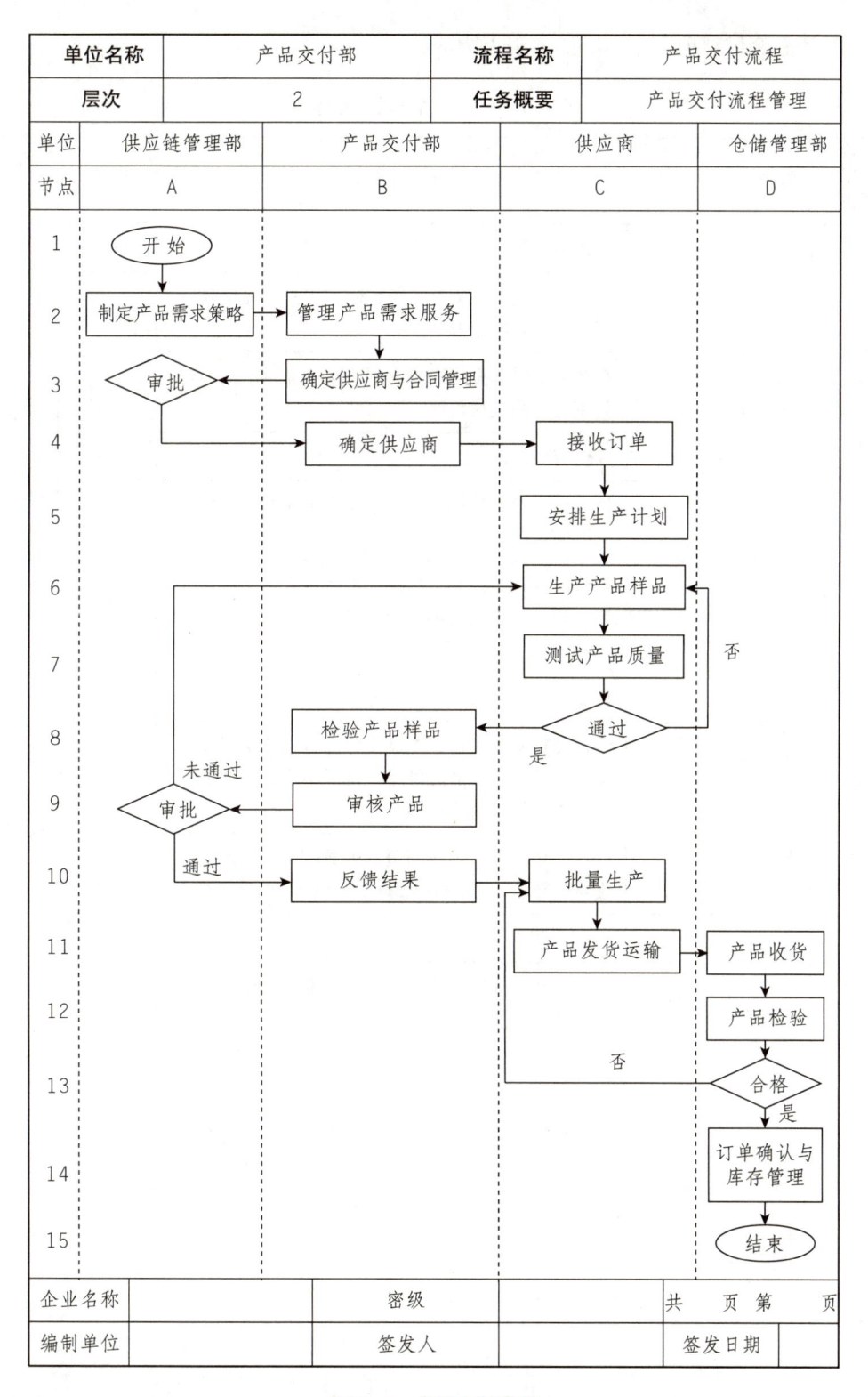

单位名称	产品交付部	流程名称	产品交付流程
层次	2	任务概要	产品交付流程管理

单位	供应链管理部	产品交付部	供应商	仓储管理部
节点	A	B	C	D

节点	流程
1	开始（A）
2	制定产品需求策略（A）→ 管理产品需求服务（B）
3	审批（A）← 确定供应商与合同管理（B）
4	确定供应商（B）→ 接收订单（C）
5	安排生产计划（C）
6	生产产品样品（C）
7	测试产品质量（C）
8	通过（C）是→ 检验产品样品（B）；否→ 返回生产产品样品
9	审核产品（B）→ 审批（A）未通过→ 返回
10	通过→ 反馈结果（B）→ 批量生产（C）
11	产品发货运输（C）→ 产品收货（D）
12	产品检验（D）
13	合格（D）否→ 返回；是→
14	订单确认与库存管理（D）
15	结束（D）

企业名称		密级		共 页 第 页
编制单位		签发人		签发日期

图 7-1 产品交付流程

2. 产品交付管理工作标准如表7-1所示。

表 7-1 产品交付管理工作标准

任务名称	节点	任务程序、重点及标准		时限	相关资料
产品需求接收与生产	B2 B3	程序	◇供应链管理部提出产品需求策略	随时	产品交付合同
			◇产品交付部根据需求策略确定出具产品交付计划，并制定实施方案	随时	
			◇产品交付部根据需求计划确定产品供应商后与其签订产品交付合同	随时	
		重点	◇供应商的确定与审核	—	
		标准	◇历年供应商选择标准与本年度供应商经营情况和诚信状况	—	
产品测试与运输	C4 C5 C6 C8 C10 C11	程序	◇供应商接收产品订单后，迅速投入生产，优先生产样品，投入监测，确定是否合格	随时	产品检验标准
			◇样品检测合格后，供应商将样品交产品交付部检验，产品交付部进行评分	随时	
			◇产品检验通过后，产品交付部将检验结果反馈给供应商，检验通过则进行批量生产，未通过则继续生产样品进行检验	—	
			◇产品生产后，供应商负责人员需要根据产品特性进行包装，最大限度保证产品运输质量与安全	—	
		重点	◇产品测试	—	
		标准	◇产品测试标准既要符合国际标准，又要符合企业标准	—	

续表

任务名称	节点	任务程序、重点及标准		时限	相关资料
产品交付与检测	D11 D12 D13 D14	程序	◇产品发货后,产品交付部要及时通知仓储管理部人员进行收货处理	随时	产品检验测试表
^	^	^	◇产品收货后,仓储管理部人员根据产品数量与特性确定检验标准,并进行抽样检验或全部检验	收货___天内	^
^	^	^	◇产品检验合格则确认收货,产品检验不合格,则退回供应商重新生产	—	^
^	^	^	◇产品收货后,及时将情况反映给产品交付部,登记无误后确认订单,并进行归档处理	—	^
^	^	重点	◇收货产品检验	—	^
^	^	标准	◇根据企业产品质量标准检验	—	^
说明:节点与图 7-1 对应						

7.1.2 产品交付管理规范

在产品交付过程中,采购部、销售部、质量管理部、仓储部、运营部需要根据各自部门的职能要求对交付的产品进行交付监控、检验等。以下是某企业产品交付管理规范,仅供参考。

规范名称	产品交付管理规范		受控状态	
^	^		编　号	
执行部门		监督部门	编修部门	

第 1 章　总　则

第 1 条　目的

为了确保供应商向企业交付的产品能够满足本企业需求,提升其按期交付能力,维护双方信誉,规范企业交付管理作业,特制定本规范。

第 2 条　范围

本规范适用于企业内部和外部交付的一切产品的管理。

第 2 章　工作职责

第 3 条　供应链管理部

负责整体工作内容的把控与实施过程中的监督工作。

第 4 条　销售部

负责客户的接单、跟单、安排交发货，协调处理产品交发过程中出现的各种问题，确保产品或服务能及时交付给客户，并在企业 ERP 系统做验收入库。

第 5 条　采购部

负责解决客户需求产品在订货、跟单和协调供应商交货过程中出现的各种问题，确保产品能及时入库，并在企业 ERP 系统中做入库登记。

第 6 条　质量管理部

负责对供应商交付的产品进行检验和确认，确保来料入库的产品合格，所交付的产品符合企业对品质的要求。

第 7 条　仓储部与物流部

负责对供应商交付的产品进行清点查收、分类保管，并按销售部的交货排程，安排车辆及人员运输合格产品交付至客户指定地点（指定位置），并交于指定人员接收。

第 3 章　产品交付监控

第 8 条　销售监控

销售部在产品交付过程中，主要负责监控订单接收、库存扣减、订单变更、交期确认、交付跟进、交货安排、退换货处理等工作。具体监控内容如下。

1. 订单接收。销售部跟单人员负责客户订单接收，根据客户的订单、合同要求，接单 24 小时内在企业 ERP 系统制定"销售订单"，确认并扣除现有库存情况后，将"销售订单"转至供应链管理部。

2. 库存扣减。销售部对每一个订单需求均应检查、确认当期需交付产品的库存量，并扣减有效库存，然后跟踪、确认整个订单能否准时交付，当出现可能导致延误交付的情况时，应立即召集相关部门制定紧急措施，确保交付完成。

3. 订单变更。销售人员在客户约定交货期间内收到取消或变更订单数量或交期的通知的，应在客户通知变更当日以邮件方式正式通知供应链采购部相关人员，并向采购人员确认是否可以取消或变更订单数量与交期，确认结果须及时反馈给客户。

4. 交期确认。当企业采购部回复交期不能满足客户要求时，销售人员应与供应链相关人员确认清楚原因，并寻求相关人员支持以争取实现客户要求。若最终仍不能达到要求，应立即在收到信息当日以邮件方式正式知会客户，并与客户确定好双方可接受的新交期。

5. 交付跟进。销售部负责记录及统筹客户所有订单的交付情况，包括产品名称、规格型号、数量、交付时间、交付地点、指定收货人信息等，并就交付过程中的问题适时与客户进行信息沟通，以确保为客户做好交付服务。

6. 交货安排。销售部跟单人员须在发货前一天打印销售送货单和标签给仓库备货，并跟仓库做好实际备货情况确认和对接工作，备货完成后打印客户规定的送货单并安排发货。

7. 退换货处理。销售人员在收到客户要求退换货的需求信息时，须及时确认退换货原因，并在收到信息当日以邮件方式正式通知质量管理部和采购部予以确认处理。销售人员须跟进退换货流程，直至客户最终满意接受。

第 9 条　采购监控

采购部在产品交付过程中，主要负责监控生产采购订单、订单确认、急单处理、交期管理、延期交付措施、供方管控、来货不良品处理、客户退换货处理、交货管理、商品停产管理。具体监控内容如下。

1. 生产采购订单。采购部在收到请购单后，须在 24 小时内在企业 ERP 系统中将请购单转为"采购单"或"采购合同"，并在 48 小时内传给供应商。

2. 订单确认。所有采购订单，原则上采购部应要求供应商在 1 个工作日内给予回复或确认；任何情况下，供应商都必须在 2 个工作日（按标准一周 5 天工作制）之内确认回传或回复接单意见，否则默认为正常接单和无异议。

3. 急单处理。遇到企业货期紧急或紧要重大采购项目时，采购部应要求供应商积极配合，并尽最大能力满足企业及关联企业的紧急采购要求。

4. 交期管理。当供应商回复采购订单交期不能达成客户要求时，采购人员须与供应商确认清楚不能如期交付的原因，并通过各种方式和渠道协助供应商尽快交货。采购人员在收到供应商反馈信息当日须以邮件方式正式知会销售部相关人员，并跟进销售人员与客户的确认结果。

5. 延期交付措施。当销售人员回复客户不接受延期交付时，采购人员应及时采取应急措施予以处理，包括使用备用供应商、同行调货、替代品确认等（若是替代品，须由销售部与客户沟通，取得客户同意方可使用替代品）。若仍不能处理妥当，须及时向上级主管、经理、总监汇报。采购部主管、经理、总监在收到此类信息时，须适时进行沟通并协调解决，直至客户满意。

6. 供方管控。采购部要对订单交付记录进行统筹及分析，对不能如期交付的供应商进行绩效分类管理，并同时加强对供应商的辅导及督促改善。对连续三个月交付不及时的供应商，适用供应商退出机制。

7. 来货不良品处理。采购部收到质量管理部对供应商来料检验不合格的通知后，须在收到异常单 24 小时内予以处理并回复处理方案，然后跟进处理程序直至关闭。原则上不良品处理完成的时间，应以影响客户接受的交期为准。

8. 客户退换货处理。采购部在接收到销售部反馈客户需退换货产品的信息时，须在收到信息当日联络供应商确认处理方案，并及时沟通与跟进，直到事件处理完成，客户满意。

9. 交货管理。采购部发送"供应商交货管理须知"至所有交易供应商，并要求供应商严格执行。

经客户或销售部同意后，由供应商直接送货到客户处，若由第三方发货的，采购人员须跟踪供应商交付，直到客户接收为止。对于客户要求送至指定地点（指定位置）才能接收的货物，采购人员须明确告知供应商按客户要求执行。

10. 商品停产管理。供应商向采购部反馈已停产的产品时，采购部要请供应商提供正式停产通知，说明其产品品牌、规格型号、停产日期，并请供应商同时提供其升级产品或替代产品的品牌、规格型号、产品规格书、相关资质证明、价格信息等。

采购部要及时将供应商反馈的停产相关信息发送相关部门知悉，并同步申请ERP商品编码"停产"标识（停产并不代表停用）。

第10条　质量监控

质量管理部在产品交付过程中，主要负责监控来货检验、异常处理、数据统计。

1. 来货检验。质量管理部按客户要求，对供应商交付的产品进行检验，包括其品名、规格型号、品牌、尺寸、数量、包装要求等，对于客户有特殊要求的产品，质量管理部要特别注意，并将其列入检验范围。对于品牌产品，须加强其品牌标识的来料检验。

2. 异常处理。对于检验不合格的产品，质量管理部要启动来料异常处理程序，在检验出不良品当日发出"来料异常处理单"，由采购部、销售部、供应链管理部等高层确认处理并完成流程。

3. 数据统计。质量管理部须按月对产品交付品质数据进行统筹分析，对产品交付品质不达标的供应商，执行特别管理程序，协同采购部对供应商品质绩效进行考核，并同时加强对供应商的辅导及督促改善。对连续三个月交付品质不达标的供应商，适用供应商退出机制。

第11条　仓储与物流监控

仓储部与物流部在产品交付过程中，主要负责监控来货点收、配送安排、异常处理、配送要求。

1. 来货点收。仓储部与物流部在供应商送货时，须及时核查供应商送货单与实物，确认产品品名、规格型号、品牌、尺寸、包装要求等信息，及时清点产品数量（包装箱数、交付总数），核对送货单与实物是否相符，若有异常，须及时提报部门主管并知会采购部、质量管理部予以处理。

2. 配送安排。仓储部与物流部要按照销售交货排期要求，及时安排人员和车辆予以配合，包括产品的清点、包装、装卸、搬运、运输等。

3. 异常处理。仓储部与物流部要保障运送过程中货物的安全，不能出现丢失、损坏、遗漏等现象，若有异常，须及时提报部门主管，由部门主管协同相关部门予以处理，并同时向供应链管理部经理、总监报告。若在运输过程中出现严重违反企业规定、侵害企业利益的行为，则报行政管理部予以处理。

4. 配送要求。仓储部与物流部送货人员代表企业形象，须着装整洁，与客户交接货物时应举止文明，用语礼貌。若在产品交付过程中出现任何自身不能确定及解决的问题，须及时报告部门主管，然后由部门主管与销售部、采购部等相关部门沟通并协调解决。若遇重大事项，部门主管须向供应链管理部经理、总监报告。

第4章　产品交付后的检验

第12条　产品的包装

1. 供应商要根据企业包装要求、运输距离、产品特性，选择适宜的包装方式。产品外包装，以不影响产品本身品质，不影响运输，符合客户要求为标准。

2. 产品在周转箱（盒）内堆置高度须低于周转箱（盒）本身高度，以免堆置时上面的周转箱（盒）的底部压伤、压坏产品。

3. 使用堆置纸箱（盒）盛装产品时，产品在纸箱（盒）内堆置高度不可高于纸箱（盒）口；重的产品放在下层，轻的产品放在上层，以避免上箱（盒）重量压伤、压坏下箱（盒）内的产品；纸箱（盒）堆叠层数按纸箱（盒）上标识确定。

4. 使用塑料油桶对溶剂类物品、化学药品、有毒物品、腐蚀性物品等搬运时，须取适当的塑料桶盛装并标识后方可进行搬运。

5. 对于供应商直送客户或由第三方发货的产品，采购部要发送"供应商交货管理须知"至各供应商，让供应商明确交货外包装的要求及注意事项。

6. 若客户对产品包装有特殊或指定要求，销售部应在发货前及时转达采购部，并由采购人员及时知会供应商按客户要求进行包装作业。

第13条　产品的贮存

1. 贮存、保护的环境条件，由仓储部、物流部根据产品的特性、产品技术条件以及国家有关法律法规，确定适宜的库房环境条件要求。

2. 对温度、湿度有要求的仓库，必须按规定进行控制，仓储人员应做好监控和记录。

3. 产品贮存要按型号、批次号进行摆放和管理，并做好物料标识，严格按"先进先出"原则进行发放。

4. 对化学药品、易燃、易爆、有毒物品、有腐蚀性等危险品应进行适当距离的隔离存放。

5. 对有保管期限的器材应提前一个月进行隔离和标识，同时上报单位领导及时处理，超过贮存期的产品按不合格产品处理方式申请报废或折价处理。

6. 仓库每月对仓库库存进行盘点，以确保账、物一致。每半年一次对仓库所有贮存的产品、物料做大盘点，并且由质量管理部进行质量抽样查核（抽样的比例由各库房按所查核产品、材料的数量大小决定），以便及时发现仓库中贮存的产品、材料出现变质、损坏等情况，并将查核的结果做好记录和报告。

7. 若产品、物料的质量为异常（包括有时效性限制的产品保存期限过期），则由检验人员开具纠正与预防措施报告知会仓库，要求其进行原因分析和提出纠正措施，同时以"不合格品"标牌对其进行标识，并移入不合格品区进行隔离。

8. 若产品、物料为质量异常，经返工/返修后仍不能成为合格品时，则由仓储部按不良品进行处理，同时做好台账与标识卡记录。

9. 产品和零组件不准直接摆放在地面上，必须装在箱中或放在架上。

10. 仓库内要有醒目的防火标识和足够的消防器材。仓储人员应做到在每日下班前对库房进行全面检查，杜绝事故隐患。

第 14 条　产品的搬运

1. 各搬运人员，应视搬运对象的状况，选择适当搬运工具，并将产品整齐摆放于指定区域。

2. 搬运化学药品、有毒、腐蚀性物品时，应使用劳保防护用品。

3. 使用手推车、工艺小车、手动叉车搬运时必须堆置平衡，重的物品应放置于下方，以避免物品掉落。物品重量不可超过车辆额定重量。产品堆置高度不可妨碍推车人的视线，宽度不可宽于行经路线，以避免碰撞；应以安全速度匀速推车，以避免速度过快而将其翻倒。

4. 厂外搬运。当所需搬运的产品、材料重量超出本企业搬运能力时，由仓储部与物流部申请，并经过供应链管理部经理、总监批准后，由采购部寻找并洽谈外部合格的交通运输搬运企业，并与之签订具有法律效力的服务合同，同时对其进行定期考核（指定的航运企业除外）。

5. 搬运过程中异常状况处理。若产品在搬运过程中有损坏（包括外包装）、变质时，应对搬运部门进行原因调查并追究相关人员的责任。

6. 厂内搬运时出现搬运过程中的质量异常状况，此产品须经检验人员做产品质量检测并确认合格后方可进入下一流程，若产品经重新检验仍不合格时，由仓储部与物流部按不良品进行作业和处理。

7. 厂外搬运时出现搬运过程中的质量异常状况，则由采购部（必要时会同质量管理部）要求外部交通运输企业按合同作出相关处理。

第 5 章　产品交付备案

第 15 条　产品交付监控管理体系

供应商将产品交付企业后，企业须建立产品交付监控管理体系，其内容必须包括：每批次产品交付时，产品从企业发出到达客户目的地所需的时间、运输方式和数量、质量，以及在交付过程中发生突发性事件时其应急处理措施和方法等。

第 16 条　产品交付监控统计表

产品交付监控的内容登记在"产品交付监控统计表"中。

第 17 条　逾期处理

当采购、运输等环节出问题使企业未能按客户的要求进行 100% 按期发货时，销售部应与客户及时沟通，以取得客户的谅解，并按客户的要求进行处理，同时报部门主管或经理，由其召集相关责任部门进行检讨，要求相关部门针对其做原因分析和提出纠正和改善措施；对产品交付所造成的发货超额运费，由销售部将其记录于"产品交付监控统计表"中。

第 18 条　防护措施

产品交付应有对产品质量的防护措施，这种防护应延续到产品交付用户的目的地，对此要求包括运输过程在内的必需的防护措施，如防磕碰、防变形、防丢失等。

第 19 条　归档

与产品交付管理有关的质量记录，由各质量管理部归档管理。

第 20 条　入库处理

供应商交货直发各销售处的，各销售部在收到供应商货物并核对送货单无误后，须在 2 个工作日内在企业 ERP 系统内作入库处理。经客户或销售确认同意，供应商直发客户端的，销售部将采购跟进产品派送到客户端，并要求供应商于送货后 2 日内回传"签回送货单"，同时须跟进并作入库处理。

第 6 章　附　则

第 21 条　编制单位

本规范由企业供应链管理部制定，修改权、解释权归企业供应链管理部所有。

第 22 条　生效时间

本规范自××××年××月××日起生效。

编制日期		审核日期		批准日期	
修改标记		修改处数		修改日期	

7.2　服务交付管理

7.2.1　服务交付流程管理

1. 服务交付流程如图 7-2 所示。

单位名称	客户服务部	流程名称	服务交付流程
层次	2	任务概要	服务交付流程管理

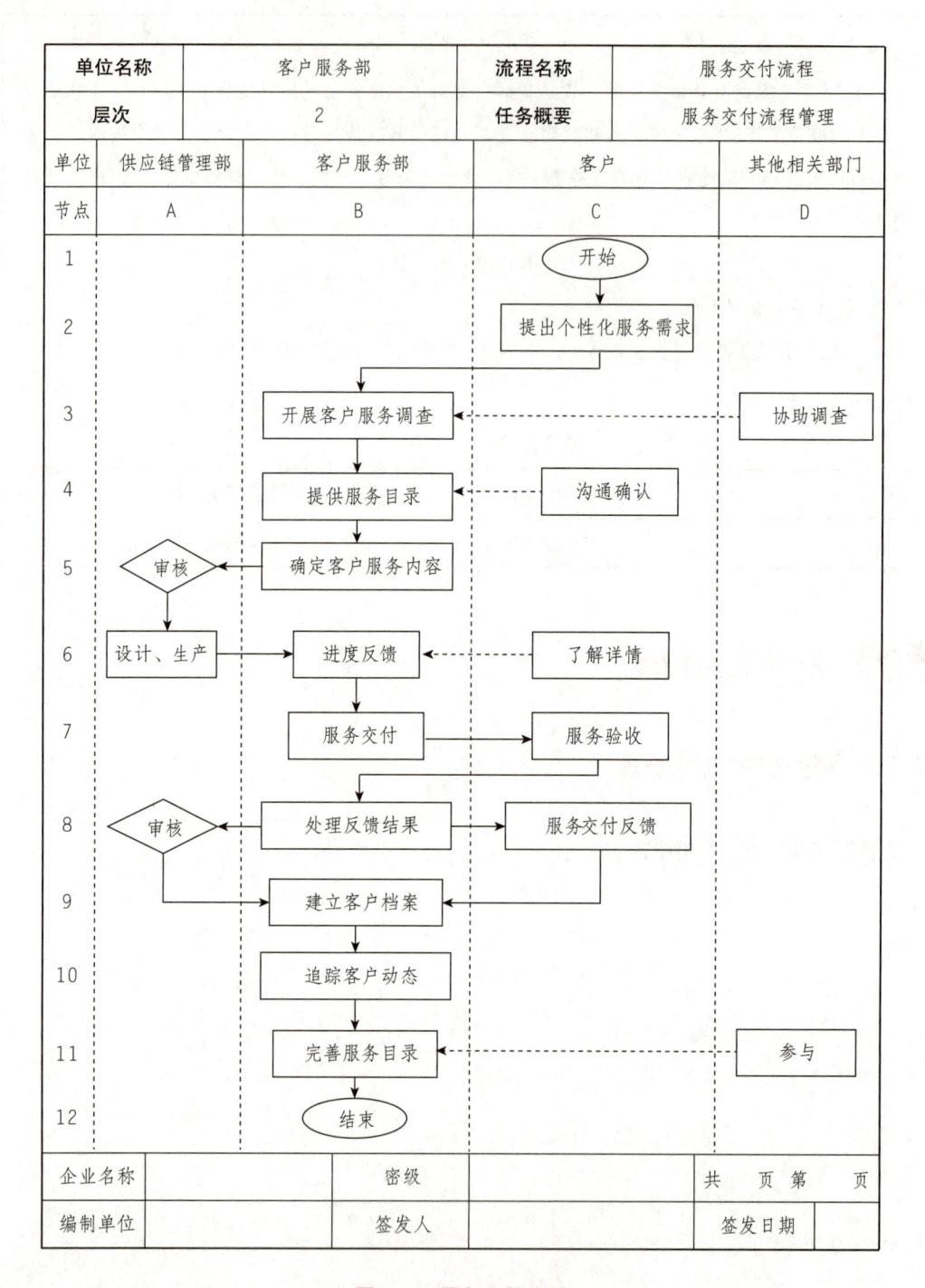

单位	供应链管理部	客户服务部	客户	其他相关部门
节点	A	B	C	D
1			开始	
2			提出个性化服务需求	
3		开展客户服务调查		协助调查
4		提供服务目录	沟通确认	
5	审核	确定客户服务内容		
6	设计、生产	进度反馈	了解详情	
7		服务交付	服务验收	
8	审核	处理反馈结果	服务交付反馈	
9		建立客户档案		
10		追踪客户动态		
11		完善服务目录		参与
12		结束		

企业名称		密级		共 页 第 页
编制单位		签发人		签发日期

图 7-2 服务交付流程

2. 服务交付管理工作标准如表 7-2 所示。

表 7-2 服务交付管理工作标准

任务名称	节点	任务程序、重点及标准		时限	相关资料
确认客户服务需求	C2 B3 B4 B5	程序	◇客户按照自我需求提出个性化服务需求，客户服务部通过网站的电子目录提供服务分类和搜索引擎工具，协助客户快速查询需要服务的类型	随时	客户服务需求表单
			◇客户查看服务目录，确定服务类型并与客户服务部针对服务的具体内容进行确认 ◇企业还可以通过主动调查，确定客户所需要的服务内容等细节	随时	
		重点	◇企业需要不断对服务目录进行更新	—	
		标准	◇服务目录需要以动态网页和静态网页相结合的文本、图片等形式向客户直观地、全方位地展示服务的基本信息和特点	—	
客户服务设计与交付	A6 B7 B8	程序	◇客户服务订单确认后，系统将相关信息传送至企业内部的客户需求分析系统、生产系统 ◇供应链管理部根据订单信息，有针对性地安排设计和生产	—	客户服务合同
			◇客户服务部定时反馈客户服务的设计、生产和进度 ◇客户服务部收集客户反馈信息，并将信息传递给相关部门	—	
			◇客户服务部定时将服务产品进行交付，并协助客户进行验收 ◇客户对交付服务进行评价、反馈，由客户服务部进行处理	—	
		重点	◇将服务产品按照不同的元素划分成不同模块，再以此来配置客户所需服务	—	
		标准	◇在服务过程中时时刻刻站在客户的角度，针对不同客户的不同需要采取灵活的服务技巧，同时企业需要在提升客户满意度和控制经营成本之间寻求平衡点	—	

续表

任务名称	节点	任务程序、重点及标准		时限	相关资料
追踪与管理	B9 B10 B11	程序	◇按照客户服务需求与客户网站浏览数据等信息，建立客户档案	随时	服务目录
			◇客户服务部跟踪并记录客户网站行为及消费历史，对客户实现动态管理	收货__天内	
			◇客户服务部根据客户动态管理结果，智能分析客户喜好，主动提供更有针对性的目录，以满足客户的个性化需求	—	
		重点	◇利用新技术改善服务细节，增强客户满意度/忠诚度	—	
		标准	◇最大限度地满足客户需求，消除客户顾虑；最高效地解决售后问题	—	
说明：节点与图7-2对应					

7.2.2 服务交付管理规范

服务交付是指企业为客户提供具体服务内容而非产品的交付过程，服务交付可以采用现场交付和远程交付两种交付方式。以下是某企业服务交付管理规范，仅供参考。

规范名称	服务交付管理规范	受控状态	
		编　号	
执行部门		监督部门		编修部门	

第1章　总　则

第1条　目的

为进一步规范供应商的服务类项目交付管理工作，提升服务交付管理的效率，保障服务工作质量，不断提升企业服务交付体验，结合企业实际情况，特制定本规范。

第2条　适用范围

本规范适用于企业向内与向外服务交付的管理工作。

（本规范所称服务类项目是指企业与供应商签订合同并明确服务内容及服务级别的项目，项目的生命周期即合同所规定的项目起止时间。）

第 2 章　权责管理

第 3 条　供应链管理部

负责服务交付工作的重大决策，对服务交付工作项目进行立项审批、管理规划审批、听取服务交付能力管理情况汇报并作决策，组建和管理团队。

第 4 条　采购部

1. 负责服务项目交付管理过程的监督与协调工作，定期向供应链管理部提交检查结果及质量目标统计数据，审核服务项目交付计划，指导并制定客户满意度量化目标。

2. 负责客户满意度调查及分析，结果反馈与报告反馈及项目验收。

第 5 条　质量管理部

负责服务交付的质量保证，对供应商的服务业务的质量进行监控，对企业及客户满意度进行调查，以及对改进措施进行监督及检查。

第 3 章　服务交付内容

第 6 条　操作内容

通过向客户提供服务产品的服务支持、优化改善和评估规划等交付内容，实现客户的服务交付需求。

第 7 条　服务支持

1. 确保服务交付在客户服务请求或故障申报后，能够做到尽快降低和消除对客户的负面影响，并在规定时间内完成交付工作。

2. 向客户明确服务支持渠道、工作时间与响应时间。

（1）在服务支持实施过程中判断优先级、有效性与紧急程度。

（2）应在服务支持处理过程中设置预警和报警以及必要的升级流程。

（3）待客户认可后方可结束。

第 8 条　优化改善

1. 企业服务交付需要根据客户需求与技术变更提供优化改善服务。

2. 企业需要优化需求并制定优化方案，方案中应至少包含如下内容。

（1）目标、人员与预算。

（2）具体步骤和完成进度。

（3）制定风险预案和回退方案。

第 9 条　评估规划

1. 服务交付开展后，应展开服务评估与分析，结合客户需求提出建设性意见或方案，确保服务交付可以做到长期、稳定发展。

2. 结合客户需求，并在服务支持和优化改善的基础上，制订实施计划，计划中应至少包括目标、步骤、人员、预算、进度和输出成果等内容。

第 4 章　服务交付方式

第 10 条　现场交付

指企业在实施服务交付过程中，使用到达现场交付或驻场交付方式。

1. 企业到达现场交付前需要提前了解交付内容、时间，准备交付时必需的材料和工具，并且针对项目风险作预案，避免出现纠纷问题。

2. 企业到达现场交付后，确认交付内容与执行流程，提供现场交付服务，交付完成后做好交付记录与问题处理方案。

3. 完成服务交付后须双方确认，签署"服务交付单"。

4. 服务售后与持续跟进。

第 11 条　远程交付

指企业在实施服务交付过程中，无须到达现场，采用网络等线上交付方式实施交付。

1. 远程交付前，了解服务内容与服务预案。

2. 远程交付中，双方确认需求并实施交付。

3. 远程交付后，调查客户满意度，更新服务记录。

第 5 章　服务交付管理

第 12 条　服务交付计划

服务交付前需要对交付内容做前期计划，以提供服务。

1. 计算前期投入与服务交付成本，挑选专业人员，展开服务交付计划与采购。

2. 编写服务交付手册，梳理服务交付流程，明确人员的职责分工。

3. 明确服务交付范围与服务交付时间。

4. 就考核要求和计算办法达成共识。

第 13 条　服务交付实施

按照服务交付计划向客户提供运维服务。

1. 严格按照服务交付计划阶段制定的要求进行实施，确保服务交付过程的规范性、服务交付内容的完整性和及时性。

2. 在服务交付过程中对服务交付信息进行记录，收集服务交付资料。

3. 确保服务交付信息同步。

4. 对服务交付管理要求和服务交付承诺提交必要的服务文档。

第 14 条　服务交付执行检查

在服务交付过程中需要对服务交付过程和服务交付结果进行监督、审查，及时发现问题并提出改进措施。

1. 就客户满意度进行调查与统计分析。

2. 受理客户投诉与问题处理。

3. 定期进行服务交付评估。

4. 内容归档。

第 15 条　服务交付改进

对服务交付过程中产生的问题进行总结、分析，提出改善建议，以提高效率，降低成本，提升客户满意度。

1. 完成对服务交付的问题回顾、经验总结、内容分享。

2. 对服务交付提供交付改善与跟踪服务。

第 6 章　优化改进

第 16 条　定期评审

1. 针对企业服务交付管理方案需要设置评审组，每年进行定期评审，作可行性评估与优化改善。

2. 在评审组内部达成一致，并提交管理层审批通过后，作为新的服务交付管理程序标准执行。

第 7 章　附　则

第 17 条　编制单位

本规范由企业供应链管理部制定，修改权、解释权归企业供应链管理部所有。

第 18 条　生效时间

本规范自××××年××月××日起生效。

编制日期		审核日期		批准日期	
修改标记		修改处数		修改日期	

第 8 章 合同管理问题化

8.1 合同模板问题

8.1.1 合同模板管理办法

在供应链管理过程中，会涉及大量的合同，企业可以将使用量较大的合同制成模板，以便更好地进行合同管理。在制作模板时，须由合同主办部门进行起草，再由多部门进行评审，最后投入使用。在应用过程中，要注意模板的更新问题，防范合同风险的发生。以下是某企业合同模板管理办法，仅供参考。

办法名称	合同模板管理办法	受控状态	
		编 号	
执行部门		监督部门		编修部门	

第 1 章 总 则

第 1 条 目的

为规范企业合同模板管理的相关事宜，做好合同模板起草、评审、更新、使用等工作，维护企业合法利益，规避相关风险，特制定本办法。

第 2 条 适用范围

本办法适用于企业各项工作的合同模板的管理。

第 3 条 定义

合同模板包括服务合同、租赁合同、运输合同、委托生产合同等业务合同。

第 4 条 职责分工

1. 供应链管理部负责合同模板的起草、更新、修改等工作。

2. 法务部、财务部、审计部、纪检部负责相关条款的评审。

3. 风控中心负责识别合同模板中的风险并进行评估。

4. 总经办负责对合同模板进行审批。

第2章 合同模板的起草

第5条 合同模板起草步骤

1. 确定合同模板名称。合同模板名称要清晰、明确，能直接表明交易目的。

2. 确定合同模板交易要点。其中包括合同模板内容的清单、目录及概述。

3. 确定合同模板体例。明确是单一的合同文本，还是主合同加附件的合同文本，或是多个主合同加附件并列的合同文本。

4. 确定写作重点。交易内容不同，合同模板的重点内容也会有所不同。如"生产合同"的必要条款有产品的名称、单价型号、质量要求、付款方式、标准与检验等，"货物运输合同"的必要条款则有货物的起送地、到达地、货物的领取与验收方式等。

5. 搜索合同模板范本。搜索类似的合同模板范本，典型的合同模板范本在很多地方可以搜索到，起草合同模板时，可以借鉴和参考。

6. 合同模板内容撰写。合同模板的内容主要包括首部、必备条款、功能性条款以及违约责任条款等。撰写时要对可能发生的情况进行假设，这样可以清楚地描述出发生相应情况后合同双方的立场如何。

7. 起草完毕后的审查。合同模板起草完毕后，须核对所有内容并送到其他相关部门进行审查。

第6条 起草注意事项

1. 尽可能使用短句，短句比长句更容易让人理解。

2. 尽可能用主动语态而不用被动语态，相对来说，主动语态句子更简短，措辞更精练。

3. 填写数字模块时要设计成汉字与阿拉伯数字并存，避免出现歧义，以减少不必要的错误。

4. 不要写自己发明的词语，避免因为意思细微的差异而引发争论，所以合同模板用词应该清楚、直接且正确，为一般人所能读懂。

5. 前后用词要一致，例如，想用"货物"指某个标的物，就不要改称"产品"，保持前后用词一致性，防止对方因含糊不清的合同模板而钻空子。

6. 在文法和标点符号上保持一致，注意文风的统一性、排版的优美性以及合同模板的通用性。

7. 在合同模板中明确争议处理办法、适用法律等条款。

第7条 合同模板关键内容

1. 鉴于条款。确定双方订立合同模板的初衷、原则、交易目的以及对合同模板的整体解释。

2. 相关词条定义。对所订立的合同模板中所涉及的一些词条进行解释，如商品、订单。

3. 甲、乙双方的权利及义务。对甲、乙双方的权利及义务做说明时，需要明确、具体，描述清晰。

4. 特殊约定。它是指在当事人根据真实意思表示签订了合法合同模板时，双方当事人的特殊约定，优先于法律的规定，但是合同双方的约定不能违反法律、行政法规等国家强制性规定。

5. 商品损坏、灭失的赔偿。说明发生商品损坏或灭失的赔偿标准以及因违反合同模板规定导致第三方索赔的情况。

6. 赔偿责任免责条款。说明因哪些情况导致无法执行规定的服务时，乙方不承担赔偿责任的相关条款。

7. 知识产权和守密任务。在合同履约期间，双方都应当信守自身的职业道德，不能侵犯他人的知识产权，也不能将对方的相关信息透露给第三方。

8. 违约责任以及争议解决。对合同双方在交货期限、产品质量、货款支付等方面的违约责任进行界定，确定争议的解决方式。

9. 合同解除和变更的情况。在供应链的合同模板中，应写明合同模板可以解除或变更的情况。

10. 其他约定。根据合同模板的实际情况约定一些其他的条款内容，以保证合同模板利益的最大化，从而降低合同模板风险，避免因合同模板风险给自己带来损害。

第3章 合同模板的评审

第8条 合同模板评审主体及内容

1. 供应链管理部负责评审合同模板中企业需求、合同范围的正确性、商务条款的合理性、对术语理解的统一性，明确专利信息和服务内容的可行性、产品相关信息的准确性。

2. 风控中心负责识别合同模板中的风险并进行评审。

3. 法务部负责评审知识产权或版权的完整性、法律条款的正确性。

4. 财务部负责审核结算方式。

第9条 合同模板评审要点

1. 合法性：包括合同模板的主体、内容和形式是否合法，合同模板订立程序是否符合规定，会审意见是否齐备，资金的来源、使用及结算方式是否合法，以及资产动用的审批手续是否齐备等。

2. 经济性：主要指合同模板内容是否符合企业的经济利益。

3. 严密性：包括合同模板条款及有关附件是否完整、齐备，文字表述是否准确，附加条件是否合法，合同模板约定的权利、义务是否明确，数量、价款、金额等标识是否准确。

第10条 合同模板评审

参与合同模板评审的部门应根据评审职责安排人员按时参加评审工作。

第11条 合同模板审查

评审人员应对合同模板中相关内容认真、仔细审查，若发现疑问之处，应及时与合同模板起草部门进行沟通。

第12条 确认合同模板

评审中发现合同模板中确有不妥之处的，应责令合同模板起草部门修改或重拟，直至确认合同模板无误。

第13条　评审工作时间

各评审部门对合同模板的评审工作时间累计不得超过3个工作日。

第14条　合同模板保管

评审通过的合同模板报总经理审批通过后，应统一进行分类、连续编号，并由合同模板管理人员专门保管。

第15条　"合同模板评审会签单"

合同模板评审完毕后须填写"合同模板评审会签单"。

第16条　合同模板审批程序

1. 由采购部发起，提交采购合同模板初稿。
2. 供应链管理部以及其他相关部门进行合同模板的评审，并形成评审报告。
3. 由法务部进行评估，确定合同模板中条款的合法合规性。
4. 提交总经办审批，通过合同模板。
5. 正式下发合同模板。

第4章　合同模板的更新与使用

第17条　合同模板的更新

当发生以下4种情况时，需要对合同模板进行更新。

1. 合同模板在双方执行过程中不断出现问题。
2. 相关标准的改变。
3. 市场价格变动和行情变化，需要第一时间根据市场价格的变动来对合同模板作出调整。
4. 由于立法的变化、新法的实施及旧法的废止，因此要不断更新合同模板，从而适应最新出台的法律。

第18条　合同模板的使用

1. 合同模板由供应链管理部负责保存，相关部门使用时须提交申请，并由供应链管理部人员做好相关记录。
2. 合同模板在签订时，原则上不允许修改合同模板中所确定的重要内容，若遇特殊情况，相关人员必须采用书面形式加以说明，再由上级领导按照相关规定重新审查、确认、审批。

第5章　附　则

第19条　编制单位

本办法由供应链管理部负责编制、解释与修订。

第20条　生效时间

本办法自××××年××月××日起生效。

编制日期		审核日期		批准日期	
修改标记		修改处数		修改日期	

8.1.2 供应商修改合同模板管理细则

企业在采购招标时往往会附上采购合同模板，供应商对合同模板内容有异议的，可提出修改申请。企业应制定管理细则，规定可修改的条款和不可修改的条款，并明确规定修改时须受法务认可和甲方认可的条款。以下是某企业关于供应商修改合同模板管理细则，仅供参考。

细则名称	供应商修改合同模板管理细则	受控状态	
		编　号	
执行部门		监督部门		编修部门	

第 1 章　总　则

第 1 条　目的

为维护企业合法权益，规范合同模板管理，加强风险防范，针对供应商修改合同模板的相关事项，并最终保证合同模板的顺利签订，保障生产经营活动的顺利进行，根据企业实际情况，特制定本细则。

第 2 条　适用范围

本细则适用于企业在生产经营过程中与供应商签订的合同模板的修改。

第 3 条　职责分工

1. 采购部作为合同模板的主要起草部门，负责根据双方协商结果，对合同模板进行修改，同时主持并处理因合同模板的修改事项所发生的相关纠纷事宜。

2. 法务部负责审查合同模板，防止出现不完善或不合法的合同条款。

3. 财务部、物流管理部对相关条款的修改进行评价。

4. 供应链管理部负责对合同模板修改全程进行监督与评价。

第 2 章　修改类型

第 4 条　可修改条款

当供应商提出修改以下条款申请时，可以进行修改。

1. 结算及支付方式。

2. 特殊约定。

3. 合同有效期。

4. 合同模板解除或变更的情况。

5. 其他约定。

第 5 条　不可修改条款

当供应商提出修改以下条款申请时，不可以进行修改。

1. 鉴于条款。

2. 产品名称、数量、单位、规格、单价、总金额。

3. 履行期限。

4. 质量要求。

5. 产品损坏、灭失的赔偿。

第6条　法务部确定修改条款

当供应商提出修改以下条款申请时，须由法务部进行确定。

1. 乙方资质文件。

2. 甲、乙双方的权利及义务。

3. 赔偿责任免责条款。

4. 知识产权和守密任务。

5. 违约责任以及争议解决。

第7条　甲方认可修改条款

当供应商提出修改以下条款申请时，须取得甲方的认可。

1. 包装要求。

2. 验收方式及标准。

第3章　修改程序

第8条　供应商提出要约

供应商首先向甲方提出变更合同模板的要约，该要约应包括希望对合同模板的哪些条款进行改动，如何改动，以及需要增补哪些内容。

第9条　风险评估

对因合同模板的修改可能导致的风险进行评估，并根据评估结果，制定控制措施。

第10条　双方协商

甲、乙双方予以研究后，如果无异议，以明示的方式答复对方，即为承诺；如果有异议，即部分同意或部分不同意，可以提出自己的修改、补充意见，这样双方经过反复协商直至意见达成一致。

第11条　条款改动

双方经过协商取得一致意见后，可进行合同模板的变更，合同模板变更时应采用书面形式，以便考查，从而避免纠纷发生。

第12条　公正、鉴证

如果原来的合同模板中有内容是经过公证或鉴证的，修改后的合同模板也应报原公证、鉴证机关备案。如果按照法律、行政法规的规定，原来的合同模板是经过有关部门批准、登记的，合同模板修改后仍应报原批准部门批准、登记。

第 13 条　告知

将合同模板修改内容告知相关人员，并对相关人员进行培训。

第 4 章　修改实施

第 14 条　注意事项

1. 批准修改后，由各相关职责的主管部门负责实施。其间，任何临时性变更，在未经审查和批准的情况下，不得超过原批准的范围和期限。

2. 验收企业应制定统一的"变更验收表"，变更结束后，变更主管部门应对变更情况进行验收，并填写"变更验收表"，确保达到计划的要求。变更主管部门应及时将变更结果通知给相关部门和人员。

第 15 条　培训

变更后及时进行教育培训，并以书面形式告知相关人员。

第 5 章　附　则

第 16 条　编制单位

本细则由供应链管理部负责编制、解释与修订。

第 17 条　生效时间

本细则自××××年××月××日起生效。

编制日期		审核日期		批准日期	
修改标记		修改处数		修改日期	

8.2　采购合同问题

8.2.1　采购合同执行进程管理制度

在企业采购合同执行进程中，实施过程的正确管理是采购合同能否顺利交付到客户手中的重要因素。企业应制定合同执行进程管理制度，保证采购合同的顺利执行，防范风险的发生。以下是某企业采购合同执行进程管理制度，仅供参考。

制度名称	采购合同执行进程管理制度	受控状态	
		编　号	
执行部门		监督部门		编修部门	

第1章　总　则

第1条　目的

为了确保采购合同的顺利执行，降低采购合同执行过程中发生违约事件的概率，提升采购工作的管理水平，特制定本制度。

第2条　适用范围

本制度适用于采购合同执行进程工作的管理。

第3条　管理职责

1. 采购部

（1）负责编制订单、发出订单、跟踪订单、组织验货以及处理相关问题等工作。

（2）负责采购合同的汇编、检查，考核采购合同的履行情况，并向法务部报送采购合同统计报表。

（3）负责建立采购合同执行的台账，以作为供应商履约及评价的依据。

2. 财务部

（1）负责为供应商办理付款结算。

（2）负责建立采购合同付款的台账以及解决采购合同经济纠纷。

3. 法务部

协助采购部进行索赔、纠纷处理。

第2章　订单编制

第4条　采购订单编制程序

1. 采购合同签订后，采购部应根据本企业生产经营需求和各部门的申请编制采购订单，经采购总监审批通过后交给供应商。

2. 采购订单发送到供应商处后，采购人员应与供应商代表进行沟通，确认其收到采购订单。

第5条　采购订单编制内容

采购订单应包括以下4项内容。

1. 采购物资的名称、品种、型号、规格。

2. 订货总数量、分期交货数和订单号。

3. 包装运输说明、到货地点、随货文件和验收方法。

4. 采购订单生效条件和纠纷处理办法等。

第3章 订单执行跟踪

第6条 生产过程跟踪

跟踪供应商生产及备货过程，发现问题及时反馈，出现变更时应立即解决并保证准时到货。对于订单加工周期长、变数多，监控过程比较复杂的情况，采购部可要求供应商提供进度安排表，然后根据进度安排表与供应商联络，并进行积极的协商，确保物料能够及时运送到企业。如果供应商提供的物料将延缓企业的生产，采购部应减少在该供应商处的采购数量并主动与其他的供应商联系，以增加采购数量。

第7条 生产需求跟踪

随时关注生产需求变化，如生产急需时，则应立即与供应商协调，并协助供应商完成紧急供货；如生产活动出现延缓，并经采购总监批准延缓或取消订单时，采购人员应与供应商进行沟通，确认其可承受的延缓时间或中止订单操作，并协商相关赔偿事宜。

第8条 库存状况跟踪

跟踪库存状况，保证库存水平。当出现库存过高或过低时，应及时与供应商取得联系，并制定相应的采购方案，以保证库存控制在合理水平。

第9条 运输过程跟踪

跟踪物资的备货、装运过程，确保供应商发货物资的规格、数量、质量符合企业要求。

第4章 物资验收

第10条 物资验收步骤

1. 采购人员在接收货物前应与供应商确认交货与验收时间，并保证相关事宜符合采购合同约定条款。

2. 交货验收的地点应依照采购合同约定地点为主，若约定地点因故无法对物资进行校验，采购人员应提前通知供应商并立即实施转移办理，以确保在约定时间实施物资验收。

第11条 物资验收内容

采购物资的验收工作主要有以下3个方面的内容。

1. 清点数量。查验交货数量是否与采购合同、订单及运送凭单相符，采购人员应进行至少2次数量清点，确保验收工作准确、无误。

2. 检验质量。确认接收物资与订购物资一致，并检验其质量是否符合采购合同约定的质量要求。

3. 检验清单。即对供应商的供货清单与承运单位的货运清单进行检验。

第12条 物资验收结果处理

采购人员根据验收结果对物资进行处理，有以下4种处理办法。

1. 入库。对验收合格的物资进行"合格"标识，并交送仓储部办理入库手续。

2. 拒收。对验收结果不符合采购合同条款规定的物资，通知供应商在限期内收回物资；若在采购合同中约定准许换货，则应在供应商送回合格品后再发还不合格品。

3. 补齐。物资出现短损时，应通知供应商在限期内补齐短损物资。

4. 索赔。物资出现损坏时，企业可向供应商或运输单位索赔。

第 5 章 结算

第 13 条 通知结算

采购部确认物资已验收入库后，应通知财务部按照采购合同约定的方式进行付款。

第 14 条 确认到账情况

财务部完成付款后，采购人员应及时与供应商沟通，确认款项到账情况，严格执行采购合同。

第 15 条 建立台账

采购部应建立付款及采购合同履约的管理台账，对双方的履约进程逐次、详细地进行书面登记，并保存能够证明采购合同履约情况的相关原始凭证。

第 6 章 采购合同执行变更

第 16 条 采购合同变更条件

采购合同执行中出现下列情况之一的，采购人员应及时向上级领导报告，并按照国家法律法规、企业有关规定及采购合同约定与供应商代表协商变更或解除采购合同。

1. 由于不可抗力致使采购合同不能执行的。

2. 对方在采购合同约定的期限内没有执行采购合同所规定的义务的。

3. 由于情况变更，致使企业无法按约定执行采购合同，或虽能执行但会导致重大损失的。

4. 其他采购合同约定的或法律规定的情形。

第 17 条 采购合同变更处理程序

采购合同需要变更时，采购部相关人员应会同法律顾问与采购合同双方协商解决。协商不成，须进行仲裁或诉讼的，采购部相关人员可协助法律顾问办理有关事宜。

第 7 章 采购合同执行纪律规范

第 18 条 采购合同法律约束

采购合同签订后即生效，具有法律约束力。采购合同执行的相关人员必须按采购合同约定全面履行规定的义务，遵守诚实守信原则，并根据采购合同性质、目的和交易习惯履行通知、协助和保密等义务。

第 19 条 执行记录管理

在采购合同执行过程中，采购部应对采购合同的执行情况以台账的形式做详细、全面的书面记录，并保留能够证明采购合同执行情况的相关原始凭证。

第 20 条 违纪行为

采购合同执行与管理的相关人员不得有下列行为，否则将视情节轻重给予相应处分。

1. 泄露采购合同内容或私自更改采购合同内容。

2. 丢失采购合同。

3. 参与采购合同工作时发生严重的不负责任、不合规定的其他行为等。

第 21 条　采购合同执行违纪处理

1. 采购合同执行过程中，相关人员违反国家和企业相关规定，造成经济损失或其他损失的，企业将视其性质和情节轻重，给予相关责任人行政和经济处罚。

2. 违纪情节严重、触犯刑法的，应及时移交司法机关处理，企业保留对相关责任人的追索权。

第 8 章　附　则

第 22 条　编制单位

本制度由供应链管理部负责编制、解释与修订。

第 23 条　生效时间

本制度自××××年××月××日起生效。

编制日期		审核日期		批准日期	
修改标记		修改处数		修改日期	

8.2.2　供应商履约评价管理制度

供应商履约情况对采购部的运行至关重要，因此企业应做好供应商的履约评价工作，规范供应商管理，搭建稳定、安全的供应链体系，通过优胜劣汰的方式选择并积累优质供应商资源，同时对不良供应商进行限制和禁止，以提高采购合同质量，降低违约风险，提升企业综合竞争力。以下是某企业关于供应商履约评价管理制度，仅供参考。

制度名称	供应商履约评价管理制度	受控状态	
		编　号	
执行部门		监督部门		编修部门	

第 1 章　总　则

第 1 条　目的

为便于企业后续项目开发目标计划的制订，后续工作择优选择供应商，并增强供应商在合同履行中配合的积极性，减少管理风险，特制定本制度。

第 2 条　适用范围

本制度适用于所有与企业签约的供应商的履约评价的管理工作。

第 3 条　职责管理

1. 供应链管理部

（1）负责组织各部门对供应商进行考察。

（2）负责组织第三方检测机构对考察合格的供应商进行测评。

（3）负责供应商绩效改进管理（如通知、审核、跟进）。

（4）协调处理供应商投诉。

2. 财务部

（1）参与供应商考察工作。

（2）参与供应商履约评估工作，评估付款结算配合情况、合同经济条款履约情况。

3. 研发中心

（1）参与供应商履约评估工作。

（2）参与评估供应商在设计方面的配合情况及对效果、方案的理解能力。

4. 质量管理部

（1）参与对供应商的考察工作。

（2）参与供应商履约后的评估工作，评估进度控制、质量验证、技术支持及配合情况。

（3）负责现场的供应商管理。

（4）协助并配合供应商投诉、调查。

第 2 章　内部评价

第 4 条　组织结构

项目经理到位率是否良好；岗位设置是否合理；组织管理人员数量和资质是否满足合同及组织结构阶段性要求；现场生产人员数量是否符合合同要求。

第 5 条　制度体系

生产组织设计和生产方案是否翔实、有效；是否有完整的交付制度、样品检验制度、过程管理制度；是否有成品保护、过程监督与整改制度规范。

第 3 章　服务评价

第 6 条　工作配合

是否积极参与或主动参与企业相关的质量、供应、成本等改进项目的活动，或推行新的管理办法等；是否积极组织参与企业共同召开的供应商改进会议，并配合企业开展质量管理体系审核等。

第 7 条　合作意识及服务态度

是否将企业看成是重要客户；供应商高层领导或关键人物是否重视企业的要求；供应商内部沟通协作（如市场、生产、计划、工程、质量等部门）能否整体理解并满足企业的要求。

第 8 条　沟通能力及效果

是否有合适的工作人员与企业沟通；沟通手段是否符合企业的要求（如电话、电子邮件、微信等线上沟通软件与本企业的匹配程度等）。

第 9 条　信息反馈

对订单、交货、质量投诉等的反馈是否及时、迅速；答复是否完整；对退货、挑选等是否及时处理。

第 10 条　售后服务

是否主动地征询企业意见，访问企业，并解决或预防相关问题。

第 11 条　突发事件处理能力

突发事件发生时，供应商能否快速作出反应，提出有效解决措施并执行，从而把突发事件对供应链的不良影响降到最低。

第 4 章　过程评价

第 12 条　材料管理

现场使用材料的合格率和样板是否符合合同要求；原材料的采购、检验、保管、使用是否满足合同要求。

第 13 条　质量控制

合同中质量保证措施、技术方案、制度的执行情况和质量控制及验收是否符合要求；成品保护措施是否完善。

第 14 条　进度控制

生产计划的编制和调整是否满足合同及实际要求；进度的控制和纠偏是否及时。

第 15 条　成本控制

供应商是否始终按实际完成产量，按时申请进度款；现场签证和补充预算是否符合现场实际情况；申报是否及时、准确。

第 16 条　交货期限

1. 交货准时率

交货准时率可以用准时交货的次数与总交货次数之比来衡量。交货准时率=（准时交货的次数/总交货次数）×100%。

2. 交货周期

自订单开出之日到收货之时的时间长度，以天为单位。

第 17 条　验收、整改

1. 供应商分部、分项工程及工序验收是否符合要求。

2. 质量问题的整改措施是否得当；整改效果是否令人满意。

第 5 章　价格评价

第 18 条　价格能动性

当采购人员发现价格有下降的空间，可与供应商进行议价谈判时，其关键在于供应商在合理的范围内是否愿意给企业调整价格。

第 19 条　价格透明度

采购方能否相对容易地知道供应商所提供产品的绝对价格或者相对价格的高低。

第8章 合同管理问题化

第20条 付款要求

评价付款周期、付款方式，发生意外情况须延长付款周期与更改付款方式时，供应商是否愿意与企业进行协商。

第6章 评价程序

第21条 评价程序相关内容

1. 供应链管理部下发"履约评价通知"即为评价程序正式启动。

2. 项目部整理本次准备评价的"供应商明细表"（须经项目经理确认）并发送至供应链管理部，整个过程自履约评价工作开始5个工作日内完成。

3. 供应链管理部制订本次供应商评估计划报领导审批，整个过程自接到准备评价的供应商名单后2个工作日内完成。

4. 相关评估人员按照评价表内容对供应商进行客观评分，整个过程从对供应商评价发起后2个工作日内完成。

5. 供应链管理部根据审核问卷和相关部门的评价形成评估结果，整个过程自收到评价表后3个工作日内完成。

6. 供应链管理部根据相关部门的评价所形成的评估结果对供应商评分进行汇总，并报领导审核。

7. 供应链管理部将评估结果通知给相关供应商，如有异议，供应商可提请书面反馈意见报供应链管理部，整个过程自通知后5个工作日内完成。

8. 由分管副总及总经理组成的终评小组对评估结果及供应商的申诉进行终评，从而形成本次履约评价最终结果及供应商合作等级。

9. 最终评估结果由供应链管理部在采购招标系统中发起供应商合作等级的审批，并报相关领导审核。

第7章 履约评估结果

第22条 筛选供应商

企业通过本次履约评估和对供应商统一资料的分析，实行统一分级及优胜劣汰管理。

第23条 优秀供应商

对于在连续两个项目、两个年度评估中表现优秀的供应商，企业可考虑与对方签订战略合作协议，高层互信，长期合作。

第24条 合格供应商

在后期的项目招标等合作中，企业可对合格供应商予以优先考虑，并通过不断地促改合格供应商，使其成为优秀供应商。

第25条 不合格供应商

企业分管领导可与供应商相关领导进行约谈，要求供应商进行改进，如供应商连续两次评估不合格，可给予其"两年"的整改期，整改期内不予合作，直至经资质评估合格后可再次将其列入供应商资源库。

第 26 条 建立反馈

因建立履约过程信息反馈机制和履约问题反馈渠道的需要，供应链管理部须收集本季度内合作供应商中的重大核心事件，包括生产质量、配合程度等环节，从而形成检查巡检报告并定期公布，保证供应商履约信息公开、真实。

第 8 章 附 则

第 27 条 编制单位

本制度由供应链管理部负责编制、解释与修订。

第 28 条 生效时间

本制度自××××年××月××日起生效。

编制日期		审核日期		批准日期	
修改标记		修改处数		修改日期	

8.2.3 供应商违约处理管理办法

部分供应商在签订采购合同后会发生违约行为，企业为了加强和规范采购合同的精益管理，提高采购合同履约率，一方面自身应当严守信用，履行采购合同；另一方面也要掌握相关法律法规，以更好地维护自身利益。因此，为了更好地规范供应商行为，企业需要制定供应商违约处理管理办法。以下是某企业关于供应商违约处理管理办法，仅供参考。

办法名称	供应商违约处理管理办法	受控状态	
		编 号	
执行部门		监督部门		编修部门	

第 1 章 总 则

第 1 条 目的

为规范供应商行为，使供应商违约行为处理有章可循，减少因供应商违约而给本企业造成的损失，特制定本办法。

第 2 条 适用范围

本办法涉及的供应商违约主要包括以下 6 种行为。

1. 未按时交货。
2. 质量不合格。

3. 违反保密规定。

4. 不可抗力造成的违约。

5. 物流服务违约。

6. 价格违约。

第 3 条　职责分工

1. 总经理、采购总监负责供应商违约处理的审批与决策。

2. 采购部负责供应商违约的原因分析、处理方案的制定及实施。

3. 法务部负责对供应商违约事项提出合理化建议，并负责所有相关法律事项。

第 4 条　违约行为处理流程

1. 采购人员发现供应商违约行为或接到供应商违约通知后，应立即向采购部经理汇报，并进行原因调查。

2. 确认违约行为后，采购部应制定相应的处理方案并报采购总监审批。

3. 经采购总监批准后，采购人员实施处理方案。

4. 对于因双方争议而无法执行处理的情况，采购部应立即通知法务部协助处理。

5. 采购部会同法务部共同制定采购合同违约的法律处理措施，并提报采购总监、总经理审批通过后方可执行。

第 2 章　违约行为认定与处理

第 5 条　没有按时交货的认定与处理

1. 认定

企业在采购合同约定的收货期限的 24 小时内，若没有收到供应商相关货物到达的信息，即视为没有按时交货。

2. 处理

（1）从供应商最迟交货日的次日起，每逾期一日，按逾期交货价款总值的 5‰ 计算，供应商所支付逾期交货违约金不应超过采购合同总金额的 10%。此外，支付逾期交货违约金并不免除供应商延期交货的责任。

（2）若企业在规定的交货日期后 10 日内仍未接收到货物，则视为发货方不能交货，企业有权要求发货方赔付全部货款的 10% 的违约金。

（3）供应商承担因交货不及时导致的本企业收货人员滞留在交货地点的一切费用。

（4）要求供应商支付的违约金及赔偿金，企业有权在应当付给供应商的货款中直接扣除。

（5）采购部有权要求供应商采用专车运输或快递等方式交付产品或物料，供应商承担由此增加的费用。

（6）以上各项违约金的交付并不影响违约方履行采购合同的各项义务。

第6条 质量不合格的认定与处理

1. 认定

(1) 在质量保证期内，采购物资存在规格、型号等与采购合同所规定的不符，或证实货物有缺陷的，包括潜在的缺陷或使用不符合要求等，均认定为质量不合格。

(2) 供应商在收到企业要求更换有缺陷的货物的通知后，若10日内或在签署"货损证明"后15日内没有补足或更换货物，以及后期交货仍不符合要求的，也视为质量不合格。

2. 处理

(1) 退货。供应商按实际发生货款退还企业，并承担由此发生的一切损失和费用。

(2) 折扣。货物、物料的低劣程度、损坏程度以及企业所遭受的损失数额，经双方协商后，可降低货物价格。

(3) 更换。在品质保证期内更换部件，修补缺陷。用符合规格、质量、性能要求的新部件或设备更换、修补有缺陷的部分，供应商须承担期间的一切费用和风险，并负担企业所发生的一切费用，同时，供应商应相应地延长质量保证期。

第7条 违反保密义务的认定与处理

1. 认定

供应商在合同约定的范围和时间内没有履行保密义务，由故意或过失的原因导致相关秘密事项泄露的，不管其是否给企业造成了损失，均视为违反了保密义务。

2. 处理

(1) 因供应商泄露机密而给企业造成损失的，供应商应支付直接损失或可衡量间接损失相应3倍的赔偿金，并立即采取措施以停止对企业的侵害。

(2) 供应商须及时对泄密人员进行内部纪律处分，并将处分情况及时告知企业。

第8条 不可抗力事件的认定与处理

1. 认定

采购合同中的不可抗力是指采购合同生效后，发生不能预见的后果，并且对其发生的后果不能防止或避免的事件，具体内容包括以下3类。

(1) 自然灾害，包括地震、台风、水灾等。

(2) 人为因素，包括战争等。

(3) 其他不可预见且不可避免的事故（如遇疫情则遵守国家政策）。

2. 处理

(1) 供应商发生不可抗力事件应立即通知企业，并在15日内提供不可抗力事件的详情及有关证明文件。

(2) 发生不可抗力事件时，合同双方应通过协商制定合理的解决方案，并尽一切努力减轻不可抗力事件产生的后果。

（3）不可抗力事件若持续15日以上，合同双方应协商决定本合同是否继续履行或终止。

第9条　物流服务违约的认定与处理

1.认定

供应商的运输方式选择不正确，包装方式简单不足以保护运输物品，交货地点不明确或不准确，物流企业选择不恰当致使货物丢失等，皆被认定为物流服务违约。

2.处理

（1）对于运输丢失或损坏的货物，企业有权要求供应商补发规定的货物，原货物不需要退回，补发货物的货款及产生的费用由供应商承担。

（2）对于因货物运输问题给企业造成的损失，供应商应支付企业损坏或丢失货款金额以及累计货物总货款的5%的违约金。

第10条　价格违约的认定与处理

1.认定

（1）所有物料价格应以采购合同规定为准，供应商擅自调整价格未提前协商的，视为价格违约。

（2）供应商承诺供应物料的价格是行业内同类、同款物料最低价格，一旦查出供应商向本企业供应物料的价格不是行业同类、同款物料的最低价格的，视为价格违约。

2.处理

（1）供应商调整价格应提前15天与企业协商，否则按原价执行。

（2）双方已经下达的订单，按原价格执行。经双方协商后同意涨价的，新价格以企业书面形式同意之日起下达新的订单计算。

（3）如查出供应商承诺供应物料价格不是行业同类、同款物料的最低价格，企业有权扣除差价，并要求供应商支付累计货物总货款的5%的违约金。

第11条　采购合同违约处理的途径

1.采购合同权利方保留在相关法律法规框架内解决问题的权利。

2.因采购合同具体条款的解释或采购合同履行产生纠纷时，双方应尽量友好协商解决，友好协商的期限为25天。

3.若协商无效，采购合同的任何一方可将争议提交至本地仲裁委员会，由该委员会依照相关仲裁规则进行仲裁。期间，企业可通过聘请代理人为其争取最有利的仲裁结果。

4.仲裁期间，除纠纷事项外，企业采购人员应通过洽谈等方式督促双方继续履行各自在本采购合同中规定的义务和权利，确保将企业的损失最小化和利益最大化。

5.如果仲裁未能解决争议，在考虑机会成本较低的情况下，企业可以向人民法院提起诉讼，以维护自己的合法权益。

6.企业法律顾问负责处理所有与采购合同争议相关的法律事项，并根据实际情况向企业提出合理化建议。

第3章 附 则

第12条 编制单位

本办法由供应链管理部负责编制、解释与修订。

第13条 生效时间

本办法自××××年××月××日起生效。

编制日期		审核日期		批准日期	
修改标记		修改处数		修改日期	

8.3 合同争议与诉讼问题

8.3.1 供应商合同争议处理制度

供应商合同争议是指合同各方当事人在合同签订后,因合同的生效、解释、履行、变更、终止等行为而引起的合同当事人的所有争议,主要表现在争议各方当事人对于合同产生、变更与终止的法律事实以及法律关系的内容有着不同的观点与看法。以下是某企业关于供应商合同争议处理制度,仅供参考。

制度名称	供应商合同争议处理制度	受控状态	
		编 号	
执行部门		监督部门		编修部门	

第1章 总 则

第1条 目的

为规范供应商合同争议处理流程,明确合同争议处理各部门的职能、职责及决策机构,使供应商合同争议处理工作权责清晰、流程规范化,从而提高工作效率,特制定本制度。

第2条 适用范围

本制度适用于供应商的合同争议处理的管理。

第3条 定义

1. 重大合同争议包括涉及A类供应商的合同争议,具体可分为争议金额大于或等于10万元的合同争议,以及争议金额小于10万元且大于或等于合同金额50%的合同争议。

2. 重大合同争议以外的合同争议统一归为一般合同争议。

第4条 职责管理

1. 合同争议履约责任部为供应商合同争议处理的牵头组织部门,参与合同争议处理全过程,包括接待、处理和回访，并负责对相关信息进行整理、汇总、分析，之后反馈至相关部门，以便推动服务和改进管理。

2.供应链管理部作为供应商的管理部门，负责受理供应商合同争议，将其登记备案后转入相关责任部门，并负责建立供应商合同争议的台账，跟踪处理情况等工作。此外，在归档供应商合同争议处理过程资料中，一旦合同争议焦点发生变化，供应链管理部有权监督责任主体单位进行相应转换。

第2章 合同争议处理关键点

第5条 合同争议接收渠道

供应商有任何异议或要求，均须以书面函件形式经该单位加盖公章后递交到企业。企业风险管理中心的审计监察部、合同履约执行部、招标采购中心的供应商管理部均为供应商合同争议的受理部门。

第6条 合同争议处理细节

合同争议履约责任部门在接收到合同争议后，应确保相关合同争议得到及时、合理、公正的解决，并向相关单位反馈。

第7条 合同争议处理

处理供应商合同争议应及时、诚信、专业、详细地调查、核实，不轻易承诺，与供应商保持沟通，反馈处理进度，加强部门沟通，统一回复口径，严格在合同争议处理规定时限内完成处理，杜绝延迟、停滞现象。

第8条 合同争议第一责任人

各职能中心负责人为供应商合同争议处理的第一责任人，负责牵头组织供应商合同争议的受理，并分组督导，控制重大风险。

第9条 合同争议判定

争议处理归口责任部门接到合同争议后2个工作日内判定是否为有效合同争议，若判定为无效合同争议，也应于2个工作日内反馈给相关单位。

第10条 合同争议处理时限

重大批准处理时限为10个工作日，一般合同争议处理时限为5个工作日，特殊情况报相关权限领导批准后可延长处理时限。

第3章 合同争议处理方式

第11条 和解

发生合同争议时应与供应商进行协商，在尊重双方利益的基础上，就合同争议事项达成一致意见，以解决合同争议。

第12条 调解

通过第三方的调解，运用说服教育的方式处理与供应商之间的合同争议，或由当地的人民调解委员会或行政调解部门执行调解。

第13条 仲裁

根据与供应商达成的仲裁协议,提交到仲裁机关进行裁决,裁决具有法律效力,双方应该履行。

第14条 诉讼

合同争议发生后没有仲裁协议的,可向人民法院提出民事诉讼,请求人民法院对合同争议进行依法处理。

第4章 供应商合同争议处理流程

第15条 合同争议备案登记

各渠道接收合同争议后,都应统一转发至供应商管理部进行备案登记,由供应商管理部进行分类后转入合同争议履约责任部,再由合同争议履约责任部牵头负责合同争议的处理,最后供应商管理部根据工作时限进行跟踪。

第16条 合同争议书面联系

合同争议履约责任部在接到合同争议的书面联系函件后,应与相关部门进行沟通或组织会议讨论,形成书面的合同争议处理内部一致的意见。

第17条 合同争议书面纪要

若合同争议意见要求与对方商洽的,则由主办人组织相关部门与对方进行商洽,形成双方一致认可的合同争议处理书面纪要。

第18条 合同争议相关会议

涉及重大合同争议的会议由各职能中心第一负责人直接参会,一般合同争议的会议由各职能中心经办人员直接参会,并将相关会议纪要、文件上报职能中心第一负责人签字确认。

第19条 报批处理结果

内部意见统一或与供应商协商达成一致意见后,责任部门须将处理结果以书面形式按企业权责上报相关领导审批,报批内容包括但不限于合同争议的原因、金额、企业有无风险、本次处理方式及后续有无改进措施等。

第20条 合同争议难度升级

合同争议难度较大(如内部意见不统一,且与供应商多次协商仍无法达成一致意见,严重超过处理时限的合同争议),且归口责任部门牵头相关部门但无法推动解决的,可升级合同争议难度,并上报决策机构处理。

第21条 合同争议书面回复

若合同争议处理意见须直接书面回复对方,则由主办人起草回函,按职责权限报批完毕并盖章后,递交对方签收;如须签订补充协议则转招标管理单位签订补充协议。

第5章 归档备案

第22条 过程资料归档

合同争议处理完毕后10个工作日内,各职能中心须将过程资料以电子档形式(扫描件)转入供应链管理部进行归档。

第 23 条 补偿金额

若企业处理的合同争议是补偿金额超过 10 万元的事项，则须在合同争议处理报告审批完毕后的 10 个工作日内以电子文档方式（扫描件）报送供应商服务单位和供应链管理部备案；若是补偿金额在 10 万元以内的事项则不报送供应商服务单位，应自行存档，并建立合作供应商合同争议处理台账。

第 24 条 合同争议台账

供应链管理部将各职能中心／项目企业备案的合同争议进程资料进行归档，并建立统一的合作供应商合同争议处理台账。

第 6 章 附　则

第 25 条 编制单位

本制度由供应链管理部负责编制、解释与修订。

第 26 条 生效日期

本制度自××××年××月××日起生效。

编制日期		审核日期		批准日期	
修改标记		修改处数		修改日期	

8.3.2 供应商合同诉讼管理制度

在合同双方当事人没有履行合同内的条款规定而造成合同违约的情况下，就会引起合同纠纷，经双方协商不成的，便可以通过诉讼方式解决。企业应制定供应商合同诉讼管理制度，对合同的起诉、应诉、执行等做出相应的说明与规定。以下是某企业关于供应商合同诉讼管理制度，仅供参考。

制度名称	供应商合同诉讼管理制度	受控状态	
		编　号	
执行部门		监督部门		编修部门	

第 1 章 总　则

第 1 条 目的

为规范本企业合同诉讼管理工作，及时、高效地处理合同诉讼，最大限度地维护企业的合法权益，根据相关法律法规，特制定本制度。

第 2 条 适用范围

本制度适用于供应商合同诉讼的管理。

第3条　管理职责

1. 相关业务部门作为合同诉讼履约责任部门，负责提供合同诉讼涉及的事实情况及证据材料，并参与合同诉讼的处理讨论；根据需要承担部分合同的诉讼处理事务，参与同合同相对人的商谈、和解，并负责建立合同诉讼工作台账和档案管理制度等工作。

2. 法务部作为企业合同诉讼管理部门，负责牵头诉讼案件的司法程序处理；会同合同主办部门制作案件专题报告并汇报，以供本企业管理层和相关部门阅知；负责案件的报备，以及签收、发送法律文书等工作。

第2章　起诉管理

第4条　争议发生

企业各部门在工作过程中，若发现可能引起合同诉讼的争议及事项，应积极了解情况并与争议对方当事人协商。若协商不成，则应及时对接法务部并反馈相关情况。

第5条　争议分析

法务部对当事部门反馈的信息及材料进行分析，于3个工作日内提出法律意见或建议。若涉及企业利益，应立即报请企业经济管理委员会决定是否起诉。若决定不起诉，则按照企业意向解决争议；若决定起诉，则应该在企业管理层审批同意后，方可实施起诉。

第6条　起诉准备

1. 业务经办部门对需要提起诉讼或仲裁的合同，应提前15个工作日（凡涉及诉讼时效的，最迟应在诉讼时效到期2个月前上报）将相关证据资料、情况说明报送至法务部。

2. 法务部对业务经办部门的证据资料等进行审查，于3个工作日内提出法律意见或建议，必要时报请企业管理层审批，并在3个工作日内将处理意见以书面形式通知案件经办部门。

3. 案件经办部门应在收到法务部书面通知后3个工作日内与法务部共同确定案件承办人员，由案件承办人员具体负责诉讼案件的处理。

4. 业务经办部门与法务部对需要提起诉讼或仲裁合同的时效负责，确保合同诉讼、仲裁在法定的诉讼时效内启动法律程序。

第7条　确定起诉

确定起诉后，由法务部负责制作诉讼文书，或在必要时将案件材料提交外聘律师，由外聘律师起草及确认，并在确认诉讼文书后7日内，办理完立案相关手续。

第8条　立案准备

根据法律顾问的意见，于7日内撰写起诉状，收集立案材料，包括证据材料（向相关部门收集）、企业法定代表人身份证明、授权委托书、营业执照复印件、法人证书或法定代表人身份证复印件及起诉状和证据目录等。材料准备完后汇报主管领导，于规定时间内携带材料去有管辖权的法院立案。

第9条　庭前准备

案件立案后，法务部人员负责与法律顾问对接诉讼事宜，准备诉讼材料，保证开庭前的材料准备齐全，并与法律顾问对接完毕。如果是特殊案件，对方履约能力较差，有可能导致损失进一步扩大的，则必须进行庭前诉讼保全。

第 10 条　开庭审理

按照司法程序依次主张诉讼请求，并提出理由。

第 11 条　领取判决书

法务部人员要在法院通知后 2 日内领取判决书，并将判决内容立即汇报主管领导，由其决定是否上诉。若决定不上诉，则案件结束；若决定上诉，则法务部人员应在接到判决书之日起 3 日内（《中华人民共和国民事诉讼法》规定上诉期为自判决书送达之日起 15 日内）立即对接法律顾问，准备上诉材料，并按司法程序主张上诉请求。

第 12 条　履行裁判文书

企业决定不予上诉的案件，法务部应将处理意见及相关裁判文书及时转发给相关部门，由相关部门负责相关裁判文书的履行。

第 3 章　应诉管理

第 13 条　收集证据资料

法务部收到应诉通知后，应及时汇报领导并与法律顾问对接。在收到应诉通知后，法务部应收集所需证据材料，并于 3 日内完成证据资料的收集工作。

第 14 条　应诉专题会议

法务部组织应诉专题会议，确定应诉方案，起草答辩状等法律文书。在确定由法律顾问主办后，法务部则负责配合。

第 15 条　应诉完毕

证据材料、法律文书及应诉方案准备完毕后，按照司法程序办理。

第 4 章　执行管理

第 16 条　执行判决

判决书生效后，若对方不按照判决书承担给付义务，企业则有权依照判决书及法律法规的相关规定，申请强制执行。若双方在判决书生效后达成一致意见的执行方案，法务部则应在执行方案履行期限满 10 日后通过汇报的方式请示领导，并由其决定是否执行立案；若无达成一致意见的执行方案，法务部则在判决书生效后 10 日后通过汇报的方式请示领导，并由其决定是否执行立案。

第 17 条　执行立案

执行立案后，法务部在 3 日内准备立案材料，包括判决书、企业法人营业执照（副本）复印件、法人代表身份证复印件等材料，然后去法院执行庭立案。

第 18 条　执行事项

案件转执行庭后，法务部同执行庭沟通执行事项。

第5章　案件归档

第19条　归档资料

归档资料是争议及诉讼案件处理过程中的相关资料，包括但不限于往来函件等书面资料，如起诉状、反诉状、申请书、答辩状等原件，证据材料复印件（原件归还各相关部门），开庭通知／传票、举证责任通知书、送达回证等法律文件，庭审笔录、代理意见、裁判文书、和解协议、履行资料等。上述资料作为争议、诉讼案件的归案资料，应及时归入争议、诉讼案件档案。

第20条　一案一档

法务部应建立纠纷、诉讼案件档案，一案一档。案件处理终结后5个工作日内，法务部应整理并归档纠纷、诉讼案件档案。

第6章　检查与监督

第21条　执行规定

企业各部门应严格按照本制度的规定开展工作，如法务部根据本制度的规定对各部门的非诉讼、诉讼案件管理工作进行监督及定期、不定期的检查。凡在检查或日常工作中发现各部门未按本制度的相关规定执行的，法务部有权督促其限期改正。

第22条　工作检查报告

法务部应对检查工作予以总结，并在检查工作完成后7日内出具工作检查报告，并提报企业领导，以作为绩效考核的依据。

第23条　行为监督惩处

企业工作人员如有下列违反本制度的行为，应将相关情况纳入绩效考核。对于未给企业造成损失的，给予批评并限期改正；给企业造成损失的，责令其赔偿损失，情节严重的，还应给予处分，甚至解除劳动合同；触犯刑事法律的，依法报请有关机关，追究刑事责任。

1. 未按照本制度规定的程序及要求办理争议、诉讼案件。
2. 在办理争议及诉讼案件过程中谋取私利。
3. 违反本制度规定，在争议、诉讼案件办理过程中对企业造成不良影响或不当损失。
4. 未按照本制度规定及时、准确地报告争议及诉讼案件情况。

第7章　附　则

第24条　编制单位

本制度由法务部负责编制、解释与修订。

第25条　生效时间

本制度自××××年××月××日起生效。

编制日期		审核日期		批准日期	
修改标记		修改处数		修改日期	

8.4 合同管理问题

8.4.1 电子合同管理办法

供应链管理，涉及对产品流、信息流、资金流的综合管理。对企业来说，意味着各类合同成千上万。传统纸质合同效率低，成本高，并且对多年积累的纸质合同进行存储也需要极大一笔费用，被篡改和遗失的风险也很高，难以追溯，总体上存在非常大的法律风险。因此，电子合同的出现成为提高供应链管理质量与效率的有效手段之一。以下是某企业电子合同管理办法，仅供参考。

办法名称	电子合同管理办法	受控状态	
		编　号	
执行部门		监督部门		编修部门	

第1章　总　则

第1条　目的

为规范电子合同管理工作，健全企业内部管理机制，减少因电子合同管理不当造成的损失，根据国家有关法律法规，结合企业实际情况，特制定本办法。

第2条　适用范围

本办法适用于企业内所有电子合同的管理工作。

第3条　职责分工

1.法务部

（1）负责国家有关电子合同管理法律法规的贯彻实施，制定、修改企业电子合同管理办法并组织实施。

（2）参与电子合同的考察、论证、谈判和起草工作。

（3）审查、监督企业各类电子合同的签订、履行情况，定期向企业领导汇报。

（4）建立主管范围内的电子合同档案，对电子合同进行登录、统计、备份并形成例行报表。

2.信息管理部

负责电子合同签订系统的技术支持与维护。

第2章　电子合同签订关键点

第4条　电子合同签订流程

电子合同的签订，主要有以下6个流程。

1.进入电子合同系统。

2.电子合同双方身份验证。

3. 引入电子合同文本。

4. 在线谈判。

5. 电子合同文本在线修改。

6. 电子合同签名。

第 5 条　电子合同的二次确认

经过谈判后形成的电子合同文本，双方须进行确认，确认过程应实施两次，即再次确认后才可进入电子合同签名阶段。

第 6 条　电子合同签名

电子合同必须附加合同签署各方的电子签名，依法具有与书面合同相同的效力。

电子签名人应当妥善保管电子签名制作数据。当电子签名人知悉电子签名制作数据已经失密或者可能失密时，应当及时告知有关各方，并终止使用该电子签名制作数据。

第 7 条　电子合同的辅助认证

电子合同制作时应使用辅助加密或使用技术设施进行认证，包括二维码、时间戳、水印、短信通知等方法。

第 8 条　第三方存储

电子合同双方或一方使用第三方存储的，经存储的电子合同信息应被视为完全真实的信息。

第 3 章　电子合同的备份与查询

第 9 条　电子合同备份

1. 经过电子签名后的电子合同的最终文本应当同步在电子合同签订系统或第三方存储服务商的服务器中，并进行备份，以便在发生纠纷时调用查询。

2. 电子合同的完整储存信息应当包括合同内容、签约时间、合同订立各方主体信息、电子签名信息等。订约人可随时在订约系统中查阅自己签订的电子合同信息。

3. 第三方存储服务商对电子合同谈判过程提供存储服务。储存后的电子合同能够应缔约人的请求进行在线查看和下载。

第 10 条　电子合同查询

1. 电子合同查询有在线和离线两种方式。

（1）利用在线方式查询电子合同，可利用电子签名制作数据进入电子合同第三方存储服务商，并按照存储服务商规定的操作程序查询。

（2）利用离线方式查询电子合同，应持主体身份文件，到电子合同第三方存储服务商办公地点进行查询。

2. 电子合同第三方存储服务商有义务为电子合同双方或其他依法取证机构提供书面证明函。

3. 电子合同缔约当事各方应当明确约定，如无相反证据，第三方存储的信息应当得到电子合同订立各方的确认。

第 11 条　电子合同存储期限

电子合同的存储期限不得晚于电子合同订立之日起 5 年，电子合同当事人另有约定的除外。

第 4 章　保密与安全

第 12 条　电子合同订立系统的保密

电子合同订立系统工作人员不得主动介入或干预缔约过程，以确保档案记录为自动生成。因系统故障等特殊情况需要人工干预时，应将人工介入的详细情况记载于系统中，并随合同档案一并保存。系统生成的档案记录非经缔约方请求，系统工作人员不得擅自查阅。

第 13 条　第三方存储服务商的保密

存储于第三方存储服务商的电子合同信息，除当事人请求或依法取证外，服务商应当严格保密电子合同信息，对于已经存档保管的记录信息，未经缔约双方的一致同意不得修改，且任何经授权修改的行为均应记载于系统中。此外，第三方服务商应采取技术手段防止其工作人员利用工作便利获知、公开或披露电子合同信息。

第 14 条　缔约系统安全及存储系统安全

电子合同缔约系统和第三方存储服务商应遵循国家法律法规，采取符合法律要求的设备、技术和管理措施，配备合格的人员保障系统并安全运营。电子合同缔约系统和第三方存储服务商应根据使用环境、数据信息和用户数量情况采取异地备份。

第 5 章　电子合同的关键性条款

第 15 条　法律适用

电子合同应适用《中华人民国电子签名法》《互联网信息服务管理办法》《信息安全等级保护管理办法》和双方当事人约定的其他法律。

第 16 条　电子合同的管辖

电子合同可在合同中约定纠纷的管辖地和管辖机构，但若选择仲裁的，则不能同时选择法院管辖。

第 17 条　电子合同的争议处理

电子合同缔约人可在合同中约定争议处理的解决方式。对于小额和简单的争议案件，推荐当事各方进行网上仲裁。

第 6 章　附　则

第 18 条　编制单位

本办法由法务部负责编制、解释与修订。

第 19 条　生效时间

本办法自××××年××月××日起生效。

编制日期		审核日期		批准日期	
修改标记		修改处数		修改日期	

8.4.2 纸质合同管理办法

重视纸质合同管理工作是档案工作人员必须要注意和认真对待的问题。由于历史的原因,此前的企业主要的档案资料都是采用纸质材料为载体进行保存,特别是一些机密性较高的文件,大多采用纸质文件存档,这对保存纸质合同的各方面提出了较高的要求。以下是某企业纸质合同管理办法,仅供参考。

办法名称	纸质合同管理办法	受控状态	
		编　号	
执行部门		监督部门		编修部门	

第1章 总　则

第1条　目的

为规范企业纸质合同管理工作,并保证纸质合同的完整性及保密性,理顺工作程序,明确工作职责,杜绝资料流失,特制定本办法。

第2条　适用范围

本办法适用于企业内所有纸质合同的管理工作。

第3条　职责分工

1. 纸质合同主办部门

（1）对纸质合同相对方主体资格和资质进行审查。

（2）组织纸质合同项目谈判。

（3）负责纸质合同文本起草工作。

（4）负责纸质合同文本审查、会签的流转。

（5）组织、监督纸质合同的履行。

（6）负责纸质合同的整理及移交。

（7）根据法定代表人的指示或本部门职权确定纸质合同主办人。

2. 财务部

（1）审查纸质合同中的财务收支事项是否符合国家财经法律、行政法规和企业财务制度。

（2）对纸质合同中影响财务的其他重要事项提出修改意见。

（3）依据国家财经法律、行政法规和企业管理制度对纸质合同资金进行管理。

3. 法务部

（1）负责审查纸质合同中的法律风险。

（2）对纸质合同进行编号。

4. 行政部

负责纸质合同的归档、立卷、保管工作。

第 2 章 纸质合同的签订与变更

第 4 条 纸质合同审查

主办人负责对已完成的审查、会签等工作，根据审查意见修改的纸质合同进行校核、复印、装订。

第 5 条 加盖公章

主办人负责将最终定稿的纸质合同待签署版本移送法定代表人或其授权委托人签署，并按照公章使用管理规定加盖公章，且须加盖骑缝章。

第 6 条 登记备案

公章的使用实行登记备案制度。

第 7 条 变更或解除程序

主办人提前变更或解除纸质合同的程序。

1. 主办人制作变更或解除纸质合同说明文件，并提交主办部门负责人审核。

2. 原纸质合同审批部门对变更或解除纸质合同的风险进行评估，并出具书面意见。

3. 主办人将上述文件及意见一并提交原最终批准人审批。

第 3 章 纸质合同归档与立卷

第 8 条 纸质合同组成

纸质合同应包括谈判记录、来往函件、传真、电话记录、电子邮件、图表、声像制品、合同文本、合同审核表及合同履行期间变更、解除手续等资料。

第 9 条 纸质合同编号

1. 形式

纸质合同编号由四级编码组成，即××司——××合——〔××××〕——第××号

2. 规则

（1）一级编码××司：由企业缩写字表示，后缀"司"，如房地产企业为"房产"司。

（2）二级编码××合：纸质合同承办部门（责任部门）缩写规则，一般取部门名称2个字缩写，后缀"合"字。

（3）三级编码〔××××〕：签订日期缩写，例如在2022年1月签订的，该级编码为〔202201〕，括号用"六角括号"表示。

（4）四级编码第××号：根据纸质合同签订先后顺序编流水号，编号代码为3位阿拉伯数字即从"001"到"999"，顺序号后缀"号"字。

3. 举例

供应链企业采购部于2022年8月签订的第10号采购合同，合同编号表示：供应链司采购

合〔202208〕第 010 号。

第 10 条　合同立卷

1. 卷内的文件材料应该按照排列顺序，依次编写页号，装订的案卷应统一在有文字的每页材料的正面的右上角和背面的左上角打印页号。

2. 永久、长期和短期案卷必须按规定的格式逐件填写卷内文件目录。填写的字迹要工整。卷内目录放在卷首。

3. 有关卷内文件材料的情况说明，都应逐项填写在备考表内。若没有情况说明，也应将立卷人、检查人的姓名和日期填上以示负责。备考表应置卷尾。

第 11 条　案卷排列格式

1. 案卷装订的排列格式：装订前，卷内文件材料要去掉金属物，对已破坏的文件材料应按裱糊技术要求托裱，字迹已扩散的应复制并与原件一并立卷，案卷应用三孔一线封底和打活结的方法装订。

2. 案卷各部分的排列格式：软卷封面（含卷内文件目录）、文件、封底（含备考表），以案卷号排列次序装入卷盒，置于档案柜内保存。

第 4 章　纸质合同保管与使用

第 12 条　保管条件

1. 防火

（1）纸质合同保管处必须配备消防灭火器材，灭火器必须放在明处，可随时使用。

（2）消防灭火器材每半年检查一次，如发现失效要及时报告并更换。

（3）管理员每天下班前要仔细检查保管室的电器设备，关闭电器及电源开关。

2. 防潮

（1）保管室须保持通风，尤其是在黄梅、阴雨天气，应随时关注，以防纸质合同返潮。

（2）室内地面出现积水须及时清理，以免沾湿纸质合同。

3. 防盗

各通道及重要地点，须安装监控摄像机，并建立监控室对其进行 24 小时监控。

4. 防鼠

（1）每月一次由专人在保管室各角落放置粘鼠板。

（2）发现鼠迹、鼠洞，及时查找并根治，确保达到无鼠要求。

（3）做好每月每次的防鼠记录。

第 13 条　保存期限

1. 纸质合同金额在_____万元（不含）以下的保存_____年。

2. 纸质合同金额在_____万元（不含）以下且在_____万元（含）以上的保存_____年。

3. 纸质合同金额在_____万元（不含）以下且在_____万元（含）以上的保存_____年。

4. 纸质合同金额在_____万元（含）以上的永久保存。

5. 正式形成的纸质合同以合同签订之日起开始计算保管期限。

第 14 条　纸质合同的借/查阅

借/查阅本部门内的纸质合同，须经本部门负责人签字同意；借/查阅本部门外的纸质合同，须经总经理签字同意后方可借/查阅。纸质合同保管员须依据相关负责人签字同意的"纸质合同借/查阅申请表"，方可将纸质合同交给借/查阅人使用。

第 15 条　纸质合同使用办法

纸质合同仅供本企业使用，企业外的单位或个人须借/查阅时，应由本单位相关人员陪同，并由本企业人员办理相关借/查阅手续，所有纸质合同均须经总经理批准后，方可借/查阅。

第 5 章　附　则

第 16 条　编制单位

本办法由供应链管理部负责编制、解释与修订。

第 17 条　生效时间

本办法自××××年××月××日起生效。

编制日期		审核日期		批准日期	
修改标记		修改处数		修改日期	

第9章 关系管理方案化

9.1 客户关系管理

9.1.1 客户服务策略管理办法

客户服务人员的专业服务技能低、水平差，都会导致客户服务效率低下、客户满意度较差，因此，企业需要制定专门的客户服务策略来提升客户服务水平和客户服务人员的工作效率，以便提升客户满意度。以下是某企业客户服务策略管理办法，仅供参考。

办法名称	客户服务策略管理办法	受控状态	
		编　号	
执行部门		监督部门		编修部门	

第1章 总　则

第1条 目的
为建立专业的客户服务管理体系，完善对客户服务的管理，提升客户对企业的满意度和忠诚度，为客户提供优质服务，防止客户流失，提高企业的盈利能力，增加企业经济效益，特制定本办法。

第2条 适用范围
本办法适用于所有领域内与企业有往来的客户的管理工作。

第3条 管理职责
客户服务部负责客户的管理工作，具体职责如下。
1.负责客户日常工作的管理，对客户管理各工作进行监督、指导和考核。
2.负责根据客户的不同情况为客户建立档案，并对客户档案进行及时的检查和更新。

3. 负责根据客户的要求，与企业各部门沟通协调，确保客户的产品退、换货请求得以解决。

4. 负责定期安排工作人员拜访客户，收集、整理客户意见和建议，及时作出相应的调整，并反馈给客户。

5. 负责处理产品售后问题和投诉，协助其他部门共同处理客户问题。

6. 负责组织对重要客户的来访接待，进行重点客户日常关系维护，协调、稳定企业与客户关系。

第 4 条　对客户的基本要求

客户准入的基本条件包括以下内容。

1. 遵守国家颁布的各项法律法规、规章制度，遵循行业准则。

2. 积极履行与企业的销售合同约定。

3. 准确、及时地向企业提供客户调查工作所需的各种材料。

4. 客户发生变更或注销时，要及时通知企业，并协助企业进行客户资格的变更和注销。

第 2 章　客户优先级划分

第 5 条　客户优先级划分目的

企业对客户进行优先级划分的目的是有效发掘客户的价值并使其最大化，将企业的有限资源合理配置给不同级别的客户。

第 6 条　客户优先级划分依据

1. 销售总额

（1）当年度合同金额大于等于_____万元，评分为 10 分。

（2）当年度合同金额大于等于_____万元，小于_____万元，评分为 8 分。

（3）当年度合同金额大于等于_____万元，小于_____万元，评分为 6 分。

（4）当年度合同金额大于等于_____万元，小于_____万元，评分为 4 分。

（5）当年度合同金额小于_____万元，评分为 0 分。

2. 销售回款率

（1）销售回款率大于等于_____%，评分为 10 分。

（2）销售回款率大于等于_____%，小于_____%，评分为 8 分。

（3）销售回款率大于等于_____%，小于_____%，评分为 6 分。

（4）销售回款率大于等于_____%，小于_____%，评分为 4 分。

（5）销售回款率小于_____%，评分为 0 分。

3. 应收账款

（1）年末应收账款金额小于_____万元，评分为 10 分。

（2）年末应收账款金额大于等于_____万元，小于_____万元，评分为 8 分。

（3）年末应收账款金额大于等于_____万元，小于_____万元，评分为 6 分。

（4）年末应收账款金额大于等于_____万元，小于_____万元，评分为 4 分。

（5）年末应收账款金额大于等于_____万元，评分为 0 分。

4. 产品认可度

（1）对产品十分认可，认为产品完全符合企业发展的，评分为 10 分。

（2）认为产品基本符合企业的发展要求的，评分为 6 分。

（3）对产品评价一般的，评分为 3 分。

（4）认为产品不符合企业的发展要求的，评分为 0 分。

5. 可持续合作性

（1）与企业建立长期合作伙伴关系的，评分为 10 分。

（2）与企业合作多年，有意向建立长期合作伙伴关系的，评分为 8 分。

（3）具有发展潜能，未来可能会成为重要客户的，评分为 4 分。

（4）属于零星客户，没有较大影响的，评分为 2 分。

6. 综合得分

综合得分 = 销售总额得分 ×40%+ 销售回款率得分 ×20%+ 应收账款得分 ×20%+ 产品认可度得分 ×10%+ 可持续合作性得分 ×10%。

第 7 条　客户优先级划分结果

1. A 级客户：综合得分大于等于 8 分的，评为 A 级优质客户。

2. B 级客户：综合得分大于等于 6 分，小于 8 分的，评为 B 级重要客户。

3. C 级客户：综合得分小于 6 分的，评为 C 级普通客户。

第 3 章　A 级客户服务管理

第 8 条　产品类服务

1. 购买企业产品，享受最高优惠价格。

2. 享有产品优先供货、配送的权利。

3. 享有产品存在质量问题时优先退、换货的权利。

4. 可享受赊销服务，赊销期限不得超过_____天，赊销金额不得超过_____万元。

第 9 条　售后类服务

1. 享有优先安排售后服务、解决产品争议问题的权利。

2. 安排专门营销人员或技术人员提供个性化的咨询和指导服务。

3. 为客户提供产品的研究报告和信息咨询。

第 10 条　关系类服务

在服务过程中，为客户提供人性化关爱服务，包括客户拜访、异地接待、客户生日祝福等活动。

第 4 章　B 级客户服务管理

第 11 条　产品类服务

1. 购买企业产品，享受优惠价格。

2. 享有产品优先供货、配送的权利，级别低于 A 级。

3. 享有产品存在质量问题时优先退、换货的权利，级别低于 A 级。

4. 可享受赊销服务，赊销期限不得超过 ____ 天，赊销金额不得超过 _____ 万元。

第 12 条　售后类服务

1. 享有优先安排售后服务、解决产品争议问题的权利，级别低于 A 级。

2. 安排专门营销人员或技术人员提供个性化的咨询和指导服务，级别低于 A 级。

3. 为客户提供产品的研究报告和信息咨询，级别低于 A 级。

第 13 条　关系类服务

在服务过程中，为客户提供人性化关爱服务，包括客户拜访、异地接待、客户生日祝福等活动，级别低于 A 级。

第 5 章　C 级客户服务管理

第 14 条　产品类服务

1. 按照企业市场定价标准购买产品。

2. 按交付时间正常供货和配送产品到客户指定的交付地点。

3. 产品质量若存在问题，联系客户服务人员并按照正常退、换货流程处理。

4. 没有赊销服务。

第 15 条　售后类服务

按照企业规定的正常售后服务制度为客户解决售后问题。

第 6 章　制定客户服务政策

第 16 条　进行员工培训

1. 基础培训。侧重于员工岗位知识和技能的掌握，基础培训一般由基层单位组织实施。

2. 专业培训。着重于员工专业知识和专业技能的培养，专业培训根据各岗位的工作需要组织实施。

第 17 条　提供自助服务

通过新兴技术手段，为客户提供自助查询、问询服务，主要包括订单查询、产品查询、客户状态查询、信用问询、财务问询等。

第 18 条　建立服务文化

建立以客户为中心的企业文化，工作人员在进入工作岗位前，先学习企业的服务文化。

第 19 条　确定服务责任

由客户服务部承担对客户全部服务的责任，包括售前咨询、售中服务和售后问题处理等。

第 7 章　确定客户服务水平

第 20 条　沟通客户服务要求

1. 确保客户所有的服务要求能被客户服务部管理者清晰地理解，大部分要求能被所有直接面对客户的服务人员理解。

2. 沟通客户的服务需求后，部署与客户期望相当的服务策略，并及时反馈给客户。

3. 将客户满意度指标存于企业系统中，根据指标对客户进行分析。

第21条　建立客户服务文档

1. 根据客户的服务要求为客户建立服务文档，文档格式可以因客户而有所不同。

2. 客户服务文档主要记录企业与客户的联系和交流内容，文档要详细、清晰、完整。

3. 客户服务文档要及时归档保存。

第22条　评估客户服务业务

1. 每季度对客户进行业务评估。按照客户分级标准划分客户的优先级，调整客户的级别，为其提供级别对应的服务。

2. 建立公开的评估渠道。评估完成后，交互信息，并根据评估结果，制订合适的行动计划。

第8章　制定保修服务

第23条　建立保修政策文件

为更好地保障顾客的权益，为其提供更好的服务，特制定产品保修条款。

第24条　管理产品保修条款

1. 品质保障

对于购买本企业生产的产品，若非人为损坏的质量问题，本企业承诺＿＿＿年内包换，＿＿＿年内免费保修，具体保修条款如下。

（1）自产品购买之日起＿＿＿年内，如出现产品质量问题，企业为客户包换产品。

（2）自产品购买之日起＿＿＿年内，企业为客户提供免费保修服务。

（3）自产品购买之日起超过＿＿＿年，企业为客户提供有偿保修服务。

2. 保修要求

提前与客户协商好保修的范围，有以下情况的，不在保修范围或提供有偿保修服务。

（1）人为原因造成损坏的且损坏程度较轻的情形，提供有偿保修服务；损坏严重的不予保修。

（2）未经授权，擅自对产品进行维修和更改的，不在保修范围之内。

（3）未按照说明书进行组装和设计造成损坏的，依照损坏程度，提供有偿保修服务。

第9章　附　则

第25条　编制单位

本办法由客户服务部负责编制、解释与修订。

第26条　生效时间

本办法自××××年××月××日起生效。

编制日期		审核日期		批准日期	
修改标记		修改处数		修改日期	

9.1.2 客户服务管理实施细则

客户服务意识的淡薄、客户服务体系的不完善以及售后服务不到位，导致了售后服务管理出现诸多问题。为有效地解决客户服务管理过程中出现的问题，企业须加强对客户服务各方面的管理，从而提升其绩效。以下是某企业客户服务管理实施细则，仅供参考。

细则名称	客户服务管理实施细则	受控状态	
		编　　号	
执行部门		监督部门		编修部门	

第1章　总　则

第1条　目的

为了加强对客户服务工作的管理，明确客户服务规范，提高客户服务人员的服务水平，及时、有效地处理客户投诉、问题和请求，提高客户的满意度和忠诚度，特制定本细则。

第2条　适用范围

本细则适用于企业客户服务管理工作。

第3条　管理职责

1. 客户服务部负责所有客户的售后服务工作，具体工作职责如下。

（1）负责对客户的请求、投诉、问题进行收集和整理。

（2）负责根据问题、投诉和请求的分类，进行原因的分析和问题的解决，并将结果及时反馈给客户。

（3）负责收集和更新客户信息，收集客户的反馈建议，反馈给客户服务部经理。

（4）负责抓取潜在的销售机会，并将销售机会提供给销售团队。

2. 总经办负责客户服务管理实施细则的最终审批工作。

第2章　管理客户服务人员

第4条　排定客户服务日程

1. 可为客户提供每周7天，每天24小时的在线服务（不同行业有不同标准），在最短时间内解决客户问题。

2. 建立专门的运营团队负责客户的反馈和投诉的跟踪解决。

3. 使用大数据识别管理客户的机会，使订单和交付流程更有规律，更人性化。

第5条　衡量客户服务

1. 定期与客户进行会面，确定客户服务的优先事项。

2. 通过对客户投诉的分析、探讨，解决客户服务流程存在的问题。

3. 根据客户服务投诉，进行内部改善，使服务更加贴合客户的需求。

4. 根据客户反馈，对客户服务人员的绩效进行打分。

5. 定期进行绩效评估，包括在合适情况下与客户一起进行评估。

6. 对照标准审查客户服务流程，若其未能满足最低要求，将重新制定流程方案，以便恢复目标绩效水平，并做出实际改善。

第3章 管理客户服务

第6条 接收客户问题、请求和查询

1. 通过客户关系管理软件，客户可输入请求、问题信息，由客户服务部记录客户相关信息及请求。

2. 记录所有客户的问询，确保及时做出响应，保证所有问询都能得到解答。

3. 客户可通过各种方式，如互联网或电话等形式进行有关订单状态的查询。

4. 根据客户概况或协议，为客户提供不同水平的支持。

5. 利用稳定、可靠的技术为客户提供适时的帮助，更好地响应客户，同时也使客户服务的效率、效果得到提升。

第7条 分析问题、请求和查询

1. 对收集的问题、请求进行分类，可分为常见问询和特殊问询。

2. 信息服务类问题由客户服务人员直接反馈给客户；技术和质量问题则交由相关部门进行处理。

3. 对不同的问询、请求做归纳，制定相应的解决流程。

第8条 解决客户问题、请求和查询

1. 制定常规问题解决流程，解决多数常见问询。

2. 初次与客户接触的工作人员，须了解解决问题的具体工作流程。

3. 对在电话中不能解决的问题应做好记录，等待专业人士进行解决。

4. 制定确定的、文档化的流程，用于记录问询、确认和批准。

第9条 反馈客户问题、请求和查询

1. 客户服务人员有权就客户的问询采取行动，以便提升企业形象。

2. 建立可见性的客户信息系统，充分获取客户订单信息、产品信息、合同条款等，方便客户查询。

3. 客户服务人员须跟踪客户的整个请求过程，直到问询得到解决。

4. 对在电话中不能解决的技术问题，等待专业人士进行解决。

5. 制定最普通的问询的流程，并将其纳入企业系统中。

第10条 识别和抓住交叉销售机会

1. 对客户需求进行全面的了解，发现现有客户存在多种需求的场合，为其推荐企业的其他产品以满足客户的需求。

2. 加强企业内部与外部沟通，企业必须将所有的产品信息传达给所有的员工及客户，加强对交叉销售的重视。

3. 设立配套的交叉销售的制度，做好交叉销售奖励政策，激发员工的工作积极性。鼓励客户服务人员在与客户的接触中，为企业其他部门创造销售的机会以提高整个企业的销售额。

4. 客户服务人员要重视客户的需要，强调与客户建立长期的关系，并把这一观念贯穿在服务的方方面面，加强与客户之间的联系。

5. 提高客户服务人员素质，为客户提供足够的信任感，并且维持长久的关系。

6. 建立全面的客户信息系统，形成客户资源库，获取客户资料。

第4章 管理客户投诉

第11条 接收客户问题

1. 客户可通过互联网或呼叫中心反映投诉问题。

2. 为客户提供不同时段的售后服务支持，如8小时支持，24小时支持。

3. 保留清晰且留痕化的投诉，存档保存。

4. 制定解决最常见投诉的流程，并将其纳入企业系统中。

第12条 建立客户渠道

1. 对电话无法解决的技术问题制定升级流程，所有技术问题在一个电话呼叫中解决，最多转移一次。

2. 初始联络人员要了解客户非常规投诉的升级途径。

3. 技术代表授权修理/更换问题部件。

第13条 解决客户投诉

1. 在首次呼叫时，所有技术问题的80%须得以解决。所有技术问题在一个电话呼叫中解决，最多转移一次。所有技术问题在4小时内且最多一次回叫后解决。

2. 部署闭合问题回路，提高客户满意度。

3. 有正式的保修返回流程和残次品回收流程。

4. 根据客户投诉的解决情况，更新系统知识库，并制作目录。

第14条 回复客户投诉

1. 记录投诉来源，以追踪解决流程。在数据库中跟踪客户投诉来源，加速解决投诉，书面记录解决情况。

2. 快速解决客户投诉，提高客户满意度，定期衡量客户满意度。

3. 对客户投诉进行跟踪和报告，要符合适用的监管和报告要求。

4. 部署正式流程，将客户投诉与负责纠正和采取防范措施的团队相关联。

5. 监控重新设计流程的影响，以便满足客户期望。

第 5 章　管理客户退货

第 15 条　退货条件

1. 供货合同质量条款规定的质量问题。
2. 企业违约，严重超额发货，包括企业前期未按时发货导致客户存货积压。
3. 客户因经营管理不善面临倒闭并失去支付能力。
4. 其他经授权人批准后，同意客户退货的情况。

第 16 条　退货批准

企业根据不同客户和不同销售方法以及退货金额建立相应的审批程序，所有的退货批准应该是书面形式的。

第 17 条　退货检查和鉴定

企业收到客户提出的因质量问题退货的要求后，仓储部、质量部应该根据退货数量和问题的严重程度决定是否派人现场检查、鉴定。

第 18 条　退货检查和鉴定要点

1. 退货产品是否全部属于本企业制造。
2. 退货产品是否有本企业出厂合格证、质检证书等。
3. 退货产品有无人为损坏迹象。
4. 退货产品是否由于客户长期积压以及不合理存放导致锈蚀损坏。
5. 退货产品是否属于企业根据供货合同向该客户发出的产品。

第 19 条　划分责任

如果经鉴定不属于企业责任，销售业务人员和质量工程师等应当根据合同规定拒绝接受客户的退货请求；如果经鉴定属于企业责任，则应根据合同规定接受、处理客户的退货请求。

第 20 条　退货接收和清点

仓储部业务人员应当根据客户退货数量，按照规定程序为其办理退货手续。所有退货原则上应当由仓储部业务人员为主来办理清点、接收手续。

第 21 条　退货入库

仓储部业务人员完成退货产品接收、清点后，应当填写"退货接收清单"，并经现场销售业务人员、质量鉴定人共同签字。"退货接收清单"应当随退货产品一起交仓库或生产车间办理接收入库手续。

第 22 条　退货运输

退货运输应当由仓储部业务人员或经仓储部授权由销售业务人员组织安排运输车辆将客户的退货产品运回企业仓库。

第 23 条　财务办理

财务部应当根据由供应链管理部、仓储部和质量部提供的"客户退货申请表""退货质量鉴定书""退货接收清单""入库单"等书面材料,结合销售合同规定办理核销客户应收账款或补充发货账务手续。

第 24 条 二次销售

如果经过质量工程师检查后,客户退货产品可以降级向市场出售,必须事先按照正常销售发货程序办理销售审批手续。禁止销售人员私自将退货产品转向其他客户销售。

第 6 章 附 则

第 25 条 编制单位

本细则由客户服务部负责编制、解释与修订。

第 26 条 生效时间

本细则自××××年××月××日起生效。

编制日期		审核日期		批准日期	
修改标记		修改处数		修改日期	

9.1.3 产品售后服务管理办法

由于产品售后服务标准的不规范,售后服务质量体系的不健全,导致客户对企业形象和口碑的认可大打折扣,因此,企业要规范产品售后服务的各项工作,提高企业产品售后服务质量,维护企业的形象和口碑。以下是某企业产品售后服务管理办法,仅供参考。

办法名称	产品售后服务管理办法		受控状态	
			编 号	
执行部门		监督部门	编修部门	

第 1 章 总 则

第 1 条 目的

为了规范企业售后服务工作,满足客户的需求,保证本企业产品在客户使用时能发挥最大的效益,提高客户对产品的满意度和信任度,提高产品的市场占有率,特制定本办法。

第 2 条 适用范围

本办法适用于本企业产品的售后服务管理各项相关工作。

第 3 条 管理职责

1. 客户服务部

(1) 负责对已交付给客户使用的产品的质量信息进行检验、收集和管理,对质量问题进行分析、处理。

（2）负责对现场售后服务工作进行监督和检查，对售后服务的情况进行记录。

（3）负责在售后服务过程中进行协调、沟通。

2. 技术部

负责为售后服务工作提供技术支持。

3. 财务部

负责提供产品零件、配件及相关服务的价格，并核算售后服务相关费用。

第2章　安装调试服务

第4条　制订调试计划

合同签订后，产品安装和调试小组将共同对产品调试方案进行分析、探讨，并制订详细的安装测试计划，计划主要包括以下内容。

1. 准备安装调试手册。

2. 安排安装调试进度。

3. 指定安装方式。

4. 制定调试方法。

5. 准备调试工具。

6. 考察安装调试环境。

7. 对影响产品实施的关键步骤、关键环节进行分析，并提出相应的解决措施。

第5条　验收产品

产品安装和调试小组抵达现场后，与客户一同组织产品验收工作，确认产品是否符合合同约定的要求、是否有质量问题，如发现产品质量、规格或数量与合同约定不符，需要将相关情况报与交付部门。检测与验收合格的，客户须在相应的产品验收表单上签字。

第6条　安装调试

产品到达安装场地，产品安装和调试小组与客户验收完毕后，产品安装和调试小组进行安装调试工作。产品安装和调试小组负责场地设备、辅助设备的安装和调试，完成后同时填写产品安装调试报告。

产品安装和调试小组还要对客户的产品操作和维护的人员进行培训，为不同类型的产品提供不同的使用方法和维护资料。

第7条　安装调试承诺

1. 交货期为签订合同起＿＿＿＿＿天内，保证严格按照客户的交货时间和质量要求，及时将产品送达客户的指定地点。

2. 企业配备专业的技术人员到客户场地进行调研，根据客户要求和实际情况制定安装和调试方案，产品送达后按照制定的方案进行安装调试。

3. 保证企业提供的产品均为质量合格产品，不存在假冒、伪劣现象。

4. 企业负责所有产品的安装、调试以及所有所需配套产品的供应、安装、调试。

5. 在完成安装、调试、检测后，可向用户提供检测报告、技术手册及相关的技术资料。

第3章 产品保修服务

第8条 产品保修条件

1. 产品在保修期之内。

2. 产品无零部件缺件或产品零部件是自然损坏的情况。

第9条 产品保修范围之外的情况

1. 已经超过保修期限的产品。

2. 产品缺件或产品零部件遭到人为损坏，产品外观存在缺陷的。

3. 因使用、存储、搬运不当造成的产品损坏的。

4. 因不可抗力等自然因素造成的产品损坏的。

5. 经本企业确认，不属于保修责任内的产品。

第10条 保修责任认定

产品是否属于保修产品，由客户服务部进行判定；若产品较难判定，则由技术部工作人员一起参与判定产品的保修责任工作。

对于客户维修产品的保修责任认定，客户服务部与客户达成一致后，出具相应的书面认定书，客户确认签字，表明对保修责任认定的结果认同。

第11条 保修产品处理

1. 属于保修责任范围内的产品，本企业提供免费的维修服务。

2. 客户服务部在填写"保修退货单"时，注明"保修"字样。

3. 对于退回的保修产品，应该按照企业规定进行维修。

4. 仓储部负责将产品返还给客户。

第12条 非保修产品处理

1. 不属于保修责任范围内的产品，本企业提供有偿维修服务。对不属于保修责任范围内的产品进行维修，客户服务部应事先取得客户的书面同意。

2. 客户服务部在填写"维修退货单"时，注明"非保修"字样。

3. 对于退回的非保修产品，应该按照企业规定进行维修。

4. 财务部按照企业规定出具产品维修费用的清单，并告知客户。

5. 仓储部负责将产品返还给客户。

第4章 产品三包服务

第13条 受理要求

客户应提供书面申请材料，材料中要包含客户姓名、地址、联系电话、商品名称、型号、规格、数量、价格、购买日期及存在的质量问题，有购买协议或合同的须提供协议或合同的复印件。

第14条　处理程序

1. 客户可通过电话、网络、邮件等方式进行申请。

2. 客户服务部审核通过后对符合"三包"要求的申请予以受理。

第15条　"三包"受理范围外情况说明

1. 无法提供购买协议或合同的。

2. 产品超过三包质量保证期的。

3. 产品属私下交易的。

4. 使用不当造成损坏的。

5. 对存在争议的产品无法实施质量检验、鉴定的。

6. 不符合国家法律、法规及规章规定的。

第16条　产品"三包"办理

1. 企业或供应商在产品销售发票上应注明所销售产品的名称、型号、数量及价格，并妥善保管存根联，以便进行责任追溯。

2. "三包"故障产品返回后，客户服务部负责填写"三包"产品退货单。

3. 客户服务部按时对故障产品进行清理，并根据"三包"产品退货单建立产品"三包"记录。

第17条　故障件的处理

1. 对产品外观质量问题或非产品设计原因产生的故障产品，若属于尚未装车且可现场处理的，由企业派专人进行现场服务。

2. 无法现场处理的故障产品，根据双方签订的质量协议协商解决。

3. 退回企业的故障产品，营销部填写"三包"产品退货单，质量部检验员进行鉴定，并提出处置意见，生产部按处置意见执行。

第5章　客户回访服务

第18条　回访办法

1. 客户服务人员进行电话回访。

2. 客户服务部监控售后服务的及时性和报表数据的真实性。

第19条　回访要求

1. 客户服务人员对有效单据进行回访，对客户的满意度、费用收取情况进行调查。

2. 客户服务人员回访过程中要注意沟通技巧和态度，语言使用要规范。

3. 客户服务人员回访前，要确定回访的主要问题和客户关心的问题。

4. 对于调试、保修以及维修工作人员提交的单据，客户服务人员要进行_____%回访。回访完成后要做好整理归纳，上交给客户服务部主管。

5. 回访时要核查受访人及其相关的情况，对于回访过程中产生的虚假、不实、不满意信息要做好登记、备注，并将相关情况反馈到相应部门。

6. 在回访过程中，如果客户相关信息存在错误的，须重新对客户信息进行登记和修改，可联系客户进行回访工作。

7. 客户服务部主管需要对客户服务人员的回访工作进行回访调查，调查工作主要分区域进行，根据区域大小设置回访调查比例。

8. 客户服务部主管对客户服务人员回访的客户不满意、维修价格错误、客户信息错误等情况进行复核，核实后要对安装、维修、保修工作人员进行相应处罚。

9. 客户服务部主管做好回访情况报表，并根据报表的数据进行分析，对满意度、完成率、及时率等较差的方面提出整改措施并实施，对用户提供的建议进行分析，并落实到各个区域的客户服务部。

10. 客户服务部主管对客户服务部人员的回访结果进行必要的监督、指引与考核。

第6章 附 则

第20条 编制单位

本办法由客户服务部负责编制、解释与修订。

第21条 生效时间

本办法自××××年××月××日起生效。

编制日期		审核日期		批准日期	
修改标记		修改处数		修改日期	

9.1.4 客户服务运营评估制度

在客户服务运营过程中，客户服务人员在解决售后服务问题时，由于缺乏知识、技巧、方法、工具，难以达到较高的客户服务满意度，因此企业需要对客户服务运营的过程进行评估，以提升客户服务质量。以下是某企业客户服务运营评估制度，仅供参考。

制度名称	客户服务运营评估制度	受控状态	
		编 号	
执行部门		监督部门		编修部门	

第1章 总 则

第1条 目的

为了加强对客户服务工作的监管，督促其完善服务并提高服务质量，确保客户服务工作良好运行；了解客户的满意程度，并针对客户的意见，持续改进产品和服务，确保客户的满意度和忠诚度；通过客户的监督，提高员工的服务意识和服务水平，特制定本制度。

第 2 条　适用范围

本制度适用于客户满意度调查、分析、评估工作的管理。

第 3 条　管理职责

客户服务部负责组织评估保修绩效、评估召回绩效，进行客户满意度调查及其结果的汇总、分析和整理，组织客户满意度调查分析会，并将客户满意度调查报告定期上报总经办。

第 2 章　评估保修绩效

第 4 条　评估周期

采取以月度考核为主的方法，对客户服务部当月的保修工作进行考核，考核时间为每月的_____日。

第 5 条　评估数据

各项日报、月报和企业收到的投诉记录等。

第 6 条　评估指标

1. 维修费用控制情况

（1）分值：20 分。

（2）考核标准：维修费用控制在预算之内的，得满分；超出预算的，此项不得分。

（3）得分：_____。

2. 报修处理及时率

（1）分值：20 分。

（2）考核标准：报修处理及时率达到 100%，得满分；95%≤报修处理及时率＜100%，扣 1 分；80%≤报修处理及时率＜95%，扣 3 分；75%≤报修处理及时率＜80%，扣 5 分；报修处理及时率＜75%，扣 8 分。

（3）得分：_____。

3. 安装、调试满意度

（1）分值：15 分。

（2）考核标准：安装、调试满意度在 95 分以上，得满分；90 分≤安装、调试满意度＜95 分，扣 1 分；80 分≤安装、调试满意度＜90 分，扣 2 分；70 分≤安装、调试满意度＜80 分，扣 3 分；安装、调试满意度＜70 分，扣 5 分。

（3）得分：_____。

4. 保修期内平均服务次数

（1）分值：15 分。

（2）考核标准：服务次数≥5 次，得满分；3 次≤服务次数＜5 次，扣 1 分；服务次数为 2 次，扣 2 分；服务次数为 1 次，扣 3 分；服务次数不足 1 次，扣 5 分。

（3）得分：_____。

5. 维修不及时被客户投诉的次数

（1）分值：15分。

（2）考核标准：投诉次数为0次，得满分；投诉次数为1次，扣1分；投诉次数为2次，扣2分；3≤投诉次数＜5次，扣3分；投诉次数在5次及以上，扣5分。

（3）得分：_____。

6. 投诉受理办结率

（1）分值：15分。

（2）考核标准：投诉受理办结率达到100%，得满分；95%≤投诉受理办结率＜100%，扣1分；80%≤投诉受理办结率＜95%，扣2分；75%≤投诉受理办结率＜80%，扣3分；投诉受理办结率＜75%，扣5分。

（3）得分：_____。

第3章 评估召回绩效

第7条 评估周期

采取以月度考核为主的方法，对客户服务部当月的召回工作进行考核，考核时间为每月的_____日。

第8条 评估数据

各项日报、月报和企业收到的投诉记录等。

第9条 评估指标

1. 召回结果率

（1）分值：30分。

（2）考核标准：召回结果率达到100%，得满分；95%≤召回结果率＜100%，扣5分；80%≤召回结果率＜95%，扣10分；75%≤召回结果率＜80%，扣15分；召回结果率＜75%，扣20分。

（3）得分：_____。

2. 召回时限

（1）分值：30分。

（2）考核标准：召回时限在7天以内，得满分；7≤召回时限＜15天，扣5分；15≤召回时限＜30天，扣10分；30≤召回时限＜45天，扣15分；召回时限超过45天，扣20分。

（3）得分：_____。

3. 召回满意度

（1）分值：20分。

（2）考核标准：召回满意度在95分及以上，得满分；90≤召回满意度＜95分，扣3分；80≤召回满意度＜90分，扣5分；70≤召回满意度＜80分，扣10分；召回满意度＜70分，扣 15 分。

（3）得分：_____。

4.召回不及时被客户投诉的次数

（1）分值：20 分。

（2）考核标准：投诉次数为 0 次，得满分；投诉次数为 1 次，扣 3 分；投诉次数为 2 次，扣 5 分；3≤投诉次数＜5 次，扣 10 分；投诉次数在 5 次及以上，扣 15 分。

（3）得分：_____。

第 4 章　衡量客户满意度

第 10 条　结合客户请求/问询处理，衡量客户满意度

1.定期与客户会面，利用投诉分析、探讨和解决内部问题。

2.以每个客户为基础，进行审核，以识别内部关键点。

3.在数据库中跟踪客户服务投诉来源，进行问题根本原因分析，按照客户和市场细分跟踪趋势。

4.在每次客户问询电话结束后，以一个简明的问询衡量客户对事件处理的满意度。

第 11 条　客户满意度报告

1.定期审查客户请求和问询相关的绩效，包括适时与客户一同审查。

2.审查客户要求和问询流程绩效。

3.跟踪客户投诉，将与供应商零件或服务问题有关的投诉报告送至供应商。

第 12 条　制订满意度调查计划

客户满意度调查人员负责编制客户满意度调查计划，调查计划通过审批后方可执行。客户满意度调查计划的主要内容如下。

1.明确客户满意度调查的对象并分析其特点，并调查客户喜欢的调查方式等。

2.罗列客户满意度调查的内容。

3.选择客户满意度调查方法。客户满意度调查方法有问卷调查、电话调查、面谈或召开座谈会调查、利用特殊客户调查、请第三方进行调查等方法。

4.设计客户满意度调查问卷。

5.选配客户满意度调查人员，确定调查时间，并分配调查任务。

第 13 条　组织实施客户满意度调查

客户服务部制订客户满意度调查计划，其中包括调查的方式和调查的内容。调查计划交由总经办审批，总经办审批通过后，客户服务部组织实施客户满意度调查。

第 5 章　实施满意度调查

第 14 条　收集客户满意度信息

企业客户满意度调查人员可通过以下渠道收集客户满意度信息。

1. 客户问卷调查。

2. 客户投诉与处理记录。

3. 客户流失信息分析。

4. 其他渠道。

第15条　设计调查问卷

企业根据建立的客户满意度指标体系和客户满意度调查的目标，有侧重地设计客户满意度调查问卷。客户满意度调查问题包括开放型问题和封闭型问题两种，调查问题内容包括3个部分。

1. 客户资料。调查问卷的第一部分是客户基本情况，如性别、年龄、受教育水平、职业、家庭月收入等，其目的是了解客户的社会性特征。

2. 客户购买行为特征。调查问卷的第二部分是关于客户购买行为特征的问题，如购买周期多长，何时购买，何地购买，为何购买，如何购买等。

3. 主体问题。调查问卷的第三部分是主体问题，即针对企业产品信息和服务内容设计的问题，如客户对产品价格、功能、样式的满意度，客户对企业售后服务的内容、质量、售后服务人员的态度等的满意度。为了更好地反映客户期望，调查问卷主体部分需要设计开放型问题，供客户自由回答。

第16条　信息分析

企业客户满意度调查人员根据收集的信息，将客户满意度调查的内容分为"非常满意""满意""一般""不满意""非常不满意"五类，并针对其进行具体分析。

第6章　附　则

第17条　编制单位

本制度由客户服务部负责编制、解释与修订。

第18条　生效时间

本制度自××××年××月××日起生效。

编制日期		审核日期		批准日期	
修改标记		修改处数		修改日期	

9.2　外部关系管理

9.2.1　投资者与董事会关系管理细则

企业与投资者之间由于缺乏信任和有效的沟通，存在经营理念、投资价值、资金去向等方面的分歧。要化解企业与投资者的矛盾，保持两者之间的良性关系，增进投资者对企业的进一步了解和熟悉,就要加强对投资者的管理,加强双方的有效沟通。

当董事会与总经理之间的关系不明晰,各自的职能定位和权责分配混乱、交叉时,为进一步明晰董事会与总经理之间的关系,需要明确二者的权责,让二者各司其职。以下是某企业投资者与董事会关系管理细则,仅供参考。

细则名称	投资者与董事会关系管理细则	受控状态	
		编　号	
执行部门		监督部门		编修部门	

第1章　总　则

第1条　目的

1. 维护投资者的合法权益,使企业与投资者之间建立长期的合作伙伴关系,加强与投资者的联系和交流,企业通过与投资者的沟通,促进投资者对企业的理解和认同,建立稳定和优质的投资者基础,获得长期的市场支持。

2. 规范董事会的决策和行为,保证董事会正确行使职权,履行职责。

第2条　适用范围

本细则适用于所有投资者、企业全体董事工作的管理。

第3条　管理职责

关系管理部负责投资者关系的日常管理工作,其主要职责如下。

1. 关系管理部应在深入地了解企业的运作和管理、经营状况、发展战略等情况下,负责策划、安排和组织各类投资者关系管理活动。

2. 关系管理部负责制定投资者与董事会关系管理的工作管理办法和实施细则,并具体落实和实施。

第2章　投资者关系管理

第4条　加强与投资者沟通

与投资者沟通的内容主要包括以下5点。

1. 企业制定的发展战略、发展规划、发展方向和经营策略。

2. 企业的重大变化,包括收购兼并、对外合作、资产重组、股东变动、管理层变动。

3. 企业的经营管理信息,包括财务状况、经营状况、新技术的开发和研究。

4. 企业相应的文化建设。

5. 企业的其他相关信息。

第5条　召开股东大会

1. 企业应根据法律法规、规范性文件和企业章程的要求,认真做好股东大会的安排组织工作。

2.企业应为中小股东参加股东大会创造条件，为方便股东参加股东大会，合理协调大会召开的时间和地点。

第6条　建立企业网站

1.企业可以通过建立企业网站并开设投资者关系专栏的方式开展投资者关系活动。例如，企业在网站上开设论坛，而投资者通过论坛向企业提出问题和建议，然后企业通过论坛直接回答有关问题。

2.企业应根据规定在定期报告中公布网站地址。当网址发生变更后，企业应及时公告变更后的网址。

第7条　一对一沟通

企业根据经营情况、财务状况及其他事项与投资者进行一对一沟通，主要沟通企业相关情况，回答相关问题并听取相关建议。

第8条　现场参观

1.企业应安排投资者到企业项目所在地进行现场参观。

2.企业应合理、妥善地安排参观过程，让参观人员了解企业业务和经营情况，同时应注意避免在参观过程中使参观者有机会得到未公开的重要信息。

第9条　电话咨询

1.企业应设立专门的投资者咨询电话，投资者可通过电话咨询相关问题。

2.投资者咨询电话要保证在工作时间内及时接听和回复，遇到重大事件时，企业应增设多部电话回复投资者问题。

3.企业应在企业网站上公布和更新咨询电话号码。

第3章　董事会关系管理

（为明确董事会与经理层之间的关系，明晰二者各自的职能定位与权责分配，企业要划分好董事会与经理层的权责。）

第10条　经理层权责划分

1.战略定位

（1）提出企业的发展方向和发展目标，执行股东会决议，并向其汇报工作。

（2）提出重大战略的战略方案，包括企业改革与改制、内部合并与分立、对外兼并与联合、多元化经营等，并报股东会审批。

（3）跟踪并监督战略实施过程，对战略实施结果进行评价。

2.经营管理

审议并决定经理层提出的年度经营计划。

3.财务投资

（1）审议并决定企业预算、决算方案；制定企业利润分配方案，弥补亏损方案。

（2）审核并决定企业对内、对外的大额投资。

4. 组织人事

（1）决定企业内部管理机构。

（2）聘任和解聘总经理，根据总经理提名，聘任副总经理和财务负责人。

（3）制定以上人员的薪酬体系，建立对以上人员的激励和约束机制。

第11条 董事会权责划分

1. 战略定位

（1）执行董事会决议，并向其汇报工作。

（2）实施董事会批准的战略方案，控制战略实施过程。

2. 经营管理

（1）制订年度经营计划，提交董事会决议。

（2）在实施年度经营计划和战略方案过程中，配置人、财、物，并制定各项规章，保证计划和方案的实施。

3. 财务投资

（1）提出企业预算、决算方案，执行企业预算、决算决议。

（2）负责日常财务管理，汇总企业财务报表。

（3）在董事会授权范围内决定对内、对外的投资。

4. 组织人事

（1）拟定企业内部管理机构设计方案。

（2）提出副总经理和财务负责人人选。

（3）聘任和解聘其他员工，决定员工薪酬，并制定员工的奖惩考核制度。

第4章 附 则

第12条 编制单位

本细则由关系管理部负责编制、解释与修订。

第13条 生效时间

本细则自××××年××月××日起生效。

编制日期		审核日期		批准日期	
修改标记		修改处数		修改日期	

9.2.2 政府和行业关系管理办法

企业与政府之间，沟通不顺畅、信息共享机制不健全、政策传导不及时，都会导致企业与政府之间和谐发展的关系受到影响。为与政府建立良好的和谐发展关系，需要企业有效地管理与政府的关系。

同行业内部存在竞争力量、顾客议价能力、供应商议价能力、潜在竞争对手的威胁与替代产品的压力，导致行业内企业竞争加剧。因此，为维护统一的市场环境，每个企业都要正确认识与行业的关系，相互合作，共同发展。以下是某企业政府和行业关系管理办法，仅供参考。

办法名称	政府和行业关系管理办法	受控状态	
		编 号	
执行部门		监督部门		编修部门	

第1章 总 则

第1条 目的

1. 与政府进行双向的信息交流，取得政府的信任、支持和合作，从而为企业建立良好的外部政治环境，促进企业的生存与发展。

2. 与同行业企业相互促进，共同发展，避免恶性竞争，保持行业之间良性的竞争关系，促进企业的长远发展。

第2条 适用范围

本办法适用于企业协调与政府关系、行业关系的管理工作。

第3条 管理职责

关系管理部负责处理企业的外部关系，包括政府关系和行业关系，其具体职责如下。

1. 负责构建政府事务管理体系，完成企业与政府事务相关的事项处理。

2. 负责了解最新的政策法规或信息，分析对企业的影响，协助企业制定政策和解决方案。

3. 负责参与政府活动，与相关政府部门保持友好接触，协调内、外关系。

4. 负责收集同行业企业的经营信息和产品信息，寻求同行业企业之间合作的可能性。

第2章 管理政府关系

第4条 加强信息沟通

1. 加强与政府部门的信息沟通，了解各级政府的职能、权力及工作程序，与政府部门建立正常的交际关系。

2. 密切关注新闻媒介的动态，随时收集政府部门下达的各种命令和文件，并尽可能地根据政策法令的变化调整企业的政策及活动。

第5条 支持政府决策

随时了解政府动态，关注政府决策，便于和政府人员沟通；及时了解政府对企业的政策和动向，便于与政府建立良好的关系，从而得到政府更多的支持。企业要赢得政府的理解与支持，就要支持政府的工作，为政府的决策和研究提供力所能及的帮助。

第6条 建立合作关系

企业要与政府建立密切的联系,当政府了解了企业的产品和动态,就会对分析、制定各种行业政策有所帮助,还能对企业的产品产生认同感,这有利于企业在政府面前建立良好的形象。

第7条 熟悉办事程序

了解和熟悉政府的组织机构、职权职能、办事程序等。企业对机构设置以及职权分工管理的状况比较熟悉,那么企业的申请和报告就能更及时地得到处理,从而提高工作效率,有利于企业活动和工作的正常开展。

第8条 注重社会效益

企业在追求经济效益的同时也不能忽视社会效益。通过为社会提供更多的就业机会、参与社会公益、进行公益捐助、合理利用资源、及时缴纳税款、保持良好环境等方式实现社会效益。追求经济效益与社会效益的统一,才能得到政府的信任与认可。

第3章 管理行业关系

第9条 识别现行战略

企业在运作过程中,随着外部环境的变化和企业自身的发展,企业的战略也应作相应的调整和转换。然而,要制定新的战略,必须识别企业的现行战略是否已不适应新形势。因此,识别和鉴定企业现行的战略是制定新战略的前提。只有确认现行战略已不适用,才有必要制定新战略。同时,也只有在认清现行战略缺陷的基础上,才能制定出较为适宜的新战略方案。

第10条 分析行业环境

调查、分析和预测行业环境对企业战略制定的影响。通过环境分析,战略制定人员应认清企业所面临的主要机会和威胁,觉察现有和潜在的竞争对手的图谋和未来的行动方向,了解未来一段时期政治、经济、军事、文化等的发展动向,以及企业因此面临的机遇和挑战。企业通过测定和认清自身和行业相关的状况,评估合作的可能性。

第11条 制定战略方案

结合市场情况和企业的发展水平,本着"互惠、互利、稳定、恒久、高效、优质"的合作精神,与竞争对手结成战略合作伙伴,共同制定战略方案。战略方案的制定要考虑到企业的产品、服务、市场、供应商、消费者、合作方是否满足取长补短的要求。

第12条 评估战略方案

1. 明确评估的事项,包括评估目的、评估细则、评估范围、评估人、评估所需资料的收集和整理。

2. 编制评估计划,包括项目整体计划及具体实施方案,如人员安排、时间安排等。

3. 收集评估资料,包括合作双方的运营情况和财务状况、产品的市场营销情况等。

4. 评估战略方案,根据收集的资料对评估的事项开展评价和判断,主要包括合作方案的可行性评估和盈利水平评估。

第 13 条 监控合作关系

1. 双方按照合同执行的相关约定，明确各自的权利和义务，确定违约情况，监督合作方的执行情况。

2. 若合作过程中出现问题，能根据合同确定责任方的，索要违约金以弥补企业的损失。

3. 若合作过程中出现问题，不能确定责任方，并给合作双方带来巨大的经济损失的，应及时召开会议，判定是否终止合作方案。

第 14 条 扩展变更关系

定期对合作情况进行评估和判断，根据经营状况和盈利水平判断合作到期后的具体工作。市场前景光明，企业净利润高于_____万元，可与合作伙伴继续签订合作合同；市场低迷，企业净利润低于_____万元，可与合作伙伴解除合作关系，寻求新的发展途径。

第 4 章 附 则

第 15 条 编制单位

本办法由关系管理部负责编制、解释与修订。

第 16 条 生效时间

本办法自××××年××月××日起生效。

编制日期		审核日期		批准日期	
修改标记		修改处数		修改日期	

9.2.3 公共关系管理办法

企业的发展，不仅受到企业制定的战略、市场、环境等因素的影响，还与公共关系有着密切联系。社区关系紧张、企业形象差、政策感知不灵敏等要素都限制着企业的发展。因此，企业需要对公共关系进行管理，以适应不断发展变化的外部环境。以下是某企业公共关系管理办法，仅供参考。

办法名称	公共关系管理办法	受控状态	
		编 号	
执行部门		监督部门		编修部门	

第 1 章 总 则

第 1 条 目的

为加强对企业形象的建设与管理，保持与社会、员工的沟通和理解，规范企业的公关行动和行为，特制定本办法。

第2条　适用范围

本办法适用于处理媒体、社会公众、内部员工、政治关系工作的管理。

第3条　管理职责

关系管理部负责企业公共关系的日常管理工作，其主要职责如下。

1. 提高企业的社会效益和经济效益。建立广泛的人际关系，改善经营环境，为经营活动减少阻碍。

2. 研究政策。通过对政府政策的全面了解，从而获得各种资源。

3. 通过与行业内优势企业交流、合作等方式，实现企业互助，资源共享。

4. 加强企业同新闻媒体的联系，做好企业的宣传工作，树立良好的社会形象，获得公众良好口碑。

第2章　管理媒体关系

第4条　进行媒体互动

通过大型营销会、公益活动等将企业的有关信息或者近期情况提供给媒体，一方面可以借助媒体扩大企业的影响力，树立企业的正面形象；另一方面也是企业与媒体进行友好互动的形式之一。

第5条　召开媒体发布会

媒体发布会便于更好地进行双向沟通，是与媒体处好关系的重要途径。因此，要使媒体发布会取得成功，公关人员必须做好充分的准备工作。

1. 确定媒体发布会的主题，一般是企业的重大事件。

2. 选择合适的时间、地点。

3. 确定邀请范围、对象和名单，提前向媒体发送邀请函。

4. 选择主持人或发言人，提前准备好发言稿及有关图片、文字、音像资料、实物模型等。

5. 准备录音、录像、摄影等工具，便于媒体记者采访。

6. 安排足够的接待、服务人员，为媒体记者提供后勤服务。

7. 会后注意总结经验教训，分析发布会的得失，建立起档案资料。同时，注意收集媒体记者们发布的消息和报道，评估媒体发布会的成果。

第6条　邀请媒体访问企业

通过参观访问、实地考察，媒体界人士可增加对企业的感性认识，从而获得宣传报道的第一手材料。企业的公关人员或负责接待的工作人员，在接待媒体界人士时，需要具备专业的精神，热情、真诚的态度。

第3章　管理社区关系

第7条　树立良好形象

企业在生产经营过程中，不仅要注意经济效益，还要关注社会效益，尤其是与社区的关系问题。企业与社区在环境、公共设施等方面存在多重矛盾，这就要求企业在经济效益允许的情况下，在环境卫生、公共设施、社区活动等方面，发挥自己的作用，担负起企业应尽的社会责任。

第 8 条　采用多渠道沟通

1. 企业应主动向社区公众介绍相关情况，如企业的特点、综合治理等，邀请社区领导和各层次居民来本企业参观、座谈，使社区公众保持对本企业的了解，并及时通过多渠道消除公众对企业的误解，调整、改善企业政策，适应公众需求。

2. 吸取社区对本企业的良好意见，鼓励内部员工的士气，增加其自豪感。企业还要注意与社区各级领导的接触，让其了解本企业在市场上的地位、企业存在的意义及对社会的贡献。通过沟通，使社区各级领导在了解企业情况和企业领导人的基础上，更好地支持企业的工作，对企业产生信任感。

3. 社区类型复杂，企业与之沟通，须运用多种渠道，及时了解公众的态度，使企业意见迅速传播出去。这就要求关系管理部工作人员广泛结交并接触多种类型的公众代表，这些不同类型、不同职业群体的意见，在一定程度上代表了大众的看法，他们是社区舆论的主要传播者，对他们的解释、劝说也较容易扩散到社区中。

第 9 条　参与公益活动

企业应尽可能地将内部的非生产性的文化福利设施向社区开放，使社区居民分享或受益，以维护企业和社区长期和谐的睦邻关系；通过赞助各种社会福利事业，如双日捐活动等，多行善举，获得社区公众的信任和喜爱；积极参与社区举办的公益活动，为共同维护社区作出一份贡献。

第 10 条　加强企业自省

要时刻关注企业自身生产过程中有没有与社区利益不相符合的地方，是否产生扰民的情况，对"三废"和广告牌等的处理是否得当，并且在社区中树立舍己为人，一心为社区谋利益的形象，拉近与社区的距离。总之，重视与社区的关系，努力处理好与社区的关系是企业生存发展之道，是企业必须认真对待和投入精力的问题。

第 4 章　管理员工关系

第 11 条　建立沟通渠道

企业的各种人力资源政策，往往和管理层沟通较多，与员工沟通较少，因此，企业要与员工之间建立合理、充分的沟通渠道，使员工更加容易理解和接受企业出台的政策。

1. 定期举办员工座谈会，听取员工的意见，解决员工的实际问题。

2. 根据实际情况，制定"员工满意度调查表"，根据存在的问题对制度和规定进行改善和调节。

3. 定期举办各种文化类活动，加强员工之间的沟通和交流，丰富员工的业余生活。

4. 直属领导定期与员工进行面谈，对员工绩效作出评价和指导。

第 12 条　完善激励制度

企业在制定激励制度的时候，要注意公平、公正，要抓住员工的主体需求，有针对性地提出激励性制度，激发员工的积极性，为员工提供更好的发展平台。

对于基层员工，企业可以提供相对稳定的薪酬福利待遇、岗位轮换、定期安排出游或培训，以激发他们的工作热情；对于核心员工，企业可以用高薪、荣誉和事业发展来吸引和激励他们，让他们在相应的岗位上担任行政职务或专业技术职务，并为其提供良好的工作平台。

第 13 条　加强文化建设

企业文化维系着企业与员工之间的关系，优秀的企业文化能够凝聚和鼓励员工。在员工进入企业后，管理者要向员工描述组织愿景，明确员工在企业内的职业发展方向，增加员工的归属感与忠诚度。只有加强企业文化建设，培养和增强员工团队意识，发扬平等合作精神，才能建立和谐的员工关系。

第 5 章　附　则

第 14 条　编制单位

本办法由关系管理部负责编制、解释与修订。

第 15 条　生效时间

本办法自××××年××月××日起生效。

编制日期		审核日期		批准日期	
修改标记		修改处数		修改日期	

第10章　物流管理智慧化

10.1　运输管理

10.1.1　运输智能化与可视化管理办法

随着时代发展，传统物流受到很大挑战，客户不再满足于"将货物准时送到"这一基本要求，而是要求随时、随地、随意地知道、找到、买到商品，并准时、准确地收到商品，对商品不满意，还要随时退换，这不仅是对物流全流程管理的考验，更是对运输环节管理的考验。

为迎接这一考验，使运输管理符合时代发展，不同行业的诸多企业都纷纷建立智能化、可视化的运输管理系统。搭建智能化、可视化运输管理系统，企业除从技术层面努力外，也要重视思想文化层面的建设。一般来说，企业通过出台制度或管理办法，解决智能化、可视化管理的流程、标准、考核等的问题。

运输智能化与可视化管理办法包含以下主要内容：智能化与可视化系统的建立；智能化与可视化系统的管理；基于智能化与可视化管理系统的运输管理。以下是某企业运输智能化与可视化管理办法，仅供参考。

办法名称	运输智能化与可视化管理办法	受控状态	
		编　号	
执行部门		监督部门		编修部门	

<table><tr><td colspan="6" align="center">第 1 章　总　则</td></tr>
<tr><td colspan="6">第 1 条　目的
1. 为企业智能化、可视化运输工作提供参考。
2. 规范企业智能化、可视化运输工作的工作程序和工作方法，提高企业运输业务的质量和</td></tr></table>

效率。

第2条　适用范围

本办法适用于企业大部分商品运输业务，特殊商品运输管理另有规定的，参照其规定执行。

第3条　管理职责

1. 物流部负责智能化、可视化系统的搭建和使用。

2. 信息技术部负责相关技术支持。

3. 采购部负责采购相关智能设备或产品。

4. 人力资源部、行政管理部、财务部、仓储部、客户服务部等部门视需要进行协同管理。

第2章　智能化与可视化系统的建立

第4条　建设团队

1. 运输管理与工作团队。企业应建立专业化的运输团队，物流部经理担任团队负责人，与物流部各成员、企业内部运输人员、外包运输人员等构成运输团队。

2. 技术团队。企业应组建技术团队，以技术团队为基础做好企业的智能化、可视化建设。

第5条　配置智能设备

企业应配置专业、智能的运输工具与设备，包括普通运输汽车、自动导引运输车、无人车、智能机械臂等。

第6条　建立智能仓储

企业应建立智能物流园区，并在其内部建立智能仓库，为智能化、可视化运输奠定基础。

第7条　搭建智能系统

1. 企业应在内部办公系统里搭建"智能物流管理系统"，并与企业其他系统联网，以此系统为基础做运输智能化、可视化管理。

2. 企业可自行搭建智能系统，也可通过招标聘请外部团队搭建系统。

第8条　运用物联网技术

企业通过专业团队、智能设备、智能仓储、智能平台等，构建智能化管理体系，实现万物互联，打造一个物联网系统。

第3章　智能化与可视化系统的管理

第9条　系统推广

"智能物流管理系统"建立后，企业应组织推广、有效使用。

1. 系统推广工作在企业管理中应是从上到下的，企业主要领导、部分负责人要肩负起推广责任。

2. 物流部人员作为重点推广对象，要将"智能物流管理系统"在物流部的推广纳入考核。

第10条　系统培训

企业要请技术专家为智能系统使用人员进行培训。

1. 人力资源部负责培训的组织、实施和跟踪工作。

2. 该系统的培训要涵盖理论培训、实操培训、使用反馈等方面的内容。

第 11 条　系统使用

物流部相关人员在培训后按规定使用智能系统。系统投入使用半年内，要做到每日汇报、每周总结、每月调整。

第 12 条　系统维护

若智能系统是企业自己搭建的，应由企业内部专业人员维护；若智能系统是通过招标采购搭建的，应由外部专家与内部专业人员一同维护。

第 13 条　系统更新与升级

当出现以下情形时，企业要对"智能物流管理系统"进行升级。

1. 计算机、网络技术重大升级时。

2. 企业对运输战略作出重大调整时。

3. 企业改变运输业务工作思路和工作方法时。

4. 当前系统无法满足企业增长的业务发展需要时。

5. 其他。

第 4 章　基于智能化、可视化管理系统的运输管理

第 14 条　智能化订单处理

1. "智能物流管理终端"能自动接收订单，并显示商品品名、品牌、规格、数量等内容。相应操作人员须做好核对和确认。

2. "智能物流管理终端"接单前会自动查询是否有充足库存。若库存充足会直接进入合同生成环节；若库存不充足则会在客户下单页面显示缺货，并记录客户的预订数据。

3. "智能物流管理终端"接单后会自动生成运输合同，将运输方式、交付方式、交付日期等内容按照事先确定的规则生成。

第 15 条　智能化盘点与打包

工作人员确认订单内容和运输合同后，"智能物流管理终端"会自动通知仓储部盘点和打包货物。

第 16 条　可视化运输监督

1. 仓储部盘点和打包完成后，现场操作人员须在智能系统上进行确认，系统会自动根据运输合同有关内容通知运输人员，并自动生成运输线路、运输工具、运输时间等内容。

2. 运输人员在智能系统上收到通知，确认货物无误并开始运输工作后，只需在智能系统上确认即进入运输状态，"智能物流管理终端"会随时为运输人员更新路况、天气等信息，还会随时为后台管理人员更新货物位置等信息。

第 17 条　智能化客户收货

1. 运输工作开始时，"智能物流管理终端"会自动通知客户发货有关事宜。

2. 运输工作开始后,"智能物流管理终端"会分阶段告知客户运输状况。

3. 货物即将抵达时,"智能物流管理终端"会自动通知客户收货时间与地点。

第18条　智能化售后管理

当工作人员将货物完整、准时地交付客户手中并由客户确认后,工作人员可在智能系统上确认收货。"智能物流管理终端"会自动进入售后流程,客户开票、退换货都会及时更新提醒。

第5章　附　则

第19条　编制单位

本办法由物流部负责编制、解释与修订。

第20条　生效时间

本办法自××××年××月××日起生效。

编制日期		审核日期		批准日期	
修改标记		修改处数		修改日期	

10.1.2　运输定价与成本管理制度

运输业务如何定价,运输成本如何管理,是企业成本核算绕不开的问题,也是两大难点。如何进行合理的定价?其步骤是什么?什么情况下应该对价格进行调整?成本管理有哪些重点?依据什么进行?

要解决这些问题,规范相关管理工作,企业可针对运输业务制定运输定价与成本管理制度,规范定价与成本管理工作。运输定价与成本管理制度一般由运输定价管理、运输调价管理、运输成本管理三大主要内容组成。以下是某企业运输定价与成本管理制度,仅供参考。

制度名称	运输定价与成本管理制度	受控状态	
		编　号	
执行部门		监督部门		编修部门	

第1章　总　则

第1条　目的

为了规范企业运输业务的定价与成本管理工作,使运输业务的价格符合市场需求,成本管控符合企业经营目标,特制定本制度。

第2条　适用范围

本制度仅适用于企业运输业务的定价与成本管理工作。

第 3 条　管理职责

1. 物流部负责具体的运输定价与成本管理工作。

2. 财务部、仓储部、市场营销部等部门参与并提供帮助。

第 4 条　定价原则

运输业务的定价遵循以市场为依据、以盈利为目的的基本原则。

第 5 条　定价策略

定价策略是指企业在价格方面对市场展现出的态度。常见的定价策略有薄利多销策略、限量高价策略、跟随市场策略以及分级分段策略等。

第 2 章　运输定价管理

第 6 条　运输定价标准

企业对不同类型、数量与质量、性质、交通工具以及运输距离的物品有不同的定价标准，具体标准如下。

1. 物品类型

（1）一般物品。按重量计算，为_____元每千克。

（2）贵重物品。按一般物品乘以贵重系数计算，物品贵重系数有6个等级，分别是1、1.2、1.4、1.6、1.8、2。

（3）特殊物品，包括易燃易爆品、易污染品等。按照一般物品的重量标准加特殊物品处理费计算，特殊物品处理费为特殊物品的额外包装、监管等费用。

2. 交通工具

（1）汽车。汽车收费按_____元每公里计算。

（2）火车。火车收费按_____元每公里计算。

（3）飞机。飞机收费按_____元每公里计算。

（4）轮船。轮船收费按_____元每公里计算。

3. 定价公式

根据以上定价标准，定价公式为运输总价格＝物品本身运输费＋交通工具使用费。

第 7 条　运输定价流程

1. 供求关系研究

物流部应以供求关系为基础做市场定价，首先分析运输价格与市场需求的普遍关系；其次明确当前运输价格与市场需求的对应性。

2. 估算成本

需求在很大程度上为企业确定了一个价格上限，而成本则决定着价格的底限。物流部要合理、准确地估算企业运输业务的成本。

3. 定价

物流部可通过成本导向定价法、竞争导向定价法、顾客导向定价法等确定运输定价。

4. 定价审核

确定运输定价后,物流部应组织财务部、市场部等部门召开运输定价审核会议,审核定价的准确性,并确定最终的运输定价。

第3章 运输调价管理

第8条 需要调价的情形

运输价格不是一成不变的,企业可根据实际情况调整价格,需要调价的情形有以下几种。

1. 运输业务出现亏损。

2. 全新的运输设备、运输方式、运输线路的加入。

3. 逢特殊节假日、纪念日。

4. 特殊产品、新产品的运输。

5. 其他。

第9条 调价的基本流程

1. 调查当前市场情况及本企业价格与成本情况。

2. 咨询客户、专业人士、内部管理人员的意见。

3. 制定调价策略与调价幅度。

4. 经企业管理者同意后进行尝试性调价。

5. 观察价格变动后的市场反应。

6. 根据市场反应进一步调整。

第4章 运输成本管理

第10条 装卸工作成本控制

1. 对装卸搬运设备进行合理选择。

2. 防止机械设备的无效作业,合理规划装卸方式和装卸作业过程,如减少装卸次数,缩短操作距离,提高被装卸物资纯度等。

第11条 包装工作成本控制

1. 选择包装材料时要进行成本分析。

2. 加强成本核算,降低包装费用,如包装材料的回收和旧包装的再利用。

3. 实现包装尺寸的标准化、包装作业的机械化等。

第12条 运输工作成本控制

1. 加强运输工作的经济核算。

2. 防止运输过程中的差错事故。

3. 保证安全运输。

第 13 条　运输人员成本控制

物流部应努力提高工时利用率，合理调配劳动力，提高劳动生产率，并按照规定的工资标准和上级下达的工资总额指标、核定的人员编制，控制工资支出。

第 14 条　运输设备成本控制

1. 新增运输船舶、车辆、机械设备以及对各项固定资产进行技术改造时，应事先组织有关部门进行技术经济论证和可行性研究，在确保有经济效益的前提下，才能增添和改造运输设备，以提高固定资产利用率，控制折旧费用。

2. 在进行运输船舶、车辆、机械设备等固定资产修理时，如属日常维护修理，应严格按照维修定额控制修理费用；如属大修理，应组织有关部门优化大修理方案，以降低大修理费用。

3. 财务部应同固定资产管理部建立健全企业的固定资产管理办法，对各类固定资产的增减变动、内部转移、维护修理、报废清理等制定统一而严密的管理制度。财务部应监督物流有关部门认真执行各制度，并经常对固定资产利用率进行分析，制定提高固定资产利用率的措施。

第 15 条　管理成本、营运成本等控制

1. 对管理费用、营运间接费用和其他费用实行指标分级、归口管理，明确管理责任部门。运输各责任部门负责制定本部门分管的费用定额，编制费用预算，分解下达费用指标，审核费用开支，实行限额控制。

2. 运输业务责任部门应针对费用支出项目建立费用限额，明确费用支出控制指标，经财务部审核后，实行限额控制。对已发生的费用支出，应根据有关单据登记入册，并结算开支后的指标结存额，以便及时掌握开支情况，采取措施，节约开支。

第 5 章　附　则

第 16 条　编制单位

本制度由物流部负责编制、解释与修订。

第 17 条　生效时间

本制度自××××年××月××日起生效。

编制日期		审核日期		批准日期	
修改标记		修改处数		修改日期	

10.2 仓储管理

10.2.1 仓储信息化与智能化管理办法

在新时代的供应链大背景下，仓储已经不再是"保存物资"这么简单了，它已成为新物流里的"配送服务中心"。仓储管理也从原来的静态管理变成了动态管理。

为适应这一转变，仓储管理走上了信息化和智能化的道路，依靠着当今社会发达的信息技术和智能技术，很多仓储业务实现了自动化，仓储管理效率得到了提升，仓储管理的成本得到了控制。

企业要实现信息化、智能化仓储管理，可先制定仓储信息化与智能化管理办法，包含以下主要内容：信息化与智能化系统的建立；信息化与智能化系统的管理；基于信息化与智能化系统的仓储管理。以下是某企业仓储信息化与智能化管理办法，仅供参考。

办法名称	仓储信息化与智能化管理办法	受控状态	
		编　号	
执行部门		监督部门		编修部门	

第 1 章　总　则

第 1 条　目的

1. 为企业的仓储信息化、智能化管理工作提供参考。

2. 规范企业仓储信息化、智能化管理工作的工作程序和工作方法，提高企业仓储管理业务的质量和效率。

第 2 条　适用范围

本办法适用于企业仓储信息化与智能化管理工作。

第 3 条　管理职责

1. 仓储部负责信息化、智能化系统的搭建和执行。

2. 信息技术部负责提供相关技术支持。

3. 采购部负责采购相关智能设备或产品。

4. 人力资源部、行政管理部、财务部、仓储部、生产部、客户服务部等部门视需要进行协同工作。

第 2 章　信息化与智能化系统的建立

第 4 条　建设团队

1. 管理与工作团队。企业应建立专业化的仓储管理与工作团队，仓储部经理担任团队负责人，外部仓储管理专家、仓储部其他人员等为团队成员。

2. 技术团队。企业应组建仓储信息化技术团队，设计组织架构，明晰权责。

第 5 条　配置智能设备

企业应配置专业、智能的仓储工具与设备，包括智能储物间、无人搬运车、扫描设备等。

第 6 条　建立智能仓储

企业应建立智能仓储园区，并在其内部建立多个智能仓库，为智能化、可视化仓储奠定基础。

第 7 条　搭建智能系统

1. 企业应在内部办公系统里搭建"智能仓储管理系统"，并与企业其他系统联网，以此系统为基础做仓储信息化、智能化管理。

2. 企业可自行搭建智能系统，也可通过招标聘请外部团队搭建系统。

第 3 章　信息化与智能化系统的管理

第 8 条　系统推广

"智能仓储管理系统"建立后，企业应组织推广、有效使用。

1. 系统推广工作在企业管理中应是从上到下的，企业主要领导、部分负责人要肩负起推广责任。

2. 仓储部人员作为重点推广对象，要将"智能仓储管理系统"在仓储部的推广纳入考核。

第 9 条　系统培训

企业要请技术专家为智能系统使用人员进行培训。

1. 人力资源部负责培训的组织、实施和跟踪工作。

2. 该系统的培训要涵盖理论培训、实操培训、使用反馈等方面的内容。

第 10 条　系统使用

仓储部相关人员在培训后按规定使用智能系统。系统投入使用半年内，要做到每日汇报、每周总结、每月调整。

第 11 条　系统维护

若智能系统是企业自己搭建的，应由内部专业人员维护；若智能系统是通过企业外部团队搭建的，应由外部专家与内部专业人员一同维护。

第 12 条　系统更新与升级

当出现以下情形，企业要对"智能物流管理系统"进行升级。

1. 技术升级时。

2. 企业对仓储战略作出重大调整时。

3. 企业改变仓储业务工作思路和工作方法时。

4. 功能需要再次开发时。

5. 其他。

第 4 章　基于信息化与智能化系统的仓储管理

第 13 条　智能化入库规则

1. 在"智能库存管理终端"的控制下，所有入库物资都有一个由英文字母与数字共同组成的独一无二的名称，不同类型的物资有不同的命名规则。

（1）属于办公设备的，命名规则为BG-××××××（第一、二位数字分别对应一般物资、贵重物资、易燃易爆物资、有污染风险物资、有毒有害物资等内容，详细规则见相关物资命名管理规定，下同）。

（2）属于生产设备的，命名规则为SB-××××××。

（3）属于生产物料的，命名规则为WL-××××××。

（4）其他物资命名为QT-××××××。

2. 拟入库的物资会在智能系统上详细显示，仓储部工作人员要做好确认工作，需要确认的内容有物资的名称、数量、类别、入库时间、存储注意事项等。

第14条　智能化入库检验

仓储部工作人员确认入库物资信息后，物资将按照事先确定的规则自动进入验收检测区，且自动区分机检和人检物资。

1. 对于机检物资，智能系统会让物资自动进行机检程序，工作人员只需等待结果即可。

2. 对于人检物资，仓储部工作人员按要求进行检验，并在系统上做好记录。

第15条　智能化入库验收

仓储部工作人员将物资检验完成并确定后，物资会由自动设备运输至特定位置。工作人员须在智能系统上进行验收确认。

第16条　智能化不合格品处理

对于验收合格的物资，"智能库存管理终端"会让其自动入库，对于验收不合格物资，根据情况不同会有不同的处理办法。

1. 对于验收不合格的物资，工作人员在智能系统上对其进行"不合格"标记，然后查明不合格原因。

2. 对于供应商物资本身存在的质量问题，工作人员在智能系统上的"不合格原因"一栏标记为"供应商问题"，然后通过系统上报管理人员处理。

3. 对于因运输问题导致物资损坏的，工作人员在系统上的"不合格原因"一栏标记为"运输问题"，然后通过系统上报管理人员处理。

4. 对于在搬运、装卸、检验过程中操作失误导致物资不合格的，工作人员在系统上的"不合格原因"一栏标记为"××操作失误问题"，然后通过系统上报管理人员处理。

第17条　智能化入库

对于检验合格的物资，工作人员在系统上发送入库命令，物资将由智能设备自动运输入库。

第18条　人工协助

对于无法通过智能设备自动入库的物资，仓储部工作人员应本着安全、方便、节约的原则，根据物资自身的自然属性，缩短入库作业时间，以最少的仓容，储存最大限量的物资，提高仓容使用效能，合理安排货位。

第 19 条　智能化入库记录

入库完成后，仓储部工作人员在系统上更新物资的入库信息，包括相应物资的名称、数量、入库时间、入库仓位、验收负责人、仓位管理人等内容。

第 20 条　入库工作失误处理

对于因智能系统出错或人工入库出错导致入库失误的情况，相关工作人员要立即修正、及时记录、及时上报。

第 21 条　智能化检查与盘点

对于已经入库的物资，工作人员要在系统上设置库存物资检查规则，明确检查的人员和时间，定期盘点。

1. 对于可通过智能设备进行扫码、检测的物资，工作人员可操作智能设备进行检查，并在系统上记录，记录会同步至"智能库存管理终端"。

2. 对于无法由智能设备检查与盘点的物资，工作人员要制订工作计划，按要求对库存物资进行检查与盘点。

第 22 条　库存物资安全防范

1. 仓储部应设置必要的安全设施，如安装防盗监视、自动报警设备、灭火设备等，安全门必须齐全、有效，水电线路畅通。仓管员应严格执行安全保卫制度，做好防火、防盗等工作，定期检查安全设备。

2. 细化仓储人员管理，当相关人员进行物资检查、领用等操作时，必须在系统上登记并取得授权。

3. 做好各种防患工作，确保物资的安全保管。预防内容包括防火、防盗、防潮、防锈、防腐、防霉、防鼠、防虫、防尘、防爆、防漏电等。

第 23 条　智能化接收出库信息

有相关物资需要出库时，其出库申请人（出库申请人一般有办公用品的领用人员、生产设备与物资的使用人员、产品销售人员等）会在"智能库存管理终端"上提交申请，由其管理人员与仓储部管理人员确认后，会在仓储部相关工作人员的系统上显示。工作人员确认申请人、出库物资、出库时间无误后，准备等待出库。

第 24 条　智能化出库检验

出库申请人提供出库信息并由仓储部相关人员确认无误后，在系统上进行出库操作，相应物资会自动出库，并完成出库检验。

1. 对于无法自动检验的物资，则由仓储部有关人员进行人工检验。

2. 出库检验后，须由出库申请人确认，确认无误后物资出库。

3. 仓储部工作人员应在系统上记录出库物资的名称、数量、出库时间、出库检验情况、领用人等信息。

第 25 条 智能化跟踪出库物资

仓储系统的"智能库存管理终端"与物流系统的"智能物流管理系统"进行系统联网，同步更新出库物资的使用情况。

第 5 章 附 则

第 26 条 编制单位

本办法由仓储部负责编制、解释与修订。

第 27 条 生效时间

本办法自××××年××月××日起生效。

编制日期		审核日期		批准日期	
修改标记		修改处数		修改日期	

10.2.2 仓储成本控制办法

仓储成本是企业成本的重要组成部分，在仓储信息化、智能化趋势之下，如何做好仓储成本控制，是企业不得不面临的问题。

企业控制仓储成本，既要控制库存数量与单价，又要控制库存周转率，这与企业的供应链体系有关。成本控制的价值在于其过程而非结果，合理地降低多余库存的过程，就是有效降低成本的过程。

为更好地对仓储成本进行控制，企业可设计仓储成本控制办法，此办法一般由库存量控制、库存成本分析与库存成本控制三大主要内容组成。以下是某企业仓储成本控制办法，仅供参考。

办法名称	仓储成本控制办法	受控状态	
		编 号	
执行部门		监督部门		编修部门	

第 1 章 总 则

第 1 条 目的

为了加强企业库存成本管理，规范库存成本预算、核算工作，保证成本信息真实、完整，降低库存成本，提高企业经济效益，特制定本办法。

第 2 条 适用范围

本办法仅适用于企业仓储部的库存成本控制工作管理。

第 3 条 管理职责

1. 仓储部负责主导与执行库存成本控制工作。

2. 财务部、仓储部、生产部、市场营销部等部门参与并提供帮助。

第 2 章 库存量控制

第 4 条 库存盘点

1. 仓储部应定期组织盘点库存物资，发现升溢或者缺损的，应及时办理物资盘盈、盘亏报告手续，填写物资盘盈、盘亏报告表，报领导批准，并列入账中。

2. 仓储部工作人员应将盘点结果予以汇总，报至仓储部库存控制人员进行分析。

3. 仓储部库存控制人员根据库存实时情况、生产计划、采购计划等确定待入库物资名称、数量和类型。

第 5 条 用量预测规范

1. 仓储部库存控制人员应清楚地掌握库存进出库的资料，以及其他相关资料，进行库存量预测。需要收集和分析的资料应包括市场需求、产品生命周期、物资价格变动趋势、物资库存现状及物资需求与消耗现状。

2. 用量稳定的物资存量由物资控制主管依据去年的平均月用量，并参酌今年营业的销售目标与生产计划设定，若产销计划有重大变化（如开发或取消某一产品的生产、增产计划等），应修订月用量。

3. 季节性与特殊性物资由仓储主管催促生产管理人员于每年的 3 月、6 月、9 月、12 月的 25 日以前，依据前三个月及去年同期各月的耗用数量，并参考市场状况，拟定次季各月的预计销售量，再乘以各产品的单位用量，从而设定预估月用量，以指导仓库工作。

4. 对市场难以准确把握的物资原则上实行零库存管理，对低于最低存量或者超过最高存量的物资，仓库要及时通知生产部、采购部。

第 6 条 设定安全库存量

1. 仓储部库存控制人员应当确定物资安全库存量，并促使仓库存货在安全库存量以上，以减少缺货情况，降低缺货成本，提高企业服务水平。

2. 安全库存量的计算公式如下。

安全库存量 ＝（生产周期＋运输时间＋检验时间）× 单位时间用量＋最低库存量

第 7 条 设置请购点

1. 仓储部库存控制人员应通过对历史数据的分析，确定不同物资的库存维持费用，估算由此产生的财务支出。

2. 仓储部库存控制人员应该根据库存维持费用、物资需求情况、安全库存量等数据合理地设定请购点。

第8条 设定库存量基准

仓储部库存控制人员应将库存量管理标准填入"库存量基准设定表",报生产部经理批准通过后建档。

第3章 库存成本分析

第9条 核算库存订购成本

仓储部库存控制人员负责根据订货费用、运输费用、保管费用、缺货费用、人员费用等各项费用,核算出库存订购成本、库存维持成本和库存缺货成本,供物资控制主管决策使用。

第10条 库存成本统计分析

库存成本统计分析应每月一次,月末把本月发生的各项成本统计出来,并且求出总成本。

第4章 库存成本控制

第11条 推行目标责任制

1. 为了实现企业的经营目标和利润目标,企业在进行库存成本控制时推行目标责任制,财务部成本中心应将目标成本进行层层分解,把责任成本与各层级、各岗位员工个人的责任挂钩,签订"成本目标责任书",使每个员工承担一定的成本责任。

2. 通过成本考核及成本目标管理,使各责任部门明确其责任范围,使考核结果与有关当事人的经济利益、任免和升迁直接联系起来,使各责任部门及有关责任人自觉地执行各项成本的计算,使仓储成本分析具有层次性和针对性。

第12条 推行定额管理制

1. 定额是编制成本计划和考核成本水平的依据,也是审核和控制耗费的标准。

2. 企业各部门应根据自身的设施条件、技术状况和实际业务特点,结合员工技能等方面因素来制定和修改定额,并据以审核各项耗费是否合理,借以控制耗费,降低物流成本。

第13条 经济订货

1. 仓储部库存控制人员应配合采购部,根据采购产品的价格、库存订购成本、库存保管费用、是否允许缺货等情况,计算出最经济的订货批量和订货周期。

2. 在库存水平到达请购点之前,仓储部库存控制人员应当及时向采购部提出请购计划,并在请购计划中说明现有库存量、在途库存量及安全库存量,以便审核,审核无误后由采购单位办理采购。

3. 因仓储部库存控制人员未能及时提出请购造成的供应短缺,应由仓储部负责。仓储部及时提出请购而采购部没有按照要求及时购货的,责任应由采购部承担。

第14条 库存成本分层控制

仓储部应会同生产部、销售部、采购部等一起对库存成本进行控制。库存成本的控制包括对库存持有成本、库存订货成本和库存缺货成本的控制。

1. 库存持有成本控制。通过对物资的分析,仓储部库存控制人员须确定定需库存及无需库存的物资，确定库存的规模、周转率和分布情况，减少库存持有成本。

2. 库存订货成本控制。仓储部库存控制人员负责确定正确的订货方法，制定库存的再订货点、订货周期和每次的订货量。

3. 库存缺货成本控制。仓储部库存控制人员负责根据生产部的生产计划和销售部的销售计划，正确作出库存的需求预测，避免因为缺货发生损失。

第 15 条　库存分类控制

为了按照物资的重要性合理地控制库存量，将物资按照战略重要程度分为 A、B、C 三类，每类物资的划分标准及库存管理方法如下。

1. A 类是指年度货币量最高，占消耗金额累计 70% 左右的物资。对于 A 类物资，要保持最完整的库存记录，建立完善的库存盘点制度；掌握该类物资的收、发、结存情况；以科学的方法计算每个品种的经济订货量，保持储备量，防止缺货。

2. B 类是指年度货币量中等，占消耗金额累计 15%~25% 的物资。对于 B 类物资，要计算经济批量和安全库存量，做好库存记录；不必详尽掌握所有的收、发、结存情况；在适当的时候可以将若干种 B 类物资合并订购。

3. C 类是指年度货币量较低，占消耗金额累计 5%~15% 的物资。对于 C 类物资，要进行简易库存控制，可采用半年或者一年的采购频率，库存记录不必非常详细。

第 5 章　附　则

第 16 条　编制单位

本办法由仓储部负责编制、解释与修订。

第 17 条　生效时间

本办法自××××年××月××日起生效。

编制日期		审核日期		批准日期	
修改标记		修改处数		修改日期	

10.3　配送管理

10.3.1　配送信息化与数据化实施方案

配送工作的信息化与数据化是时代发展的趋势，也是企业在当今社会新趋势下提高企业核心竞争力的要求。不少企业都意识到了这一点，但如何进行配送信息化与数据化建设，如何让这两"化"在企业落地，却让不少企业犯了难。

此处提供一份配送信息化与数据化实施方案，旨在帮助企业厘清思路，明确步骤。

此方案主要包括实施要求、实施条件、实施过程、过程控制与跟踪等内容。

方案名称	配送信息化与数据化实施方案	编　号	
		受控状态	

一、目的

1. 提高企业配送业务竞争力，促进业务流程的优化、重组，提高企业配送业务的管理能力、运作效率和服务水平。

2. 加强企业资源的整合、开发与利用，最终实现企业配送业务的创新与可持续性发展。

二、适用范围

本方案仅适用于企业配送信息化与数据化实施工作，但也可为企业其他业务提供参考。

三、实施时间

本方案将于××××年××月××日正式实施。

四、参与人员及其职责

1. 企业总经理，负责宏观把控，提供政策、财务等方面的支持。

2. 企业分管物流部工作的副总经理，负责总体指挥和推进。

3. 物流部主要领导及员工，负责具体执行。

4. 信息技术部技术骨干，负责信息化与数据化实施的技术支持。

5. 人力资源部相关人员，负责人员协调与培训等事宜。

6. 财务部相关人员，负责支持与把控信息化与数据化过程中的财务问题。

7. 设备管理部相关人员，负责设备安装、调试等工作。

8. 其他人员，主要有生产部、仓储部、采购部等部门相关人员以及外部专家等，负责协同工作。

五、实施要求

1. 总体方针。配送信息化与数据化的实施工作要坚持"统筹规划，因地制宜，分步实施，资源共享"的总体方针。

2. 基本原则。配送信息化与数据化的实施工作要坚持"需求引导，适应发展，先进可靠"的基本原则。

六、实施条件

（一）条件要求

无论是信息化还是数据化，都对企业提出了以下条件要求。

1. 思想水平。要求企业领导者对信息化与数据化建设的重要性有深刻认识，支持配送信息化与数据化建设，有做好信息化与数据化建设的决心。

2. 技术水平。要求企业具备一定信息化与数据化技术能力，或有解决技术问题的办法。

3. 人员水平。要求企业有相应的技术人才与管理人才储备。

4. 设备水平。要求企业配备有相应的信息化与数据化设备，或有购买设备的资金。

5. 资金水平。要求企业有充足的资金支持信息化与数据化建设。

（二）企业现状

1. 思想水平。企业领导已认识到配送信息化与数据化建设的重要性。

2. 技术水平。企业具备一定程度的技术水平，但不具备完全自建能力。

3. 人员水平。企业人员储备丰富但不全面，信息化技术类人才比较紧缺。

4. 设备水平。企业相关设备储备不充分，但具备购置设备的资金。

5. 资金水平。企业有足够的资金进行信息化与数据化建设。

七、实施过程

（一）配送信息化实施过程

1. 了解需求，确定目标。物流部应在市场调查的基础上，向相关领导提出信息化建设的总体目标，即信息化到何种程度。

2. 弄清条件，对比分析。物流部应弄清信息化建设需要哪些条件，并对比本企业现状，分析需要作出哪些调整才能满足条件，并将分析结果向分管领导汇报。

3. 调整现状，准备建设。分管物流部配送工作的领导了解以上内容后，作出决策，调整企业当前存在的思想、技术、人员、设备、资金等问题。

（1）对于存在的思想问题，企业通过会议将精神下达至各部门领导，并让其在企业宣传，逐步在企业全体员工中建立起信息化、数据化意识。

（2）对于存在的技术问题，物流部与信息技术部沟通解决。对于能够内部解决的，在企业内部解决；对于企业内部无法攻克的技术难题，请技术部联系企业外部技术专家解决。

（3）对于存在的人员问题，分管物流工作的领导要与分管其他模块的领导协调，尽量为配送信息化与数据化建设工作分配人才，并加强对人员的培训。对于企业内部确实稀缺的人才，通过招聘、外聘等方式解决。

（4）对于存在的设备问题，物流部要与信息技术部确认具体需要哪些设备，并请设备管理部协调设备，对于企业没有的设备，按规定向采购部申请采购。

（5）对于存在的资金问题，分管此工作的领导要与财务部负责人沟通，请其支持。

4. 多方行动，系统落地。上述准备工作做完后，物流部、信息技术部、财务部、采购部、设备管理部、人力资源部等部门开始行动。

（1）信息技术部（连同企业外部专家）着手配送信息化建设设计，针对配送工作的各环节与信息化建设的总体目标，设计一套依赖于计算机运行的配送信息化管理系统。

（2）采购部根据信息细化需求采购相关设备。需要采购的设备预计有网络设备、显示设备、搬运设备、扫描设备等。

（3）设备管理部做好设备的检查、安装与调试工作，此工作也需要信息技术部技术人员协助。

（4）人力资源部对后期配送信息化管理系统操作人员进行培训，先从提高计算机水平开始，后期随着信息化建设的过程与新系统的要求继续进行有针对性的培训。

（5）物流部随时为配送信息系统的设计提供建议。

（6）财务部为以上活动提供财务支持。

（7）分管此工作的副总经理统筹安排，推进以上事宜。

5.尝试运行，继续完善。配送信息化系统建设完成后，进入试运行阶段。此阶段要求物流部配送业务相关人员在操作过程中随时发现问题、提供建议，并要求信息技术人员长期观察，及时解决问题。

6.正式运行，长期维护。试运行结束后，配送信息化系统正式运行，物流部要安排专人跟踪、检查信息化成果，随时与负责技术维护的技术人员沟通，不仅要发现问题，还要为进一步优化提供建议。

（二）配送数据化实施过程

1.明确方向，梳理环节。物流部要组织人员调查与分析配送工作数据化的方向，明确当前配送工作数据化存在的困难以及应当数据化的环节。

2.解决困难，做好准备。物流部明确数据化建设的方向以及存在的困难后，应立即着手解决这些困难。主要的困难点及其解决办法如下。

（1）员工对数据化的概念模糊，认识不到位。解决办法是加强数据化含义与重要性宣传，并请人力资源部做思想与理论培训。

（2）员工不具备数据化工作的能力。解决办法是请人力资源部对其进行能力培训，也可从企业内部协调其他部门人才，或者进行员工招聘。

（3）企业不具备数据化工作的条件。数据化主要需要的条件有硬件条件与软件条件。硬件条件主要为计算机，企业要为相关人员配备一定性能的计算机；软件条件为数据可视化软件，企业要为相关人员的计算机安装相关的正版软件，并指导相关员工使用。

3.明确程序，设计规范。解决困难并做好准备后，物流部要根据前期梳理的结果明确数据化工作的环节，并对每个环节的数据化工作设计程序与规范，形成制度，规范配送数据化工作。

（1）明确数据化工作的步骤。数据化工作的步骤一般包括收集数据、整理数据、记录数据、分析数据与数据化管理，物流部要根据各环节实际情况规范工作步骤。

（2）设计数据化工作的规范。如何收集、整理、记录、分析数据，以及数据如何管理，如何发挥作用，物流部最好要对此设计规范，形成制度。

4.尝试运行，继续完善。配送数据化工作通过步骤与规范设计后，基本形成体系，物流部可尝试运行此体系，并要求相关数据处理人员记录数据化工作感受，提出建议以便继续完善。

5.正式运行，长期维护。试运行结束后，配送数据化工作体系得到了完善，可以正式运行。

物流部要安排人员长期跟踪，随时发现问题，以便体系调整升级。

八、过程控制与跟踪

1. 本方案执行过程中，分管物流工作的副总经理将持续跟踪与监督，以保证方案正常运行。

2. 本方案执行过程中，可能会遇到如下问题，这里提供常规解决办法，具体遇到的问题要及时上报领导，具体问题具体分析。

（1）员工消极应对，甚至抵触信息化与数据化建设工作。为预防此类问题出现，前期要加强宣传，可适当对参与项目的人员承诺一定奖励。若方案实施过程中发现问题，要及时引导；若员工实在不配合，应让其退出本方案的实施，以免其消极情绪影响他人。

（2）采购设备出现故障、损坏、缺失等问题。为预防此类问题出现，前期要做好供应商调查，最好选择企业熟悉的供应商进行采购。若采购后确实出现问题的，要及时与供应商沟通解决。

（3）基于计算机的信息化系统出现崩溃、中毒等问题。为预防此类问题出现，前期要做好技术准备，不能"摸着石头过河"，应邀请技术专家进行系统搭建。若工作过程中确实出现问题，要及时报告，内部无法解决的要请外部专家解决，不可隐瞒问题，以免留下隐患。

（4）维持本方案实施的资金供应出现问题。为预防此类问题出现，前期要做好资金预算，制订合理的资金使用计划。若实施过程中确实发现资金断流、紧张或不恰当使用的情况，要及时与财务部沟通处理。

（5）企业外部聘请的专家或团队敷衍了事，留下各类隐患等。为预防此类问题出现，前期要做好企业外部专家或团队的考核工作，确保其具备良好的专业素养。若方案执行过程中确实出现问题的，除尽早请专家修复漏洞外，还要追究导致问题出现的人员的相关责任。

九、其他

本方案由物流部牵头，协同财务部、信息技术部、采购部、人力资源部等联合制定，物流部负责具体执行，其他相关部门配合执行。

执行部门		监督部门		编修部门	
执行责任人		监督责任人		编修责任人	

10.3.2 配送成本控制制度

成本控制是企业永恒的话题，配送成本控制是否得当是配送业务能否盈利的关键，如何控制配送成本、从哪些方面控制配送成本是配送成本控制的关键点。

为处理好这些关键点，企业可以制定配送成本控制制度。企业的配送工作由运输成本、分拣成本、配装成本、流通加工成本构成，因此配送成本控制制度也应从这几个方面着手进行设计。以下是某企业配送成本控制制度，仅供参考。

制度名称	配送成本控制制度	受控状态	
		编　号	
执行部门		监督部门		编修部门	

第1章　总　则

第1条　目的

为了有效地降低配送工作成本，增加企业经济效益，特制定本制度。

第2条　适用范围

本制度仅适用于企业配送成本控制工作。

第3条　管理职责

1. 物流部负责主导与执行配送成本控制工作。

2. 财务部、仓储部、生产部等参与并提供帮助。

第4条　控制原则

进行配送成本控制的同时应确保配送业务工作效率和服务水平，不得因削减成本而降低业务质量。

第2章　配送各环节成本控制

第5条　配送运输成本控制

配送运输成本的控制目标为总配送成本的____%以下，控制手段主要包括以下3个方面。

1. 加强运输的经济核算。

2. 防止运输过程中的差错事故。

3. 保证安全运输等。

第6条　分拣成本控制

分拣成本的控制目标为总配送成本的____%以下，控制方法如下。

1. 对分拣设备进行合理选择。

2. 防止机械设备的无效作业，合理规划分拣方式和分拣作业过程，如减少分拣次数、缩短操作距离等。

第7条　配装成本控制

配装成本包括装卸、搬运成本与包装成本，其控制目标为总配送成本的____%以下，具体控制方法如下。

1. 装卸、搬运成本控制。要对装卸、搬运设备进行合理选择，并防止机械设备的无效作业，合理规划装卸方式和装卸作业过程，如减少装卸次数、缩短操作距离、提高被装卸物资纯度等。

2. 包装成本控制。选择包装材料时要进行经济分析；加强成本核算、降低包装费用，如包装材料的回收和旧包装的再利用；实现包装尺寸的标准化、包装作业的机械化。

第 8 条　流通加工成本控制

流通加工成本的控制目标为总配送成本的____%以下，具体控制方法如下。

1. 合理确定流通加工的方式。

2. 合理确定加工能力。

3. 加强流通加工的日常管理。

4. 制定可量化的流通加工经济指标。

第 3 章　人员成本、管理成本等成本控制

第 9 条　人员成本控制

企业应努力提高配送人员素质，合理调配劳动力，提高配送工作效率，从而节省配送人员成本。

第 10 条　技术改造费用控制

新增配送设备以及对各项配送设备进行技术改造时，应事先组织有关部门进行技术经济论证和可行性研究，在确保有经济效益的前提下，才能进行技术改造。

第 11 条　维修费用控制

在进行配送设备维修时，若属日常维修，应严格按照维修定额控制维修费用；若属特殊或大幅维修，应组织有关部门优化大修方案，以降低维修费用。

第 12 条　管理费用、营运间接费用和其他费用控制

1. 企业对配送业务产生的管理费用、营运间接费用和其他费用要实行归口管理，明确责任部门。

2. 与配送业务相关的各部门要针对配送费用支出项目建立费用限额，明确费用支出控制指标，经财务部审核后，实行限额控制。对已发生的费用支出，应根据有关单据登记入册，并结算开支后的指标结存额，以便及时掌握开支情况，采取措施，节约开支。

3. 与配送业务相关的各部门应建立信息反馈系统，及时汇集费用使用情况，以改进配送成本控制工作。

4. 财务部要对与配送业务相关的各部门费用支出情况进行监督与检查，各相关部门需要增加开支项目或开支金额时，须报财务部审批。

第 4 章　附　　则

第 13 条　编制单位

本制度由物流部负责编制、解释与修订。

第 14 条　生效时间

本制度自××××年××月××日起生效。

编制日期		审核日期		批准日期	
修改标记		修改处数		修改日期	

10.3.3 配送绩效考核办法

与其他任何工作一样,企业要对配送工作进行绩效考核。但配送工作如何进行绩效考核、如何设置考核内容与考核指标,令不少企业考核人员头疼。

此处提供一个配送绩效考核办法,作为大家在这方面的参考,此办法包括考核时间、考核指标、考核方式、考核步骤、考核结果运用等内容。

办法名称	配送绩效考核办法	受控状态	
		编　号	
执行部门		监督部门		编修部门	

第1章　总　则

第1条　目的

为了提高配送人员的工作效率与服务质量,规范企业配送人员的工作标准,增强企业配送竞争力,特制定本办法。

第2条　适用范围

本办法适用于本企业物流系统中所有配送人员的绩效考核及管理工作。

第3条　管理职责

1. 人力资源部绩效考核人员负责配送人员考核指标设计、考核实施、考核结果运用等工作。
2. 物流部经理负责提供支持与建议。

第4条　考核原则

1. 坚持实事求是、客观公正的原则。
2. 体现多劳多得、奖勤罚懒的原则。
3. 遵循差异考核、结果公开的原则。
4. 实行分级考核、逐级落实的原则。

第2章　绩效考核实施

第5条　考核时间与周期

配送人员绩效考核分为月度考核与年度考核。月度考核每月进行一次,次月公布考核结果;年度考核每年12月进行,次年1月公布考核结果。

第6条　考核内容

配送人员考核内容分为配送前考核、配送中考核及配送后考核3个部分,各部分考核的绩效评估指标如下。

1. 配送前

配送前相关工作的考核权重占总体考核权重的30%,以这30%为总量,其具体指标及权重如下。

（1）分拣准确率：40%。

（2）紧急订单响应及时率：30%。

（3）按时发货率：30%。

2. 配送中

配送中相关工作的考核权重占总体考核权重的40%，以这40%为总量，其具体指标及权重如下。

（1）配送延误率：25%。

（2）货物破损率：20%。

（3）货物差错率：20%。

（4）货物丢失率：20%。

（5）签收单返回率：15%。

3. 配送后

配送后相关工作的考核权重占总体考核权重的30%，以这30%为总量，其具体指标及权重如下。

（1）通知及时率：30%。

（2）投诉处理率：30%。

（3）客户满意度：40%。

第7条　绩效考核说明

各项目配送主管在进入考核周期之前与配送人员进行绩效考核沟通，明确考核目标与考核标准。

第8条　绩效考核指导

在考核周期内各项目配送主管要对被考核的配送人员进行绩效指导，以帮助其随时保持正确的工作方法，最终保证绩效考核目标的顺利达成。

第9条　自我绩效评价

各项目配送主管在考核周期结束前向被考核的配送人员下发考核表，指导其对照绩效目标进行自我绩效评价。

第10条　主管人员评价

被考核的配送人员完成自我绩效评价后上交考核表，由其上级主管对照绩效目标对其进行考评，其结果按照得分一般划分为5个等级，具体情况如下。

1. A级（杰出），绩效得分在95（不含）分以上。

2. B级（优秀），绩效得分为86~95分。

3. C级（良好），绩效得分为76~85分。

4. D级（普通），绩效得分为60~75分。

5. E级（需改进），绩效得分在60（不含）分以下。

第3章　绩效考核结果管理

第 11 条　月度考核结果应用

月度考核结果决定被考核的配送人员当月绩效评估得分，并作为绩效工资发放标准，具体发放标准与绩效得分对照情况如下。

1. A级（杰出），绩效工资发放比例为100%。
2. B级（优秀），绩效工资发放比例为90%。
3. C级（良好），绩效工资发放比例为80%。
4. D级（普通），绩效工资发放比例为60%。
5. E级（需改进），绩效工资发放比例为30%。

第 12 条　年度考核结果应用

年度考核结果将被考核的配送人员当年各月考核评估得分进行汇总，并按照全年考核次数得出年平均考核得分，再结合部门主管人员意见定级，作为年终奖的发放依据。年终奖发放标准如下。

1. A级（杰出），年终奖发放金额为_____～_____元。
2. B级（优秀），年终奖发放金额为_____～_____元。
3. C级（良好），年终奖发放金额为_____～_____元。
4. D级（普通），年终奖发放金额为_____～_____元。
5. E级（需改进），年终奖发放金额为_____～_____元。

第 13 条　考核人员管理

相关主管人员可根据被考核的配送人员年度考核情况，安排考核等级为A、B级的员工参加企业的带薪提升培训。考核等级为C、D级的员工可以申请相关技能培训，经上级主管及人力资源部审批通过后方可参加。考核等级为E级的员工，必须参加由配送部门安排的适职培训。

第 14 条　绩效考核指标变动

绩效考核指标与标准可随市场与企业的实际情况进行调整，但须经配送人员直属上级同意，并与人力资源部共同协商一致后，方可调整。

第4章　附　则

第 15 条　编制单位

本办法由人力资源部负责编制、解释与修订。

第 16 条　生效时间

本办法自××××年××月××日起生效。

编制日期		审核日期		批准日期	
修改标记		修改处数		修改日期	

10.4 逆向物流管理

10.4.1 闲置物资盘点与处置管理制度

企业在生产经营过程中会产生或多或少的闲置物资，这些物资如果处理得当，能够为企业增加利润，节省成本；如果不处理或处理不当，则可能带来经济损失，甚至对环境与社会造成影响。

企业一般会制定闲置物资盘点与处置相关制度，此制度一般包括闲置物资的盘点与闲置物资的处置两大部分内容。以下是某企业闲置物资盘点与处置管理制度，仅供参考。

制度名称	闲置物资盘点与处置管理制度	受控状态	
		编　号	
执行部门		监督部门		编修部门	

第1章　总　则

第1条　目的

为了加强企业资产管理工作，规范企业闲置物资盘点与处置管理工作的程序，特制定本制度。

第2条　适用范围

本制度仅适用于企业闲置物资盘点与处置管理工作。

第3条　管理职责

1. 企业资产管理部负责闲置物资盘点与处置管理工作。

2. 财务部、仓储部等提供支持。

第4条　处置原则

闲置物资盘点与处置工作要坚持严肃慎重、公开规范、修旧利废的原则。

第5条　名词解释

闲置物资的范围如下。

1. 两年内没有使用且完好的固定资产类物资，新添置的一年以上未安装使用的固定资产类物资。

2. 可修复而未修复的，且修复费用不高的固定资产类物资。

3. 因经营管理任务、教学科研任务变动或课程内容变化后不再使用的固定资产类物资；或者使用未超过两年，但性能下降，不能满足经营管理要求或教学科研要求，且又不属报废的固定资产类物资。

4. 库存积压两年以上的各类低值易耗品和其他物资。

第2章　闲置物资的盘点

第6条　盘点准备

1. 每次盘点工作开始前，资产管理部要连同资产使用部门、仓储部、财务部等成立盘点小组，制订闲置物资盘点工作计划，确定盘点开始时间、方式等。

第7条　进行盘点

1. 盘点小组对各部门确认属于闲置的物资，由物资使用部门填写"企业闲置物资处理申请表"，按照表单内容将闲置物资的编号、名称、数量、型号、生产厂家、出厂日期、购置日期以及物资现状、主要技术性能指标状况和新旧程度等情况一一填写清晰。

2. 由盘点小组的财务人员按"企业闲置物资处理申请表"有关内容，对闲置物资进行估价，并在申请表上做好财务记录。

3. 盘点小组驳回或通过"企业闲置物资处理申请表"。若通过，则准备进行闲置物资处理；若驳回，则说明物资不具备闲置物资申请条件。

第3章　闲置物资的处置

第8条　资产修复

对本制度第5条提到的"可修复而未修复的，且修复费用不高的固定资产类物资"，进行修复处理，修复完毕后继续使用。

第9条　内部调剂

闲置物资可考虑在企业各部门之间进行调剂处理，并办理有关资产调拨、销账、调账手续。

1. 资产管理部向各部门发布闲置物资信息，考虑资产调剂。还可向分公司、子公司发布信息，若有需要，对于分公司，进行调剂处理；对于子公司，按规定请其进行采购处理。

2. 各闲置物资调出、调入部门及单位要根据规定进行调剂、付款和结算，并分别办理固定资产注销、财务销账和固定资产入库、财务入账等手续。

第10条　资产租赁

企业可将无法内部调剂的资产进行出租处理。

1. 第三方企业租用本企业资产时，统一由资产管理部办理对外出租手续，出租的资产经总经理签字批准后，方可办理。部门和员工不得私自向外部企业出租企业资产。当第三方企业归还时，由资产管理部负责清点验收。

2. 出租的资产应作为本企业的资产进行管理，资产管理部应建立资产管理台账，财务部应建立资产明细账，并定期提取折旧。

第11条　资产出售

企业出售闲置资产，由资产管理部提出申请，并填制"企业闲置资产出售审批单"。

1. 单次申请的闲置资产账面净额在人民币3000元（含3000元）以下的，审批程序为：综合管理部固定资产专员→综合管理部经理→财务部经理→分管副总经理。

2. 单次申请的闲置资产账面净额在人民币3000~30000元的，审批程序为：综合管理部固定资产专员→综合管理部经理→财务部经理→财务总监→分管副总经理。

3. 单次申请的闲置资产账面净额在人民币30000元（含30000元）以上的，审批程序为：

综合管理部固定资产专员→综合管理部经理→财务部经理→财务总监→总经理。

第 12 条　报废处理

12 个月内企业内部范围无法调剂，且也无法出租或出售的闲置物资，由资产管理部对此类物资按照企业废旧物资报废处理的程序和要求进行处置。

第 13 条　资产登记

需要对闲置物资进行资产登记的情形。

1. 企业进行资产盘点时。
2. 闲置物资调入、调出时。
3. 闲置物资出租、出售时。
4. 闲置物资报废处理时。

第 4 章　附　则

第 14 条　编制单位

本制度由企业资产管理部负责编制、解释与修订。

第 15 条　生效时间

本制度自××××年××月××日起生效。

编制日期		审核日期		批准日期	
修改标记		修改处数		修改日期	

10.4.2　报废物资回收与处置管理制度

物资如何报废？报废物资如何处理？出售还是回收利用？出售给谁？这些问题是企业面临报废物资时需要明确的。

不是所有企业都熟悉报废物资的处理办法的，因此在这里提供一份报废物资回收与处置管理制度，仅供参考。

制度名称	报废物资回收与处置管理制度	受控状态	
		编　　号	
执行部门		监督部门		编修部门	

第 1 章　总　则

第 1 条　目的

为了明确报废物资回收与处置管理工作的流程，规范报废物资回收与处置管理工作的程序，特制定本制度。

第2条 适用范围

本制度仅适用于企业报废物资回收与处置管理工作。

第3条 管理职责

1. 企业资产管理部负责报废物资回收与处置管理工作。

2. 财务部、仓储部等提供支持。

第2章 物资报废申请与评估

第4条 可以报废的情形

物资满足下列条件时，方可提出报废申请。

1. 因超过保质期限和使用年限，且无任何使用和利用价值的物资。

2. 主要结构和部件损坏严重，且无法修复或修复费用过高的设施设备。

3. 因陈旧，技术性能低，无利用、改造价值的仪器设备。

4. 因事故或意外灾害，造成严重破坏无法修复的物资。

5. 因改建、扩建工程需要，必须拆除且无再利用价值的物资。

6. 因安全和计量检验不合格，须强制报废的物资。

7. 因环境污染、能耗等因素，超过国家规定标准且无法改造的物资。

8. 物资无生产使用情景，且长期无法出租、出售的。

9. 其他符合相关规定的物资。

第5条 不同物资的报废申请

1. 生产设备报废申请。凡符合报废条件的设备，由设备使用部主管填写"生产设备报废申请表"，注明拟报废设备的编号、名称、数量、型号、生产厂家、出厂日期、购置日期等，说明报废理由，并详细说明设备现状、主要技术性能指标下降到何种程度、有无利用和改造价值等。

2. 仓库物资报废申请。仓储部负责库存物资中符合报废条件物资的报废申请，仓储部主管填写"仓储物资报废申请表"，并清点报废物料，进行报废物资的处置。

3. 低值易耗品报废申请。企业的低值易耗品报废申请由其使用部门的部门主管提出。

以上申请都须提交至企业资产管理部。

第6条 物资报废申请的审核

企业资产管理部根据各部门上报的物资报废申请，审核物资是否满足报废条件。

第7条 报废物资的价值评估

对申请通过的报废物资，企业资产管理部与财务部对其进行估值，并根据剩余价值选择进一步的处理办法。

第8条 报废资产的处理评估

1. 除国家、企业有特别规定的，企业均可对自有报废资产进行出售处理。

2. 下列资产企业可进行拆卸、重组并回收处理。

（1）超过保质期限和使用年限，且无任何使用和利用价值的物资。

（2）主要结构和部件损坏严重，且无法修复或修复费用过高的设施设备。

（3）因改建、扩建工程需要，必须拆除且再无利用价值的物资。

（4）因安全和计量检验不合格，强制报废的物资。

（5）其他。

第3章 报废物资出售

第9条 报废物资出售

对还具备一定价值，但企业改造、回收、使用成本较高的报废物资，企业可对其进行出售处理。

第10条 直接出售

资产价值低于＿＿＿＿元，且国家、企业无特殊规定的，可直接联系有意向的回收商进行出售。

第11条 公开招标

资产价值超过＿＿＿＿元，或有国家法律规定必须进行招标出售的物资，资产管理部要按照《企业招投标管理制度》进行公开招标，寻找回收商进行出售。

第12条 回收商管理

1. 回收商资质要求

（1）中华人民共和国境内注册企业法人资格及工商部门核定的废旧物资回收经营范围，注册资金为100万元及以上。

（2）国家相关部门核发的税务登记证、组织机构代码或营业执照三证合一。

（3）地（市）级及以上相关部门核准的资源再生综合利用认定证书（废旧物资回收经营企业专用），地方政府有特殊要求的，须符合地方政府规定。

（4）法定代表人授权委托书、授权人及被授权人身份证明；法定代表人为同一人的两个及两个以上母公司、全资子公司及控股公司，只能有一家参加资格申报。

（5）具有良好的商业信誉，在近一年合同履行过程中未发生弄虚作假等欺诈行为，未发生竞价成功后拒签合同的情况，未发生不按合同要求及时回收等情况。

（6）对竞买的废旧物资具有储存、拆解及装运能力。

（7）具备全面履行合同的能力，财务状况良好，企业未处于破产状态，或财产未处于被接管或冻结状态。

（8）近三年废旧物资回收过程中未出现过安全事故或造成恶劣影响的纠纷和群众性事件。

（9）能够严格按照政府环保部门的要求合法处理废旧物资中可能包含的有危害性的废旧物资。

2. 回收商履约评价

（1）每批次物资招标出售完成后，企业资产管理部对回收商的履约情况进行评价。

（2）评价内容包括报废物资变卖款到账及时性，回收商是否按物资销售合同规定时间完成实物移交，是否遵守安全规则和做好安全措施等。

第 4 章　报废物资拆解再利用

第 13 条　拆卸分解

对于企业有资源和能力对报废物资（设备、物料、半成品等）进行拆解再利用的，资产管理部可安排专人对设备进行拆解再利用。拆解人员对于设备中的易损件可直接淘汰，可再利用的将其保留。

第 14 条　检测

1. 资产分解完成后，资产管理部对其进行检测鉴定，检测后再对其进行分类。
2. 分类依据为可直接使用类和可修复类。

第 15 条　修复

经上述步骤后可修复的资产，资产管理部安排人员对其进行修复。

第 16 条　再次使用

经过拆解并修复的资产，企业可按其使用情形对其进行再次使用。

第 5 章　附　则

第 17 条　编制单位

本制度由企业资产管理部负责编制、解释与修订。

第 18 条　生效时间

本制度自××××年××月××日起生效。

编制日期		审核日期		批准日期	
修改标记		修改处数		修改日期	

10.5　物流园区与第三方物流管理

10.5.1　物流园区规范化管理实施细则

许多企业随着物流业务的发展与壮大，尤其是物流业务涉及跨领域、跨地域甚至跨国界时，简单的仓库与车辆调配已无法满足其物流业务要求。因此，许多地区会设置物流中心，方便各企业更高效地进行物流调配。企业发展到一定规模，也可建立属于自己的物流园区。

管理一个物流园区的复杂程度不亚于管理一个企业，为更规范、高效地管理物流园区，企业会制定园区管理制度。而为对制度进行补充说明，使有关部门和人员更好地贯彻执行某一制度、条例和规定，企业就需要制定相关制度的实施细则。以下是某企业物流园区规范化管理实施细则，仅供参考。

细则名称	物流园区规范化管理实施细则	受控状态	
		编　　号	
执行部门		监督部门		编修部门	

第1章　总　则

第1条　目的

为了更规范、高效地管理物流园区，根据《企业物流园区规范化管理制度》（以下简称《物流园区管理制度》），特制定本细则。

第2条　适用范围

本细则适用于企业物流园区工作人员对物流园区的规范化管理。

第3条　组织机构

《物流园区管理制度》所指组织机构，包括园长办公室、园区管理办公室、五大仓库、调配中心、停车场、出入园检验处等单位。

第4条　园区人员管理

《物流园区管理制度》所指园区人员管理包含以下内容。

1. 管理人员。园区配备1名园长，与企业副总经理平级；5名副园长，分别负责园内5个区域。副园长下设园区主管、职能小组（运输组、装卸组、仓储组、安保组等）、工作人员等若干名。

2. 一线员工。大部分运输、装卸、仓储人员均与企业签订劳动合同，属于正式员工，部分员工为劳务派遣员工。

3. 人员调整。园区所有管理与一线员工的招聘、培训、转岗、晋升、离退等都参照企业本部的正式制度进行。

第2章　入园管理

第5条　运输设备

《物流园区管理制度》所指运输设备，是包含普通运输车辆、无人车等智能设备在内的运输设备。

第6条　凭单入园

《物流园区管理制度》所指凭单入园，是运输人员及其运输设备进入园区时，须向入园区检验处出示的入园区凭证。入园区凭证上应标明以下信息。

1. 入园区事由，可分为送货与取货。

2. 入园区时间。

3. 送货或取货信息。送货信息包括货物名称、数量、目的地、对方单位信息、签收人等；取货信息包括目的地、对方单位信息、拟取的货物名称、数量等。

4. 授权入园区人的授权信息。

5. 运输设备人员信息，包括姓名、性别、年龄、所属单位等。

6. 运输设备信息，包括所属单位、检修状况、保险状况等。

第7条　入园区检查

《物流园区管理制度》所称入园检查，是指入园检验处人员须仔细检查入园区人员出具的入园区凭证填写是否规范，并检查运输设备及其货物是否与凭证相符。

第8条　入园区通道

《物流园区管理制度》所指入园区通道，是对应本物流园区5大区域的5个入园区通道与5个出园区通道。

第9条　入园人员守则

《物流园区管理制度》所指入园人员守则，具体包括以下内容。

1. 入园区人员操作运输设备入园区时，若运输设备为车辆，其行驶速度不得超过_____千米每小时；若为其他设备，按企业为特殊设备制定的使用守则操作。

2. 入园区人员操作运输设备入园区时，车辆应走机动车行进路线，其他设备与人员走各自相应路线。

3. 任何运输设备在园区内不得鸣笛。

4. 严禁运输设备操作员在园区行驶时出现吸烟、饮酒等不规范行为。

第3章　货物装卸与存储管理

第10条　装货流程

1. 将设备按规范操作至指定位置。

2. 向货物管理人员出具装货清单。

3. 文明排队，依次装货。

4. 按不同货物的装卸标准进行装货。

5. 装货后核对货物，确保与装货单上的内容一致，签单确认。

第11条　卸货流程

1. 将设备按规范操作至指定位置。

2. 向货物管理人员出具卸货清单。

3. 文明排队，依次卸货。

4. 按不同货物的装卸标准进行卸货。

5. 卸货后核对货物，确保与卸货单上的内容一致，请货物管理人员签收货物。

第12条　存货时间

1. 企业采购的物资、设备、办公用品等，需要长期存储，随时满足企业生产经营的需要。

2. 企业生产的等待发出的产品或半成品，应与生产部、市场营销部协调存储时间。

第13条　货物存储位置

《物流园区管理制度》所指货物存储位置，是本物流园区按储存功能划分的5个存储区域，分别为生产设备存储区、生产资料存储区、企业产品存储区、企业半成品存储区、其他用品存储区。

第14条　货物存储规则

1. 所有货物都必须进行卡物一致管理。将明确标有货物名称、货主信息、规格、型号、数量等内容的卡片与货物一一对应存储。

2. 所有货物存储坚持便于流通的原则，将库存周转率作为存储依据。

3. 同一系列以及互相关联的货物相邻存储。

4. 所有同类型货物必须集中存储在同一位置。

5. 易混货物要间隔储存。

6. 每个区域都有为危险物品和贵重物品特别设置的存储点，易爆炸、污染等危险货物以及贵重货物应存储在相应位置。

第15条　存储货物的保管与盘点

1. 园区配备专人对货物进行保管，实行一日三检制度。

2. 园区每周对货物进行一次小规模盘点，每月对货物进行一次大规模盘点，以避免货物损坏与丢失。

第4章　出园管理

第16条　凭单出园区

《物流园区管理制度》所指凭单出园区，是运输人员及其运输设备（车辆、智能运输或装载设备等）离开园区时，须出示的出园区凭证。出园区凭证上应标明以下信息。

1. 出园区事由，分为送货与取货。

2. 出园区时间。

3. 送货或取货信息。送货信息包括货物名称、数量、目的地、对方单位信息、签收人等；取货信息包括目的地、对方单位信息、拟取的货物名称、数量等。

4. 授权出园区人的授权信息。

5. 运输设备人员信息，包括姓名、性别、年龄、所属单位等。

6. 运输设备信息，包括所属单位、检修状况、保险状况等。

第17条　出园区检查

《物流园区管理制度》所指出园区检查，是指出园区检验处人员须仔细检查出园区人员出具的出园凭证填写是否规范，并检查运输设备及其货物是否与凭证相符。

第18条　出园区人员守则

《物流园区管理制度》所指出园区人员守则，参照入园区人员守则执行。

第5章　园区设备管理

第19条　设备采购

《物流园区管理制度》所指设备采购，要按照企业采购部有关制度进行，并在企业资产管理部登记。园区不得擅自采购设备。

第20条　卡片管理

《物流园区管理制度》所指卡片管理，是指园区所有设备实行卡片管理，每台设备对应相应的电子登记卡。操作人员使用设备，必须获得授权，并在相应电子登记卡上登记。

第21条　设备损坏、维修、报废处理

《物流园区管理制度》所指的设备损坏、维修、报废处理，必须由企业设备管理部进行，园区不得擅自对其进行出租、出售处理。

第6章　园区物业管理

第22条　费用缴纳

园区水、电、燃气等基础设施的费用由企业统一负责缴纳。园区安保人员每日定时检查水、电、燃气等设施的使用情况。

第23条　环境管理

园区内所有环境管理问题，由园区内设置的环境管理小组负责，包括园区内绿化、保洁等工作。

第24条　公共设施管理

园区内所有公共设施，由园区安保部门每日巡视时记录情况，出现异常应立即上报处理。

第25条　安全管理

《物流园区管理制度》所指园区安全管理，具体包括以下内容。

1.安全培训。园区定期组织安全培训，对园区员工进行安全运输、装卸、存储等方面的安全教育。

2.全区监控。园区实现了全区监控设备覆盖，配备5个监控室，相关监控人员要实时监控，若出现意外立即响应。

3.人员安全。园区所有管理人员定期体检，所有一线员工每半年体检一次，确保所有人员身体健康，具备相应岗位的任职条件。

4.运输安全。所有驾驶员必须具备相应驾驶证，所有运输设备定期进行检查，并办齐所有保险。

5.仓储安全。所有货物储存按货物特性、种类分类存储，存储室定期进行保洁、消毒，维护好货物对温度、湿度等环境的要求。

6.装卸安全。所有货物的装卸，按程序、规定进行，自动化装卸、搬运设备运行时须有人员看守。

7.消防设备。园区按有关部门规定配备了可有效使用的消防设备，并每月进行检查与更换。

8.消防通道。园区所有消防通道工作时间随时保持开启与通畅。

9.紧急情况。出现停电、停水、火灾、泄漏等紧急情况时，由园区安全保障小组负责处理，具体处理办法参照其部门规章制度。

第 7 章 附 则

第 26 条 编制单位

本细则由物流园区管理办公室负责制定、解释与修订。

第 27 条 生效时间

本细则自××××年××月××日起生效。

编制日期		审核日期		批准日期	
修改标记		修改处数		修改日期	

10.5.2 第三方物流供应商选择与管理制度

很多企业会选择将物流业务交由第三方进行运营，这是一种发展趋势，而企业这样选择是为了精简业务规模，节省成本。但将物流业务交由第三方进行运营便涉及第三方物流供应商的选择与管理工作，对第三方物流供应商如何调查、如何评估、如何选择、如何评价是企业在这种模式下首先要解决的问题。

常规的解决办法是在调查研究后制定相应制度，指导和规范对第三方物流供应商的选择与管理工作。此制度一般包含对第三方物流供应商的调查与评估、供应商选择与供应商管理三大主要内容。以下是某企业第三方物流供应商选择与管理制度，仅供参考。

制度名称	第三方物流供应商选择与管理制度	受控状态	
		编　　号	
执行部门		监督部门		编修部门	

第 1 章 总 则

第 1 条 目的

1. 规范本企业对第三方物流供应商（以下简称供应商）的选择工作，确保选择到最佳的供应商。

2. 规范本企业对供应商的管理工作，确保供应商能为本企业提供最佳的物流服务。

第 2 条 适用范围

本办法仅适用于企业对供应商的选择与管理工作。

第 3 条 供应商工作小组

由采购部、物流部、生产部、财务部等相关人员组成供应商工作小组，负责对供应商的调查与评估、选择与管理工作。

第4条 供应商选择原则

1. 实事求是原则。应根据拟交给第三方管理运营的物流业务规模选择供应商。

2. 优势互补原则。选择的供应商应在某领域或某方面具有本企业不具备的优势。

3. 择优选择原则。应尽量在相同报价范围内选择企业形象最好、经验最丰富、经营管理能力最强的第三方供应商。

第2章 供应商调查与评审

第5条 供应商调查准备

1. 确定本企业需求。供应商工作小组应首先明确本企业需求，确认企业物流业务需要多大规模、多长合作时间、何种资质的供应商。

2. 调查市场竞争环境。包括生产能力、技术水平、管理水平、质量水平、价格水平、需求情况及竞争性质调查等。

第6条 供应商信息收集

供应商工作小组通过各种渠道与方法协同收集市场上符合要求的供应商资料。

1. 应收集_____家以上供应商的资料。

2. 供应商资料包括企业名称、发展战略、经营情况、往期案例、业界口碑等。

3. 供应商的基本情况。

第7条 供应商信息的整理

供应商工作小组对收集到的供应商资料进行整理，做好分类与统计。

第8条 初步筛选与评估

供应商工作小组整理供应商资料后，须结合本企业的具体战略目标和物流管理需求对供应商进行初步筛选与评估，其标准如下。

1. 供应商是否具备本企业所需要的物流管理能力与资质。

2. 供应商规模大小、财务能力。

3. 供应商的企业文化、企业形象、业界口碑等。

第9条 初步确定供应商

供应商工作小组根据初步筛选的标准选出基本符合条件的供应商。

第3章 供应商选择

第10条 供应商谈判

供应商工作小组应分别与待选定供应商进行谈判，确定双方合作意向，了解各家供应商的合作条件。

第11条 选择供应商

谈判结束后，供应商工作小组与企业领导汇报谈判结果，并给出选择建议，最终确定拟选择的供应商。

第 12 条　签订合同

企业领导确定供应商选择对象后，由其或其授权人员与目标供应商签订合作合同，约定合作细节。

第 13 条　执行合同

合同签订完后，双方正式开始合作。

第 4 章　供应商管理

第 14 条　供应商监督管理

供应商工作小组要监督供应商的工作情况，了解其是否按照合同开展物流工作。

第 15 条　供应商评价管理

1. 评价时间。对供应商的评价时间视合同要求而定，一般分为月度、季度、年度以及合同持续时间。

2. 评价主体。对供应商的评价由企业分管领导，以及物流部、财务部、采购部、人力资源部等人员组成评价小组进行，他们分别负责协调工作、提供工作数据、提供财务数据、提供供应商信息、推荐评价方法与指标等。

3. 评价内容。对供应商的主要评价内容如下。

（1）合作条款完成率。

（2）事故率。

（3）合作任务准时完成率。

（4）客户满意度。

（5）本企业的成本下降率。

（6）本企业的投资回报率。

（7）其他。

4. 评价等级

供应商工作小组应在长期监督、观察的基础上，对供应商进行评价。企业对供应商的评价等级有以下三级。

（1）S级：关键供应商。能完全按合同要求进行工作，双方合作时间久、合作关系稳定；为企业节省的成本多，带来的利润多；某些关键事项只能与此类供应商合作完成，其他供应商不具备资质或能力。

（2）A级：重要供应商。能比较圆满地完成合同事项，为企业节省一定的成本，带来一定的利润；有长期合作的意向与能力；能在比较重要的事项上与企业开展合作。

（3）B级：普通供应商。基本能按合作要求完成工作，为企业节省较少成本，带来较少利润；不大可能会有长期合作；能合作的领域有限。

5. 评价结果运用

按照评价等级，对S级、A级与B级供应商的应对态度分别是积极争取长期合作、正常保持友好合作与适当停止部分合作。

第16条 评价结果通知

供应商工作小组应按合同要求定时、定期地将评价结果告知合作的供应商，一起探讨双方合作存在的问题，寻找发展与提升的途径。

第5章 附 则

第17条 编制单位

本制度由供应商工作小组负责编制、解释与修订。

第18条 生效时间

本制度自××××年××月××日起生效。

编制日期		审核日期		批准日期	
修改标记		修改处数		修改日期	

第 11 章 风险管理体系化

11.1 风险管理体系建设

11.1.1 风险识别管理办法

风险识别是风险评估的第一步,是指分析供应链的各个过程、每个参与主体及其所处的环境,找出可能影响供应链管理的风险因素,识别风险源,掌握每个风险事件的特征、原因、相互关系以及潜在的后果等,从而生成一个全面的供应链的风险列表。

风险识别的内容包括对风险源、风险事件及其原因和潜在后果的识别。在风险识别工作中,可以通过以下 4 项要素进行风险的识别,具体内容如表 11-1 所示。

表 11-1 风险识别的基本要素说明

基本要素	具体内容	举例
风险源	(1) 风险源是指可能单独或共同引发风险的内在要素 (2) 风险源可以是有形的,也可以是无形的	例如,仓库的"明火",它就是火灾的风险源
已经发生或预计发生的风险事件	(1) 风险事件是指某一类情形的发生或变化,有时可称为"事故" (2) 风险事件可以是一个或多个情形,并且可以由多个原因导致 (3) 风险事件可以包括没有发生的情形或预计发生的情形 (4) 没有造成后果的事件称为"未遂事件"	例如,仓库的火灾事件,该事件可能是由明火导致,也有可能是物资乱堆、乱放等原因造成的
该风险事件发生的原因	风险原因与风险源在风险管理实践中很难区分,风险原因是风险事件发生的条件,若没有风险原因,则风险源无法引发风险事件的发生	例如,仓库的火灾事件,风险源是"明火",对应的风险原因可能是"危险物品存放不当""人为故意"等

续表

基本要素	具体内容	举例
该风险事件发生的潜在后果	（1）后果是指某事件对目标影响的结果 （2）一个事件可以导致一系列后果 （3）后果可以是确定的，也可以是不确定的，对目标的影响可以是正面的，也可以是负面的 （4）后果可以用定性或定量的方式表示，通过连锁反应，最初的后果可能升级	例如，仓库的火灾事件，可能导致人员伤亡、物资被损坏等

表 11-1 是对风险识别的基本认知，只有确定了上述 4 项基本要素，才有可能进入供应链的风险列表中，从而开始接下来的风险分析阶段。

风险识别工作对整个供应链的风险管理工作非常重要，它是供应链风险评估的第一步，对最终的风险评估结果起到直接性作用。企业只有对风险识别阶段进行规范化管理，才能保证其准确性。下面是某企业制定的供应链风险识别管理办法，仅供参考。

办法名称	供应链风险识别管理办法	受控状态	
		编　号	
执行部门		监督部门		编修部门	

第 1 章　总　则

第 1 条　目的

为了规范企业对供应链的风险识别工作，提高风险识别的准确性与充分性，特制定本办法。

第 2 条　适用范围

本办法适用于企业供应链管理范围内的风险识别管理工作。

第 3 条　管理职责

1. 供应链风险管理委员会负责企业供应链风险评估的领导工作。

2. 风险控制部是风险管理的主管部门，在企业供应链风险管理委员会的领导下，负责企业供应链的风险识别的管理。

3. 各职能部门和业务部门负责对其职责范围内存在的各类风险进行辨识。

第 2 章　发现风险

第 4 条　研究企业目标

风险控制部应根据企业的发展战略、经营目标等，分析并研究企业目标。企业目标主要包括管理目标和业务目标。

第 5 条　确定供应链风险识别的对象和范围

1. 风险控制部应负责确定供应链风险识别的对象和范围。

2. 供应链风险识别的对象和范围包括某个项目/业务目标、项目/业务管理流程及其流程的各环节等。

第6条　选择供应链风险识别方法

风险控制部应根据供应链风险识别的对象和范围选择风险识别方法，风险识别方法包括结构化/半结构化访谈、检查表法、危险分析与关键控制点法、失效模式和效应分析法等，具体方法的应用参照《供应链管理职位工作手册》中"供应链风险管理"。

第7条　收集供应链的风险信息

1. 风险控制部应安排专人定期或不定期地通过专业机构的研究数据库、企业内部的历史数据、调查问卷等渠道进行信息收集。

2. 供应链的风险信息收集应注意以下事项。

（1）保持真实性。

（2）平衡全面性和重要性。明确风险信息收集的目标、范围和内容，建立信息分类列表；把初始信息的收集工作落实到各职能部门和业务部门。

（3）保持连续性和及时性。建立信息收集机制，指定专人及时、持续地收集与风险相关的信息。

第3章　确认和描述风险

第8条　确认风险

1. 风险控制部统计、汇总初步的风险信息，并下发到相关职能部门和业务部门。

2. 相关职能部门和业务部门负责对初步的风险信息进行研讨、审核，确定最终的风险，禁止随意添加或删除风险。

第9条　描述风险

1. 风险控制部根据风险识别的4项基本要素的要求对已确认的风险进行描述。风险识别的4项基本要素包括风险源、已经发生或预计发生的风险事件、该风险事件发生的原因、该风险事件发生的潜在后果。

2. 风险描述常用句式包括但不限于以下内容。

（1）……不当（不实、不合理、不准确、不全、不一致、不规范、不完整、不及时），影响（引起、引发、造成、导致、损害、阻碍）……

（2）未按要求（规定、流程、规范、制度、约定、法律、合同、决议、时限、模板、方案、计划、工期、权限、纪律、规程），影响（引起、引发、造成、导致、损害、阻碍）……

（3）缺乏（引发）……，导致……不合理或不当，造成（导致，损害，影响）……

（4）……不健全或不合理，未实现（未明确、导致）……

3. 风险描述使用的句式，应尽量统一或者使用统一标准。

第4章　输出风险识别成果

第10条　建立风险清单

1. 风险控制部首先根据风险产生的不同原因对风险做分类，然后再根据风险类别的具体表现形式确定风险名称，最后根据对供应链业务的影响对风险做描述，确定风险类型。

2. 风险控制部根据风险类别、风险名称、风险描述、风险类型等，建立风险清单。

风险清单（示例）

风险代码	风险类别	风险名称	风险描述		风险类型
			原因	影响	
S01					
S02					
…					

第 11 条　形成风险库

1. 各职能部门和业务部门协助风险控制部建立风险库。

2. 至少每半年对风险库进行一次更新和优化。如果发现新风险，各职能部门和业务部门要对新风险进行确认和描述，经风险控制部确认后，将新风险加入风险库。如果各职能部门和业务部门提出要删除或修改某风险，须经风险控制部确认后，才能在风险库删除或修改。

风险库（示例）

风险编号	所在部门	业务名称	风险类别	风险名称	风险描述		风险类型
					原因	影响	
A001							
A002							
…							

第 5 章　附　则

第 12 条　编制单位

本办法由供应链风险管理委员会负责制定并解释。

第 13 条　生效时间

本办法自××××年××月××日起生效。

编制日期		审核日期		批准日期	
修改标记		修改处数		修改日期	

11.1.2 风险分析管理办法

风险分析是根据供应链风险类型、获得的信息和供应链风险评估结果的使用目的，对识别出的供应链风险进行定性或定量的分析,为供应链风险评价和供应链风险应对措施提供依据。

风险分析要考虑导致供应链产生风险的原因和风险源、风险后果及其发生的可能性,影响后果和发生的可能性的因素,以及供应链风险的其他特性,然后结合风险发生的可能性及后果来确定风险水平。

风险分析的内容包括对该风险事件发生的潜在后果,这些后果发生的可能性以及减轻或降低该风险事件发生可能性的因素。在风险分析工作中,可以通过上述三个要素对风险进行分析。下面是某企业制定的供应链风险分析管理办法,仅供参考。

办法名称	供应链风险分析管理办法	受控状态	
		编　号	
执行部门		监督部门		编修部门	

第 1 章　总　则

第 1 条　目的

为了规范企业供应链风险分析工作,提高风险分析的准确性与充分性,特制定本办法。

第 2 条　适用范围

本办法适用于企业供应链管理范围内的风险分析管理工作。

第 3 条　管理职责

1.供应链风险管理委员会负责企业供应链风险评估的领导工作。

2.风险控制部是风险管理的主管部门,在企业供应链风险管理委员会的领导下,负责企业供应链风险分析的管理。

第 2 章　分析原因

第 4 条　列出潜在原因

风险控制部根据风险识别的结果列出可能导致该事件发生的所有潜在原因,并对其进行分类。

第 5 条　分析该风险事件发生的原因

风险控制部通过鱼骨图、流程图、因果图等分析方法,对风险事件逐个分析,分析导致该风险事件发生的是无关原因、相关原因还是根本原因。

第 3 章　分析风险发生的后果

第 6 条　制定后果等级准则

风险控制部根据对利益相关者的影响方面,制定风险后果的等级准则,并报供应链风险管理委员会审批通过。

后果等级准则（示例）

等级		确定风险的后果		
		表现	计划进度	损失
1	极低	极小或没有影响	极小或没有影响	极小或没有损失
2	低	可接受但会降低正面绩效表现（如盈利等）	需要更多资源，但能按时完成计划	低≤10%
3	中	可接受但会大大降低正面绩效表现（如盈利等）	关键计划目标的轻微延误，不能按时完成计划	10%≤中＜15%
4	高	可接受但导致无正面绩效表现	关键计划目标的较大延误，或关键实施路径受到影响	15%≤高＜20%
5	极高	不可接受	不能实现主要团队或主要项目的关键计划目标	极高≥20%

第 7 条　判定风险后果的影响程度

1. 风险控制部依据后果等级准则表对风险发生的后果的大小或影响程度进行判定。

2. 判定风险后果的影响程度时，应注意以下几个方面。

（1）考虑现有的后果控制措施，并关注可能影响后果的相关因素。

（2）将风险后果与最初目标联系起来。

（3）对马上出现的后果和那些经过一段时间后可能出现的后果要同等重视。

（4）不能忽视次要后果。

第 4 章　分析现有控制措施

第 8 条　分析现有风险控制措施的充分性

风险控制部应安排专人分析现有风险控制措施的充分性，主要分析每个具体风险的现有的控制措施是什么。

第 9 条　分析现有风险控制措施的有效性

风险控制部应安排专人分析现有风险控制措施的有效性，主要分析以下问题。

（1）这些控制措施是否足以应对风险，是否可以将风险控制在可接受水平。

（2）这些控制措施是否在以预定方式正常运行。

第 5 章　分析风险发生的可能性

第 10 条　制定可能性等级准则

风险控制部负责制定风险后果的可能性等级准则，并报供应链风险管理委员会审批通过。

可能性等级准则（示例）	
等级	风险事件发生的可能性
1	不可能
2	不太可能
3	可能
4	非常可能
5	确定

第 11 条　选择分析方法

1. 风险控制部可以采用以下三种方法来估计可能性。

（1）利用相关历史数据来识别那些过去发生的事件或情况，借此推断出它们在未来发生的可能性。对于所使用的数据应当与正在分析的系统、设备、组织或业务的类型有关。如果某些事件在历史上发生的频率很低，则无法估计其可能性。

（2）利用故障树和事件树等技术来预测可能性。当历史数据无法获取或不够充分时，可以通过分析系统、设备、组织或业务及相关的失效或成功状况来推断风险的可能性。

（3）系统化和结构化地利用专家观点来估计可能性。在进行专家判断时应利用一切现有的相关信息，包括历史、具体组织、具体业务等，并通过德尔菲法和层次分析法等方法获取专家的判断。

2. 上述方法可以单独使用，也可以组合使用。

第 12 条　判定风险发生的可能性

1. 风险控制部依据可能性等级准则表对风险发生的可能性大小进行判定。

2. 对风险可能性判定时须考虑现有控制措施的效果。

第 6 章　估测风险水平

第 13 条　绘制风险水平表

风险控制部首先绘制风险水平表，然后上报供应链风险管理委员审批通过。

风险水平表

风险事件名称	后果大小	可能性大小	风险水平

第 14 条　确定风险水平的大小

1. 公式：风险水平的大小 = 后果大小 × 可能性大小。

2. 风险控制部根据上述公式，确定风险水平的大小。

风险水平汇总表（示例）

风险事件	后果 1	后果 2	后果 3	后果 4	后果 5	可能性 1	可能性 2	可能性 3	可能性 4	可能性 5	风险水平
仓库火灾事件					√		√				10
物资丢失事件			√			√					3
……											

第 15 条　编制风险评估报告

1. 风险控制部应每季度组织各部门对各业务进行风险评估，计算风险水平，对风险进行排序，编制风险评估报告。

2. 企业各部门应根据风险评估标准，结合本部门业务特征，协助风险控制部进行风险分析的管理工作。

第 7 章　附　则

第 16 条　编制单位

本办法由供应链风险管理委员会负责制定并解释。

第 17 条　生效时间

本办法自××××年××月××日起生效。

编制日期		审核日期		批准日期	
修改标记		修改处数		修改日期	

11.1.3 风险评价管理办法

　　风险评价是将供应链风险分析的结果与明确供应链环境信息时确定的风险准则进行比较，或者在各种风险的分析结果之间进行比较，并确定风险等级的过程。

　　在某些条件下，风险评价能够影响进一步分析的决定。风险评价还可能影响维持现有的风险控制，不采取任何其他措施的决定。这种决策受企业的风险偏好或风险态度和已经制定的风险准则的影响。下面是某企业制定的供应链风险评价管理办法，仅供参考。

办法名称	供应链风险评价管理办法	受控状态	
		编 号	
执行部门		监督部门		编修部门	

第1章 总 则

第1条 目的

为了规范企业对供应链风险的评价工作，提高风险评价的准确性与充分性，特制定本办法。

第2条 适用范围

本办法适用于企业供应链管理范围内的风险评价管理工作。

第3条 管理职责

1. 供应链风险管理委员会负责企业供应链风险评价的领导工作。

2. 风险控制部是风险管理的主管部门，在企业供应链风险管理委员会的领导下，负责企业供应链风险评价管理。

第2章 确定风险的重要等级

第4条 制定风险重要性等级划分表

风险控制部根据企业实际情况，制定风险重要性等级划分表，并报供应链风险管理委员会审批通过。

风险重要性等级划分表（示例）

风险等级	等级划分	对应的风险水平范围	对应的区域
极低风险	Ⅰ	≤1	灰色
低风险	Ⅱ	1~5（不含5）	绿色
中风险	Ⅲ	5~15（不含15）	蓝色
高风险	Ⅳ	15~25（不含25）	黄色
重大风险	Ⅴ	≥25	红色

第5条 比较

风险控制部应将风险分析的结果与明确供应链环境信息时确定的风险准则进行比较，或者在各种风险的分析结果之间进行比较。

第6条 确定风险评价结果

风险控制部根据风险分析、比较的结果，对照风险重要性等级划分表，确定风险评价结果。

风险评价结果（示例）

风险事件	后果					可能性					风险水平	风险重要等级
	1	2	3	4	5	1	2	3	4	5		
仓库火灾事件					√		√				10	中
物资丢失事件			√				√				3	低
……												

第3章　绘制风险矩阵图

第7条　划分等级

风险控制部应对每个风险发生的可能性和影响度进行分析，将发生的可能性分为A、B、C、D、E共5个等级，影响度分为1、2、3、4、5共5个等级。

第8条　绘制风险矩阵图

风险控制部根据划分等级标准，绘制风险矩阵图，把风险点逐一放入坐标中，横坐标为影响度等级，纵坐标为可能性等级，具体如下所示。

可能性等级		1	2	3	4	5
	E	II	III	IV	V	V
	D	II	III	III	IV	V
	C	I	II	III	IV	IV
	B	I	II	III	III	IV
	A	I	I	II	III	IV
		\multicolumn{5}{c}{影响度等级}

风险矩阵图（示例）

第4章　附　则

第9条　编制单位

本办法由供应链风险管理委员会负责制定并解释。

第10条　生效时间

本办法自××××年××月××日起生效。

编制日期		审核日期		批准日期	
修改标记		修改处数		修改日期	

11.2 风险管理体系运营

11.2.1 风险管理监督检查实施细则

监督和检查是供应链风险管理过程的组成部分,企业应该制定相关细则,明确监督和检查工作的责任。下面是某企业风险管理监督检查实施细则,仅供参考。

细则名称	风险管理监督检查实施细则		受控状态	
			编　　号	
执行部门		监督部门		编修部门	

第 1 章　总　则

第 1 条　目的

为了加强风险管理监督工作,规范风险管理监督检查行为,保障风险管理监督检查工作的有效性,特制定本细则。

第 2 条　适用范围

本细则适用于企业对风险管理体系运营情况的监督检查。

第 3 条　检查类型

监督检查包括常规检查、专项检查(监视已知风险)、定期或随机检查。

第 4 条　管理职责

1. 风险管理委员会负责企业风险管理监督检查的领导工作。

2. 风险控制部是风险管理的主管部门,在企业风险管理委员会的领导下,负责企业风险管理的监督检查工作。

3. 其他相关部门负责风险管理监督检查过程中的协助和配合。

第 2 章　监督检查的内容

第 5 条　监督检查的相关内容如下。

1. 风险控制部应在不采取措施的情况下跟踪可以接受的风险的后果。

2. 风险控制部应分析事件、变化情况和趋势,并从中吸取教训。

3. 风险控制部应监督检查外部和内部环境的变化,包括风险本身的变化、可能导致的风险应对措施及其实施优先次序的改变。

4. 风险控制部应监督检查风险控制和应对措施计划实施的有效性。

5. 风险控制部应监督检查是否出现了新的风险。

第3章 监督检查的程序

第6条 基本流程

风险控制部应建立贯穿于整个风险管理的基本流程，连接各上、下级，各职能部门和业务部门的风险管理信息沟通渠道，确保信息沟通的及时、准确、完整，为风险管理监督检查奠定基础。

第7条 风险管理监督检查

风险控制部进行风险管理监督检查时，监督检查人员不得少于两人，应当着正装或工服，并出示"风险管理监督检查证件"。

第8条 监督检查记录

监督检查人员进行监督检查时，应当填写"风险管理监督检查记录"。检查完毕，将"风险管理监督检查记录"交被检查部门主管人员阅后签名；对记录有异议或者拒绝签名的，监督检查人员应当注明情况。最后，"风险管理监督检查记录"应当提交给所属风险管理委员会存档，备查。

第9条 常规风险检查

对常规风险的检查，监督检查人员应至少每周进行一次，自检查之日起3个工作日内制作并下达《风险管理检查意见书》。

第10条 已知风险检查

对已知风险的检查，监督检查人员应至少每日进行一次，自检查之日起1个工作日内制作并下达《风险管理检查意见书》。

第11条 自查和检验

企业各职能部门和业务部门应定期对风险管理工作进行自查和检验，及时发现缺陷并改进，其检查、检验报告应及时报送风险控制部。

第12条 举报、投诉

风险控制部接到对风险管理体系运营过程操作不当的举报、投诉时，应当在24小时内进行核查；对其他风险管理行为的举报、投诉，应当在3个工作日内进行核查。情况属实的，应当按照规定进行处理。

第13条 新风险确定

风险管理委员会在风险管理监督检查时发现具有下列情形之一的，应当确定为新风险。

1. 该风险发生的可能性高于或等于"可能发生"，且风险的影响程度小。
2. 该风险发生的可能性高于或等于"可能发生"，且风险的影响程度大。

第14条 删除或更新应对措施

风险管理委员会在风险管理监督检查时发现具有下列情形之一的，应删除该风险或更新应对措施。

1. 该风险发生的可能性低于或等于"极小可能发生"，且风险的影响程度小。

2. 该风险发生的可能性属于"不太可能发生",且风险的影响程度小。

第 15 条　责令限期整改

风险管理监督检查时发现有下列行为之一的,应当责令限期整改。

1. 新风险的确认和描述未经风险控制部审核或者经审核不合格,擅自添加的。

2. 删除或修改某条风险未经风险控制部审核或者经审核不合格,擅自删除或修改的。

3. 风险管理操作流程不符合企业规章制度的。

4. 其他不能立即改正的行为。

第 16 条　整改期限和整改方式

对于责令限期整改的,风险控制部应当制作"责令限期整改通知书",自检查之日起 3 个工作日内送达。限期整改时,应当考虑部门实际情况,合理确定整改期限和整改方式。

第 17 条　延期申请

对于确有正当理由不能在限期内整改完毕的,可以由相关部门的责任人在整改期限届满前向风险控制部提出书面延期申请。风险控制部应当对申请进行审查并作出是否同意延期的决定,自受理申请之日起 1 个工作日内制作并送达"同意/不同意延期整改通知书"。

第 18 条　整改情况复查

风险控制部应当自整改期限届满次日起 3 个工作日内对整改情况进行复查,自复查之日起 5 个工作日内制作并送达"复查意见书"。对逾期不改正的,应处 3000 元罚金;对无正当理由,逾期不改正的,应处 5000 元罚金。

第 19 条　开除惩罚

风险控制部及其人员在监督检查工作中违反本细则,滥用职权、玩忽职守、徇私舞弊,有下列行为之一的,应当给予相关人员开除惩罚。

1. 超过规定的时限复查,或者有其他不履行或拖延履行监督检查职责的行为,经指出不改正的。

2. 对被检查部门故意刁难的。

3. 在监督检查工作中弄虚作假的。

4. 接受、索要利益相关者财物或者谋取不正当利益的。

5. 其他滥用职权、玩忽职守、徇私舞弊的行为。

第 20 条　风险管理评估和建议专项报告

企业可聘请有资质、信誉好、风险管理专业能力强的中介机构对企业风险管理工作进行评价,并出具风险管理评估和建议专项报告。报告一般应包括实施情况、存在的缺陷和改进建议,具体评价内容包括以下几个方面。

1. 风险管理基本流程与风险管理策略。

2. 企业重大风险、重大事件和重要管理及业务流程的风险管理。

3. 风险管理组织体系和信息系统。

4. 风险管理总体目标。

第21条　记录并存档

对风险控制部实施监督检查的记录进行存档,备查。

第4章　附　则

第21条　编制单位

本细则由风险管理委员会负责制定并解释。

第23条　生效时间

本细则自××××年××月××日起生效。

编制日期		审核日期		批准日期	
修改标记		修改处数		修改日期	

11.2.2　风险管理问题整改实施方案

企业在风险管理监督检查过程中,对发现的问题应及时提出整改要求,并督促各相关部门立即整改落实。下面是某企业风险管理问题整改实施方案,仅供参考。

方案名称	风险管理问题整改实施方案	编　号	
		受控状态	

一、目的

为了全面做好风险管理问题整改工作,确保整改工作有序、有力推进,特制定本方案。

二、适用范围

本方案适用于企业对风险管理问题的整改工作。

三、实施时间

本方案将于××××年××月××日正式实施。

四、风险管理问题整改内容及措施

(一)风险意识不强

责任人:××

整改措施:完善风险管理制度,每月召开风险会议专题,讨论风险管理工作安排;采取多种方式,引导广大员工树立风险意识,自觉在日常工作中执行风险管理流程,运用风险管理技术和方法,防患于未然,最终形成广大员工认同和践行的风险管理文化。

整改时限:××××年××月,并长期坚持。

（二）风险评估表填写不规范，无复查意见

责任人：××

整改措施：完善风险评估制度，增加复查环节；加强培训，进一步规范风险评估表的填写。

整改时限：××××年××月，并长期坚持。

（三）职责划分不明确

责任人：××

整改措施：立即对风险管理职责进行梳理，健全工作机制，明确各职能部门和业务部门风险管理职责。

整改时限：××××年××月，并长期坚持。

五、风险管理问题整改实施步骤

风险管理问题整改实施工作分三个阶段进行。

（一）部署阶段

时间：××××年××月—××××年××月

1.风险管理委员会应建立风险问题整改工作小组。整改工作小组成员由风险控制部以及各职能部门、业务部门负责人组成。

2.风险问题整改工作小组根据风险控制部反馈的意见，制定企业供应链风险问题整改工作方案，经总经理审定，并上报企业董事会审核同意后印发实施，同时召开风险管理问题整改会议，安排部署整改工作。

（二）落实阶段

时间：××××年××月—××××年××月

1.风险管理委员会负责修改完善风险管理相关制度、规定，推动和保证整改工作落实到位。

2.风险问题整改工作小组负责对照风险控制部监督检查反馈的问题，逐一制定整改措施，明确整改工作责任人、整改内容、目标、时限要求，确保取得整改实效。

（三）完善阶段

时间：××××年××月—××××年××月

1.风险问题整改工作小组对照整改方案进行整改情况自查，形成报告，经风险管理委员会审定后，召开风险管理问题整改会议，听取整改意见，查漏补缺。

2.风险问题整改工作小组对整改工作进行全面总结，形成工作报告，并及时公布整改方案和整改情况，吸收各职能部门和业务部门的合理意见和建议。

（四）验收阶段

时间：××××年××月

风险控制部根据风险问题整改工作小组的整改报告对其整改工作进行检查验收，检查相关问题是否整改到位。

六、其他

此方案由风险控制部牵头,协同其他各职能部门、业务部门联合制定,风险控制部负责具体执行,其他相关部门配合执行。

执行部门		监督部门		编修部门	
执行责任人		监督责任人		编修责任人	

11.2.3 风险管理绩效考核实施细则

企业建立风险管理绩效考核实施细则,主要是为了能够对企业风险管理情况进行客观、公正的评价,提高企业风险管理水平。下面是某企业风险管理绩效考核实施细则,仅供参考。

细则名称	风险管理绩效考核实施细则	受控状态	
		编 号	
执行部门		监督部门	编修部门

第1章 总 则

第1条 目的

为了规范风险管理绩效考核工作实施程序,提高员工的工作能力和工作绩效,确保风险管理绩效,特制定本细则。

第2条 适用范围

本细则适用于企业风险管理绩效考核工作。

第3条 考核原则

企业对风险管理绩效考核本着公开、公平、公正的原则。

第2章 考核周期与考核内容

第4条 考核周期

风险管理绩效考核分为月度考核、季度考核和年度考核。月度考核于次月_____日前进行;季度考核于每季度结束后的_____日前进行;年度考核于次年的1月_____日前进行。

第5条 考核内容

绩效考核内容包括工作能力、工作态度及工作业绩三部分,具体如下表所示。

风险管理绩效考核内容

考核内容	权重	具体内容	备注
工作能力	25%	包括专业知识、专业技能、计划能力、判断决策能力、发展潜力等	
工作态度	10%	包括考勤、责任感、工作主动性、工作协调性等	
工作业绩	65%	包括风险管理计划完成率、风险评估方法选择准确率等	

第3章 绩效考核实施

第6条 员工考核通知

人力资源部根据工作计划，发出员工考核通知，说明考核目的、考核对象、考核内容以及考核进度安排。

第7条 制定指标权重

人力资源部根据风险管理考核内容制定绩效考核指标，再结合风险管理工作的实际情况及企业内、外部环境等因素，制定各个指标的权重。

第8条 绩效考核百分制

绩效考核采用百分制，具体的绩效考核指标、权重和考核标准如下表所示。

绩效考核表

考核内容	考核指标	权重	考核标准
工作能力（25%）	专业知识与技能	15%	1. 能够熟练运用所掌握的专业知识与技能，得15分 2. 基本能够运用所掌握的专业知识与技能，得____分 3. 难以运用所掌握的专业知识与技能，得0分
	风险管理计划通过率	10%	1. 风险管理计划通过率≥____%，得10分 2. 风险管理计划通过率<____%，每降低____%，扣____分 3. 风险管理计划通过率低于____%，得0分
工作态度（10%）	违反工作纪律的次数	5%	1. 违反工作纪律的次数=____次，得5分 2. 违反工作纪律的次数>____次，每增加____次，扣____分 3. 违反工作纪律的次数多于____次，得0分
	迟到、早退率	5%	1. 迟到、早退率≤____%，得5分 2. 迟到、早退率>____%，每增加____%，扣____分 3. 迟到、早退率高于____%，得0分

续表

考核内容	考核指标	权重	考核标准
工作业绩（65%）	风险管理计划完成率	10%	1. 风险管理计划完成率≥____%，得20分 2. 风险管理计划完成率＜____%，每降低____%，扣____分 3. 风险管理计划完成率低于____%，得0分
	风险评估准确率	15%	1. 风险评估准确率≥____%，得15分 2. 风险评估准确率＜____%，每降低____%，扣____分 3. 风险评估准确率低于____%，得0分
	月/季/年度风险损失	20%	1. 月/季/年度风险损失≤____，得20分 2. 月/季/年度风险损失＞____，每增加____，扣____分 3. 月/季/年度风险损失高于____，得0分
	月/季/年度风险发生率	20%	1. 月/季/年度风险发生率≤____%，得5分 2. 月/季/年度风险发生率＞____%，每增加____%，扣____分 3. 月/季/年度风险发生率高于____%，得0分

第9条 考核结果

人力资源部根据企业的相关规定组织相关人员对风险管理相关员工进行考核，并最终确定考核结果。

第10条 等级划分

人力资源部按照最终考核得分将风险管理绩效考核结果分为5个等级，各等级对应分数见下表。

风险管理绩效考核结果等级划分表

考核等级	优秀（S）	良好（A）	中等（B）	及格（C）	差（D）
分数	90（含）~100分	80（含）~89分	70（含）~79分	60（含）~69分	60分以下

第11条 绩效面谈

考核人员根据考核结果，同被考核人员进行绩效面谈。面谈内容包含但不限于员工绩效考核结果、员工工作情况概述、员工工作中存在的问题、工作指导意见等。

第4章 绩效考核申诉与考核结果运用

第12条 异议申诉

被考核人员若对考核结果有异议，可在考核结果公布后7日内向人力资源部提出申诉，若超过申诉期，即视为认同人力资源部的考核结果。

第 13 条　考核结果运用

人力资源部将考核结果运用于风险管理的部门奖、员工季度奖、年终奖的发放及员工晋升、调职等事项。

第 5 章　附　则

第 14 条　编制单位

本细则由人力资源部负责制定并解释。

第 15 条　生效时间

本细则自××××年××月××日起生效。

编制日期		审核日期		批准日期	
修改标记		修改处数		修改日期	

11.3　风险管理体系评估

11.3.1　风险管理体系评估制度

风险管理体系评估制度是对照风险管理体系运营目标，并采用一定的评估方法，评估风险管理体系运营情况的一种制度。下面是某企业风险管理体系评估制度，仅供参考。

制度名称	风险管理体系评估制度		受控状态	
:::	:::	:::	编　号	
执行部门		监督部门		编修部门	

第 1 章　总　则

第 1 条　目的

为了规范企业风险管理体系评估工作，确保风险管理体系符合企业供应链业务管理方针和目标的要求，特制定本制度。

第 2 条　适用范围

本制度适用于企业风险管理体系评估工作。

第 3 条　管理职责

1. 风险管理委员会负责组织企业风险管理体系评估工作。

2. 风险控制部在企业风险管理委员会的领导下负责企业风险管理体系评估的制定、实施，以及对评估后的纠正、预防和跟踪工作。

3. 其他相关部门负责风险管理体系评估工作中的协助和配合。

第2章 评估周期

第4条 月度评估

对当月风险管理体系运营情况进行评估，时间为次月的____—____日，如遇节假日顺延。

第5条 季度评估

对当季度风险管理体系运营情况进行评估，时间为下季度第一个月份的____—____日，如遇节假日顺延。

第6条 年度评估

对当年风险管理体系运营情况进行评估，时间为下年度1月____—____日，如遇节假日顺延。

第3章 评估方法

第7条 自我评估

由风险管理委员会主导，风险控制部负责风险管理体系的内部评估工作。

第8条 第三方机构评估

企业委托第三方机构对企业风险管理体系的运行情况进行评估。风险管理委员会负责与第三方机构沟通、协调。

第9条 联合评估

由企业风险管理委员会同第三方机构对企业风险管理体系的运行情况进行评估。

第4章 评估程序

第10条 制订风险管理体系评估计划

风险控制部于每次评估前一个月制订风险管理体系评估计划，上报风险管理委员会审核批准。计划的内容主要包括评估时间、评估方法、参与评估部门（人员）、评估内容等。

第11条 实施风险管理体系评估

1. 准备评估资料。风险控制部应当安排专人负责评估资料的准备，评估资料包括利益相关者的情况反馈、风险管理体系运营过程的业绩、成果和效果等。

2. 实施评估。风险控制部负责将评估计划发送给相关部门（人员），相关部门（人员）应该根据评估计划对本部门风险管理体系运行情况进行评估，并填写相关表格，上报风险控制部。

3. 召开评估会议。风险管理委员会负责主持风险管理体系评估会议；各相关部门负责对现有或潜在的不合格项提出纠正、预防或者改进措施，确定责任人和整改时间；风险控制部负责对会议内容进行记录。

4. 编制风险管理体系评估报告。会议结束后，风险控制部应根据评估会议的内容，编制风险管理体系评估报告，并上报风险管理委员会审批。评估报告的内容主要包括：企业供应链业务状况、风险管理体系运行的总体情况、利益相关者意见和处理情况的汇总分析、风险管理体系评估的结论等。

第12条 整改与持续改进

1. 风险控制部应先将审批通过的风险管理体系评估报告发放至各相关部门，然后制订风险管理体系运营改进的总体计划,并监督、指导各相关部门执行。

2. 各相关部门负责执行本部门的风险管理体系运营改进计划,并根据计划实施条件的变化,随时调整计划及制订新计划。

第 5 章 附 则

第 13 条 编制单位

本制度由风险管理委员会负责制定并解释。

第 14 条 生效时间

本制度自××××年××月××日起生效。

编制日期		审核日期		批准日期	
修改标记		修改处数		修改日期	

11.3.2 风险管理年度评估方案

下面是某企业 2021 年风险管理年度评估方案,仅供参考。

方案名称	风险管理年度评估方案	编 号	
		受控状态	

一、目的

为了能有效、有序地开展企业 2021 年风险管理评估工作,特制定本方案。

二、适用范围

本方案适用于企业对风险管理的年度评估工作的管理。

三、实施时间

本方案将于××××年××月××日正式实施。

四、评估目标

总结、分析 2021 年企业风险管理体系运营情况及效果,提出风险应对策略,为 2022 年企业风险管理体系的完善提供依据,防范风险事件的发生。

五、评估工作思路

针对 2021 年企业风险管理体系运营情况,首先由相关部门对所负责业务领域内的风险管理体系运营情况进行效果描述,然后选择企业主要业务领域及关键业务活动,再结合相关部门上报的情况,进行风险情况调查,并提出应对措施,编写企业风险管理年度评估报告。

六、评估时间

2022 年 1 月 1—31 日。

七、评估方法

自我评估。

八、评估工作分工

（一）风险管理委员会

风险管理委员会组织开展风险管理2021年度评估工作。

（二）风险控制部

风险控制部在企业风险管理委员会的领导下负责企业风险管理体系评估的制定、实施，以及评估后的纠正、预防和跟踪工作。

（三）各部门

各部门负责对本部门风险管理体系运营效果进行评估，并协助和配合风险控制部进行评估工作。

九、评估工作进度安排

（一）风险调查阶段

时间：2022年1月1—10日

1. 各部门负责总结本部门2021年风险管理体系运营情况，并进行运营效果自评，填写风险信息调查表，于2021年1月5日前上交到风险控制部。

2. 风险控制部根据风险信息调查表，收集相关资料，与各部门进行沟通，形成风险评估调查表。

（二）风险评估阶段

时间：2022年1月11—25日

1. 风险管理委员会负责召开并主持风险管理年度评估会议。

2. 各部门对现有或潜在的不合格项提出纠正、预防或者改进措施，确定责任人和整改时间。

3. 风险控制部负责对会议内容进行记录。

（三）风险总结部署阶段

时间：2022年1月26—31日

1. 风险控制部根据评估会议内容，编制年度评估报告，于2022年1月28日前上报风险管理委员会。

2. 风险管理委员会将2022年主要风险管控项纳入2022年风险管理计划，明确风险管控责任，落实各部门风险管理工作。

十、其他

本方案由风险管理委员会牵头，协同风险控制部等其他部门联合制定，风险控制部负责具体执行，其他相关部门配合执行。

执行部门		监督部门		编修部门	
执行责任人		监督责任人		编修责任人	

第 12 章　信息管理技术化

12.1　信息技术战略与项目

12.1.1　信息技术战略管理办法

信息技术战略的发展是为了更好地运用信息技术为企业进行资源优化、人才优化、结构优化，并为企业全面发展提供支持。企业需要在信息技术战略的制定、实施基础、落实、监控等方面进行管理。以下是某企业信息技术战略管理办法，仅供参考。

办法名称	信息技术战略管理办法		受控状态	
			编　号	
执行部门		监督部门		编修部门	
第 1 章　总　则				

第 1 条　目的

为了更好地优化配置与利用企业优势资源，确保企业能够快速地、有计划地实施企业信息技术战略发展，特制定本办法。

第 2 条　适用范围

本办法适用于企业对信息技术战略的管理工作。

第 3 条　管理权责

供应链管理部、信息管理部和其他管理人员应当树立战略意识和战略思维，采取教育、培训等有效措施将信息技术战略目标和战略规划传递到企业内部各个管理层和相关员工。

第 2 章　信息技术战略的制定

第 4 条　传递方式

企业应重视信息技术战略的落实工作，一般采用培训与沟通的方式进行传递。

第3章 信息技术战略实施基础

第5条 企业文化

企业应积极培育有利于信息技术战略实施的企业文化，建立支持战略实施的组织架构、人力资源管理制度和信息系统。

第6条 组织架构

组织架构是制定企业信息技术战略的重要保证。当企业确定信息技术战略后，为了有效地实施战略，必须分析和确定实施发展战略所需要的组织架构。

第7条 信息技术管理

信息管理部战略发展对供应链管理具有导向作用。信息技术战略决定了供应链的长远发展方向和目标，供应链管理应该与信息技术管理统一发展。

第8条 信息系统

企业需要在一定的深度和广度上利用计算机技术、网络技术和数据库技术，控制和集成化管理企业生产经营活动中的所有信息，建立与企业发展战略相适应的信息系统。

第4章 信息技术战略的落实

第9条 战略落实

企业应根据信息技术战略方案，制定信息技术阶段性目标、年度计划，建立全面的预算管理体系，确保信息技术战略分解并落实到企业研发、生产、经营等各个方面。

第10条 落实方法

企业可以通过分解信息技术战略，完善预算管理制度，建立有竞争力的组织等措施来促进企业信息技术战略的有效实施。

第11条 信息技术战略分解

信息管理部应根据适合本企业的信息技术战略分解方式，按照下列基本过程实施。

1. 信息技术战略提出。根据企业信息技术战略需求制定信息技术需求计划方案。

2. 信息技术财务预算。财务部根据信息管理部提出的需求，测算实施过程中所需各项成本的基础数据，并在各项计划和财务费用需求的基础上，进行财务需求的预先审查，编制达成战略实施的三套财务预算方案（盈亏平衡、责任目标值和争取目标值），提出《信息技术战略财务预算计划》草案。

3. 信息技术战略规划。在企业总体战略的指导下，制定信息技术战略方向，进而制定信息技术行动方案、信息技术架构和信息技术管理体系。

4. 信息技术战略建设。信息技术战略建设的具体实施流程为：信息技术战略制定→需求分析→系统设计→开发配置→部署推广。信息管理部在实施过程中同时进行业务变革，信息管理部对战略的实施进行监督与评估。

5. 信息技术总体方案。信息管理部根据信息战略方针和各专项行动计划，汇总、编制并提交《信息技术管理计划书》草案、《信息技术目标管理责任书》草案。

6. 信息技术团队初审。企业总经理组织战略委员会首次会审会议，主要审查信息技术战略计划和企业财务预算的一致性、可行性，同时审查《信息技术战略计划书》草案、《经营团队目标管理责任书》草案的整体性和可行性。

7. 信息技术战略完善。信息管理部管理人员根据战略委员会初审意见，按照分工，修改并完善各项草案，补充信息技术战略计划的绩效管理部分，同时应与《信息技术战略计划书》《信息技术战略财务预算计划》和《经营团队目标管理责任书》保持协调。

8. 信息技术战略审定。总经理组织战略委员会进行终审，主要审查总体方案与配套方案之间的一致性、协调性和各项方案的可行性。

9. 信息技术战略运营。信息技术战略方案落实后，就进入运营阶段，信息管理部对战略实施流程进行不断地改良，对方案进行不断修改和优化，并对整体的运营维护工作进行管理与评估。

10. 信息技术战略评估。信息管理部监督人员对战略的建设和运营提供绩效评估结果，找出可以改良的时机，对相关组织和人员进行奖惩，同时，更新之前制定的规划和管理体系。

第12条　建立完善的预算制度

企业推行全面预算管理，强化预算管理对于信息战略目标和经营计划的约束，明确预算编制、执行、考核等环节的主要风险点，采取相应措施，实施有效控制。预算的编制、执行与考核等执行下列规定。

1. 企业根据信息技术战略和部门年度经营目标，综合考虑预算期内市场环境变化等因素，按照上下结合、分级编制、逐级汇总的程序，编制企业年度全面预算。预算编制应当科学、合理，符合实际，避免预算指标过高或过低。

2. 企业在年度预算开始前编制完成全面预算，按照规定的权限和程序审核批准后，以文件形式下达执行。企业将预算指标层层分解，落实到各部门、各环节和各岗位，确保刚性预算，并严格执行预算。

3. 企业建立预算执行情况的预警机制和报告制度，确定预警和报告指标体系，密切跟踪预算实施进度和完成情况，采取有效方式对预算执行情况进行分析和监控。一旦发现预算执行存在差异，及时采取改进措施。

4. 企业批准下达的预算应当保持稳定，不得随意调整。由于市场环境、国家政策或不可抗力等客观因素，导致预算执行发生重大差异而须调整预算的，应当严格履行审批程序。

5. 企业应建立严格的预算执行考核奖惩制度，坚持公开、公正、透明的原则，对所有预算执行单位和个人进行考核，切实做到有奖有惩、奖惩分明，促进企业实现全面预算管理目标。

第13条　建立有竞争力的组织

企业需要为信息管理部与其他相关部门的关键岗位挑选有能力的人才，确保企业具有其所需要的各类管理、技术人才。

第 14 条　建立完善的业绩考核制度

企业总经理应与信息管理部负责人签订《信息技术部目标责任书》，将战略目标和年度经营目标与各职能部门的目标、责任、实施效果和团队收入进行捆绑。

第 5 章　战略监控与监控系统

第 15 条　战略监控

战略委员会应当加强对信息技术战略实施情况的监控，定期收集和分析相关信息，对于明显偏离发展战略的情况，应当及时报告。

第 16 条　监控系统

为了增强信息管理部对内、外部环境变化的敏感度和判断力，企业建立经营绩效监控系统，用以监测信息技术部门经营计划的实施进程和效果。

第 6 章　附　则

第 17 条　编制单位

本办法由信息管理部负责编制、解释与修订。

第 18 条　生效时间

本办法自××××年××月××日起生效。

编制日期		审核日期		批准日期	
修改标记		修改处数		修改日期	

12.1.2　信息技术项目管理方案

　　企业信息技术项目的实施不仅可以提高企业信息化水平，还可以为企业的供应链数字化建设与多部门联结提供支持。因此，做好企业信息技术项目的管理十分重要。以下是某企业信息技术项目管理方案，其内容主要包括项目申报、项目审核、项目立项、项目实施、项目交付、项目验收、项目变更、项目测评，仅供参考。

方案名称	信息技术项目管理方案	受控状态	
		编　号	

一、目的

为了规范企业信息技术项目建设、管控、实施过程，加强项目管理工作的规范化、标准化和程序化，提高信息技术项目管理水平，确保可以顺利完成项目管理工作，特制定本方案。

二、适用范围

本方案适用于企业对信息技术项目的管理工作。

三、实施时间

本方案将于××××年××月××日正式实施。

四、方案思路

信息技术项目管理过程按阶段划分为申报、计划、实施、测评4个部分，对于具体的项目，其阶段划分就需要由业务流程和技术方法决定。在实施过程中，对于具体的项目应进行针对性管理。

五、项目申报

1. 项目申报阶段对信息技术项目及其建设的各个环节进行统一的安全管理规划，确定项目的安全需求、安全目标、安全建设方案，以及生命周期内各阶段的安全需求、安全目标、安全管理措施。

2. 由信息管理部进行项目需求分析，确定总体目标和建设方案。信息管理部进行项目申报时应填写"信息技术项目立项申请表"，并提交"业务需求书"和"信息技术项目可行性研究报告"。

3. 按照信息技术的相应要求对项目进行系统定级，明确信息技术的边界和安全保护等级。

4. 组织相关部门和有关安全技术专家对信息技术定级结果的合理性和正确性进行论证。

5. 指定和授权专门的部门对信息技术的安全建设进行总体规划，制订近期和远期的安全建设工作计划，设计安全标准必须达到安全等级保护及其相关等级的基本要求，并依据风险分析的结果对必要的安全措施进行补充和调整。

6. 明确项目建设管理模式、组织结构和人员安全责任。

7. 明确项目验收考核技术指标。

六、项目审批和立项

1. 项目金额未达到上报发展与改革委员会标准的，由信息管理主管领导审批。

2. 项目金额达到上报发展与改革委员会标准的，须由技术部审批通过后方可进行实施。

3. 立项的项目若采用引进开发、合作开发或者外包开发等形式，须与第三方签订安全保密协议。

七、项目实施

（一）实施阶段

信息技术项目实施阶段包括概要设计说明、详细设计说明和购置网络安全设备三个阶段，本阶段的主要工作由信息管理部承担完成。

（二）概要设计说明

由项目信息管理部进行概要设计并提供《概要设计说明书》，说明书至少包括以下信息的安全内容。

1. 应当描述该信息技术的安全等级保护级别。

2. 应当描述系统的安全体系结构。

3. 应当描述每一个子系统所提供的安全功能。

4. 应当标识所要求的任何基础性的硬件、固件或软件,以及在这些硬件、固件或软件中对其保护机制和功能进行标识。

(三)详细设计说明

由信息管理部进行详细设计并提供《详细设计说明书》,说明书至少包括以下信息的安全内容。

1. 详细设计中应提出相应的具体安全方案,标明安全功能,并检查其技术原理。

2. 对系统层面上的和模块层面上的安全设计进行审查。

3. 完成安全测试和评估要求,通常包括完整的系统、软件和硬件的安全测试方案,或者至少是相关测试程序的一个草案。

4. 确认各模块的设计,以及模块间的接口设计能满足系统层面的安全要求。

(四)购置网络安全设备

项目实施中网络安全设备的购置应符合以下要求。

1. 网络安全设备应选择经过国家有关部门测评或认证的产品。

2. 密码产品应符合国家密码主管部门的要求,来源于国家密码主管部门批准的密码研制单位。

3. 所有设备均须进行严格检测,凡购回的设备都应在测试环境下经过连续72小时以上的单机运行测试和联机48小时以上的应用系统兼容性运行测试。严禁将未经测试验收或验收不合格的设备交付使用。

4. 通过上述测试后,设备才能进入试运行阶段。试运行时间的长短可根据需要自行确定。通过试运行的设备才能投入生产系统正式运行。

(五)关注点

软件开发项目实施过程中应考虑如下几点。

1. 明确代码的所有权和知识产权情况。

2. 质量合格证和所进行的工作的精确度。

3. 定时对开发过程中的源代码进行备份保存。

4. 进行质量审核。

八、项目交付与验收

(一)项目交付

信息技术项目建设完成后,信息管理部应根据项目合同的交付部分向项目应用部门进行项目交付,交付内容至少包括以下几点。

1. 制定系统交付清单,对交付的设备、软件和文档进行清点。

2. 对系统运营维护人员进行技能培训,要求系统运营维护人员能进行日常的维护。

3. 提供系统建设的过程文档，包括实施方案、实施记录等。

4. 提供系统运行维护的帮助和操作手册。

5. 系统交付要求项目实施和应用主管部门的相关项目负责人进行签字确认。

（二）安全测评

1. 安全功能测试。对信息技术项目的安全功能进行测试，以保证其符合详细设计，并对详细设计进行检查，以保证其符合概要设计以及总体安全方案。

2. 信息技术管理员指南。应提供如何安全地管理信息技术项目和如何高效地利用信息技术项目安全功能的优点和保护功能等详细、准确的信息。

3. 信息技术用户指南。用户指南需要解释那些用户可见的安全功能的用途以及如何使用信息系统，并解释在维护系统的安全时用户所能起到的作用。

4. 安全功能强度评估。功能强度分析应说明通过概率或排列机制实现的系统安全功能。

5. 脆弱性分析。应分析所采取的安全对策的完备性以及安全对策之间的依赖关系。通常可以使用穿透性测试来评估上述内容，以判断它们在实际应用中是否会被利用，从而削弱系统的安全性。

测试完成后，项目测试小组应提交测试报告，其中应包括安全性测试和评估的结果。不能通过安全性测试评估的，由测试小组提出修改意见，项目开发承担单位应作进一步修改。

（三）安全试运行

测试通过后，由项目应用部门组织进入试运行阶段，并且应有一系列的安全措施来维护系统安全，包括处理系统在现场运行时的安全问题和采取措施保证系统的安全水平在系统运行期间不会下降。具体工作有信息技术项目的安全性能监测、用户安全培训监测、风险监测等。

（四）测试验收

信息技术项目试运行后，项目应用部门可以组织信息管理部和其他相关技术部门人员成立项目验收组对项目进行验收。验收应增加以下安全内容。

1. 项目是否已达到项目任务书中制定的总体安全目标和安全指标，并实现全部安全功能。

2. 采用技术是否符合国家有关安全技术标准及规范。

3. 是否实现验收测评的安全技术指标。

4. 项目建设过程中的各种文档资料是否规范、齐全。

5. 验收专家组中的安全专家及安全验收评估意见。

九、项目变更

1. 由项目应用部门进行项目变更需求分析，确定建设目标和建设方案，并填写"项目变更申请表"。

2. 聘请具有项目监理相关资质的专业监理企业来负责信息技术项目变更建设的监理工作，项目监理工作应贯穿项目变更建设全过程。

3. 依据项目变更需求及建设目标，确定信息技术项目变更实施计划和实施方案，并组织专家对方案进行评审。

4. 严格按照信息技术项目变更实施计划和实施方案进行建设，加强建设过程中对人员及安全的管理。

5. 信息技术项目变更实施前，应对原有信息系统的网络设备、安全设备、系统服务器、业务数据系统等进行完全备份，确保变更后发生故障时能及时、完整地恢复。

6. 信息技术项目变更完成后，由项目应用主管单位和信息管理部共同进行测试，不能通过安全性测试评估的，由信息管理部限期整改。

7. 测试通过后，由项目应用部门组织进入试运行阶段，根据试运行状况形成试运行情况报告。

8. 系统安全试运行半年后，项目应用部门组织项目验收。

十、项目测评

（一）成立技术测评工作小组

技术测评工作小组全面负责本单位信息技术测评工作，各职能部门、下属部门应当在本方案的框架下制定各自的技术测评办法，设置专人与技术测评工作小组沟通信息，随时汇报信息技术项目在运行中出现的异常情况。

（二）测评原则

测评工作应当遵循科学规范、公正公平、诚实信用的原则。

（三）测评范围

测评范围包括：信息技术项目建设方案、基础设施、系统架构、应用信息保护、系统管理。

（四）测评内容

测评内容包括：操作系统、数据库、标识与鉴别、访问控制、安全审计、密码技术、病毒防范、入侵监控、安全备份与恢复、应急响应、系统性能。

（五）外包信息安全风险评估

对于外包的信息安全风险评估工作，第三方服务单位应满足以下条件。

1. 具有权威机构颁发的信息安全服务资质证书、服务所在地公安厅颁发的安全服务资质证书等资质。

2. 具有完备的保密管理、项目管理、质量管理、人员管理和培训教育管理等安全管理制度。

3. 测评机构及其测评人员严格执行有关管理规范和技术标准，开展客观、公正、安全的测评服务。

4. 该测评机构可以对安全等级测评活动以及信息系统安全等级保护定级、安全建设整改、信息安全等级保护宣传教育等工作提供技术支持。

5. 不得从事下列活动。

（1）影响被测评信息技术项目正常运行，危害被测评信息技术项目安全。

（2）故意隐瞒测评过程中发现的安全问题，或者在测评过程中弄虚作假。

（3）未按规定格式出具安全等级测评报告；非授权占有、使用安全等级测评相关资料及数据文件。

（4）其他危害国家安全、社会秩序、公共利益以及被测评单位利益的活动。

十一、其他

本方案由信息管理部牵头，协同其他部门联合制定，信息管理部负责具体执行，其他相关部门配合执行。

编制日期		审核日期		批准日期	
修改标记		修改处数		修改日期	

12.2 信息技术管理

12.2.1 信息技术和解决方案策略管理办法

信息技术的迅猛发展，为企业提供了整合资源的有效手段。客户作为最重要的企业资源，在企业经营过程中留下了大量的信息，企业通过信息化手段进行客户关系管理，制定有效的信息技术和解决方案，来满足客户的需求，同时保证企业的可持续发展。以下是某企业信息技术和解决方案策略管理办法，仅供参考。

办法名称	信息技术和解决方案策略管理办法		受控状态	
			编　号	
执行部门		监督部门	编修部门	

第 1 章　总　则

第 1 条　目的

为了更好地进行客户关系管理（Customer Relationship Management，CRM），提高企业核心竞争力，开展系统化的客户研究，优化企业组织体系和业务流程，提高客户满意度和忠诚度，企业使用先进的信息技术、软硬件和优化管理方法，最终实现客户关系管理电子化、自动化运营目标。

第 2 条　适用范围

本办法适用于企业所有已开通 CRM 账户的营销人员及关系管理人员。

第 3 条　管理职责

信息管理部与关系管理部是本办法的主要执行部门，市场营销部与销售部负责协调和配合，各部门主要职责如下。

1. 信息管理部

（1）负责 CRM 系统的日常运营维护，保证 CRM 系统每日正常运行。

（2）对突发事件进行及时处理及对问题进行备案，并及时对接企业相应的 CRM 应用需求。

（3）对企业和子企业的 CRM 应用情况进行培训指导和日常应用答疑。

（4）进行跨板块营销信息的分配和跟进落实。

（5）其他领导交代的有关 CRM 系统应用的工作。

2. 关系管理部

（1）对企业的 CRM 应用培训、实施效果及进度全权负责。

（2）根据企业的业务性质和特点制定相应的 CRM 奖惩制度并严格按照要求监督执行。

3. 市场营销部

（1）负责按照 CRM 推进计划对各分、子公司 CRM 应用情况进行不定期的考核评分。

（2）不定期地以公告的方式公布不按期登陆的人员名单。

4. 销售部

（1）负责客户信息的录入。

（2）通过整理客户信息以挖掘销售线索以及销售机会。

（3）更新销售机会的阶段、竞争对手状况、潜在客户的特殊需求等信息。

第 2 章　客户档案信息录入及管理

第 4 条　客户信息录入

业务人员及关系管理人员必须将自己所负责区域的已合作老客户的信息以及正在联系、跟进的潜在客户的信息及时、准确地录入 CRM 系统，包括客户企业名称、客户级别、客户分类、联系人姓名、联系人电话和爱好等。

第 5 条　客户信息更新

录入 CRM 系统的客户信息应当根据客户的变化，及时调整和维护，以保证信息的准确性，若客户企业联系人有变动，需要在得到消息的第一时间进入 CRM 系统更新客户信息。

第 6 条　客户信息搜查

CRM 系统的数据资料由业务人员自行维护和管理，板块管理员和板块负责人有及时监督和帮助管理的义务，板块管理员需要定期搜查可能重复录入的客户信息，并与相关业务人员沟通后做相应的"客户合并"及再次分配的工作。

第 7 条　电话回访或上门拜访

为了更好地维护客户关系，业务人员需要根据不同客户的分类等级，定期或者不定期地对客户进行电话回访或者上门拜访，以便及时了解客户的最新需求。针对客户的日常拜访和关系维护信息，需要及时录入"客户档案"的相关对象，即"一般行动"中，以便及时记录和后期的拜访、跟进。

第 3 章　销售线索及销售机会管理

第 8 条　销售线索

CRM 系统中的线索一般是指还未成为购买客户但是有可能购买的客户。一般来说它是由举办市场活动、网络信息、电话咨询、消费者访谈等多种方式获得的最初级的销售线索。所有业务人员及关系管理人员需要将日常销售工作中得到的对企业产品和服务可能有需求的意向信息及时录入系统，并持续跟进、落实。

线索的录入必须有明确的联系人和联系电话，并在备注栏写明客户可能有意向的产品需求等细节。对于初步沟通后确定需要持续跟进的客户，可以转化为联系人、潜在客户和销售机会。

第 9 条　销售机会

CRM 系统中的销售机会是指已经过业务人员初步判断和落实的客户需求有相对明确的销售意向。所有业务人员及销售管理人员需要将日常销售工作中得到的有效意向信息及时、准确地录入系统，并及时更新销售机会的阶段、竞争对手状况、潜在客户的特殊需求等信息，以便营销管理人员能及时了解营销工作的进展情况。

第 10 条　书面报价

如果针对跟进的 CRM 销售机会已向客户给出正式的书面报价，则需要将包含报价时间、交货方式、交货地点等详情信息的书面报价以附件的方式保存在 CRM 销售机会的相关对象中，以便查看和管理。

第 11 条　销售项目录入

对于跟进成功并签订合同的销售项目，必须及时、准确地录入 CRM 系统的订单中，订单日期以合同的签订日期为准，以方便、及时地进行销售工作的总结，未录入 CRM 系统订单的项目一律不得进行销售提成的核算等工作。

第 4 章　客户信息报备和争议处理

第 12 条　客户信息冲突处理

潜在客户、线索、销售机会等均应在得到信息的第一时间录入 CRM 系统，如果与其他人员录入 CRM 系统的客户、线索、销售机会有冲突的，则遵循时间优先和效率优先的原则交由销售管理人员来协调处理。时间优先原则是指以先登记录入的客户、线索、销售机会以及所有录入的相关"一般行动"为准来判断此客户的主要负责人；效率优先原则是指针对业务人员与客户沟通的有效性、产品推介的力度、所获得信息的深入度等为准来判断此客户的主要负责人。

第 5 章　销售预测与分析管理

第 13 条　销售预测及分析管理功能

CRM 营销管理人员需要学会熟练应用 CRM 系统的销售预测及分析管理功能，要达到可以根据 CRM 系统中录入的信息，对客户地区分布分析、潜在客户转化率分析、线索及销售机会来源分析、销售丢单原因总结等进行营销分析（分析可以是针对单个业务人员的也可以是针对某个单一产品的，或者针对企业整体业绩的），并能应用准确的分析预测来管理和指导企业的销售活动。

第6章 安全与保密管理

第14条 信息保密

企业所有人员（包括相关的管理人员和销售人员）必须对企业的客户资源、线索及商机信息等绝对保密，不得将相关信息泄露给不相关人员。

第15条 冻结使用权限

对有明显离职倾向的相关人员（含企业管理层、板块负责人、板块管理人员、系统管理人员等），可根据情况提前冻结其使用权限。

第16条 泄密惩罚

一旦发现有相关人员泄露企业商机信息，该人员将受到企业的严厉惩罚，包括经济处罚、开除甚至追究法律责任。若因企业员工泄露相关信息而给企业造成相应经济损失的，将依法追究其经济责任。

第7章 奖励与惩罚管理

第17条 拟定奖惩方案

市场营销部负责按照CRM推进计划对各分、子公司CRM应用情况进行不定期的考核评分，并不定期地以公告的方式公布不按期登录的人员名单，如有连续三次考核评分不达标或者在未按期登录名单中出现的，则将由企业市场部拟定相应针对业务人员、板块管理员或板块负责人的奖惩方案，并报经企业领导审核通过后公布实施。

第18条 商机录入

业务人员跟进的所有商机都必须及时录入到系统中并更新营销进展情况，凡是系统中无记录的客户成交后，一律不记取该人员的销售业绩、销售提成及相关奖金，直至CRM相关信息补充完善。

第8章 附 则

第19条 编制单位

本办法由信息管理部负责编制、解释与修订。

第20条 生效时间

本办法自××××年××月××日起生效。

编制日期		审核日期		批准日期	
修改标记		修改处数		修改日期	

12.2.2 信息技术客户服务管理制度

基于快速变革及日益增长的个性化要求，企业需要通过不断地改进服务模式来进行客户关系管理。而基于信息技术的客户服务管理，需要从信息技术服务水平、信息技术服务需求、信息技术客户满意度、信息技术服务营销4个方面进行。以下是某企业信息技术客户服务管理制度，仅供参考。

制度名称	信息技术客户服务管理制度	受控状态	
		编　号	
执行部门		监督部门		编修部门	

第1章　总　则

第1条　目的

为了完善信息技术在客户服务中的应用，实现更好的信息技术客户服务管理，根据客户的意见，持续地改进信息技术服务，特制定本制度。

第2条　适用范围

本制度适用于企业对信息技术客户服务的管理工作。

第3条　职责分工

1. 信息管理部

（1）负责建立信息技术服务系统。

（2）负责确定信息技术服务水平。

（3）负责设计客户满意度调查问卷。

（4）负责客户满意度分析与改进。

2. 客户服务部

（1）负责组织客户满意度调查。

（2）负责进行调查结果的汇总。

3. 人力资源部

（1）负责确定客户满意度指标。

（2）负责制订客户满意度绩效改进计划。

（3）负责针对客户满意度的"不满意"和"很不满意"来确定责任人，并对其工作进行监控，以及提供资源。

第2章　信息技术服务水平管理

第4条　信息技术服务系统建设

1. 信息技术服务系统建设和维护必须按照国家规定的标准进行，遵从安全、规范、和质量效率的原则。

2. 信息技术服务系统建设和维护分为需求分析、立项决策、系统建设、系统验收和上线运行5个阶段。

3. 一旦系统出现硬件、软件、网络故障，不能正常工作等情形，须提供以小时和工作日为单位的响应服务。

第5条　服务范围

1. 硬件设备。把系统恢复到正常工作状态所需要的所有零部件。

2. 软件维护。把软件恢复到正常工作状态所需要的所有软件应用。

3. 网络。诊断与排查网络故障及优化网络。

第6条　服务方式

客户碰到任何问题，可先通过以下4种方式与专人联系，寻求技术支持。

1. 互联网在线。可在星期一至星期五，8：00—17：00获得信息支持。

2. 电话。可在星期一至星期五，8：00—17：00获得电话支持。

3. 远程拨入。网络工程师可以通过远程网络拨入，来检查客户的系统，以便更快捷地解决问题。

4. 现场。如果有些问题不能通过电话或远程拨入解决，企业应派经验丰富的网络工程师到现场为客户服务。

第7条　紧急程度

A级：严重，系统无法使用。

B级：紧急，系统遭到严重破坏。

C级：一般，有问题但不太严重。

第8条　服务级别

服务级别分为：一级、二级。

第9条　响应时间

1. 一级服务：响应紧急程度A、B级

（1）电话支持。7×24，指的是客户每周7天，从周一至周日，8小时工作时间内外（0点至24点），每天24小时可要求企业提供服务。

（2）现场支持。企业接到服务请求并经过确认后，工程师应在2小时之内到达现场进行维修，直至原来的主机恢复到正常状态。

（3）非工作时间远程支持。网络工程师可以通过远程网络拨入，来检查客户的系统，以便更快捷地解决问题。非工作时间（如深夜、周末与节假日等）如遇本地主机系统崩溃或系统遭到严重破坏，部门负责人应立即通知供应商实施远程支持。

2. 二级服务：响应紧急程度C级

（1）电话支持。5×8，指的是员工每周5天，从周一至周五，8小时工作时间以内（8：00—

17：00），每天 8 小时可要求企业提供服务。

（2）远程拨入。网络工程师可以通过远程网络拨入，来检查客户的系统，以便更快捷地解决问题。

（3）现场支持。企业接到服务请求并经过确认后，网络工程师应在 4 小时之内到达现场进行维修直至原来的主机恢复到正常状态。

第 10 条 服务水平评估

1. 服务水平的主要组成部分应是可测定的，并在执行服务水平协议前确定正确的测定办法。

2. 对信息技术服务水平的建立和维护必须有详细的规范化协议材料，并建立相应的技术档案。

3. 开展月度网络服务水平审核会议，审核服务水平的执行情况并实施改进。

第 3 章 信息技术服务需求管理

第 11 条 了解客户业务需求和目标

信息技术部设法了解客户业务停机带来的损失，估算生产力、收入和客户信誉方面的损失。确保客户理解可能发生的可用性和性能方面的风险，企业也能更好地确定所需要的业务等级。

第 12 条 信息技术服务用量预测

1. 了解业务目标与企业发展速度，适应网络的升级，并对工作量以及服务量进行预测。

2. 研究当前的可用性、容量及性能，帮助服务人员了解服务目标以及风险。

第 13 条 信息技术服务效率改进

开展信息技术综合使用及消耗的详细分析，从以下 7 个方面开发并实施能改进消耗效率的激励计划。

1. 明确了解应用性能要求。

2. 基于业务要求及总成本，对企业重要的门限值进行深入的技术研究。

3. 预算周期以内和以外的升级要求。

4. 利用运行部门能够有效开展的主动工作量平衡网络管理信息的优先级及危急程度。

5. 按要求进行培训以确保支持人员了解信息或告警，并可有效地处理所定义的情况。

6. 确定事件关联方法以确保不就同样的问题生成多个故障票。

7. 记录特定信息或告警，以帮助识别属 A 级支持的事件。

第 4 章 信息技术客户满意度管理

第 14 条 满意度调查

信息技术部应组织客户服务部共同研究并确定信息技术客户满意度调查内容，每次调查内容可有所不同，每次调查应有针对性和侧重点，调查内容应至少包括以下内容：系统的运行速度、系统的稳定性、功能的全面性、安全性等，客户有需要反映的问题可增加反馈内容栏。

第 15 条 满意度计算

满意度 = 自评满意度 ×40%+ 调查满意度 ×60%。自评满意度由服务人员评价，调查满意度由外部客户评价。

第 16 条　满意度分级

调查部分的客户满意度一般分为 5 级，即：很满意（10 分）、满意（8 分）、基本满意（6 分）、不满意（4 分）、很不满意（2 分）。

第 17 条　满意度分析

1. 对比满意度指标，分别找出调查部分和自评部分满意度调查内容的"不满意""很不满意"的项目、频次及其原因，通过对比指标，制定纠正措施和预防措施。

2. 信息技术部、客户服务部、供应部、行政人事部等部门应对调查情况共同分析，与竞争对手及企业基准作比较，评估和沟通客户满意模式，形成《信息技术客户满意度调查分析报告》，并确定满意的趋势和不满意的主要方面。

第 18 条　满意度改进

信息技术部将客户满意情况提交至企业绩效管理领导小组，针对客户满意度改进意见，由企业绩效管理领导小组制订改进计划，指定责任人，实施改进并监控其改进效果。客户满意度一般情况下不得低于目标值，在此基础上，持续改进为全面达到客户满意而努力工作，未达到目标值应重新制订改进计划。

第 5 章　信息技术服务营销管理

第 19 条　营销策略制定

1. 营销策略由营销主管负责制定，上报营销主管领导进行审核，审核通过后经主任办公会审议，审议通过后，下发各部门执行。

2. 信息技术服务营销策略应根据市场的变化情况，确定不同时期、不同阶段、不同服务的营销策略。

第 20 条　营销计划的制订

年度营销计划包括可实现的定量营销目标、责任明确的定性目标、实现年度计划的策略和措施。

第 21 条　营销活动的实施

建立在营销计划（或营销活动方案）之上。每一种营销活动的实施，都要确定人员、地域（或地点）、时间以及如何进行，并能使营销战略和策略得到充分体现。

第 22 条　问题识别

1. 营销人员都要认识、掌握和诊断技能，对营销活动实施过程中出现的问题，要分清是营销战略问题还是营销实施有误的问题。掌握分配、监控、组织和相互配合的技能，保证营销实施的有效性。

2. 任何对外的营销信息和文案，须由总经办审批通过后，方能发布。

第 23 条　处理和跟踪信息技术服务订单

接收信息技术服务订单后，组织各部门进行评审，评审通过的订单由总经办进行审批，批准下达后，信息技术部根据订单要求提供服务，并进行跟踪和维护。

第 6 章　附　则

第 24 条　编制单位

本制度由信息技术部负责编制、解释与修订。

第 25 条　生效时间

本制度自××××年××月××日起生效。

编制日期		审核日期		批准日期	
修改标记		修改处数		修改日期	

12.3　数据保护与信息资源管理

12.3.1　数据保护与数据安全管理制度

信息安全事件的不断发生，使得信息安全的重要性日趋凸显。随着互联网信息技术、人工智能、大数据的广泛应用，企业面临着各种数据信息泄露和丢失的风险。数据保护与数据安全管理制度旨在寻求解决数据安全的办法，避免因信息技术发展带来的风险。以下是某企业数据保护与数据安全管理制度，仅供参考。

制度名称	数据保护与数据安全管理制度	受控状态	
		编　号	
执行部门		监督部门		编修部门	

第 1 章　总　则

第 1 条　目的

为了保护企业数据的安全，防止数据外泄和丢失，特制定本制度。

第 2 条　适用范围

本制度适用于企业对所有数据的安全和保护工作的管理。

第 3 条　定义

1. 本制度所指的"数据"是指存储在电子媒介上的电子数据。

2. 本制度所指的"服务器泄露"是指服务器维修或使用人员将服务器的资料拷贝到私人电脑上，造成服务器资料的外泄。

3. 本制度所指的"网络泄露"是指各种电子设备的丢失、使用、浏览带来的个人隐私的泄露。

4.本制度所指的"终端泄露"是指内部工作人员通过互联网将资料、文件发送出去，或者随意将文件设成共享使得企业外部人员获取资料。

第4条 管理职责

安全管理部主要负责企业数据的保护和管理工作，具体工作职责如下。

1.定期审核企业相关网站，发现网络风险，提出解决措施并实施。

2.定期对企业网络安全和病毒防护进行升级，减少网络攻击事件的发生。

3.了解最新的病毒攻击、木马病毒的形式，提前做好应对策略和数据的备份工作。

第2章 服务器泄密

第5条 服务器安全管理

1.企业内部机密数据文件上传到指定的服务器时，应先对数据进行加密。

2.员工下载服务器数据文件到个人电脑上，数据文件需要密码才能打开，避免数据泄露。

3.员工在企业办公区域内使用局域网络可自由访问服务器上的数据文件。

4.员工在企业办公区域外或没有使用局域网络进入服务器的，不可以访问服务器上的数据文件。

第3章 网络泄密

第6条 网络安全管理

1.对企业所有的重要文件进行加密，未经解密无法打开文件。

2.对员工的上网行为和操作行为进行审计。

3.与职工签订的保密协议，明确有关商业秘密的范围和内容，约定好商业秘密的保密期限，规定违约责任，在协议中事先约定职工违约造成泄密时，应付的违约金和赔偿金的计算方法和具体总数。

4.要加强对员工的法律法规教育和思想道德教育，提高员工素质。

5.采取技术手段来严防商业秘密泄露，防止企业机密数据泄露。

第4章 终端泄密

第7条 终端安全管理

1.各部门应重视信息安全保密工作，严禁将涉及企业秘密的计算机、存储设备与信息内外网和其他公共信息网络连接，严禁在接入企业信息外网及互联网的计算机设备上存储、处理、传递涉密信息，严禁存储、处理、传递企业内部办公信息。

2.计算机接入信息内网必须严格执行审批登记制度，接入企业信息内网的计算机必须全部注册桌面终端标准化管理系统，加入企业统一的局域网络，安装企业统一的防病毒软件，使用规范的计算机名称。

3.内部员工未经授权，不得侵犯他人通信隐私，以及擅自利用他人业务系统权限获取企业的电子商密信息。

4. 信息外网要使用企业集中、统一的外网邮件系统，接受统一的内容安全管理，不得使用信息外网邮箱存储敏感资料，或通过社会公用邮箱向互联网发送邮件。

5. 应按照企业严禁在连接互联网的计算机和移动存储介质上处理、存储涉及企业秘密信息的要求，不得使用非企业专配的个人移动存储介质保存电子商密信息，违规接入互联网。

6. 连接内网的传真、打印、复印一体机应切断电话线连接，取消智能存储功能。严禁普通移动存储介质、扫描仪、打印机等计算机外设在信息内网和信息外网上交叉使用。

第5章 数据保护

第8条 数据存储保护

数据库及备份文件均保存在各系统所属的磁盘中，访问权限须严格控制，未经管理人员的授权严禁擅自访问数据库及备份文件。

第9条 数据变更保护

1. 系统管理人员不得擅自访问数据库，不得随意增添、修改、删除原始数据。

2. 修改数据时应充分论证可行性和安全性，确定修改方案后才可进行修改工作，确保数据修改后系统无误。

第10条 数据使用保护

1. 系统管理人员无正当事由不得随意通过数据库查询基础数据，因工作需要查询数据时，要做好保密工作。

2. 业务部门需要通过数据库取得数据时，应提交书面申请并由主管审核签字，再提交总经理审批，最后由总经办统一安排。

第6章 数据安全

第11条 数据保密管理

数据的保密性是数据安全的核心内容。要严格控制各个可能泄密的环节，使信息在产生、传播、处理和存储的各个环节中不泄露给非授权的个人和实体，即信息只为授权用户使用。

第12条 数据完整管理

数据的完整性是指存储在数据库中的所有数值均显示正确的状态。数据在存储或传输过程中保持不被偶然或蓄意修改、删除、伪造、乱序、重置等所破坏或丢失，保证输入的数据符合规定。

第13条 数据防护管理

保护数据免受因存储介质损坏、人为过失、人为刻意窃取或破坏以及病毒等因素而导致的数据泄露、破坏和损失。

第7章 附 则

第14条 编制单位

本制度由安全管理部负责编制、解释与修订。

第 15 条　生效时间

本制度自××××年××月××日起生效。

编制日期		审核日期		批准日期	
修改标记		修改处数		修改日期	

12.3.2　信息资源与内容管理制度

企业信息资源由于缺乏有效地组织和管理，存在制度不健全、标准不够统一、技术管理水平偏低、管理人才短缺等问题。信息资源是企业的重要资产，为了更好地促进企业信息资源与内容管理，要制定健全的制度以解决各种问题。以下是某企业信息资源与内容管理制度，仅供参考。

制度名称	信息资源与内容管理制度	受控状态	
		编　号	
执行部门		监督部门		编修部门	

第 1 章　总　则

第 1 条　目的

1. 为了加强企业信息系统的管理，确保企业数据的准确性和安全性，促进企业信息系统工作的发展，满足管理决策的需要。

2. 为了适应企业的发展要求，充分利用信息资源为企业生产和经营服务，保证信息安全。

第 2 条　适用范围

本制度适用于企业信息资源与内容工作的管理。

第 3 条　信息资源定义

信息资源是指企业内部生产经营管理方面的信息，主要包括数据库信息、文本信息、合同信息、技术信息、多媒体信息等。

第 4 条　管理职责

安全管理部负责企业信息资源与内容工作的管理，其具体工作职责如下。

1. 负责企业日常维护工作，并制定相应的维护制度。

2. 负责企业数据库的备份工作。

3. 为企业提供技术支持，解决员工在操作过程中碰到的问题。

4. 负责信息的采集、传输、日常维护、整合和共享。

第 2 章 组织建设

第 5 条 建立信息资源管理机构

企业有必要建立专门的信息资源管理机构,负责管理和协调企业信息资源建设工作,主要工作职能如下。

1. 进行顶层设计工作,搞好规划,明确发展目标和发展战略。

2. 指导信息资源政策法规的制定和实施。

3. 解决信息资源技术难题。

4. 组织对信息资源进行开发利用。

第 6 条 加强企业内部信息管理

1. 对各部门提出的内部信息需求进行汇总,确定信息内容。

2. 汇总各业务部门提供的信息,并进行归类。

第 3 章 制定健全的制度

第 7 条 开展信息政策研究

设立专门的委员会或管理机构,对企业信息化与信息资源管理中出现的各种问题,进行理论研究,指导信息资源管理政策建设。

第 8 条 建立信息资源管理政策

针对企业存在的问题,研究现行政策存在的缺陷,吸收政策研究的成果,注重政策结构的完备性与层次结构的合理性,以建立信息资源管理政策。

第 9 条 提升信息安全战略高度

加强与信息安全相关机构的合作,加快制定各种信息安全政策,提升信息安全战略高度。

第 10 条 建立信息安全管理机构

企业应设立信息安全管理机构,建立信息安全中心,确定信息安全管理主管,统一管理企业信息资源的开发、收集和使用。

第 4 章 建立统一的标准

第 11 条 加快标准化建设

1. 确定企业信息资源从上到下的整个过程管理等方面的标准化问题。

2. 建立企业信息资源管理标准化制度,规范信息资源的各种事项,建立信息资源标准化体系。

3. 重视企业信息资源技术的研究,制定相关数据标准,促进信息资源管理改善,加强对信息资源的管理。

第 5 章 重视技术的管理

第 12 条 重视信息资源管理技术

企业要重视信息资源管理技术,对信息资源管理技术进行广泛的开发和利用,发挥信息资源管理技术的使用价值。以信息资源管理技术的使用快速提高企业的生产效率,促进企业变革。

对于层出不穷的企业信息资源管理技术，企业要收集、分析不同的信息资源管理技术，寻找适合企业的信息资源管理技术，以适应企业发展。

第6章 管理人才短缺

第13条 注重管理人才培养

企业要加强对信息资源的管理，必须注重对信息资源管理人才的培养、聘用和引用。培养、聘用及引用具有较强专业技术能力、应变能力的高级人才。

合格的信息资源管理人才应具备以下技能：具有网络信息资源收集、加工、开发、利用的能力；具有数字资源和数据库设计开发能力；具有组织领导和协调管理能力；具有创新能力。

企业应充分认识网络信息资源管理人才培养的重要性，可招收网络信息资源管理专业的人才，加速网络信息资源管理人才的培养，促进企业网络事业的发展。

第7章 附 则

第14条 编制单位

本制度由安全管理部负责编制、解释与修订。

第15条 生效时间

本制度自××××年××月××日起生效。

编制日期		审核日期		批准日期	
修改标记		修改处数		修改日期	

12.4 信息技术管理

12.4.1 信息技术解决方案管理制度

供应链管理是一种新型的管理模式，是先进的管理理念、管理方法和管理技术的综合产物，而信息技术的使用则使供应链具备了管理的基础。

一套科学的、合理的、具有可行性的信息技术解决方案管理制度，对信息技术在供应链中的正确应用具有指导意义。以下是某企业信息技术解决方案管理制度，仅供参考。

制度名称	信息技术解决方案管理制度	受控状态	
		编　　号	
执行部门		监督部门		编修部门	

第1章　总　则

第1条　目的

为了满足行业不断发展变化的需求，开发更适用于企业供应链发展需求的信息技术解决方案，提高供应链的灵活性、效率及差异化能力，帮助企业及其利益相关方优化绩效并降低相关风险，结合行业发展现状及企业发展需求，特制定本制度。

第2条　适用范围

本制度适用于企业对整体信息技术解决方案的管理工作。

第3条　管理职责

1. 信息管理部负责企业信息技术解决方案的管理工作，其具体工作职责如下。

（1）协助完成信息技术解决方案的需求调研工作，编制信息技术解决方案的需求调研计划。

（2）负责制定信息技术解决方案的管理规章制度，组织制定信息系统作业标准和规范，并组织实施。

（3）建立企业信息系统的技术支持工作，负责解决相关的技术服务问题和技术问题。

2. 供应链管理部负责信息技术方案的评估、审核工作。

第2章　信息系统需求调研

第4条　企业信息化现状分析

为了使信息化技术解决方案更符合企业的业务发展需求，须在设计方案之前对企业的供应链信息化现状进行摸底分析，以避免无法与业务同步集成，造成资源与人员的浪费。

第5条　企业信息化现状分析内容

1. 企业现有信息化系统的分布。

2. 与其他信息系统的集成度。

3. 企业端到端的流程。

4. 现有的功能实现程度。

5. 现有信息系统的缺失部分。

第6条　确定信息技术开发需求

信息管理部确定信息技术开发需求，并根据企业发展现状将其分为现有的信息技术优化需求和信息技术新增功能开发需求。

第7条　编制需求调研报告

信息技术开发需求调研结束后应形成需求报告，需求报告经评审会议评审通过后，作为信息技术开发需求的依据材料。

第3章 信息技术解决方案的评估

第8条 确定未来业务发展需求

供应链信息化现状调研结束后,根据企业供应链未来业务发展需求,疏理各业务流程。

第9条 供应链信息系统的规划

根据企业供应链现状及未来业务需求,对企业供应链信息化技术的解决方案进行规划,对整个系统的构建通盘考虑,明确系统中的重建部分和需要改造的部分。

第10条 信息技术解决方案的评估

信息技术解决方案确定后,供应链管理部要对方案进行评估,评估内容可参考以下7个方面。

1. 能否实现对整个供应链网络的管理和跟踪。

2. 是否具有详细、深入的数据分析功能。

3. 是否符合国际惯例的标准处理流程。

4. 是否具备完整的开发文档、用户手册、培训计划和方案。

5. 是否可以建立客户快速响应体系。

6. 能否实现动态检索,规范查询标准,是否可定制EDI(Electronic Data Interchange,电子数据交换)接口。

7. 是否可记录和跟踪关键数据的变化。

第11条 评估信息化技术解决方案的生命周期

对供应链信息化技术解决方案的生命周期进行评估,以确定该方案符合企业发展战略的要求,适用于企业的供应链管理环境,达到与业务同步集成的目的。

第4章 信息技术解决方案的开发

第12条 选择开发方式

根据信息技术解决方案,信息技术开发方式主要有自主开发、外包开发、合作开发三种方式,企业应根据自身的实力和需求进行选择、决策。

第13条 信息技术解决方案的开发准备

1. 成立信息技术开发小组,编制一份完善的信息技术开发任务书,其内容主要包括如下6个方面。

(1)信息系统名称。

(2)信息系统应该达到的技术标准。

(3)信息系统的操作环境。

(4)信息系统开发的具体工作计划。

(5)信息系统开发人员与协作部门。

(6)信息系统开发的费用预算。

2.在选择供应商时,对供应商应多维度比较,深入了解供应商已实施的成功案例与失败案例,以及合作开发信息系统的经验,同时,在开发过程中要加强监督管理。

第14条　信息技术解决方案开发原则

1.易于实施、培训和使用。

2.能够支撑持续不断的升级扩展需求。

3.灵活性和可定制。

第15条　信息技术解决方案开发内容

1.信息技术方案数据分析预测。

2.智能供应链系统解决方案。

3.仓储管理系统方案。

4.运输管理系统方案。

5.IT系统方案的选择和执行实施。

第5章　信息技术解决方案的改善

第16条　信息技术解决方案的跟踪管理

信息技术解决方案开发完成后,信息管理部应定期收集各方业务需求,整理记录,为信息技术解决方案迭代、更新提供依据。

第17条　信息技术解决方案的升级

1.为满足业务不断发展的技术需求,信息技术解决方案应定期升级更新。

2.信息技术解决方案的升级步骤具体如下。

(1)方案升级判定。由信息管理部根据各业务方提交的需求综合评估后,判定方案是否需要升级。

(2)提交升级申请。信息管理部将升级申请提交至供应链管理部审核,升级申请中应说明升级的依据、升级的类型(是整体升级还是部分升级)。

(3)升级需求调研。信息管理部组织实施升级需求的调研分析,各业务需求部门配合。

(4)升级方案建议。信息管理部根据调研信息,提出方案升级的初步建议。

(5)升级方案评审。供应链管理部会同业务需求部门对方案升级的初步建议进行评审,评估其可行性,并给出具体的修改意见。

(6)确认升级方案。信息管理部对升级方案中的功能、性能、时间、成本、技术支持、应用环境等进行确认。

(7)升级方案测试。对升级后的信息技术解决方案进行实际应用测试,发现问题,解决问题。

(8)升级方案交付。升级方案测试通过后,由信息管理部交付,即代表信息技术解决方案升级完成。

第6章 附 则

第18条 编制单位

本制度由信息管理部制定，其解释权归信息管理部。

第19条 生效时间

本制度自××××年××月××日起生效。

编制日期		审核日期		批准日期	
修改标记		修改处数		修改日期	

12.4.2 信息技术实施部署管理制度

信息技术实施部署管理制度作为实施部署工作的重要依据和指导文档，可以避免程序错误，提高工作效率。以下是某企业信息技术实施部署管理制度，仅供参考。

制度名称	信息技术实施部署管理制度	受控状态	
		编 号	
执行部门		监督部门		编修部门	

第1章 总 则

第1条 目的

为了加强供应链管理中信息技术实施部署的管理工作，保障信息系统的有序运行，规范信息管理部门的业务内容，特制定本制度。

第2条 适用范围

本制度适用于企业信息技术实施部署的管理工作。

第3条 组成环节

信息技术实施部署分为信息技术的实施与初步验收、信息技术的试运行、信息技术的使用与维护、信息技术的全面验收4个环节。

第4条 管理职责

信息管理部负责信息技术部署的组织管理工作。

第2章 信息技术的实施与初步验收

第5条 制订实施部署计划

信息系统开发完成后，由信息技术开发小组与供应商沟通确定信息的实施部署时间安排，编制信息技术实施部署计划，明确实施任务、实施目标、责任人员。

第6条 实施测试

信息技术实施过程中，信息管理部应对信息技术进行实施测试。重点测试内容包括如下4

个方面。

1. 信息技术功能是否符合需求规格说明书的业务流程和业务需求。

2. 信息技术数据处理是否正确。

3. 信息技术性能是否满足业务要求。

4. 信息技术是否易于操作，并具有较好的容错性。

第 7 条　组织实施操作培训

1. 由信息管理部组织相应的实施部署操作培训，经过培训后按信息技术实施部署计划进行操作实施。

2. 信息管理部按周总结信息技术实施部署情况，形成"信息技术实施工作周报"，向企业管理层报告信息技术实施情况。

第 8 条　反馈问题并讨论措施

在信息技术实施过程中遇到较大的影响业务运作的问题时，信息管理部应在第一时间向上级反馈，如果有必要则由信息管理部组织讨论会议以寻找解决措施。

第 9 条　初步验收

在信息技术实施操作完成后，信息管理部应当组织主管领导、系统使用者代表、安全管理员、信息技术开发人员以及信息化专家召开项目初步验收评审会，共同签字确认形成"项目初步验收意见书"。通过初验后，对于初验中遗留的问题，开发人员要做好遗留问题记录并在试运行前完成系统调整。

第 3 章　信息技术的试运行

第 10 条　信息技术试运行

项目通过初步验收后进入信息技术试运行环节，项目开发人员和信息管理部应当确定试运行范围，设定试运行目标，制订各方协调机制和试运行计划，组织相关的业务人员开展试运行。项目开发人员应当制定信息技术维护方案、培训计划和培训教材。

第 11 条　试运行前准备

项目开发人员应当进行信息技术试运行环境准备，部署信息系统，开展业务人员系统使用培训，在试运行期间提供技术支持并跟踪信息技术试运行情况。

第 12 条　开展试运行

信息管理部协助信息技术试运行业务人员重点验证在真实的业务环境中，信息技术的稳定性和可用性是否符合业务需求、业务流程要求、数据处理和存储要求，对于试运行期间出现的各项问题予以记录并提出系统改进意见，形成业务人员试运行反馈意见并签字确认。

第 13 条　优化信息技术

项目开发人员应当按照业务人员试运行反馈意见修改信息技术，完善信息技术功能，优化信息技术性能。

第14条　总结信息技术试运行

项目达到试运行目标后，信息管理部组织召开信息技术试运行总结会，信息技术使用人员、项目开发人员以及信息化专家应当共同签字确认形成项目试运行评价意见。

第4章　信息技术的使用与维护

第15条　系统操作培训

在信息技术实施部署中，信息管理部要重点做好教育培训工作，使操作人员了解和掌握信息系统的操作。

第16条　使用须知

在信息技术使用过程中，如发现错误必须向相关人员报告并暂停与此相关的工作，确保数据正确，严禁知错不报、将错就错。

第5章　信息技术的全面验收

第17条　准备验收材料

信息技术通过试运行后，信息管理部应当组织项目各方准备全面验收相关材料。

第18条　验收材料

具体的验收材料主要包括以下几项。

1. 项目负责人整理、编写的验收材料包括以下内容。

（1）立项批复。

（2）招、投标文件。

（3）项目合同。

（4）系统使用测试意见。

（5）项目初步验收意见。

（6）业务人员试运行反馈意见。

（7）项目试运行评价意见。

（8）其他和项目建设单位有关的材料。

2. 项目开发人员整理、编写的验收材料包括以下内容。

（1）需求规格说明书。

（2）项目验收技术规范。

（3）项目建设总结报告。

（4）信息技术测试报告。

（5）信息技术安全测评报告。

（6）信息技术的建设技术方案。

（7）其他有关的材料。

3. 共同编写的验收材料包括以下内容。

（1）项目总结报告和初步决算报告。

（2）修改后的至少两年的信息技术售后保修方案。保修方案应当界定保修的内容，明确开发单位的保修责任、保修期限、保修方式、保修响应时间以及保修费用的承担方式。

第6章 总 则

第19条 编制单位

本制度由信息管理部制定，其解释权和修订权归信息管理部所有。

第20条 生效时间

本制度自××××年××月××日起生效。

编制日期		审核日期		批准日期	
修改标记		修改处数		修改日期	

华为精准管理丛书

华为卓越职业管理人
整体解决方案

"华为精准管理丛书"是对华为管理的基本理念、实践方法的深度解读与系统总结,为国内企业管理者提供完整的解决方案。本套丛书可作为管理者参考学习的案头工具书,也是企业管理培训的优质教材。

ISBN:9787121337987 — 华为带队伍
ISBN:9787121337758 — 华为执行力
ISBN:9787121337369 — 华为目标管理法
ISBN:9787121337192 — 华为项目管理法
ISBN:9787121336881 — 华为客户法则

更多精彩呈现,敬请期待……

ISBN:9787121356483 — 华为问题管理法
ISBN:9787121356469 — 华为工作法
ISBN:9787121356452 — 华为沟通力
ISBN:9787121356476 — 华为时间管理法

本套丛书包括:

- 《华为客户法则》
- 《华为带队伍》(第二版)
- 《华为问题管理法》
- 《华为项目管理法》
- 《华为沟通力》
- 《华为工作法》(第三版)
- 《华为目标管理法》
- 《华为执行力》(第二版)
- 《华为时间管理法》(第四版)

为读者出好书,传播文字的思想价值;为作者做好书,提升智慧的商品价值。
团购电话:010-88254052 预知新书信息、交流投稿、邮购团购 请发邮件至:meidipub@phei.com.cn
本书在全国各大新华书店、书城均有销售 浏览请登录:www.phei.com.cn
新浪微博:@美迪出版 豆瓣:美迪出版

phei 美迪出版